냉면의
역사

냉면의 역사

지금
내 앞에 놓인
한 그릇
————
冷麵

강명관 지음

푸른역사

머리말

이용기李用基는 1924년 《조선무쌍신식요리제법朝鮮無雙新式料理製法》이라는 긴 제목의 책, 그러니까 '조선에서 견줄 만한 상대가 없는 최신식 레시피를 담은 요리책'이라는 호들갑스런 제목의 책에서 이렇게 말한다. "국수는 온갖 잔치에, 조반이나 점심에 아니 쓰는 데가 없나니, 어찌 경輕하다 하리오? 누구를 대접하던지 국수 대접은 밥 대접보다 낫게 알고, 국수 대접에는 편육 한 접시라도 놓나니, 그런 고로 대접 중에 나으니라." 조선 사람들은 편육 한 접시라도 놓인 국수를 엄청 좋아했던 것이다.

오늘날 국수는 조반 곧 아침밥으로는 고개를 갸우뚱할지 모르지만, 점심이라면 쉽게 거부할 수 없는 음식이다. 정말이지 한국인은 수많은 국수를 먹는다. 잔치국수와 칼국수, 냉면은 물론이고, 한반도 바깥 태생의 짜장면, 소바, 우동, 쌀국수, 스파게티도 즐겨 먹는다. 이 중에서도 열광적 마니아를 갖고 있는 국수는 단연 냉면이다. 《냉면의 역사》는 바로 이 냉면의 발자취를 밝혀 쓴 책이다.

조선시대 문헌을 읽다 보면 음식에 관한 자료를 더러 만나게 된다. 언젠가 18세기 지식인 황윤석黃胤錫의 일기 《이재난고頤齋亂藁》를 읽으면서 명란젓을 먹었다는 자료를 접하고는 순간 가슴 한편에 찌르르하는 느낌이 들었다. 명란젓에 대한 최초의 문헌은 이규경李圭景이 1800년대 초에 저술한 《오주연문장전산고五洲衍文長箋散稿》로 알려져 있는데, 이보다 훨씬 앞서는 자료였기 때문이었다.

7월 7일(칠석날) 황윤석이 냉면을 먹었다는 자료 또한 흥미롭기 짝이 없었다. 하지만 음식사飮食史는 내 공부의 주된 관심사가 아니었기에 한쪽에 모아 둘 뿐 달리 의미를 부여하지는 않았다. 그런데 작년 6월 어떤 곳에서 이런저런 한가한 이야기를 하던 끝에 냉면의 역사에 관한 책을 써 봐야겠다는 말을 한 적이 있었다. 그냥 툭 꺼낸 말이었는데 이게 계기가 되어 다음 날부터 틈 날 때마다 조금씩 쓰기 시작했다.

냉면에 대해 현재 나와 있는 저작과 논문을 다수 읽으니 많은 공부가 되었다. 다만 내가 굳이 '냉면의 역사'라는 제목의 책을 쓰는 것은 그 저작과 논문으로 해결되지 않은 약간의 의문이 생겼기 때문이다. 이 의문에 대해 스스로 답하기 위해 《냉면의 역사》를 썼다.

거창한 글은 아니다. 그저 냉면에 관한 이야기니 냉면을 맛있게 먹듯 읽고 즐겨 주었으면 한다. 지극히 사적인 동기도 있다. 책 끝의 후기에 조금 써 놓았다. 보고 한번 웃으시기 바란다.

2025년 9월
강명관

차례

— 머리말 • 004

[1] 냉면이란 무엇인가

[2] 냉면의 전사前史
- 신라의 냉면 — 진흥왕의 전설 • 021
- 고려의 냉면 • 023
  《고려도경》의 국수 | 사원의 국수 |
  이색의 도엽냉도

[3] 조선 전기의 국수
- 15세기의 국수 조리법, 《산가요록》의 국수 • 033
  메밀로 만든 음식들 | 면법, 일곱 가지 종류의 국수 조리법 |
  세면과 창면 | 국수 7종의 재료와 제조 방식 |
  《산가요록》 국수의 전승
- 이문건이 먹었던 국수와 뜻밖의 '차가운 국수' • 046
  《묵재일기》의 국수 | 국수의 재료, 밀가루와 메밀가루 |
  뜻밖의 차가운 국수

[4] 국수에서 일어난 변화와 국수틀의 출현

○ **《음식디미방》 등 조리서에 나타난 국수의 변화** • 065

《음식디미방》 속 국수 |
《요록》과 《주방문》에 담긴 국수 | 세면과 창면, 차가운 국수의 탄생 |
〈자줏빛 장물에 말아낸 냉면〉

○ **국수틀과 새로운 제면 방법** • 077

국수 만드는 방식의 변화 | 국수 재료, 메밀가루로 단일화되다 |
메밀국수는 국수틀에 눌러 뽑아야 맛이 좋다 |
국수틀은 이런 모양이었다 | 서울식 국수틀과 평양식 국수틀 |
국수틀, 출현하다 | 국수틀, 확산되다

[5] 냉면의 시작

○ **평안도에서 시작된 동치밋국 냉면** • 103

메밀국수, 동치밋국에 들어가다 |
18세기 중반, 평안도에서 냉면은 유명했다

○ **황윤석이 서울에서 먹었던 냉면** • 109

《이재난고》에 기록된 냉면 | 국수가게도 있었다 |
여름철에 냉면을 어떻게 먹을 수 있었을까

[6] 냉면의 확산

○ **정약용의 냉면** • 117

'눌러 뽑은 국수는 붉은 실이 차갑고' |
'눌러 뽑은 냉면에 배추김치 푸르네'

○ **19세기 각 지방의 냉면** • 121

냉면, 전국으로 | 평안도, 냉면은 평안 지방의 특미 |
함경도, 함경도 냉면도 동치밋국에 말아 먹는 메밀국수 |
강원도, 냉면이 널리 퍼져 팔리고 있더라 |
황해도, 평양 못지않게 냉면이 맛있는 지역 |
서울, 평안도와 황해도의 냉면이 흘러들어오다 |
남쪽 지방으로의 확산

- **국수틀의 보급** • 145

  값비싼 기구도, 갖추기 어려운 도구도 아니었다 |
  남쪽 지방에서 국수틀은 흔치 않은 도구
- **냉면의 상업화** • 152

  냉면가게, 냉면 상업화의 방증 | 냉면장수, 시장에서 냉면을 팔다 |
  국수의 건면화와 상품화
- **조리법의 변화** • 160

  냉면, 경화세족 가문에 침투하다 |
  고조리서에 담긴 조선시대 냉면 재료와 조리법

[7]

근대 이후,
냉면의
시대

- **근대와 외식업** • 171

  외식업의 본격적 출현 | 근대 외식업은 19세기 음식점의 연장 |
  냉면, 시정에서 가장 선호하던 음식 중 하나
- **냉면점의 성황** • 176

  서울, 냉면의 대중화 | 평양과 평안도, 대표적인 냉면 지역 |
  황해도, 평양냉면 못지않은 진미 | 함경도, 그럴듯한 냉면을 뽐내다 |
  강원도, 막국수 지역이지만 냉면점도 있었다 |
  전라도와 경상도, 냉면점이 극히 드물지만 없지는 않았다 |
  해외 진출, 한국인 따라 냉면도 흩어져(러시아, 중국, 하와이) |
  민족의 음식 냉면
- **근대식 도구의 조력, 자전거와 전화 그리고 냉면기계** • 218

  전화와 자전거의 도입 | 냉면기계의 발명
- **냉면에 일어난 변화** • 230

  겨울냉면과 여름냉면 | 생치냉면과 가정냉면(콩국수, 깨국수, 밀국수) |
  가성소다와 아지노모도

- ○ **냉면 식중독** • 254
  식중독의 양상과 원인 | 예방과 치료 | 식중독 사례
- ○ **냉면값** • 268
  냉면 가격, 물가와 재료값에 따라 오르락내리락 |
  총독부, 가격과 양을 정하다
- ○ **면옥 노동자와 면옥노동조합** • 278
  면옥 노동자와 냉면배달부 |
  면옥노동조합의 활동

[8]
8·15 해방 이후의 냉면

- ○ **각지의 냉면점** • 313
  해방 후 음식점의 폭발적 증가 | 서울의 냉면점 |
  경기도, 강원도, 충청도의 냉면점 |
  전라도, 제주도의 냉면점 | 경상도의 냉면점
- ○ **냉면기계 판매** • 328
  냉면기계 제작·판매 광고의 등장 |
  서울의 냉면기계 제작소
- ○ **냉면 식중독과 단속** • 333
- ○ **냉면의 분화** • 334

—끝맺음 • 336
—후기 • 346
—주석 • 348
—찾아보기 • 398

[1장]

냉면이란 무엇인가

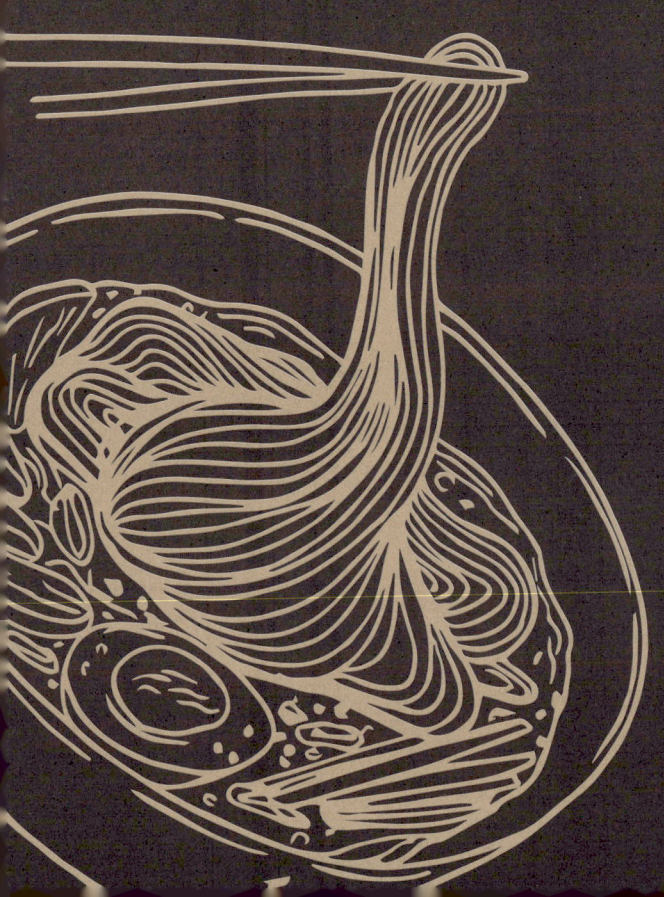

　냉면은 국수의 하나다. 조선시대부터 일제강점기까지 국수는 냉면의 별칭이기도 했다. 그렇다면 냉면과 국수는 어떤 관계인가. 국수에서 어떤 변화가 일어나 냉면이 된 것인가. 냉면은 언제, 어떻게 시작되어 오늘에 이르렀는가. 좁혀서 말하자면 냉면의 역사는 어떤 것인가. 나는 이 책에서 이 물음에 답하고자 한다. 아울러 냉면을 만드는 노동자, 냉면이 일으킨 병(식중독), 냉면을 팔았던 점포의 역사 등도 같이 살피고자 한다. 요컨대 냉면을 둘러싼 이런저런 이야기들을 한꺼번에 해 보려 한다. 그러기 위해서는 먼저 이 물음부터 답해야 할 것이다. "어떤 국수를 가리켜 냉면이라 하는가?"

　뜻밖에도 이 짧은 물음에 대해 쉬이 답하기 어렵다. 책을 쓰고 있는 현재 '냉면'이라는 낱말이 붙은 음식은 여럿 있다. 동치밋국 혹은 고기장국에 국수를 만 평양냉면은 물론이거니와 국수의 성격과 조리법이 아예 다른 비빔냉면인 함흥냉면도 있다. '진주'라는 지명이 앞에 붙어 있지만 따지고 들면 기원이 모호한 진주냉면도 냉면이다. 강원도 지방에서 유래한 막국수는 냉면이라는 명사를 포함하고 있지 않지만 메밀국수를 김칫국물에 말아서 먹는다는 점에서 사실 평양냉면과 같은 부류다. 주로 부산 지방에서 먹는, 밀가루로 만든 밀면은 평양냉면에 기원을 둔 면으로, 역시 냉면의 범위에 포함될 수 있다.

이용기의 《조선무쌍신식요리제법》으로 돌아가 보자. 이용기는 냉면을 겨울냉면과 여름냉면으로 가른다. 이 가운데 여름냉면을 '가게에서 파는 냉면'과 '집에서 하는 냉면'으로 나누고, 후자의 예로 장국에 만 장국냉면과 깻국에 만 깻국냉면, 콩국에 만 콩국냉면을 든다.[1] 고기를 삶은 육수에 만 국수는 물론 깻국과 콩국에 만 국수 역시 냉면에 포함시킨 것이다. 뒤에서 다시 언급하겠지만, 구한말의 유학자이자 독립운동가였던 이승희李承熙(1847~1916)는 밀가루로 칼국수를 만들어 차가운 육수에 말아 먹는 '밀국수냉면'의 조리법을 소상히 밝힌다. 국수틀에 눌러서 뽑은 국수가 아닌 칼국수 스타일로 만든 밀가루 국수 역시 차갑게 해서 먹으면 냉면이라 불렀던 것이다. 어떻게 생각하면 문자 그대로 '차가운 국수'를 모두 냉면이라 부를 수 있을 것이다. 이렇게 속성이 다른 국수를 모두 냉면이라 부를 수 있다면, 도대체 냉면이란 무엇이란 말인가?

이용기가 말하는 여러 가지 냉면은 원래부터 다양했던 것이 아니라, 하나의 냉면에서 분화되었거나 아니면 전혀 다른 국수에 냉면이라는 말을 가져다 붙인 것으로 보인다. 그렇다면 원래의 냉면, 곧 냉면의 원형은 무엇인가? 다시 《조선무쌍신식요리제법》(1924)을 참고하자. 앞서 말했듯이 책은 냉면을 두 가지로 나누고 있다.

겨울냉면[동냉면冬冷麵]

① 좋은 동치미 국물을 떠내어 놓고, 국수를 더운 물에 잠깐 잠갔다가 건져 물을 빼어 대접에 담고 김치 무와 배를 어슷비슷하게 썰고 제육을 굵직하게 썰어 국수 위에 얹고 김칫국물을 부어 먹되, ② 성미를 좇아 꿀도 치고, 알고명과 표고버섯을 기름에 볶아 채 쳐 넣고, 배추김치 흰 것도 썰어 넣기도 하며, 실백도 넣고, 고춧가루 뿌려 먹으나, ③ <u>냉면이라 하는 것은 김치 무와 배와 제육(돼지고기), 고춧가루 모두 네 가지 외에는 더 맛나는 것이 없나니라.</u> ④ 유자를 채 쳐 넣기도 하고, 후춧가루까지 쳐서 먹는 이도 있나니라. 국수 먹은 뒤에 걸은 산사정과나 연강정과를 먹으면 입이 개운하니라(냉면에는 꿩을 연한 살로 잘게 저며 구워 넣어도 좋으니라).

여름냉면[하냉면夏冷麵]

여름냉면은 두 가지가 있으니, ⑤ <u>가게에서 파는 냉면은</u> 고기나 닭국을 식혀서 금방 내린 국수를 말고 한가운데다가 얼음 한 덩이 넣고 국수 위에다가 제육과 수육과 전유어와 배추김치와 배와 대추와 복숭아와 능금과 실백과 계란 삶아 둥글게 썬 것과 알고명과 석이 채 친 것과 실고추와 설탕과 겨자와 초를 쳐 먹으나, 여러 가지 넣는 것이 좋지 못하니, 잡고명은 넣지 말고, 김치와 배와 제육만 넣는 것이 좋으니라. ⑥ <u>집에서 하는 냉면은</u> 장국이나 깻국이나 콩국에다가 국수를 말고 외를 채 쳐 소금에 절였다가 기름에 볶아 얹고 알고명과 석이버섯 채 쳐 얹고 고기 볶아 난도하여 얹고 실백 뿌리고 얼음 넣어 먹느니라. 외가 없으면 미나리를 쓰나니. 그러나 두 가지가 모두 도무지 겨울냉면만 못하니라(밑줄과 번호는 저자).[2)]

냉면을 겨울냉면과 여름냉면으로 나누고 있지만, 냉면은 원래 겨울 음식이었으니 겨울냉면이 원형이 될 것이다. 겨울냉면에 대한 서술은 ①, ②, ③, ④로 구분 가능하다. 이 중 ①과 ③, ②와 ④를 짝지을 수 있다. ①에 의하면 냉면은 '좋은' 동치밋국, 국수, 김치 무, 배, 제육으로 구성된다. 여기에 들어가는 '김치 무'는 동치미 무일 것이다. 배는 단맛과 씹는 맛을 돕기 위해 추가하는 고명일 터이다. ②와 ④는 '성미를 좇아' 추가하는 것이다. 곧 개인적인 기호를 따라서 더 넣는 웃고명이다. 꿀, 알고명(달걀지단), 표고버섯, 배추김치, 실백(잣), 고춧가루, 채 친 유자, 후춧가루는 기호에 따라 넣어도 그만, 넣지 않아도 그만이다.

②와 ④를 제외한 겨울냉면의 기본요소는 ③이 된다. 국수를 동치밋국에 말고 여기에 김치 무, 배와 제육, 고춧가루 넷을 더한 것이다. 고춧가루는 ②에서 추가하는 기호에 따른 향신료일 뿐이다. 결국 냉면은 국수, 동치밋국, 김치, 배, 제육으로 구성된 음식이다. 그러니까 냉면을 이루는 가장 기본적인 요소는 국수, 동치밋국, 김치, 배, 제육이다. 물론 여기서 김치와 배, 제육은 생략할 수 있다. 결코 뺄 수 없는 것은 국수와 동치밋국이다. 이것이 냉면의 핵심 요소다.

이제 여름냉면을 보자. 이용기가 《조선무쌍신식요리제법》을 쓴 20세기 초 여름냉면은 이윤을 남기기 위한 면옥麵屋의 상업용 냉면과 집에서 만들어 먹는 냉면으로 분화되어 있었다. 앞의 냉면을 면옥냉면, 후자를 가정냉면이라고 부르자. 여름냉면 중 면옥냉면은 겨울냉면과 달리 국수를 동치밋국이 아닌 '고기나 닭국'을 식힌 국물 곧 장국에 말고, 얼음 한 덩이를 얹은 냉면이다. 여름이면 동치밋국이 바닥이 나기 때문에 장국으로 대신한 것일 터이고 겨울처럼 차갑게 먹기 위해 얼음을 얹은 것일 터이다. 여기에 들어가는 고명은 제육, 수육(쇠고기), 전유어, 배추김치, 배, 대추, 복숭아, 능금, 실백, 삶은 달걀 반쪽, 달걀지단, 석이버섯, 실고추, 설탕, 겨자, 식초 등이다. 앞서 겨울냉면에선 개인의 기호에 따른 몇 가지 고명이 여름냉면에는 대단히 호사스런 필수품이 된 것이다. 그런데 이용기는 여러 가지 넣는 것은 좋지 않으니 '잡고명'은 넣지 말고, 김치와 배와 제육만 넣는 것이 좋다고 말한다. 이용기의 의식 속에는 동치밋국에 만 국수에 김치와 배와 제육에 얹은 냉면이 원형으로 자리 잡고 있었을 것이다.

여름의 가정냉면은 국수를 장국, 깻국, 콩국에 말고 얼음을 넣는다. 거기에 기름에 볶은 채 친 외(또는 미나리), 알고명, 채 친 석이버섯, 볶은 고기, 실백 등을 얹는다. 육수가 장국, 깻국, 콩국으로 바뀌고 판매용에 비해 상대적으로 간단한 꾸미와 고명이 들어간다. 깻국과 콩국에 만 냉면은 각각 깻국냉면, 콩국냉면으로 불린다. 후자는 요즘의 콩국수다. 앞서 간단히 말했듯, 이 차가운 두 국수 역시 모두 냉면의 범주에 들어간다. 그런데 이용희는 여름냉면에 대한 설명 말미에 '그러나 두 가지가 모두 도무지 겨울냉면만 못하니라'라고 덧붙인다. 즉 면옥에서 파는 여름냉면과 가정에서 만드는 여름냉면 모두 겨울냉면만 못하다는 것이다. 이용희는 국수, 동치밋국, 김치, 배, 제육으로 구성되는 겨울냉면을 냉면의 본바탕으로 본 것이다.

그렇다면 과거 문헌에서는 겨울냉면 조리법을 어떻게 쓰고 있는가. 냉면의 역사를 언급할 때면 반드시 인용되는, 홍석모洪錫謨가 쓴 《동국세시기東國歲時記》(1849)를 보자.

① 메밀국수를 무김치·배추김치에 말고 돼지고기를 섞은 것을 '냉면'이라 한다.
② 또 잡채와 배, 밤, 돼지고기·쇠고기 썬 것, 기름, 간장을 국수에 섞은

것을 '골동면骨董麪'이라 부른다.
③ 관서 지방의 국수가 가장 좋다(번호는 저자).³⁾

①에서 메밀국수를 무김치나 배추김치에 만다는 것은, 곧 김칫국물에 만다는 뜻이다. 홍석모는 이어 작은 무를 골라 김치를 담그고 동치미라 부른다고 말하고 있다.⁴⁾ 아마도 무로 동치미를 담고 거기에 배추를 더한 것이 아닌가 한다. 이렇게 만든 동치밋국에 국수를 말고 돼지고기를 얹는다. ②는 비빔국수다. 이 국수는 보통 '국수부빔'으로 불렸다.⁵⁾ 냉면은 아니다. ③에서는 ①과 ②의 국수가 가장 맛있는 곳이 평안도 지방이라고 알려 준다. 이상은 〈십일월十一月 월내月內〉에 실린 것이다. 음력 11월은 양력 12월로 한겨울이다. 즉 한겨울에 만들어 먹는 음식으로 냉면을 소개한 것이다. ①은 이용기의 《조선무쌍신식요리제법》에 수록된 겨울냉면 조리법과 사실상 동일하다. 곧 메밀국수, 동치밋국, 무김치·배추김치, 돼지고기 편육으로 구성되는 차가운 겨울국수가 냉면의 원형인 것이다.

홍석모는 냉면은 평안도 지방 것이 가장 맛있다고 했다. 평안도 지방의 냉면에 대한 평가는 20세기까지 이어졌다. 1935년 《동아일보》는 각 지방의 김장법을 소개하는데, 그중 평안도의 김장법은 다음과 같다.

'평양 동치미' 겨울에 평양냉면이라면, 얼른 동치미를 생각하게 되는 것이니, 아랫목에 이불을 쓰고 앉아 덜덜 떨면서 동치밋국에 냉면을 먹는 맛은 도저히 다른 데서 맛보지 못할 것입니다. 무슨 특별히 담그는 법이 있는 것은 아니오, 평양은 물이 좋고 웬일인지 다른 지방보다 무 맛이 다른 데다가 일기가 추우니까 한번 익은 맛이 변하지 아니하므로 그 맛이 그대로 보존되어 있어 씩씩한 맛을 잃지 않는 것뿐입니다.⁶⁾

겨울의 평양냉면은 곧 동치미를 떠올리게 만든다. 평안도의 경우 물과 무의 맛이 월등하고 날씨가 추워 동치미의 맛이 변하지 않는다. 이것이 맛있는 냉면을 만드는 조건이다. 동치미는 냉면 맛의 결정적 요소다. 이는 냉면의 원형이 평안도 지방, 특히 평양 지방에서 만들어졌다고 추정하게 한다. 물론 여기에 다른 조건도 붙을 것인데, 그것은 뒤에 언급하기로 하자.

지금까지 중요한 한 가지를 말하지 않았다. 국수를 동치밋국에 만다고 했을 뿐 정작 그 국수의 재료와 만드는 방식에 대해서는 언급하지 않은 것이다. 《조선무쌍신식요리제법》은 겨울냉면과 여름냉면 바로 앞에 '교맥면蕎麥麵'이라는 항목을 두고 있다. 교맥면은 순수하게 메밀국수만을

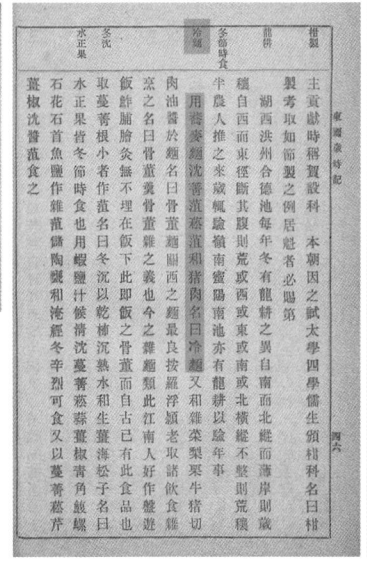
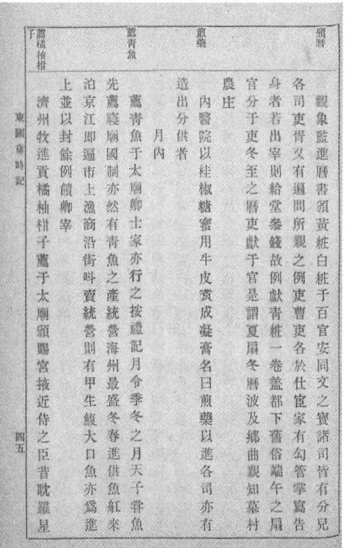

홍석모의 《동국세시기》(1849)
**냉면의 역사를 언급할 때 반드시 인용되는 문헌.
메밀국수, 동치밋국, 무김치, 배추김치, 돼지고기 편육으로 구성된
차가운 겨울국수를 냉면의 원형으로 소개하고 있다.**

만드는 기법이다. 《조선무쌍신식요리제법》에는 교맥면을 조리하는 법, 꾸미나 고명에 대한 다른 언급은 전혀 없다. 따라서 교맥면 항목은 오직 겨울냉면과 여름냉면에 쓸 국수를 만드는 방법에 대한 설명으로 봐도 무방할 것이다. 읽어 보자.

> 메밀을 매에 갈아 극세말極細末 하여 깁 체에 치되, 온갖 가루 중에 이 가루처럼 더 곱게 하는 것은 없느니라. 이렇게 만들지라도 수비水飛하여 헝겊에 펴서 볕에 말리고 녹말가루[녹두분綠豆粉] 두 되를 섞으려면 메밀가루는 한 말이 드나니, 더운 물에 반죽하여 여러 번 쳐 가며 만든 후에 ① 국수틀에 넣고 눌러 내리되, 아무 데나 국수 내리는 법은 한결같으니라. ② 혹 반죽한 것을 안반에 놓고 넓게 밀어 가늘게 썰어 삶아 쓰기도 하나니, ③ 요사이 지나支那 사람이 국수 만드는 것은 뚜드려 가며 만드는 것이 제일 편리한 것이라. 그러나 그것은 밀국수라 그렇게 하였거니와 당면이라고 나오는 것은 아마 그렇게 한 것 아닌 듯하노라(밑줄과 번호는 저자).[7]

메밀을 맷돌에 아주 곱게 갈아서 비단으로 만든 체에 친다. 이보다 더 곱게 만든 가루는 없다! 메밀가루 1말(10되)에 녹말가루[녹두분] 2되의 비율(5대 1의 비율)로 섞어서 반죽을 만든다. 녹말을 섞기는 하지만, 메밀이 주재료다.

국수를 만드는 대표적인 방법으로는 국수틀에 넣고 눌러서 내리는 압면법壓麵法(앞 인용문의 ①), 반죽을 넓게 밀어 가늘게 써는 절면법切麵法(앞 인용문의 ②, 칼국수를 만드는 방식), 반죽을 당겨 늘리는 납면법拉麵法이 있다(짜장면을 만드는 방식). 궁금한 것은 앞 인용문 ③의 '뚜드려 가며 만드는 방법'이다. 구체적으로 어떻게 만드는 것인지 알 수가 없다. 냉면을 차가운 국수라고 간단히 이해하고 '차가움'에 방점을 찍는다면, 절면법,

납면법, 압면법으로 만든 모든 국수를 차가운 국물에 넣어서 먹을 수 있다. 곧 모든 국수는 냉면이 될 수 있다. 하지만 오늘날 냉면이라면 국수틀에 메밀반죽을 넣고 눌러서 뽑은 국수를 냉면으로 친다. 냉면의 형제인 막국수, 진주냉면, 밀면은 물론이고 심지어 계보가 아주 다른 함흥냉면조차도 국수틀로 뽑은 국수를 쓴다. ①의 방법이다. 이는 냉면이 차가운 국수일 뿐만 아니라, 국수틀에서 뽑은 국수임을 알려 준다. 그렇다면 냉면의 역사를 따지고 들 때 국수틀의 출현 시기는 매우 중요한 문제다.

정리하자. 냉면은 국수틀을 눌러 뽑아 만든 메밀국수를 동치밋국에 말고 김치(무와 배추)를 얹고, 거기에 돼지고기 편육을 올려서 만든 차가운 국수다. 이 간단하기 짝이 없는 차가운 국수, 곧 냉면은 언제, 어떻게 출현한 것인가. 또 냉면이라는 명사는 언제부터 사용된 것인가.

냉면의 정의
**냉면은 국수틀을 눌러 뽑아 만든 메밀국수를
동치밋국에 말아 김치(무와 배추)를 얹고,
거기에 돼지고기 편육을 올려서 만든
차가운 국수다.**

[2장]

냉면의 전사

前史

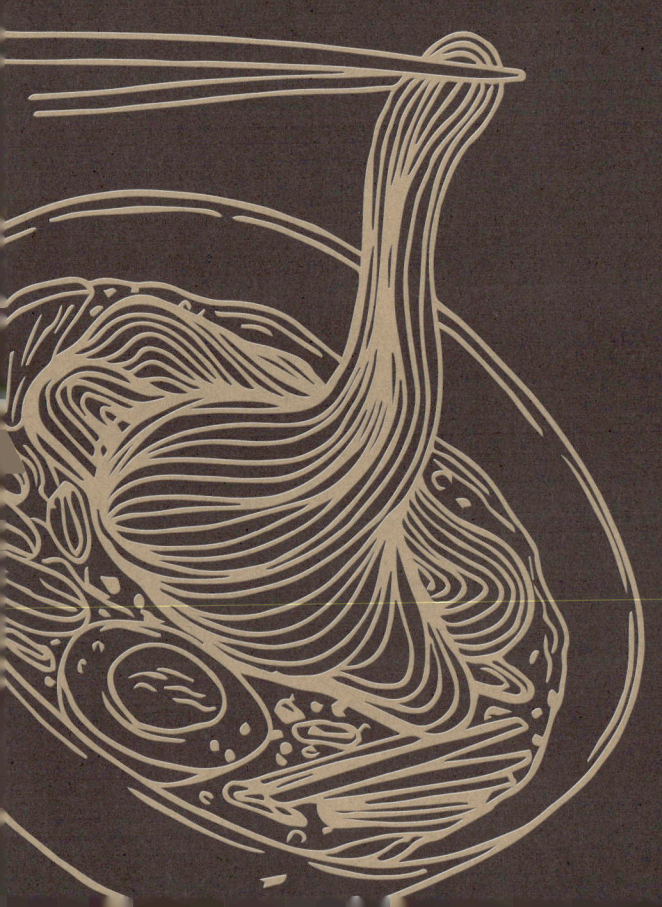

신라의 냉면
—진흥왕의 전설

앞서 말했듯 냉면은 국수의 하나다. 국수의 종류와 역사는 실로 복잡하고 다양하고 방대하다. 가락을 만드는 재료와 방법, 국물과 양념, 얹는 꾸미 혹은 고명의 종류에 따라 셀 수 없을 정도로 많은 종류의 국수가 있고 그 발자취 역시 국수의 종류만큼 무수하다.

냉면 역시 국수의 일종이다. 따라서 냉면의 역사를 알기 위해서는 한국 국수의 역사를 먼저 살필 필요가 있다. 그런데 진실을 먼저 말하자면 한국 국수의 역사를 구성하는 것은 불가능에 가깝다. 냉면 이전 국수의 역사를 둘러볼 만한 자료가 드물기 때문이다. 중국 신강新疆(위구르) 타클라마칸사막의 건조한 기후는 2,500년 전 인간이 먹었던 국수를 유물로 남겼지만, 사계절이 뚜렷하고 습도가 높은 한반도의 기후와 토양은 그런 유물을 남기지 않았다. 혹 삼국의 종교였던 불교와 관련하여, 불교의식(=공양)과 연관된 국수 문헌 자료가 남아 있지 않을까 싶지만 그런 자료는 한 줄도 없다.

물론 여러 정황으로 미루어 삼국시대에 국수를 먹었다고 추정할 수 있을 것이다. 이 추정에 동의하지 않는 바 아니다. 다만 지적하고 싶은 것은 구체적인 증거가 없다는 점이다. 아, 물론 전설 같은 이야기는 전한다. 신라 진흥왕이 어느 여름날 북부 국경 지대로 순찰을 나갔다. 무더위에 가지고 갔던 궁중 음식이 모두 상해 먹을 수가 없게 되었다. 이에 신하들이 산속에 사는 화전민의 음식인 메밀국수에 얼음 두어 개를 띄워 진흥왕에게 올렸다. 이것이 냉면의 시초라는 이야기다.

좀 더 덧붙이자면 시원한 국수에 퍽 만족한 진흥왕이 화전민들이 땅속에 저장한 얼음을 사용하는 것을 보고 경주 여러 곳에 만들라고 지시했다고 한다. 현재 남아 전하는 경주의 석빙고가 냉면의 시원한 맛에 감동한 진흥왕의 지시로 만들어졌다는 것이다.[1)] 하지만 이는 20세기 후반 이름을 알 수 없는 어떤 필자가 지어 낸 이야기일 뿐이다. 사실이 아니다.

경주 석빙고
얼음을 띄운 냉면의 맛에 감동한 진흥왕의 지시로
얼음을 보관하기 위해 만들어졌다는 설도 있으나
이는 20세기에 만들어진 허구일 뿐이다.

고려의 냉면

《고려도경》의 국수

고려 사람들 역시 국수를 먹은 듯하다. 정황 증거는 풍부하다. 하지만 '어떤 국수를 어떤 때에 먹었다'는 구체적 증거는 희박하다. 그런 자료를 읽으려면 1123년 송나라의 사신으로 고려에 왔던 서긍徐兢(1091~1153)의 《고려도경高麗圖經》까지 내려와야 한다. 서긍은 고려시대 국수에 대해 중요한 한 마디를 남겼다.

> 사신이 국경 안으로 들어가면 군산도群山島의 자연주紫燕洲 세 고을에서 모두 사람을 보내 음식을 대접한다. 문서를 지참한 관리는 자줏빛 옷에 복두幞頭를 썼고, 그다음 사람은 오모烏帽를 썼다. 음식은 10여 종인데, 국수가 으뜸이다. 해물은 더욱 진귀한 것이다.[2)]

송나라 사신이 바다를 건너 인천 앞바다 자연도紫燕島(지금의 영종도)에 도착하면, 근처의 세 고을에서 사람을 보내 음식을 대접한다. 고려에서 접대한 음식은 모두 10여 종이다. 서긍은 그중 국수가 가장 맛있었다고 말한다. 국가적 차원에서 외국의 사신을 접대하기 위해 만든 음식이었으니, 당연히 재료도 조리법도 호사스러웠을 것이다. 어쨌거나 모든 요리 중에서 국수가 서긍의 입에 가장 맞았다고 하니, 꽤나 잘 만든 국수였음은 분명하다. 아쉽게도 서긍은 그 국수가 어떤 재료로, 어떤 조리법으로 만들어졌는지, 형태는 어떠했는지 등에 대해서는 전혀 언급하지 않았다.

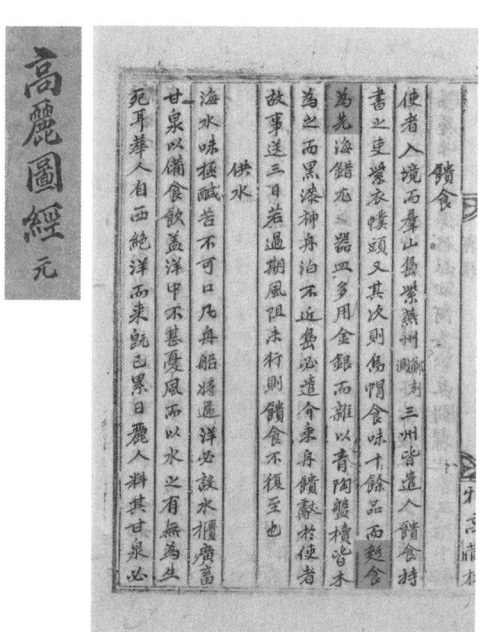

《고려도경》 속 '국수' 기록
고려시대의 '국수' 기록이 남아 있는 유일한 문헌. 1123년 고려에 사신으로 온 송나라 서긍이 10여 종의 음식을 접대받았는데 그중 국수가 가장 입맛에 맞았다고 했다. 국수의 재료, 형태, 조리법에 대해서는 전혀 언급하지 않았다. 아울러, 고려의 밀 생산량이 적어 상인들이 송나라에서 구입해 온다고 기록해 놓았다.

서긍은 《고려도경》에 국수와 관련된 자료 하나를 더 남겼다. 국수의 재료인 밀가루에 대해 언급한 것이다. 그는 이렇게 말했다. "나라 안에 밀[소맥小麥]이 적어서 모든 상인들이 경동도京東道에서 사 오기 때문에 면麵 값이 자못 비싸 큰 예禮가 아니면 사용하지 않는다. 식품 중에 아주 금지하는 것이 있으니, 이는 더욱 우스운 일이다."[3) 경동도는 송의 수도 변경汴京, 하남성 개봉開封에서부터 산동성 등을 포함하는 지역이다. '나라 안에 밀가루가 적다'는 말은 밀이 전혀 생산되지 않는다는 뜻이 아니라, 생산량이 아주 적다는 의미이다.[4) 그러니까 고려의 밀 생산량이 적어 상인들이 송에서 사 온다는 말이다. 다만 이 자료만으로는 밀 무역이 어떤 형태로, 어떤 규모로 이루어졌는지 구체적으로 알 수 없다.

서긍의 발언에서 특별히 주목할 부분은, '면麵 값이 자못 비싸[麵價頗貴]'의 '면'이라는 말이다. '면麵'은 밀가루와 국수로 번역할 수 있는데,[5) 전자로 추정된다. 밀가루는 꼭 국수를 만드는 데만 사용되는 것은 아니기 때문이다. 예컨대 잔치에 내놓던 과자인 유밀과 역시 밀가루로 만든다. 물론 유밀과에 비해 국수를 만들어 먹는 경우가 더 많았음은 두말할 필요가 없다. 어쨌든 잔치가 아닌 일상의 식사에서 밀가루로 국수를 만들어 먹는 기회가 아주 드물었다고 이해하면 좋을 듯하다.

밀이 적었다는 서긍의 말을 어느 정도까지 신뢰해야 하는지는 알 수 없다. 하지만 조선시대에 밀이 사뭇 귀한 곡식이었고 밀가루 역시 귀한 식재료였던 점을 감안하면 고려시대에도 밀가루로 만든 국수가 일반 사람들이 아무 때나 흔히 먹을 수 있는 음식은 아니었을 것이라는 추정은 가능하다.[6)

유의할 부분은 밀은 부족했지만 메밀은 상대적으로 풍부했던 것으로 보인다는 점이다.[7) 이색李穡(1328~1396)은 〈청주목제용재기清州牧濟用財記〉라는 글에서 고려 말 이모지李慕之라는 인물이 오랜 절용節用 끝에 청주목에 백미 20석, 현미 70석, 좁쌀 80석, 메밀 30석의 곡식을 비축했다고 적었다.[8] 여기에 밀[소맥小麥]은 없고 메밀이 포함되어 있는 것이 흥미롭다. 이색은 조선 건국(1392) 이후까지 살았다. 이 같은 조선시대의 상황을 참고해서 살피면 고려시대는 역시 밀보다는 메밀이 상대적으로 풍부했다. 이런 점에서 보통의 고려 사람들, 특히 민중이 국수를 먹었다면 그 주재료는 메밀가루였을 가능성이 크다. 물론 메밀로 만든 국수의 종류와 그것을 만드는 방법에 대해서는 전혀 알려진 바 없다.

사원의 국수

고려는 불교국가였다. 어떤 이들은 고려에서 불교의식을 거행할 때 국수를 만들었을 것이라 말한다. 예컨대 수륙재水陸齋에서 국수나 만두를 만들어 먹었을 것이라고 추정한다. 이태경은 〈한국 불교문헌에 보이는 만두饅頭와 국수[세면洗麵]에 대한 의식 변화 연구〉에서 1100~1200년대에는 이미 연애碾磑(맷돌)를 이용한 밀의 제분 가공이 이루어지고 있었고, 고려 건국 초기부터 밀가루로 만든 만두나 국수가 무차수륙재無遮水陸齋 등의 국가적인 불교 행사에 쓰였을 가능성이 충분하다고 주장한다.[9] 또 이 국수는 세면細麵이었을 것이며, 세면細麵은 세면洗麵과 같은 것으로 가늘게 만든 국수이고 습면濕麵처럼 물을 이용해서 조리하는 면이라고 추정한다.[10] 하지만 추정일 뿐이고 구체적인 정보는 없다.

사원寺院에서 국수를 뽑아 시장에 내다 팔았고, 이 과정에서 국수 반죽을 손으로 밀어 만들던 것이 기계화되어 국수틀로 눌러 뽑아 만들게 되었다는 주장도 있다. 하지만 이 역시 근거 자료는 찾을 수 없다.[11]

이색의 도엽냉도

고려시대에 만두를 먹었다는 기록은 몇 있지만,[12] 국수를 먹었다는 기록은 아주 드물다. 앞서 말한 송의 사신 서긍 이후 고려 말 이색에게 와서 비로소 국수를 먹었다는 말이 보인다. 그는 〈점심[午飱]〉이라는 시에서 "흰 국수[白麪]는 향기로운 국물에서 매끄러운데, 쇠한 창자에는 냉기가 서렸구나"[13]라고 했다. 흰 국수가 어떤 재료로 어떻게 만들었는지는 알 수 없으나, 점심으로 '차가운' 국수를 먹은 것은 분명하다. 그렇다면 이 '차가운 국수'가 냉면인가? 이색은 고려 인물로는 예외적으로 방대한 시문집《목은집牧隱集》을 남겼다. 방대한 문집이라 국수를 먹었다는 정보까지 실리게 된 것일 터이다.[14]

이색은 〈하일즉사夏日卽事〉[15]라는 제목의 시에서 '괴엽냉도槐葉冷淘'를 먹은 경험을 말한다. 그런데 괴엽냉도란 것이 냉면과 약간의 관계가 있다. 국수의 한 종류인 이를 냉면의 기원으로 보는 견해도 있다. 〈하일즉사〉는 3수인데, 그중 첫째 수의 앞부분을 보자.

불덩이 구름 종일 핼쑥한 얼굴을 비추어	火雲終日照衰顏
사방팔방 터진 집에 관冠조차 벗고 앉았노라.	八面虛堂坐不冠
도엽냉도 맑은 기운이 뼛속까지 스미고	桃葉冷淘淸入骨
귤피로 지은 새 약의 따스함은 간장에 엉기네.	橘皮新劑煖凝肝

원문에는 도엽냉도桃葉冷淘라고 되어 있지만 괴엽냉도槐葉冷淘를 잘못 쓴 것이다. 더운 여름날이다. 붉은 기운을 머금은 구름이 더위에 지친 얼굴을 비춘다. 사방팔방 문을 열어 놓고 관도 벗어던졌다. 더위를 참을 수

없어 괴엽냉도를 먹으니 시원한 기운이 뼈에 사무친다. 곧 괴엽냉도는 차가운 음식이다.

《한어대사전漢語大詞典》은 괴엽냉도에 대해 이렇게 풀이한다. "일종의 찬 음식이다. 밀가루를 회화나무 잎의 물과 섞은 뒤 잘라서 떡, 가래, 채 등의 모양으로 썰어 삶아 익혀서 찬물로 헹구어 먹는다."[16] 곧 회화나무 잎사귀의 즙을 짜서 밀가루 반죽을 한 뒤 썰어서 떡의 형태나 국수로 만들어 삶아 익혀 찬물로 헹군 뒤 먹는 음식이다. 왜 회화나무 잎의 즙을 반죽에 넣었는지는 알 수 없다. 회화나무 잎의 즙이 들어간다는 것만 눈에 띌 뿐 달리 특별한 것은 없다. 다시 냉도冷淘라는 말을 찾아보면, '과수면過水麵 및 양면涼麵과 같은 종류의 음식'[17]이라고 정의하고 있다. 양면은 차가운 국수이니 달리 설명을 덧붙일 것이 없다. 그렇다면 과수면은 또 무엇인가. 끓는 물에 삶은 국수를 찬물에 헹군 것[18]이다. 돌고 돌아 결국 국수를 삶아 찬물에 헹궈서 차갑게 한 것이 냉도다.[19] 다만 그 국수를 회화나무 잎을 짠 즙을 넣은 반죽으로 만든 것일 뿐이다.

괴엽냉도, 회화나무 잎의 물로 만 냉국수
이색은 〈하일즉사〉라는 시에 '괴엽냉도'를 먹은 경험을 남겼다. 괴엽냉도는 밀가루를 회화나무 잎의 물과 섞은 뒤 떡, 가래, 채 등의 모양으로 썰어 삶아 익혀서 찬물로 헹구어 먹는 중국의 냉국수 종류. 괴엽냉도를 한국 냉면의 기원으로 보는 견해도 있으나 수긍하기 어렵다.

괴엽냉도는 두보杜甫의 시에 처음 보인다. 두보는 〈괴엽냉도槐葉冷淘〉라는 제목의 시 서두에서 "푸르디푸른 저 높은 회화나무, 잎을 따 모아 주방에 보낸 뒤, 가까운 시장에서 새 밀가루 사서 오니, 즙과 건더기 온전히 갖추었네"[20]라고 했다. 두보의 시에 나오니 당대唐代부터 먹었던 것이고, 청대淸代에 이르러서도 하짓날 북경에서는 집집마다 먹었다고 한다. 명칭은 앞서 말한 바처럼 '냉도면' 혹은 '과수면'이라고 했다.[21)]

이색은 이 중국의 냉국수를 먹고 찬사를 발한다. 그렇다면 중국의 냉국수 괴엽냉도가 정말 한국 냉면의 기원인가? 이색 이후 괴엽냉도를 언급하는 문헌(주로 한시漢詩다)이 더러 있긴 하다. 하지만 실제 이 국수를 먹었던 것으로 보이지는 않는다. 성호星湖 이익李瀷은 《성호사설》〈냉도冷淘〉라는 항목에서 이렇게 말한다. "시가詩歌에서 '괴엽냉도'라는 말을 많이 쓴다. '옛날 야호천野狐泉에 사는 한 여자가 수화냉도水花冷淘를 잘 만들었는데, 오吳나라의 칼로 썰고 낙양洛陽의 술로 씻었다' 하였다."[22)] '시가에서 괴엽냉도라는 말을 많이 쓴다'는 말은 한시를 짓는 사람들이 '괴엽냉도'라는 말을 자주 인용한다는 뜻이다. 실제로 괴엽냉도를 먹었다는 말이 아니라, 그저 관습적으로 인용한다는 의미이다. 원숭이가 살지 않는 조선이지만 한시에서 '원숭이 울음소리'라는 말을 쓰는 것과 같다.

이익이 뒤이어 인용한 '옛날 야호천에 사는 한 여자가' 이하의 문장은 두보의 〈괴엽냉도〉 시에 딸린 주석이다. 이익은 이 주석을 먼저 인용하고 두보의 〈괴엽냉도〉를 인용했다. 이어 그는 괴엽냉도라는 어휘에 대한 자신의 의견을 밝힌다. 그는 냉도를 수화水花나 괴엽을 밀가루에 섞어 만든 반죽을 가늘게 썰어 물에 담가 차게 식힌 뒤 먹는 음식이라고 추측했다. 또 괴엽은 꽃이 피는 괴화槐花가 아니라 녹나무일 것으로 추정했다. 조선에서는 녹나무를 괴화나무라고 한다는 것이다.[23)]

이익의 이런 추정은 괴엽냉도가 조선에서 일상적으로 먹는, 아니 드물게라도 먹는 음식이 아니었음을 알려 준다. 실제 먹는 것이었다면 이렇게 말이 애매하지는 않았으리라. 조재삼趙在三(1808~1866)은 《송남잡지松南雜

識》의〈냉면〉이라는 항목에서 '야호천' 운운하는 두보의〈괴엽냉도〉시의 주석과 소동파의〈냉도〉라는 제목의 시 한 구절을 인용하고, "지금의 평양냉면과 같다"는 말을 덧붙였다.[24] 문헌상에서 본 괴엽냉도라는 음식은, 굳이 비교하자면 19세기의 평양냉면과 같다는 것이다. 이는 이색이 한 번 먹었을지는 몰라도 사실상 괴엽냉도라는 음식은 조선의 음식문화에 존재하지 않는 음식이라는 추정을 가능케 한다.

그렇다면 괴엽냉도는 완전히 사라진 것인가. 괴엽냉도는 홍만선洪萬選(1643~1715)이 쓴《산림경제山林經濟》의〈국수[粉麵]·떡[餠]·엿[飴]〉에 취루면翠縷麵이라는 이름으로 다시 실린다.《산림경제》는 취루면에 대해, 연한 회화나무 잎을 갈아 즙을 내고 반죽에 넣은 뒤 가늘게 썰어 끓는 물에 익힌 뒤 찬물에 헹구고 양념을 해서 먹는 음식이라고 적고 있다. 사실상 괴엽냉도.[25] 그런데 홍만선은 취루면에 대한 설명 말미에 인용처를 원대元代의 생활실용서《거가필용사류전집居家必用事類全集》으로 밝혀 놓았다. 취루면은 물론이고《산림경제》의〈국수·떡·엿〉에 수록된 국수는 모두 이 책에서 인용한 것이다.[26] 원대의 국수를 옮겨 놓고 있을 뿐인데, 이것을 과연 먹었는지 의심스럽다. 실제 취루면은《(증보)산림경제》에서 탈락했고, 조선 헌종 때 서유구徐有榘(1764~1845)가 펴낸 농업 백과전서《임원경제지林園經濟志》와《송남잡지》등 소수의 문헌에 보일 뿐이다.[27]《임원경제지》와《송남잡지》역시《거가필용사류전집》에서 인용한 것일 뿐이다.

괴엽냉도는 찬 국수다. 차갑다는 점에서 냉면과 통하는 바가 있긴 하다. 하지만 괴엽냉도를 냉면과 연결 지을 구체적 근거는 없다. 무엇보다 고려 말 이후 괴엽냉도를 먹었다는 기록 자체를 찾기 어렵기 때문이다. 이런 점에서 냉면과 관련해서 종종 언급되는 음식이지만, 사실상 냉면과는 상관이 없다고 보는 편이 옳다. 더욱이 괴엽냉도에 대해 언급한 자료에는 국수를 마는 국물과 관련된 언급이 전혀 없다. 만약 국물이 아주 차갑다는 점이 강조되었다면 괴엽냉도를 냉면의 기원으로 여길 수도 있으리라. 하지만 냉도라는 말에서 보듯, 괴엽냉도는 단순히 찬물에 국수를 헹군 것에 불과하다. 찬물에 국수를 헹구는 것은 괴엽냉도뿐만 아니라 여러 종류의 국수 요리에서 쓰는 조리법이다.

〔3장〕

조선 전기의 국수

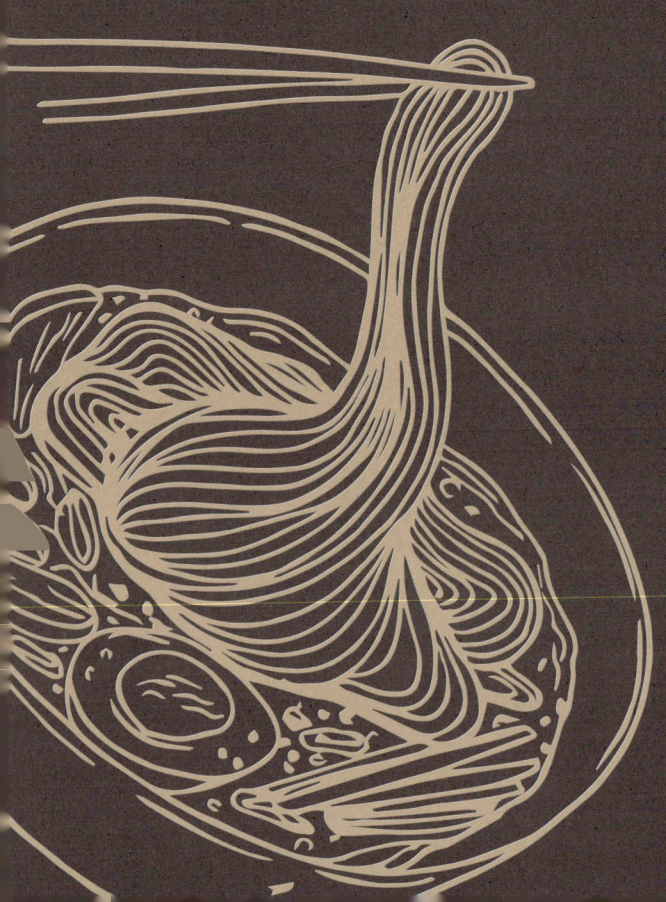

15세기의 국수 조리법, 《산가요록》의 국수

메밀로 만든 음식들

앞에서 국수에 대해 이것저것 말은 했지만 구체적인 내용은 거의 없다. 국수의 명칭, 재료, 조리법 등을 언급한 자료가 전혀 없기 때문이다. 이제 국수에 대해 좀 더 구체적으로 살펴보자. 세종 연간에 전의감典醫監 의관醫官으로 365권이라는 방대한 양의 의서《의방유취醫方類聚》의 편찬에 참여했던 전순의全循義는 음식으로 병을 치료하는 처방을 모은《식료찬요食療纂要》와 조리서《산가요록山家要錄》[1]을 저술했다.《산가요록》의 저술 시기는 1450년(세종 32)이다. 230종의 조리법을 싣고 있는 이 책을 통해 15세기 사람들이 어떤 음식을 먹었는지, 나아가 이 책의 주제와 관련하여 어떤 국수를 만들어 먹었는지 짐작할 수 있다.

《산가요록》은 술, 장醬, 김치 만드는 법, 재료 저장하는 법, 곡물음식 조리법, 과자 만들기, 반찬 만들기의 순서로 되어 있다. 국수는 곡물음식 조리법에 들어 있다. 곡물음식 조리법은 다시 (가) 죽과 밥, (나) 국수와 기타 음식, (다) 떡[餠]으로 나뉜다. 국수를 다루기 전에 먼저 (가) 죽과 밥의 한 부분에 대해 간단히 언급한다. 메밀로 만드는 음식이 있기 때문이다. (가) 죽과 밥은 백죽白粥(흰죽), 사시신미죽四時新米粥(사철햅쌀죽), 담죽淡粥(묽은 죽), 두죽豆粥(콩죽), 백자죽柏子粥(잣죽), 목맥반木麥飯(메밀밥)으로 구성되어 있다. 마지막 목맥반이 메밀밥인데, 메밀로 밥을 짓는 방법이 간단히 소개되어 있다. 인용하면 다음과 같다.

> 메밀[모미牟米]을 쓿어[舂출] 한참 동안 물에 담갔다가 메밀쌀이 불면 도로 꺼내 깨끗한 자리 위에 널고 그 위에 또 기름종이를 덮어 햇볕에 쬐어 말린다. 쌀이 아주 뜨거울 때 절구에 찧어 거친 것은 버리고 씻어서 밥을 지어, 물과 함께 올린다.[2]

메밀을 밥으로 지어 먹었다는 데 주목할 필요가 있다. 실제 문헌에서 메밀밥을 먹은 예는 거의 찾아볼 수 없다. 종기가 났을 때 붙이는 약으로 쓰인 경우가 더러 보일 뿐이다. 참고 삼아 《산가요록》에서 메밀로 만든 음식을 살펴보면 다음에 언급할 국수 외에 메밀술[목맥주木麥酒],[3] 메밀소주[목맥소주木麥燒酒],[4] 잡병雜餠[5] 3종이 있을 뿐이다. 메밀술과 메밀소주는 술 52종 가운데 2종이고, 잡병은 찹쌀가루와 섞어 만든 떡이다.[6] 국수를 제외하면 메밀로 만들어 먹는 음식은 대단히 제한적이었다. 국수와 술, 떡 외에 메밀로 만든 음식으로 만두와 묵이 있긴 했지만 문헌에는 거의 등장하지 않는다. 아마도 일상적으로 먹는 음식은 아니었던 듯하다.

메밀은 역시 국수 재료로 가장 많이 쓰였던 것이다.

다시 《산가요록》으로 돌아가자. 메밀밥에 이어 밀가루와 메밀가루를 섞은 반죽에 고기 속을 넣어 떡을 만든 뒤 기름에 지진 소마塑亇, 토란과 찹쌀을 섞어 쪄서 만든 떡을 기름에 지져서 먹는 우자박芋紫朴(토란병)이 이어진다. 소마와 우자박은 기름에 지진 떡이니, 관심 대상이 아니다. 단 소마에 메밀가루와 밀가루를 사용한다는 것은 기억하자.

소마와 우자박 사이에 있는 나화剌花는 약간의 설명이 필요하다. 달걀 크기의 밀가루 반죽을 넓은 안반 위에 손바닥으로 밀어서 평평하게 한 뒤, 다시 그것을 바가지 위에 얹어 사면을 끌어내려 화지花紙처럼 얇게 만든다. 사면의 약간 두꺼운 부분을 찢어 내고 나머지 부분[7]을 즉시 깨끗한 새끼줄에 걸어 마르기를 기다려 끓는 물에 잠시 삶은 뒤 꺼내어 깨끗한 얼음 가운데 두었다가 다시 물을 갈아 부으면 세면細麵처럼 뜬다. 이것을 '가루즙[말유즙末油汁]'[8]에 향채香菜와 구운 고기를 함께 넣어 먹으면 토장土醬이 되고, 화갱花羹에 섞으면 나화가 된다. 사실 이것이 어떤 음식인지는 알 수 없다. 반죽이 얇고 넓게 만들어졌고, 칼로 써는 것도 수제비처럼 반죽을 작게 떼내는 것도 아니니, 국수나 수제비 종류는 아닌 듯하다.

나화 다음에 실려 있는 수라화水喇花를 보자. 수라화는 여름에 밀가루를 반죽해 넓은 판 위에 놓고 얇은 조각[박편薄片]을 만든 뒤 칼로 작은 먹[소묵小墨] 모양으로 썰어 찬물에 담근다. 찬물을 여러 차례 갈아 아주 차게 식힌 뒤 생강, 마늘을 넣은 초장醋醬을 쳐서 먹는다. 역시 긴 가락의 국수가 아니다.

면법, 일곱 가지 종류의 국수 조리법

수라화에 이어 면법麵法, 곧 '국수 만드는 법'이 따로 실려 있다. 전순의는 아마도 앞의 나화·수라화를 국수와 다른 종류의 음식으로 구분하고자 했던 것으로 보인다. 면법에 이어 계란면부터 토장吐醬까지 일곱 가지 종류의 국수 조리법이 실려 있는데, 이 일곱 종류는 국수 자체를 만드는 법이 앞의 면법과는 아주 다르다. 그러니까 면법의 국수와 일곱 종류의 국수는 서로 다른 국수다. 면법과 일곱 종류 국수와의 관계는 주목할 필요가 있다. 《산가요록》 이후의 조리서에도 면법에 해당하는 내용이 먼저 나오고, 이어 구체적인 국수 조리법이 나온다. 이런 방식의 서술은 거의 일관되게 유지된다. 왜 이런 서술 방식이 생긴 것인지 그 이유는 알 길이 없다. 이 문제에 대해서는 뒤에 다시 언급하기로 여기서는 일단 면법에 대해 살펴보자.

면법은 곡물가루를 만들고 배합하는 방법에 집중한다. 인용하면 다음과 같다.

㉠ 차조(좁쌀)를 맷돌에 갈아 수비水飛한 것과 메밀을 곱게 가루 내어 볕에 말린 것을 같은 분량으로 넣고 국수를 만든다.
㉡ 또 다른 방법. 차조를 물에 담그되 여름에는 7일, 봄·가을에는 10일, 겨울에는 15일 동안을 문드러질 정도로 두었다가 체에 내린다. 물이 맑아지고 가루가 엉기면 걷어 발 위에 펴서 볕에 말리고, 만들어 놓은 가루 셋이면 녹두가루 하나를 섞어 국수를 만든다.
㉢ 또 다른 방법. 메밀가루 한 말과 느릅나무가루[유맡楡沝] 세 수저를 섞어서 만든다.

㉣ 또 다른 방법. 밀가루 둘이면 콩가루[태말太末] 하나를 섞어서 만든다.
㉤ 또 다른 방법. 콩가루 둘이면 밀가루 하나를 섞어서 장물에 삶아 같이 내는데, 일명 두승豆繩이라고 한다.[9]

㉤의 '장물에 삶아 같이 낸다'는 말을 제외하면 ㉠, ㉡, ㉢, ㉣, ㉤은 국수의 주재료인 곡물가루를 섞는 비율에 대해서만 말하고 있다. 전순의는 ㉠~㉤의 면법과 계란면 이하 일곱 종류의 국수 만드는 방법을 구분하기 위해 이런 식으로 서술한 듯하다. 다시 말해 계란면 이하는 만드는 방법이 특이하거나(세면) 곡물 이외의 다른 중요한 재료가 들어가는(계란면, 육면) 등 방법과 재료가 다양하다. 반면 면법의 ㉠~㉤은 곡물의 가루를 만들고 그것들을 섞는 비율에 집중할 뿐이다. 여기서 생각할 수 있는 것은 계란면 이하 7종은 좀 특별한 국수이고, ㉠~㉤은 당시 일반적인 국수일 것이라는 추정이다. 면법에 서술된 방식으로 만든 국수의 조리법과 부재료 등에 대해서는 아무런 말이 없다. ㉤에서 간단히 언급한 것처럼 장물에 삶아 내는 방법이 일반적이지 않았을까 싶다. 워낙 익숙한 조리법이기에 특별히 언급하지 않았을 가능성도 있다.

㉠~㉤의 곡물가루 섞는 비율을 정리해 보자.

㉠ 차조가루 1, 메밀가루 1의 비율로 혼합.
㉡ 차조가루 3, 녹두가루 1의 비율로 혼합.
㉢ 메밀가루 1두斗, 느릅나무가루 3수저를 혼합.[10]
㉣ 밀가루 2, 콩가루 1의 비율로 혼합.
㉤ 콩가루 2, 밀가루 1의 비율로 혼합.

다양한 곡물이 국수 재료로 사용되고 있다. 압도적으로 우위를 차지하는 재료는 없다. 단 메밀가루와 밀가루가 계란면 이하의 국수에도 사용된다는 점에서 보다 널리 사용된 재료라고 말할 수 있을 것이다.

뒤이어 계란면, 육면肉麵, 세면細麵, 창면昌麵, 진주면眞珠麵, 만이창면漫伊昌麵, 토장吐醬 등의 국수 조리법이 등장한다. 계란면은 밀가루에 달걀을 넣고 반죽한 뒤 칼국수를 만들어 삶은 뒤 짐승의 고기를 끓인 국물[흑탕黑湯]에 넣어 먹는 것이고,[11] 육면은 고기를 솔잎처럼 얇게 썰어 밀가루나 메밀가루를 묻혀 삶은 뒤 장醬을 넣고 채소를 섞어 먹는 것이다.

이어지는 세면과 창면은 상당히 중요하므로 따로 다루고, 나머지 진주면과 만이창면에 대해 간단히 언급한다. 진주면 만드는 법을 요약하면 다음과 같다. 기장이나 메밀로 밥을 지은 뒤 물에 씻고 밀가루와 녹두가루를 묻혀 데치고 다시 씻는다. 여기에 절인 오이, 연한 고기를 썰어 볶아 넣고 향채와 들깨즙을 버무려 먹는다. 만이창면은 메밀가루 혹은 밀가루를 반죽해 얇게 밀어 혁대 모양으로 잘라 삶은 찬물에 헹군 뒤 여기에 향신채, 가늘게 썬 고기, 참깨즙, 소금 등을 버무려 먹는다. 이어 토장 만드는 방법이 실려 있다. 밀가루와 쌀가루, 녹두가루를 섞어 만든 반죽을 밀어 두 치(약 6센티미터) 길이에 한 치 반(약 4.5센티미터) 너비로 잘라 낸다. 삶아서 익히고 물에 담가 차게 식힌 뒤 들깨즙과 간장, 여러 가지 부재료를 넣어 먹는다. 계란면, 육면, 진주면, 만이창면, 토장 중에서 육면, 진주면은 국수로 보기 어렵고, 토장은 수제비에 가깝다.

나머지는 밀가루와 메밀가루를 섞어 만든 수고아水羔兒라는 물만두, 생선살을 피로 사용하는 어만두魚饅頭 만드는 법이다. 끝은 생치저비生雉箸飛인데, 꿩고기를 만두 모양으로 저며 물에 삶은 뒤 녹말을 묻혀 다시 익혀서 장물[醬水]로 만든 국에 넣어 먹는다.[12] 참고로 말하자면, 여기서의 저비箸飛는 수제비라는 낱말의 기원이 아닌가 한다.

세면과 창면을 제외하고 '(나) 국수와 기타 음식'에 포함된 모든 음식을 거론했는데, 몇 가지 지적해야 할 것이 있다. 먼저 언급할 것은 소마塑亇, 나화剌花, 수라화水喇花 등의 음식 명칭이다. 이 음식명은《산가요록》과 일부 조리서 외에는 전혀 보이지 않는다. 우자박芋紫朴의 '우자芋紫'는 토란이지만, '박'은 유래를 알 수 없는 말이다. 만이창면漫伊昌麵의 '만이漫伊' 역시 한국과 중국의 문헌에 나타나지 않는다. 수고아水羔兒의 고아羔兒는 중국어로 '새끼 양'이라는 뜻이지만, '수고아'라는 음식은 새끼 양과 아무런 관계가 없다.

이런 음식명은 몽골의 말이 아닐까? 전부는 아니지만 이들 중 상당수는 몽골에 기원을 둔 음식일 터이다. 앞으로 고찰을 요하는 문제다. 물론 여러 종류의 음식이 몽골에서 유래했다 하더라도 몽골의 음식을 그대로 옮긴 것은 아닐 것이다.《거가필용》에 실린 몽골의 음식은 대부분 탕에 면을 말아 먹는 국수인 습면濕麵 식품이다. 수활면水滑麵 이하 혼돈피餛飩皮까지 14가지 음식을 수록하고 있는데,[13] 콩가루가 부재료로 2회 들어가는 것을 제외하면 나머지는 모두 밀가루다. 메밀가루 같은 것은 아예 사용하지 않았다.《산가요록》의 국수는 몽골 혹 원의 음식에서 영향을 받았을 수 있지만, 재료는 사뭇 달랐던 것이다.

세면과 창면

《산가요록》에 수록된 국수는 뒷날 이런저런 조리서에 실린다. 특히 세면과 창면은 반복적으로 등장한다. 세면과 창면은 많은 사람들이 오랫동안 먹은 국수였던 것이다. 이 두 국수를 따로 다루어 보자.

세면細麵 녹두가루 다섯 홉을 얼음물에 넣고 휘저어 섞는다. 가마솥에 물을 끓이며 그 물에 바가지를 띄우고 녹말 반죽을 담아 나무젓가락 서너 개로 휘저어서 풀[膠]을 쑤어 나무젓가락으로 풀을 흘려 실이 나오듯 하면 된다. 또 녹두가루 일고여덟 되를 그릇에 담아 위의 풀을 섞어 휘저어 손을 두세 자쯤 들어 올려 끊어지지 않게 한다.

바가지 밑에 세 개의 구멍을 뚫는데, 솥발[정족鼎足]처럼 손가락 끝이 들어갈 수 있게 한다. 왼손가락으로는 세 구멍을 막은 채 바로 눈높이까지 들어올리고, 오른손으로 바가지를 멈추지 말고 면이 만들어지면 얼음물에 헹구어 내어 장국에 먹는다.[14]

녹두가루를 얼음물에 연하게 타서 바가지에 넣고 끓는 물에 띄워 풀처럼 살짝 익힌다. 바가지에 구멍을 뚫은 뒤 바가지를 들어 그 풀이 실처럼 길게 흘러내리게 한다. 녹말풀은 실이 되어 끓는 물에 들어가 익는다. 이것을 건져서 얼음물에 헹군 뒤 장국에 말아 먹는다.

창면昌麵 밀가루를 아주 곱게 빻아 고운 모시 보에 여러 번 내려 물로 반죽하여 탄환만 하게 자른다. 참기름에 담갔다가 꺼내서 판 위에 놓고 반 자(약 15센티미터) 남짓한 대통[전죽箭竹]을 가지고 아주 얇게 되도록 밀어서 칼로 길게 자른다. 그리고 양끝을 잡아 당겨서 싸리채반[뉴기杻器] 위에 나란히 늘어놓고 말린다. 손님이 오면 바로 청장淸醬 물에 꿩이나 닭고기를 넣어 끓여 쓴다.[15]

밀가루로 만드는 창면은 국수 가락을 만드는 방식이 독특하다. 밀가루 반죽을 탄환 정도 크기로 뭉쳐 둥근 대나무로 길고 얇게 밀어 칼로 길게 자른 다음 다시 당기고 말려 만든다. 밀가루 반죽을 길고 얇게 밀어 칼로 썬다는 점에서는 칼국수 방식이지만, 이것을 다시 잡아당겨 늘린다는 점에서는 납면拉麵 방식이다. 아울러 말려서 두고 사용한다는 점에서 생면生麵이 아닌 건면乾麵이다.

7종 국수의 재료와 제조 방식

계란면 등 7종의 국수 가락을 만드는 재료와 방식을 중심으로 다시 짧게 정리해 보자. 다음은 재료를 정리한 것이다.

- 계란면—밀가루, 계란
- 육면—밀가루 또는 메밀가루, 고기
- 세면—녹두가루
- 창면—밀가루
- 진주면—기장 또는 메밀, 밀가루
- 만이창면—밀가루 또는 메밀가루
- 토장—밀가루, 쌀가루, 녹두가루

빈도 순으로 보면 밀가루 6회, 메밀가루 2회, 녹두가루 2회, 쌀가루 1회다. 진주면의 메밀과 기장은 가루로 사용되지 않았기 때문에 포함하지 않았다.

밀가루가 압도적이다. 면법의 밀가루 사용 횟수와 합치면 8회나 된다.

메밀가루는 총 4회다. 이것만으로 판단하기에는 성급할지 모르지만, 일단 15세기 조리서에서 국수를 만드는 재료는 밀가루가 압도적이었다. 메밀가루가 주재료로 쓰인 경우는 면법 ⓒ의 경우가 유일하다. 메밀가루는 밀가루가 대체할 수 있었고(육면, 만이창면), 메밀은 기장이 대체할 수 있었다(진주면). 이런 사례를 보면 확실히 국수 재료로는 메밀가루가 아닌 밀가루가 선호된 듯하다. 밀은 생산량이 적고 메밀은 생산량이 많았지만, 선호도는 밀 쪽이 높았던 것이다.

만드는 방법은 칼국수 방식, 곧 절면법切麵法이 일반적이다. 창면의 경우는 납면법과 건면법을 포함하지만 최초의 국수 가락은 납면법으로 만들었다. 독특한 것은 세면이다. 세면은 바가지에 구멍을 내고 그 구멍으로 점도가 낮은 녹말풀을 아래로 실처럼 길게 흘려 내리게 해서 만든다. 아래쪽에는 끓는 물이 있어 실 같은 국수는 떨어지면 즉시 익는다. 뒷날의 국수틀 원리와 통하는 바가 있다. 하지만 압력을 가하지 않는다는 점에서 국수틀은 아니다. 적어도 《산가요록》이 쓰인 1450년까지는 국수틀을 이용해 국수를 길게 내려 뽑는 제면 방식은 없었다.

국수의 국물은 면법의 다섯 가지 방법 중 마지막 방법에만 밝혀져 있다. 곧 콩가루 2, 밀가루 1의 비율로 만든 국수를 장물[장즙醬汁]에 삶아 낸다는 것이다.[16] 계란면은 흑탕黑湯,[17] 곧 꿩이나 닭 혹은 각종 새[鳥類]를

국수 조리법이 수록된 15~16세기의 조리서 《산가요록》①, 《계미서》②, 《수운잡방》③
《산가요록》(1450, 전순의)에는 계란면, 육면, 세면, 창면, 진주면, 만이창면, 토장 등 일곱 종류의 국수 조리법이 실려 있다. 이 중 세면과 창면이 오랫동안 먹은 국수라서 뒷날의 조리서에 반복해서 등장한다. 15세기에는 국수 재료로는 밀가루가 선호되었고, 만드는 방법은 절면법(칼국수 방식)이 일반적이었다. 이 조리서의 국수는 《수운잡방》(1540년경, 김유)과 《계미서》(1554년경)에 약간씩 변형되면서 전승되었다.

삶은 육수에 말아 낸다. 세면은 장국에 끓여 먹고[18] 창면 역시 맑은 장물[장수醬水]에 꿩고기나 닭고기를 넣어 끓여 먹는다.[19] 장醬은 간장을 가리키는 듯한데, 간장을 탄 물에 국수를 말아 내는 경우는 두 가지이니 오히려 희소하다 하겠다. 흥미로운 점은 쇠고기나 돼지고기 육수를 사용하는 경우는 없고, 육수를 사용할 경우 꿩이나 닭 육수를 쓴다는 것이다. 여기에 초장(수라화), 참깨즙(만이창면), 들깨즙(토장)을 추가하면 《산가요록》의 국수 국물은 아주 다양하다.

한 가지 특이한 점은 차게 먹는 국수가 많다는 것이다. 수라화의 경우 못 모양으로 만든 국수를 찬물에 담그고 여러 차례 물을 갈아 아주 차갑게 만든 후 생강, 마늘을 넣은 초장에 말아서 먹는다.[20] 만이창면 역시 메밀가루나 밀가루 반죽을 밀판에 아주 얇게 밀어 혁대 모양으로 자른 국수를 삶은 뒤 찬물에 깨끗이 헹궈서 참깨즙에 말아 먹는 차가운 국수다.[21] 토장 또한 밀가루, 쌀가루, 녹두가루를 밀판에 얇게 밀어 길이 2촌(약 6센티미터), 너비 1.5촌(약 4.5센티미터)의 직사각형 형태로 잘라 내서 들깨즙에 말아 먹는 것으로 차가운 국수다.[22]

《산가요록》 국수의 전승

《산가요록》의 여러 국수는 약간씩 변형되면서 전승되었다.[23] 1540년경 김유金綏가 쓴 《수운잡방需雲雜方》에는 국수 두 가지가 실려 있는데, 하나는 육면이고 다른 하나는 습면濕麵이다.[24] 전자는 《산가요록》의 육면이고, 후자는 세면이다. 《수운잡방》에 이어 1554년경에 쓰인 《계미서》에는 국수가 죽·밥과 뒤섞여 있다. 원문 순서대로 나열하면 다음과 같다.

㉠ 면麵(국수 만들기), ㉡ 면시麵𪍿(장국국수), ㉢ 진주분珍珠粉,[25] ㉣ 별면법別糆法(난면), ㉤ 작세면作細糆[26]

㉠에서는 메밀로 가루를 내고 이어 반죽을 만드는 방법까지 말하고 있다. 《산가요록》의 면법麵法과 성격이 동일하다. 물론 《산가요록》은 곡물 가루를 만들고 배합하는 방법을 언급했지만, 《계미서》에는 메밀가루 한 가지만 있다는 점에서 구분된다.[27] '면麵'에 이어 닭을 삶아 그 국물에 국수를 말고 닭고기를 고명으로 올리는 '면시'가 이어진다. 국수는 '면麵' 항목에서 만든 메밀국수일 것이다. 면시는 닭 육수를 사용한다는 점에서 19세기 말 이후 여름냉면과 통하는 부분이 있다. 진주분은 《산가요록》의 진주면眞珠麵과, 별면법別糆法은 계란면, 작세면은 세면과 동일하다. 《계미서》는 사실상 《산가요록》을 계승하면서 일부만 선택한 것이다. 단 하나 특히 선호하는 국수는 있었다. 바로 세면이다. 앞서 《수운잡방》에 육면과 습면(=세면) 만드는 법이 실려 있다고 했는데, 허균의 〈도문대작屠門大嚼〉에 의하면[28] 오동吳同이라는 사람이 사면絲麵(=세면)을 잘 만들어 허균 당대까지 이름이 알려졌다고 하였다. 세면은 모든 조리서에 등장하고 또 각별히 잘 만드는 사람까지 있었던 것이다. 이는 세면의 매우 높은 선호도를 보여 주는 징표다.

16세기 이문건이 먹었던 국수와 뜻밖의 '차가운 국수'

《묵재일기》의 국수

중종과 인종 대에 중앙의 관료로 활동한 이문건李文楗(1494~1567)은 1545년 을사사화가 일어나자 경상도 성주로 귀양을 간다. 죽을 때까지 성주 유배지에서 살아야 했던 이문건은 그곳에서 열심히 일기를 쓴다. 바로 《묵재일기黙齋日記》[29]다. 《묵재일기》는 양이 방대하고 내용이 다채로워 16세기 사족 사회와 문화를 이해하는 데 큰 도움이 된다.

《묵재일기》는 크게 두 부분으로 나눌 수 있다. 1545년 성주로 귀양 가기 전의 일기와 귀양 이후 사망할 때(1567)까지의 일기다. 전자를 (A), 후자를 (B)라고 하자(〈표 1〉). (A)는 1535년 11월 1일부터 1537년 6월 3일까지 19개월간의 일기이고, 후자는 1545년 1월 1일부터 1567년 2월까지 22년 2개월간의 일기다. 물론 〈표 1〉에 (*) 표시를 한 1549·1550·1560년의 일기는 완전히 결락되어 있고, 또 ( ) 속에 따로 밝힌 것처럼 일부만 남은 일기도 있기 때문에 전체 일기는 22년 2개월이 되지 않는다. (A)와 (B)를 합치면 17년 8개월분의 일기가 남아 있고, 11년 11개월분이 결락되어 있다. 각 연도 뒤에 붙인 숫자는 국수를 먹은 건수다.

국수에 대한 최초의 언급은 1535년 12월 26일 일기에 나온다. 아버지 이윤적李允濯(1462~1501)의 기일에 제사를 지냈는데, 제사가 끝나자 누나 박씨와 큰형의 신위神位에 국수를 올렸다는 것이다. 이후 일기를 조사해 보면, 이날부터 1563년 8월 20일까지 대략 27년 동안 국수에 대한 언급이 70번 나온다. 1년에 평균 2.6회다. 일기를 쓴 17년 8개월로 나누면, 1년에 약 4회가 된다. 사실에 부합하는 완벽한 통계라고 말할 수는 없겠지만, 국수가 아주 드물게 먹는 음식이었다는 의미 정도는 끄집어 낼 수 있을 것이다.

약간 달리 접근해 보자. 국수가 언급된 것은 총 70건이다. 이 가운데 1536년에 10건, 1546년에 10건, 1551년에 8건, 1557년(11개월)에 8건 국수가 등장한다. 이 4년의 일기에 국수가 언급된 횟수가 모두 36건으로, 전

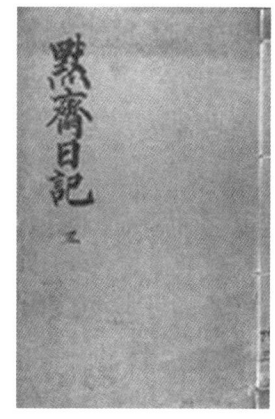

이문건의《묵재일기》속 냉면 기록
1535~1567년 사이 총 17년 8개월분의 일기가
남아 있다. 국수가 언급된 것은 총 70건이다.
1년에 많으면 10회, 적으면 1회 정도 국수를 먹었다.
국수는 제사 또는 생일 등 특별한 날에 먹는 음식이었다.
1558년 4월 20일 자 일기에 "낮잠을 자다 깨어 곧
'냉면'을 먹었더니 발바닥이 차가워졌다"는
기록이 나온다. '냉면'이라는 낱말이
한국음식사에서 최초로 등장하는 장면이다.

⟨표 1⟩ 《묵재일기》에 남아 있는 국수 먹은 기록

(A) 1535. 11. 1~1537. 6. 3	
연도	횟수
1535년(11월 1일부터)	2건
1536년	10건
1537년(6월 3일까지)	5건

(B) 1545. 1. 1~1567. 2		
연도	횟수	기타
1545년(1월 10일~4월 23일, 9월 6일~12월 29일)	3건	
1546년	10건	
1547년(1월 1일~1월 20일)		
1548년(1월 1일~6월 30일)	3건	
		* 1549년(완전 결락)
		* 1550년(완전 결락)
1551년	8건	
1552년(7월 1일~12월 29일)	4건	
1553년	4건	
1554년	1건	
1555년	1건	
1556년	3건	
1557년(1월 1일~5월 10일, 7월 1일~12월 10일)	8건	
1558년	4건	
1559년(1월 1일~4월 23일)		
		* 1560년(완전 결락)
1561년(1월 7일~12월 30일)	2건	
1562년(1월 10일~10월 28일)	1건	
1563년	1건	
1564년		
1565년		
1566년		
1567년(1월 10일~2월 16일)		

체의 절반을 차지한다. 결락된 달이 없거나 한 달 결락된 경우는 8회에서 10회 정도 국수를 먹고 있다. 하지만 이것을 평균치로 볼 수는 없다. 12개월의 일기가 남아 있는 1558년은 4건, 1563년은 1건에 불과하기 때문이다. 이로써 알 수 있는 것은 1년에 많으면 10번, 적으면 1번 정도 국수를 먹었고, 1564년, 1565년, 1566년처럼 한 번도 먹지 않은 경우도 있었다는 것이다. 역시 국수가 그리 자주 먹는 음식은 아니었던 듯하다. 그러니 특별히 일기에 기록을 남긴 것일 터이다.

그렇다면 언제 국수를 먹었는가. 제사와 관련해서 국수가 언급되는 경우가 38회다. 애매한 경우가 있긴 하지만, 대체로 54퍼센트 정도다. 제사상에 국수를 올리고 제사 끝난 뒤 먹는 경우가 절반을 약간 넘었던 것이다. 다음 예를 보자.

- 1536년 10월 15일. 새벽에 제사에 쓸 떡·국수·곡계穀桂 등의 물건을 산소에 보냈다.[30)]
- 1537년 1월 3일. 홀로 여막을 지켰다. …… 상보尙甫 형이 술·과일·떡·국수 등의 물건을 가지고 낮에 와서 제청祭廳에서 제사를 지냈다.[31)]
- 1537년 1월 21일. 저동苧洞 집에서 아내에게 내일 산소에서 쓸 국수와 떡을 준비하게 하였다.[32)]

국수를 제사상에 올렸다는 사실을 알 수 있는 일기다. 제사상에 올린 국수를 제사를 마치고 나눠 먹었음은 두말할 필요가 없다.

말이 난 김에 조선 전기 제사와 국수의 관계를 간단히 살펴보자. 1390년 8월 1일 고려 공양왕이 사대부 집안의 제사의식을 정해 널리 반포했다. 《주자가례朱子家禮》를 원칙으로 삼고 경우에 따라 약간의 가감을 허용했다.³³⁾ 제사상에 올리는 제수는 관리들의 품계에 따라 달랐다. 1품부터 2품까지, 3품부터 6품까지, 7품부터 서인庶人으로서 관직에 있는 자까지가 각각 하나의 무리로 묶였다. 세 집단은 각각 제수가 달랐다. 1품부터 2품까지의 집단은 채소와 과일 각 5접시[楪], 고기 2접시, '면麵'과 떡 각각 1그릇[器], 국과 밥 각각 2그릇, 숟가락·젓가락·잔을 각각 2개씩 차리는 것이 원칙이었다. 나머지 두 집단은 이보다 제수가 적다. 그런데 '면麵'은 1품과 2품 고급관료의 제사상에만 올리는 것이었다. 나머지 두 무리는 '면麵'이 없다. 이 자료로 '면麵'이 매우 고급스러운 음식으로 여겨지고 있었던 사실을 확인할 수 있다.

김종직은 아버지 김숙자金叔滋에게 지내는 제사의 의식과 절차를 정했는데, 그중 시속의 절일節日에 지내는 묘제 때 차리는 음식을 보자. 시식제時食祭의 경우 상원上元(대보름)에는 점반粘飯, 중삼重三(삼짇날)에는 청호병靑蒿餠을, 단오에는 맥면麥麵을, 유두에는 만두饅頭[속칭 상화병霜華餅의 일종]를 반드시 다른 제수祭需의 오른쪽에 진설했다.³⁴⁾ 점반은 찰밥, 청호병은 쑥떡, 맥면은 밀가루 국수일 것이다. 만두는 '상화병의 일종'이라고 주석을 넣었다. 김종직 이후 양반가의 제사상 차림을 보면 대개의 경우 국수가 포함되어 있다. 그러니까 양반가에서는 제사를 지낸 후 국수를 먹을 수 있었던 것이다.

조금 덧붙이고 싶은 것은 제사상에 올린 국수가 어떤 종류였는가 하는 것이다. 이식李植(1584~1647)은 제사상에 올리는 음식 종류를 나열한 〈제찬祭饌〉³⁵⁾이라는 글에서 사계절의 시제時祭에 "반飯과 갱羹과 병餅과 면麵을 각각 두 그릇씩 차린다"³⁶⁾고 말했을 뿐 각각 구체적으로 어떤 음식인지는 말하지 않았다. 그런데 기제忌祭의 음식에 대해 말하면서 "면麵은 수만두水曼頭(물만두)와 창면昌麵 중에서 선택하되 역시 두 가지로 차린다"³⁷⁾

고 했다. 면이 만두와 창면 같은 밀가루로 만드는 음식이라는 것과 이 중에서 국수를 올릴 경우 창면으로 했다는 것을 짐작케 하는 말이다.[38] 그렇다면 《묵재일기》에 보이는 제찬으로서의 국수는 모두 창면이었던가. 가능성은 있지만 확언할 수는 없다. 확언하기에는 자료가 너무 부족하다.

다시 《묵재일기》로 돌아가자. 친한 사이에 제수를 보내 주기도 하는데, 국수가 포함되는 경우가 적지 않았다. 제사를 지내고 음복을 하면서 국수를 나눠 먹는 경우도 흔했다. "판관이 감사하게도 제물을 보내 주었다. 쌀·국수·기름·간장·꿀·과일·사기沙器·유기柳器 등의 물품인데, 다른 곳에 자세히 써 놓았다."[39] 음복할 때, 곧 제사 음식을 나눌 때도 당연히 국수가 포함되어 있었다. "판관이 떡과 국수를 보냈는데, 제사 지낸 음식이다."[40]

제사가 아닌데 국수를 먹는 경우는 생일 같은 특별한 날이었다. 1548년 6월 6일에는 며느리 생일이어서 국수와 만두를 조금 만들어 나눠 먹었다.[41] 국수와 만두는 특별한 음식이었던 것이다. 1551년 11월 28일 이문건의 생일에는 며느리가 특별히 만두를 차렸다.[42] 특별한 일에 대한 수고로 별미를 준다는 의미에서 국수를 대접하는 경우도 있었다. 승려에게 국수를 먹여서 보낸 경우도 있는데, 아마도 특별한 사역事役에 대한 대가였던 듯하다. 또 쌀과 장醬을 먹지 않는 승려 개인의 종교적 신념에 대한 배려의 차원에서 국수를 제공한 경우도 보인다.[43]

이 외에 지방관과의 식사 자리에서 국수를 먹기도 했다.

1546년 4월 13일. 목사께서 친히 민전民田을 살피고는 이어 남정자南亭子에 올라 나를 불렀다. 즉시 올라가 바둑을 두었다. 물만밥[水飯] 뒤에 국수를 차렸다.[44]

이처럼 목사 혹은 판관이 국수를 차려 제공하는 일은 자주 보인다. 1551년 5월 7일에는 해인사에서 합천 군수, 고령 현감과 만나 대화했는데, 이때 합천 군수가 국수와 떡을 제공했다.[45] 지방관이 명절에 여러 가지 음식이나 식재료를 보내는 경우도 적지 않은데, 국수도 이따금 포함됐다. 예컨대 1561년 11월 5일에는 목사가 떡·국수·술·과일·생선을 보내주었다.[46]

국수는 대개 집에서 만들었다. 국수 만드는 일을 전담하던 사람이나 장소도 있었던 것 같다. 1553년 10월 27일에는 어떤 일로 집에 찾아온 승려에게 밥을 먹이고 술 1병을 주어 보내며 '내일 떡과 국수를 만들어 29일에 바칠 것'을 명하고 있다. 절에서 국수를 만들게 한 것이다.[47] 아마 절에서 국수를 잘 만들었기에 특별히 만들어 오라고 한 듯하다. 국수를 전문적으로 만드는 면모麵母라는 관비官婢도 있었다. 1546년 1월 3일과 4일에는 아랫사람이 분명하게 말하지 않아 면모가 곧장 국수를 만들어 왔기 때문에 다시 가루를 주어 만들어 오게 했다는 기록이 보인다.[48] 앞서 지방 수령이 국수를 자주 대접했다고 했는데, 이는 관청 안에 국수 만드는 일을 전담하는 면모가 있었기 때문이 아닌가 한다. 지방 수령과 가까운 사족은 이들의 노동을 무상으로 이용할 수 있었기에 이문건이 면모를 시켜 국수를 만들게 했을 것이다.

앞서 《산가요록》에서 확인했듯 국수의 재료로는 메밀가루보다 밀가루를 선호했다. 그렇다면 《묵재일기》에 등장하는 국수는 무엇으로 만든 것이었을까? 다음 세 경우를 제외하면 무엇으로 국수를 만들었는지 전혀 알 길이 없다. 세 경우는 다음과 같다. 첫째, 귀양을 가기 전인 1536년 1월 5일 어머니의 소상小祥날 일기다. 여러 가지 일을 기록하고 있는데, 중간에 "이날 학금鶴今이 스스로 메밀국수를 갖추어 바쳤다"[49]는 간단한 기록이 있다. 어떤 맥락에서 메밀국수를 계집종 학금이 만들어 와서 바쳤는지는 전혀 알 수 없다. 둘째, 성주에서 귀양살이를 하고 있던 1545년 12월 25일의 일기에는 "관비官婢가 메밀국수를 만들어 저녁에 와서 바쳤다"[50]라고 썼다. 앞의 경우는 '교면蕎麵', 뒤의 경우는 '목맥면木麥麵'이다. 마지막은 1551년 7월 9일의 일기다. "여암呂巖이 소주와 맥면麥麵을 가지고 왔다"[51]라고 했다. '맥면'이 밀가루 국수[소맥면小麥麵]의 줄임말인지, 메밀가루 국수[교맥면蕎麥麵, 목맥면木麥麵]의 줄임말인지는 알 수 없다. 그렇다면 앞의 두 경우는 왜 메밀면이라고 밝혔던 것인가? 앞서 검토했듯 국수의 재료로 밀가루를 선호했고, 또 제사상에 주로 밀가루 국수를 올렸던 것을 떠올려 보자. 메밀국수가 다소 예외적인 경우였기 때문에 굳이 '메밀국수'라고 밝힌 것 아니었을까? 사족 이문건이 먹었던 국수의 대부분은 밀가루로 만든 것이지 않았을까?

《묵재일기》에 등장하는 국수는 어떻게 만들었을까.《산가요록》의 국수들은 대개 반죽을 넓게 편 다음 칼로 썰어서 만든 칼국수가 주류였다. 사면처럼 바가지에 옅은 녹말풀을 넣고 구멍을 통해 흘러내리게 하는 방법도 있었겠지만, 그것은 약간 독특한 예외적인 방법이었다. 납면법과 건면법을 사용한 창면 역시 국수 가락을 처음 만들 때는 칼국수 방식을 택했다. 아마도 이문건이 먹었던 국수 역시 대부분 칼국수 스타일의 절면법이었을 것이다. 참고로 이문건과 같은 시기를 살았던 남명 조식의 경우를 보자. 조식은 1558년 4월 김홍金泓, 이공량李公亮, 이희안李希顔, 이정李楨 등과 함께 두류산(지리산)을 유람하던 중 14일에 이공량과 이정의 집에서 하루를 묵는다. 이날 이정이 전도면剪刀麵, 예락재醴酪齋, 하어회河魚膾, 백황단자白黃團子, 청단유고병靑丹油糕餠을 내온다.[52] 이 중 전도면이 칼국수다. 조식의 예를 참고한다면 이문건 역시 대부분 절면법으로 만든 국수를 먹었을 것이다.

《묵재일기》 외에 유희춘柳希春(1513~1577)의 《미암일기眉巖日記》나 오희문 吳希文(1539~1613)의 《쇄미록瑣尾錄》 같은 사족들의 일기에서도 국수를 먹은 흔적이 발견된다.53) 많이 등장하지는 않지만 《묵재일기》의 국수 취식取食 경험과 크게 다르지 않다. 물론 이것은 사족의 음식 경험에 한정되는 것일 터이다. 민중의 경우는 국수 먹을 기회가 이보다 훨씬 드물었을 것이다.

국수의 재료, 밀가루와 메밀가루

이문건이 먹었던 국수는 밀가루와 메밀가루로 만든 것이었다. 그는 어떻게 밀과 밀가루, 메밀과 메밀가루를 손에 넣었을까. 이 문제를 검토하기 전에 조선 전기 밀과 메밀의 생산에 대해 간단히 살펴보자. 《세종실록》 지리지는 각 지방의 토의土宜, 곧 풍토에 맞는 적절한 농작물을 기록하고 있다. 밀[소맥小麥]의 경우 경기, 충청도, 경상도, 전라도, 황해도, 평안도, 함길도 등 도道 단위로 되어 있다. 충청도는 청주목 죽산현竹山縣으로 특정되어 있지만, 이 한 경우뿐이라서 사실상 충청도로 해도 무방하다. 강원도는 아예 빠져 있다. 이는 무엇을 말하는가. 충청도의 경우에서 보듯 소맥의 재배가 가능한 곳이 드물었다는 뜻이다. 밀의 생산지는 특정할 수 없을 정도로 적었다. 토의를 도 단위로 적을 수밖에 없었던 것은 이런 이유에서다. 밀이 지방관이 왕에게 바치는 진상품이었던 이유도 생산지가 적은 탓이었다. 이에 대해서는 뒤에 다시 언급하겠다.

메밀의 경우는 밀과 달리 산지가 대단히 넓었다. 토의가 주·부·군·현 등 지방의 행정 단위별로 세분화되어 있을 정도다. 다음은 메밀 산지로서 도에 속한 주·부·군·현의 숫자다.

경기(26), 충청도(26), 경상도(7), 전라도(2), 황해도(25), 강원도(1), 평안도(2), 함길도(6).

이 자료 역시 문제가 없지는 않다. 무엇보다 전라도의 2곳은 모두 제주도에 속한 곳이다. 전라도에 메밀이 나는 곳이 아주 적었을지는 몰라도 전혀 없다는 것은 믿기 어렵다. 어쨌든 메밀 산지는 지방의 군·현을 특정할 정도로 많고 또 넓었다.

《경국대전》에 의하면, 국가는 관리들에게 중미中米, 조미糙米, 전미田米, 황두黃豆, 소맥小麥, 주紬, 정포正布, 저화楮貨를 녹봉으로 지급했다. 다섯 가지 곡식 중 밀[소맥]이 들어 있는 것에 주목할 필요가 있다. 밀은 여름과 가을에 지급했다. 제1과(정1품)는 여름 5석, 가을 5석, 제2과와 제3과(종1품과 정2품)는 여름 4석, 가을 5석을 지급했다. 이런 식으로 차츰 지급량을 줄여 제18과(종9품)는 가을에 1석을 지급하는 식으로 관원의 품계에 따라 밀을 지급했다. 메밀이 아닌 밀을 녹봉의 하나로 지급했다는 것은, 밀이 메밀에 비해 소중한 곡물이었음을 의미한다.

그렇다면 실제 국수를 만드는 재료인 밀과 밀가루, 메밀과 메밀가루는 어떻게 구했을까. 《묵재일기》를 통해 구입 방법에 대해 살펴보자. 먼저 밀과 밀가루의 경우다. 가장 확실한 방법은 녹봉으로 받거나 농사지은 밀을 수확하는 것이다. 〈표 2〉를 보자.

녹봉의 경우 이문건이 관직에 있을 때 받은 것일 터이다. 관직에서 물러나면 받을 수가 없으니 녹봉으로 밀을 확보하는 것은 안정적인 방법이 아니다. 밀을 확보할 수 있는 가장 확실한 방법은 경작하는 것이다. 이문건은 〈표 2〉에서 보듯, 충청도 괴산과 경상도 화원현에 있던 자기 농장에서 병작반수竝作半收(지주가 소작인에게 소작료를 수확량의 절반으로 매기는 일)의 방

〈표 2〉《묵재일기》에 기록된 밀·밀가루 확보 방법 – 녹봉과 수확

녹봉		수확	
1537년 3월 12일	노비 금금金金·야차夜叉에게 물품 수령첩[帖子]을 주어 밀가루 등을 받아 오게 했다.	1552년 6월 1일	만수萬守가 병작幷作한 밀 절반인 21말을 가지고 왔다. ○가동家僮들이 밀을 타작해 30말을 바쳤다.
1545년 4월 9일	노비 금금이 광흥창에서 녹봉으로 쌀 9섬·밀[小麥] 3섬·베[布] 3필을 받아 왔다.	1554년 6월 24일	괴산에서 수확한 밀[소맥]·팥[소두小豆]·보리쌀[맥미麥米] 등을 약간 실어 왔다.
		1555년 7월 4일	괴산에서 효원孝元이 밀을 싣고 옴.
		1558년 6월 14·16일	화원현花原縣에서 병작한 밀의 절반 40여 말을 가져왔다.
		1563년 4월 24일	목사가 화원현에서 병작한 밀 1섬[斛]을 보내 옴.
		1564년 5월 9일	화원현에서 병작한 밀 2섬 17말과 종자種子 10말을 바쳤다.
		1566년 6월 12일	마거리馬巨里 밭에서 병작한 밀 2섬 7말과 종자 10말이 왔다.

법으로 밀농사를 지었고, 그 수확물을 실어 온 것으로 보인다. 《묵재일기》는 7개년간의 수확만 기록하고 있는데, 이 해에만 수확이 있었는지 아니면 다른 해 역시 수확이 있었는데도 기록하지 않은 것인지는 알 수 없다. 사실 《묵재일기》에 기록된 밀 확보 방법은 녹봉과 수확이 주가 아니다. 대부분은 증여받은 것이다. 〈표 3〉에서 증여 사례를 정리했다.

목사, 부윤, 현감, 부사, 판관, 군수, 현령, 관찰사 등 지방관들이 이문건에게 밀이나 밀가루를 보내고 있다. 보내는 명목은 밝히지 않았지만,

〈표 3〉《묵재일기》에 기록된 밀·밀가루 확보 방법 1 – 증여

연도	월일	내용
1536년	윤12월 12일	누님(밀가루 4말, 제수용)
1546년	6월 10일	의석儀石(밀가루×)
	6월 20일	이주남李柱南의 아들 수심守諶(밀 5말)
	8월 9일	숙중叔重(밀가루 3말)
	10월 12일	지경支卿의 노 무선戊先(밀가루 2말)
1548년	5월 26일	목사(밀가루 2말)
	5월 28일	목사(밀 1섬)
	6월 19일	관찰사(밀가루 3말, 밀 2말)
1551년	8월 25일	목사(밀 1섬)
1553년	1월 25일	안봉사의 성륜性輪(천초川椒에 밀가루 섞은 것)
1554년	7월 11일	황준량黃俊良(밀가루 4말)
1555년	2월 10일	황간黃澗 현감(밀가루 2말)
	6월 20일	목사(밀×), 창녕 현감(밀 10말, 종자용種子用)
	8월 23일	함양 군수(밀가루×)
	12월 26일	상주 목사(밀가루×)
1556년	6월 1일	목사(밀가루×, 감사 인사)
1557년	3월 7일	판관(밀가루×)
	7월 14일	판관(밀가루×)
	10월 29일	중응仲應(밀 20말)
	11월 22일	여암呂岩(밀가루×)
	12월 22일	판관(밀가루×)
1558년	3월 6일	판관(밀가루×, 제수용)
	6월 5일	목사(밀가루×, 봉여封餘)
1561년	6월 11일	인동 현감(밀가루 3말)
	6월 17일	미상의 인물(밀 2섬, 만수萬水·서동西同 등이 실어 옴)
	7월 17일	현풍 현감(밀 2섬)
	10월 26일	경주 판관(밀가루×)
	10월 27일	밀양 부사(밀가루×)
	10월 30일	청도 군수(밀가루×)

1562년	6월 28일	인동 현감(밀가루×)
1563년	6월 26일	목사(밀 1섬)
	8월 14일	판관(밀가루 2말)
1564년	5월 17일	목사(밀가루 2말)
	6월 9일	목사·판관(밀 2섬)
	7월 16일	경산 현감(밀 2섬)
	7월 20일	관찰사의 관문關文을 따라 대구 박승간朴承侃(밀가루 3말)
1565년	5월 24일	목사(밀 1말, 봉여封餘)
	6월 1일	목사(밀 2말, 봉여封餘)
	6월 18일	목사(밀가루×)
	7월 2일	경산 현감(밀 2섬)
1566년	6월 8일	목사(밀가루 2말)
	7월 18일	목사(밀×). 자신의 요청에 응한 것이라 함
	7월 22일	(밀 1섬)
	9월 11일	함안 군수(밀 1섬)
	9월 16일	영덕 현령(밀가루×)
	12월 15일	경주 부윤(밀가루×), 이몽서李夢犀(밀가루×)
1567년		관찰사의 지시로, 지례현知禮縣(밀가루 5말)

* ×는 증여받은 양을 밝히지 않은 경우다

대개의 경우 제사 등 밀가루가 필요할 때 보낸 것으로 추정된다. 밀이나 밀가루만 보낸 것이 아니라, 여러 가지 식재료도 같이 보냈다. 예컨대 1563년 8월 14일, 판관은 제사에 쓸 3종의 과일, 기름 3되, 꿀 1되, 밀가루 2말, 백미 3말, 메밀 2말, 광어 5마리, 2종류의 젓갈, 수박 3개, 가지·오이 각 20개, 술 2동이, 닭 5마리를 보내 주었다.

　이는 지방관이 보내 준 경우다. 이문건의 요청에 응한 것인지, 일방적으로 보내 준 것인지는 분명하지 않다. 이문건이 보내 달라고 확실하게 요청한 경우도 있다(〈표 4〉). 아마도 이렇게 요청하는 일이 많았을 것이다. 물론 아주 드물지만 이문건이 준 예도 있다. 1552년 3월 5일 승려 신정信正에게 국수를 먹이고 밀가루 1말 등을 주어 보낸 경우와 1556년 2월 29일 밀가루 2말 등을 김 충순위忠順衛의 상喪에 부의賻儀한 경우가 그것이다.

메밀을 녹봉으로 받는 일은 있을 수 없다. 〈표 5〉는 경작해서 수확한 경우다.

아마도 황해도 은율과 괴산에 이문건 집안 소유의 토지가 있었고, 거기에 메밀을 심고 수확했던 것으로 보인다. 역시 여러 지방관에게서 메밀을 증여받고 있다. 메밀을 준 경우도 드물지만 하나 있음은 〈표 6〉을 통해 알

〈표 4〉《묵재일기》에 기록된 밀 확보 방법 2 – 요청해서 받은 경우

연도	내용
1557년 3월 7일	판관에게 편지로 선대의 제사를 지내는 데 쓸 생치生雉, 천어川魚를 요청하자 즉시 쌀·국수·밀가루·참기름·생치·닭·노루고기·생선 등을 후하게 보내 주었다.
1558년 3월 6일	판관에게 편지로 제수로 쓸 생선·고기를 요청하자 생선과 밀가루·꿀[淸蜜] 등을 보내 주었다.
1566년 7월 18일	이문건의 요청에 응하여 보리, 밀, 쌀 등을 보내 주었다.

〈표 5〉《묵재일기》에 기록된 메밀 확보 방법 – 수확

연도	내용
1536년 7월 12일	윤산尹山·수영守永 등이 메밀[목맥木麥]을 심었다.
1545년 4월 3일·4일	은율殷栗에서 메밀 등이 도착했다.
1553년 6월 10일	목사에게 무상으로 받은 메밀 환자[환상還上] 10말을 안봉사 중 성원性元을 시켜 시들고 말라붙은 논에 뿌리게 했다.
1546년 8월 21일	성주 군졸 박억석朴億石에게 메밀 2말 반 등을 주어 괴산으로 보냈다.

〈표 6〉《묵재일기》에 기록된 메밀 확보 방법 – 증여

연도	월일	내용
1536년	2월 13일	이천에 사는, 계집종 문비文非의 남편의 주인(5말)
	윤12월 18일	목사(5말)
	윤12월 20일	차철명車哲明(1말)
1537년	3월 7일	평강 군수(×)
1545년	1월 1일	괴산 현감(5되)
	11월 10일	진산 군수(3말)
	11월 13일	군위 현령(4말)
1546년	1월 12일	판관(3말, 칭념稱念)
	11월 11일	도사都事(5말)
1548년	5월 23일	판관(1말)
	6월 27일	자온子溫(2섬)
1551년	3월 7일	성주 목사(×)
	6월 25일	심자온沈子溫(1섬) 노비가 받아 오지 않았다
	10월 7일	하빈河濱 사람(2섬)
1552년	6월 19일	심자온(2섬)
	12월 21일	지례 현감(×)
1553년	6월 16일	심자온(×)
	6월 21일	청송 부사(1섬)
1554년	1월 10일	지례 현감(×)
	7월 11일	안이후(×)
	11월 27일	선산 부사(×)
1555년	2월 29일	판관(1섬)
	7월 5일	목사(1섬)·합천 군수(×)
1557년	10월 29일	중응仲應(3말)
	12월 10일	이득전李得荃(×)
1558년	12월 25일	홍지泓之(×)
1561년	1월 18일	상원祥原의 박규朴葵(5말)
	10월 15일	안동 부사(×)
	8월 30일	의성 현령(×)
	10월 29일	의성 현령(×)

	1월 8일	옥천 군수(5말)
1563년	6월 17일	의성 현감(5말)
	8월 14일	판관(2말)
	7월 27일	거창居昌 관아(3말)
1564년	8월 16일	청도 군수(3말)
	12월 29일	경산 현감(3말)
1565년	12월 27일	금산 군수金山郡守(2말)
1566년	6월 12일	경산慶山 현감(×)
	8월 11일	의성의 김사걸金士傑(5말)
1567년	1월 8일	파주 목사(5말)
	1월 12일	판관(3말)

수 있다. 1546년 1월 8일 안봉사 승려 혜숭惠崇에게 메밀 1말 5되, 메밀가루 9되 등을 줘서 보낸 것이다.

〈표 7〉은 면미麵米 혹은 면麵이라고 기록된 경우다. 면미麵米는 아마도 메밀, 면麵은 밀가루일 것이다. 참고 삼아 붙여 둔다.

이런 증여는 외견상 무상無償 형태를 띠고 있었다. 다만 증여를 받은 사람은 어떤 형태로든 뒷날 상응하는 물건이나 접대로 답례를 하는 것이 일반적

〈표 7〉《묵재일기》에 기록된 면미麵米

연도	내용
1536년 2월 5일	적성 현감(밀가루[麵米] 3말), 관찰사(밀가루[麵] ×), 고모 집(밀가루[麵] ×). * 상례에 보낸 것이다
1547년 1월 7일	성주 수령(밀가루[麵] 5말)
1547년 1월 22일	안음 현감(밀가루[麵] 5말)
1563년 8월 20일	판관(밀가루[麵] 3말)

이었다. 드물지만 곧바로 답례하는 경우도 있었다. 어쨌든 답례가 있어야 한다는 점에서 순수한 무상 증여는 아니었다. 지방관들은 무상의 형태를 띠고 있는 증여를 어떻게 할 수 있었던 것인가. 그러니까 임의로 증여할 수 있는 물자를 어떻게 손에 넣을 수 있었을까.

지방관이 임의로 증여한 밀과 밀가루, 메밀과 메밀가루는 농민의 생산물을 수탈한 것이다. 그 과정을 여기서 구체적으로 살피기는 어렵다. 단 법적·제도적 한도를 초과한 과잉 수탈이 있었고, 그렇게 수탈한 농산물을 지방관이 사적 연고망을 통해 증여한 것은 분명해 보인다. 1558년 6월 5일의 일기에 이러한 정황이 담겨 있다. 이문건은 '목사가 봉여封餘인 밀가루를 보내 왔으므로 편지를 써서 감사를 표했다'[54]고 썼다. '봉여'는 왕에게 바치는 진상물의 잉여가 있으면 관료들이 나눠 가지는 행위 혹은 그 물건을 말한다. 이문건이 받은 '봉여 밀가루' 역시 과잉 수탈의 결과물이다.

1546년 판관으로부터 받은 메밀 3말은 신화보申和父[55]의 칭념稱念(부탁)으로 보낸 것이다. 판관은 메밀뿐만 아니라 백미 5말, 깨 3말, 팥 3말, 청어 9마리도 함께 보냈다.[56] '칭념'은 외직에 부임하는 관리에게 고관들이 사적으로 은근히 부탁하는 것을 말한다. 예컨대 A지방에 부임하는 지방관이 있으면 그를 아는 사람이 찾아가 A지방에 가면 그 지방에 있는 누구에게 식재료나 필요 물품을 주라고 부탁하는 것을 칭념이라고 한다. 또는 자신의 노비들을 감시해 달라고 요청하거나 달아난 노비를 찾아 달라고 부탁하기도 한다.[57] 이문건은 판관에게 칭념의 의미가 있는 선물을 121회나 받았다.

봉여와 칭념은 모두 국가가 강력하게 금지하는 행위였다. 하지만 이미 풍습이 되어 있었다. 성혼成渾의 경우도 지방 수령이 주는 선물을 받을 경우 장형杖刑에 처한다는 법을 알고 있었고, 칭념으로 주는 것도 십여 년 동안 받지 않았다. 하지만 자신이 살고 있던 지방의 수령이 제수에 보태 쓰라고 보내 준 밀가루와 기름, 꿀 등을 받았다. 그는 이에 대한 핑계로 그 수령이 자신과 친하고 죽은 아버지와도 친분이 있다는 점을 들었다.[58]

뜻밖의 차가운 국수

《묵재일기》1558년 4월 20일 조에 "낮잠을 자다 깨어 곧 '냉면'을 먹었더니 발바닥이 차가워졌다"[59]는 말이 나온다. 냉면을 먹고 발바닥이 차가워졌다는 것은 희귀한 경험이다. '냉면'이라는 낱말이 한국음식사에서 최초로 등장하는 장면이다.

이 기록에서 끄집어 낼 수 있는 것은 아주 차가운 국물에 만 국수를 먹었다는 사실뿐이다. 이문건이 말한 냉면이 밀가루로 만든 것인지, 메밀가루로 만든 것인지도 알 수 없다. 다만 차게 해서 먹는 국수는 《산가요록》에 이미 등장했다. 앞서 살핀 바와 같이 수라화, 만이창면, 토장은 모두 국수를 찬물에 여러 번 헹구는 등 아주 차게 만들어 초장이나 참깨즙, 들깨즙에 말아 먹는 국수였다. 차게 해서 먹는 국수의 전통은 《음식디미방》(1670)의 세면, 창면과 같은 아주 차가운 국수를 낳았다. 1558년 4월 20일 이문건이 먹었던 냉면이 구체적으로 어떤 국수인지는 알 길이 없으나, 그가 먹었던 냉면은 이처럼 찬 국수를 먹는 음식문화의 전통 속에서 나온 것일 터이다.

[4장]

국수에서 일어난 변화와 국수틀의 출현

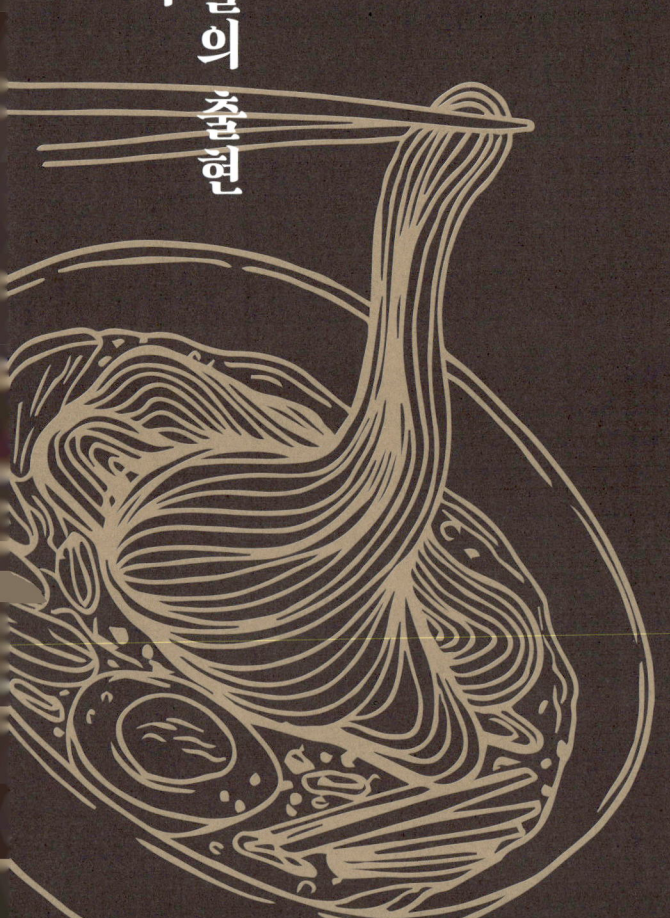

《음식디미방》 등 조리서에 나타난 국수의 변화

《음식디미방》 속 국수

장계향張桂香(1598~1680)이 1670년경에 쓴 《음식디미방飮食知味方》[1] (일명 《규곤시의방閨壼是議方》)은 최초의 한글 조리서인데, 역시 국수를 빼놓지 않았다. 국수는 '면병뉴麵餠類'에 실려 있다. 열거하면 다음과 같다.

면병뉴

면, 만두법, 식면법, 토장법, 녹도나화, 착면법.

여기서 국수가 아닌 만두법을 제외하고 나머지를 현대식 표기법으로 바꾸고 한자를 병기하면 다음과 같다.

면병류麵餅類

'면麵', '세면법細麵法', '토장법토醬法', '녹두나화綠豆剌花', '착면법着麵法'(=창면법昌麵法).

역시 '면麵'에서 국수 만드는 법을 먼저 말하고 이어 구체적인 국수 조리법으로 들어간다. 이는 《산가요록》의 서술 방식을 계승한 것이다. 수록된 국수들은 《산가요록》에서 이미 본 바 있다. 곧 《산가요록》의 소마, 우자박, 계란면, 육면, 진주면, 만이창면을 제외한 나머지인 나화, 수라화, 면법, 세면, 창면, 토장에 상응하는 것이다(착면법의 착면은 창면에 상응한다). 《음식디미방》은 1450년에 쓰인 《산가요록》과 220년이라는 시간적 거리가 있고, 중간에 임진왜란과 병자호란이라는 미증유의 전란도 있었다. 그럼에도 《산가요록》의 서술 방식과 음식 명칭을 그대로 따른 것은 놀라운 일이다.

주목할 부분은 서술 방식과 국수 명칭은 동일할지 몰라도 내용은 아주 다르다는 점이다. '면'의 국수 만드는 법은 워낙 중요한 것이기에 따로 다루기로 하고 여기서는 네 가지 국수에 대해 먼저 살펴본다. 네 국수는 명칭만 같고 조리법과 실제 음식의 내용은 일치하는 점이 거의 없다.[2] 예컨대 착면법(=창면)의 경우, 《산가요록》의 창면은 밀가루 반죽을 대나무 통으로 밀어서 만든 가락을 다시 당기는 방식으로 국수를 만들었다. 하지만 《음식디미방》의 착면은 완전히 다르다. 일단 녹두가루를 걸쭉하지 않게 물에 탄 뒤 양푼에 한 숟가락씩 담아 뜨거운 솥의 물에 얹어 중탕하는 방식으로 익힌다. 녹두가루의 묽은 죽은 종이처럼 얇고 넓은 형태로 익는다. 이것을 편편이 겹쳐서 썬다. 다음이 중요하다. 이 썬 것을 오미자차에 얼음을 둘러서 먹는다. 오미자가 없을 경우 볶은 참깨로 만든 국물에 만다. 이것을 《음식디미방》은 '토장국'이라고 한다.[3] 이 토장국은 《산가요록》의 토장과 다르다. 《산가요록》은 국수도 다르거니와 들깨즙에 넣어 먹는 것이었다. 창면과 토장은 이름만 《산가요록》에서 빌려왔을 뿐 완전히 다른 국수가 된 것이다. 또 하나 주목해야 할 점은 창면이 오미자차에 얼음을 넣어서 먹는, 아주 차게 만들어 먹는 음식이라는 것이다. 이 차가운 국수의 의미에 대해서는 뒤에 다시 언급하기로 한다.

세면도 상당히 많이 달라졌다. 무엇보다 국수를 만드는 방식이 바뀌었다. 구멍 뚫은 바가지에 녹말풀을 넣어 흘러내리게 하는 방식이 아니라 '면본에 눌러' 만드는 방식으로 변한 것이다. 이것은 매우 중요한 변화인데, 따로 자세히 따지기로 한다. 달라진 것은 이뿐만이 아니다. 국수를 만든 뒤 "얼음물에 담가 두고 쓰면 손님 예닐곱을 겪으리라"고 하고는 "여름 음식은 오미자차와 꿀을 타 말면 좋고, 지령 국에 말아 교태하여도 좋으니라. ……지령 국에 하면 교태를 하고, 오미자 국에는 교태를 아니하니니라"[4]라고 했다. 세면이 오미자차에 국수를 말고 고명을 넣지 않는 여름 세면과 지령(간장) 바탕의 국물에 고명을 넣는 보통의 세면으로 분화된 것이다. 후자의 간장 기초 국물이 뜨거운 것인지 차가운 것인지는 알 수 없지만(아마도 차가운 국물이었을 것으로 짐작한다), 전자의 오미자차를 국물로 사용하는 경우 뜨거운 것일 수는 없다. 얼음물에 담가 둔 국수를 오미자차에 말면 차가운 국수가 될 수밖에 없을 터이다. 요약하자면 《음식디미방》의 국수는 명칭만 《산가요록》에서 가져왔을 뿐 실제 국수의 구성은 완전히 달라졌다.

《요록》과 《주방문》에 담긴 국수

《음식디미방》 이후의 조리서에 수록된 국수도 간단히 살펴보자. 먼저 들여다볼 것은 1660년 이전에 쓰인 것으로 추정되는 《최씨음식법》이다. 이 조리서에는 '계란국슈'가 등장한다. 《산가요록》의 계란면, 《계미서》의 별면법別麵法과 동일한 국수라[5] 별로 주목할 대상은 아니다. 다루어야 할 조리서는 1680년경에 쓰인 《요록要錄》과 1600년대 말에서 1700년대 초에 쓰인 《주방문》이다.

《요록》에서 국수라고 할 수 있는 것은 세면細麵, 육면肉麵, 태면太麵[6] 세 가지다.[7] 세면과 육면은 《산가요록》 이래의 조리서에 이미 수록된 국수다. 주목할 것은 태면이다. 태면은 콩가루 4되와 메밀가루 4되를 섞어 물로 반죽해 국수를 만든 뒤 맑은 장국에 끓여 먹는 것이다. 《산가요록》의 면법麵法 ㉲에서 콩가루 2에 밀가루 1을 섞어서 장물에 삶아서 먹는 두승豆繩과 비슷하다. 여기서 밀가루가 메밀가루로 바뀌었다는 점이 특이하다.

《주방문》 역시 3종의 국수를 싣고 있다. 원문대로 쓰면 다음과 같다.

㉠ 면麵, ㉡ 싀면漏麵, ㉢ 토쟝 착면이라고 ᄒᆞᄂᆞ니라.

이것을 현대어로 옮기면 다음과 같다.

㉠ 면麵, ㉡ 세면細麵(누면漏麵), ㉢ 토장은 착면着麵이라고도 한다.[8]

㉡ 세면(=누면)은 《산가요록》과 《음식디미방》 및 허균의 〈도문대작〉에

등장하는 사면(=세면)과 같은 것이다. 누면이라는 명칭은 녹말풀이 바가지의 구멍으로 흘러나오기[漏] 때문에 붙인 듯하다. 토장은 《산가요록》의 토장吐醬에서 가져온 것인데, 실제로는 창면이다. 창면을 착면이라 쓴 것은 역시 《음식디미방》의 전례를 따른 것이다. 곧 《주방문》은 《산가요록》과 《음식디미방》의 전통을 그대로 따르고 있다. 약간 다른 것은 ㉠ 면麵이다. 물론 면麵 혹은 면법麵法을 구체적인 국수를 만드는 방법에 앞세우는 것 역시 동일한 전통이다. 다만 약간 차이점은 있다. 원문과 현대어역을 인용하면 다음과 같다.

면麵

[원문] ㉠ 졍흔 메밀뿔을 거피ᄒ고 녹도를 조곰 거피ᄒ여 녀허 ᄀ장 졍히 노여 ᄆᄃᆞᆫ더리와 ㉡ 니뿔을 너흐면 비치 조ᄒ니라. ㉢ ᄎᆞᆸ뿔을 ᄉᆞᆯ힌 믈로 반죽ᄒ면 ᄶᆞᆯ기고 ᄀ장 됴ᄒ니라.

[현대어역] ㉠ 깨끗한 메밀쌀을 껍질을 벗기고 녹두 껍질을 살짝 벗겨 넣어 아주 깨끗이 만들어라. ㉡ 멥쌀을 넣으면 빛이 좋다. ㉢ 찹쌀을 끓인 물에 반죽하여 만들면 쫄깃하고 매우 좋다.[9]

㉠은 배합 비율을 명시하지는 않았지만, 국수 재료로 메밀가루와 녹두가루를 배합하고 있다는 점에서 앞에서 나온 《계미서》의 면麵, 《음식디미방》의 '면'과 동일하다. 원래 메밀가루에 녹두가루를 넣는 것은, 글루텐이 없는 메밀에 쫄깃함을 더하기 위해서였다. ㉢은 이 쫄깃함을 얻으려는 방법일 것이다. 또한 메밀은 빻는 과정을 섬세하게 하지 않으면 껍질이 남아 가루의 색깔이 검기 마련이었다. 흰 빛깔의 밀가루에 비해 무언가 열등해 보였던 것일까. 멥쌀을 추가하면 빛이 좋다는 ㉡은 바로 이 점

을 의식한 듯하다. 국수 재료로서 메밀의 부족함을 메우려는 방법이 끊임없이 모색되고 있었던 것이다. 일단 이 점에 유의해 두자.

세면과 창면, 차가운 국수의 탄생

1670년 《음식디미방》부터 18세기 초 《주방문》까지 조리서에 기록된 국수 조리법에 대해 살폈는데, 이 중 냉면과 관련이 있는 부분을 요약해 보자. 논의의 편의상 일단 《산가요록》 등 조선 전기 조리서로 거슬러 올라간다. 《산가요록》은 '면법'에서 좁쌀, 메밀, 녹두, 콩, 밀 등 다양한 곡물의 가루를 배합하는 법에 대해 소상히 언급했다. 사용된 가루는 좁쌀가루 2회, 메밀가루 2회, 밀가루 2회, 콩가루 2회, 녹두가루 1회였다. 면법에 이어 일곱 가지 국수 조리법을 소개하는데, 여기서 사용된 곡물가루는 밀가루 6회, 메밀가루 2회, 녹두가루 2회, 쌀가루 1회였다. 밀가루가 압도적이다. 면법의 밀가루 사용 횟수와 합치면 8회가 된다. 메밀가루는 총 4회다. 《산가요록》만으로 결론을 내리는 것이 성급할 수 있다. 하지만 다른 자료가 남아 있지 않으니 일단 《산가요록》을 따르면, 15세기 국수 조리에는 밀가루가 압도적으로 쓰였다고 말할 수 있다. 메밀은 그 다음이었다.

 《계미서》(1554년경)의 '㉠ 면麵'은 《산가요록》의 면법에 상응하는 것인데, 여기서는 다른 곡물가루는 모두 사라지고 메밀과 녹두가루를 2대 1로 배합하여 국수를 만드는 법을 언급하고 있다. 《음식디미방》의 '면'은 메밀 다섯 되에 녹두 한 복자를 배합했다. 배합 비율은 다르지만 다른 곡물이 사라지고 오직 메밀을 주재료로 사용하는 쪽으로 바뀌어 있다. 《요록》(1680년경)의 경우 세면, 육면, 태면 세 가지밖에 없는데, 이 가운데 태면이 흥미롭다. 태면은 《산가요록》 면법 ㉤의 '콩가루 2에 밀가루 1을 섞어서 장물에 삶아 먹는 두승[豆繩]'에서 밀가루를 메밀가루로 대체한 것이다. 역시 밀가루를 밀어 내고 메밀가루를 사용하는 쪽으로 바뀌었다. 《주방문》에도 메밀가루의 사용에 따른 고민이 반영되어 있는 것으로 보인다. 멥쌀을 넣으면 때깔을 좋게 만들 수 있다든가, 찹쌀 끓인 물에 반죽하면 더 쫄깃해진다고 한 것은 모두 메밀가루의 단점을 보완하기 위해서라고 볼 수 있다. 조금 성급한 결론인지 모르겠지만, 국수 재료로 메밀을 보다 많이 쓸 수밖에 없는 상황이 조성되었고, 이 상황은 글루텐 부재와 검은 색깔이라는 메밀가루의 단점을 보완하도록 강제하지 않았을까 싶다.

《산가요록》의 국수가 이후의 조리서에서 온전히 계승되지 않고 선택적으로 계승되지만, 세면만은 이름 그대로 계승되었다는 점도 주목할 필요가 있다. 세면에 대한 특별한 선호가 있었던 것이다. 세면은 반죽을 밀어 칼로 썰어 만드는 여느 국수와 달리 구멍을 뚫은 바가지로 묽은 녹말풀을 흘러내리는 방법으로 만드는 국수다. 면발을 더 가늘게 하고 싶으면 바가지를 더 높이 들면 되었다. 이 방법으로 문자 그대로 아주 가늘거나[세면細麵] 실 같은 국수[사면絲麵]를 얻을 수 있었다. 이러한 세면 제조법은 계속 이어지다가 《음식디미방》과 《주방문》에서 극적인 변화를 보인다. 이 변화는 냉면의 탄생과 깊은 관련이 있는 듯하다. 이에 대해서는 후술한다.

세면 국물의 변화 또한 주목거리다. 《산가요록》은 국수가 만들어지면 "얼음물에 넣어 헹군 뒤 꺼내어 끓인 장국에 말아 먹는다"[10]고 했다. 여기서 장탕醬湯을 어떻게 번역해야 할지 의문이다. 한복려는 "얼음물에 헹구어 장국에 먹는다"라고 번역하고 있다.[11] 하지만 이는 '장탕醬湯'에서의 '탕湯'을 충분히 고려하지 않은 것으로 보인다. '탕湯'은 '끓인 물'이거나 '뜨거운 물'이다. 원래의 뜻을 충분히 살린다면 장탕은 '끓인 장물'

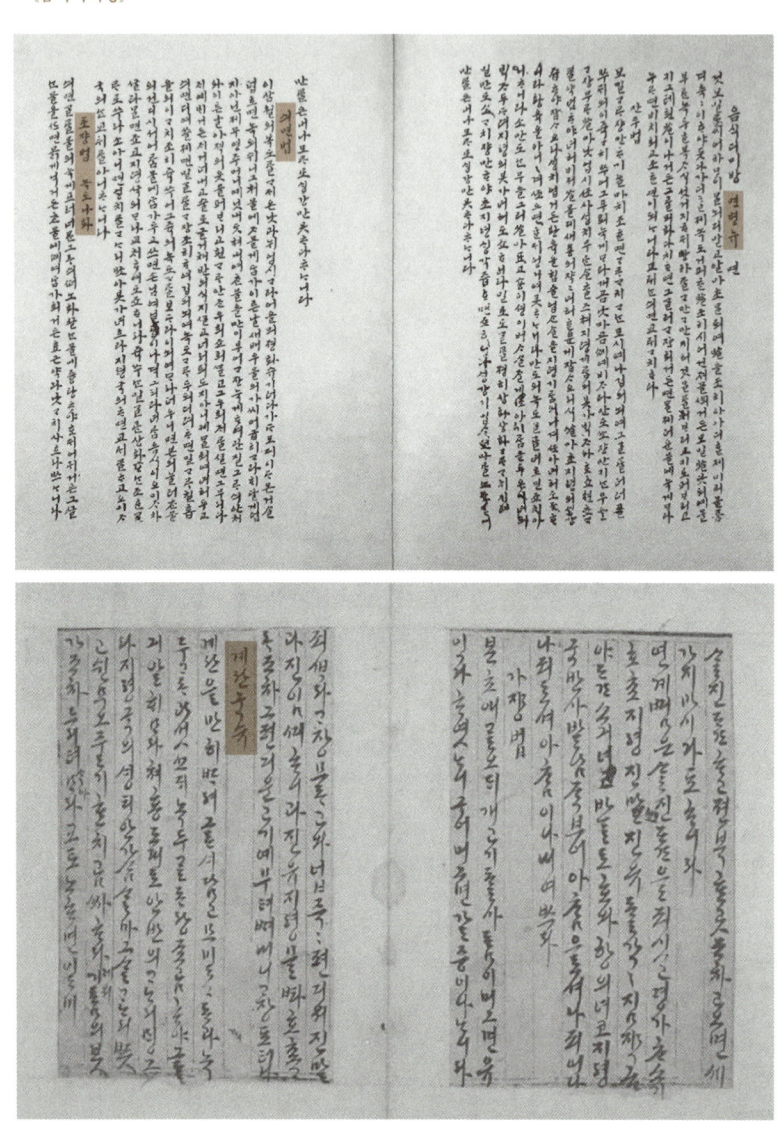

▲《최씨음식법》

17~18세기 국수 조리법을 남긴 조리서

《음식디미방》(1670년경)의 국수는 《산가요록》을 따라 세면, 창면, 나화, 토장 등 네 가지 국수 명칭을 빌렸지만 완전히 다른 국수이다. 세면은 얼음물에 담가 둔 국수를 오미자차에 만 차가

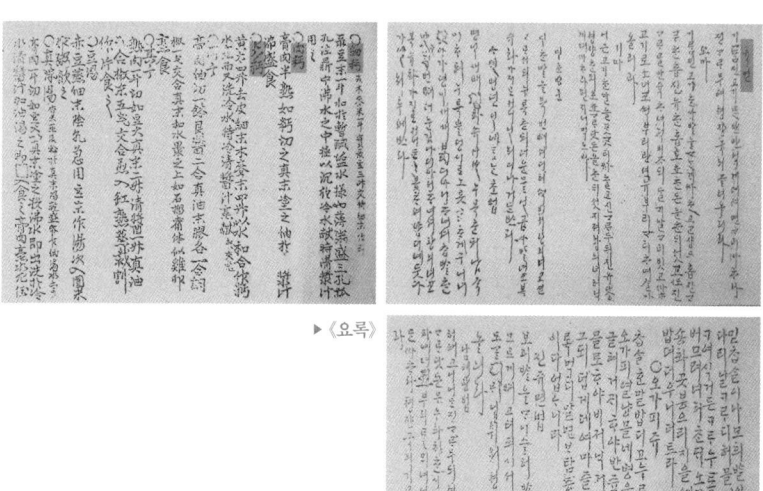

▶ 《요록》

▼ 《주방문》

운 국수였고, 창면은 오미자차에 얼음을 둘러서 먹는 국수였다. 1700년 이전 기록으로 추정되는 《최씨음식법》에는 '계란국슈'가 등장하며, 1680년경에 쓰인 《요록》에는 세면, 육면, 태면 세 가지 국수가 수록되어 있다. 1700년대 초에 쓰인 《주방문》 역시 3종의 국수, 곧 세면, 누면, 착면을 소개하고 있다. 국수를 얼음물에 담가 두었다가 오미자차에 말아 먹는 세면, 얼음을 둘러서 먹는 창면의 출현은 차가운 국수의 탄생을 의미한다.

이 아니겠는가. 곧 《산가요록》의 세면은 '끓인 장물'에 말아 먹는 국수였을 것이다.

《수운잡방》(1540년경)의 습면법濕糆法(=세면)은 국물에 대해서는 언급이 없다. 《계미서》(1554) 역시 "면이 만들어지면 냉수에 넣었다가 씻어서 쓴다"[12]고만 기록되어 있어 국수를 마는 국물에 대해서는 언급하지 않았다. 그런데 《음식디미방》에 와서는 얼음물에 담가 둔 국수를 오미자차에 만 차가운 세면이 출현했다. 끓인 장물에 말아 먹던 《산가요록》의 세면과는 아주 달라진 것이다.

《음식디미방》 이후의 조리서도 잠깐 훑어 보자. 《요록》은 국수가 익으면 건져 내어 냉수에 담갔다가 맑은 장국에 말아서 낸다[13]고 했다. 그런데 《주방문》은 구멍을 뚫은 바가지로 국수를 만들어 찬물에 넣어 헹군 뒤 깻국이나 오미자국에 청밀淸蜜을 타서 먹는다고 했다.[14] 《요록》의 맑은 장국은 《산가요록》을 계승한 것으로 보이지만 아마도 뜨거운 국물은 아닐 터이다. 《주방문》은 《음식디미방》을 이으면서 깻국에 말아도 된다고 했다. 아마도 이 깻국 역시 차가운 국물일 것이다. 착면법의 창면 역시 오미자차에 얼음을 둘러서 먹는 아주 차가운 국수였다. 국수를 얼음물에 담가 두었다가 오미자차에 말아 먹는 세면, 얼음을 둘러서 먹는 창면의 출현은 국수의 역사에서 차가운 국수의 탄생을 의미한다.

〈자줏빛 장물에 말아 낸 냉면〉

여기서 냉면의 역사를 다룰 때 반드시 언급하는 자료인 장유張維의 시 한 수를 거론하지 않을 수 없다. 1558년 《묵재일기》의 냉면 이래 '냉면'이라는 말은 장유의 시에 다시 얼굴을 내민다. 시의 제목은 〈자줏빛 장물에 말아 낸 냉면[紫漿冷麵]〉이다.

높은 집 툭 터져 좋기도 한데	已喜高齋敞
거기다 별난 맛은 놀랍기도 하구나	還驚異味新
자줏빛 장물에 노을빛 비치고	紫漿霞色映
옥가루 같은 눈꽃이 고르네	玉粉雪花勻
한 젓가락 먹자 입에 향기가 돌고	入箸香生齒
냉기가 오싹하여 옷을 더 걸치네	添衣冷徹身
나그네 시름 이제 물리쳐 버리나니	客愁從比破
돌아가려는 꿈 다시는 자주 꾸지 않겠네	歸夢不須頻[15]

이 시는 냉면의 역사를 말할 때 반드시 인용된다. '냉면'이라는 말이 있기 때문이다. 하지만 '냉면'이라는 낱말 외에 이 시의 내용이 정말 냉면을 지칭한 것인지, 나아가 오늘날의 냉면과 관계가 있는 것인지는 분명하지 않다. 무엇보다 '자장紫漿'이라는 말의 뜻이 분명하지 않다. 먼저 '장漿'이라는 말을 따져보자. '장'은 약간 새콤한 음료를 말한다.[16] 그렇다면 동치밋국인가? 하지만 '자장'의 '자紫'는 자줏빛이다. 따라서 동치밋국은 아니다. 혹 고추를 쓴 동치밋국이라서 자줏빛을 띤 것이라 말할 수도 있겠지만, 이것은 좀 곤란하다. 장유는 1587년에 태어나 1638년에 51세의 나이로 죽었다. 시의 내용으로 보아 어떤 지방에 가서 대접을 받는 장면을 묘사한 것으로 보인다. 차가운 국수를 먹은 것은 인생의 후반기일 터이고 그렇다면 17세기 초반일 수밖에 없다. 17세기 초엽에 한반도에 전래된 것으로 알려진 고추가 한반도에 들어오자 곧장 동치밋국으

로 뛰어들어 붉은 동치밋국을 만들었단 말인가? 역시 말이 되지 않는다. 설령 고추를 넣었다고 해도 동치밋국이 자줏빛으로 변하지는 않는다.

앞서 살핀 《음식디미방》을 떠올려 보자. 《음식디미방》의 국수는 1670년 이전의 국수문화를 반영하고 있을 터이다. 1638년에 사망한 장유가 먹은 냉면은 1670년과 멀리 떨어져 있지 않다. 그런데 《음식디미방》의 세면은 얼음물에 담가 둔 국수를 오미자차에 만 차가운 국수였고, 창면은 오미자차에 얼음을 둘러서 먹는 국수였다. 오미자는 원래 오미五味 곧 달고, 시고, 맵고, 쓰고, 짠 다섯 가지 맛을 내므로 오미자라고 한다. 시큼한 맛이 가장 강렬하다. 오미자 물은 붉으나 옅은 자줏빛에 가깝다.

그렇다면 장유가 먹은 냉면은 세면인가, 창면인가? 앞서 언급했듯 세면은 《산가요록》 이래 거의 모든 조리서에 실려 있는 국수였다. 또 허균이 1611년에 쓴 〈도문대작〉에서 "사면(=세면)은 오동이란 사람이 잘 만들었으므로 지금도 그의 이름을 일컫는다"고 했으니, 장유가 〈자줏빛 장물에 말아 낸 냉면〉을 쓸 당시 가장 널리 알려진 국수는 세면이었다고 하겠다. 사면의 가는 국수가 엉켜 있는 모습을 두고 장유는 '옥가루 같은 눈꽃이 고르다[玉粉雪花勻]'라고 표현한 것이 아닐까.

국수틀과
새로운 제면 방법

국수 만드는 방식의 변화

앞서 《음식디미방》은 《산가요록》에서 세면, 창면, 나화, 토장 등 네 가지 국수의 명칭을 가져왔지만, 정작 국수의 내용은 사뭇 달라졌다고 말한 바 있다. 그런데 변화는 국수 자체만이 아니라, 국수를 만드는 방식에도 일어났다. 앞에서 《음식디미방》의 '면麵' 부분에 대해 뒤에서 다시 거론한다고 했다. 이제 《음식디미방》 '면' 부분의 원문과 번역문을 같이 제시한다.

> [원문] 면 물 제 더운물에 눅게 무라 <u>누르면</u> 비치 희고 조흔 면이 되느니라 교틱는 싁면 교틱 フ치 ᄒ라
>
> [현대어역] (그 가루로) 면을 반죽할 때에 더운 물에 눅게 반죽하여 <u>누르면</u> 빛이 희고 깨끗한 면이 되느니라. 고명은 세면(실국수)의 고명

과 같게 하라(밑줄은 저자).[17]

위의 인용문 앞에는 메밀 다섯 되에 물에 불린 녹두 한 복자씩을 섞어 방아를 찧어서 가루를 만드는 법에 대한 언급이 있다. 메밀국수 만드는 법인데, 이는 《산가요록》의 면법麵法에 상응하는 것이다.

메밀가루와 녹두가루를 섞어 더운 물로 반죽하는데, 위의 인용문은 그 반죽으로 국수를 얻는, 전에 보지 못했던 방법을 슬쩍 내비친다. 곧 그 반죽을 '누르면 빛이 희고 좋은 면이 된다'는 것이다. 여기서 '누르면'이 주목거리다. 앞서 국수를 만드는 방법은 칼로 써는 칼국수법 곧 절면법切麵法이었고, 창면이 납면법拉麵法과 건면법乾麵法을 쓰기는 했지만 애초 국수 가락을 만들 때는 역시 절면법을 썼다. 그런데 위의 '누르면'은 국수틀에 반죽을 넣고 위에서 누르는 압면법壓麵法을 의미하는 것이 아닌가.

《음식디미방》에서 '누른다'는 표현은 세면법(싀면법)을 소개할 때 한 번 더 나온다.

〈세면법〉

[원문] 그 죽의 녹도ᄀᆞ를 보ᄃᆞ라이 뇌여 ᄆᆞ라 더우니 면본의 눌러 ᄎᆞᆫ물의 건디시서 어름물에 ᄃᆞᆷ가 두고 쓰면 손님 여닐곱이나 격그리라.
[현대어역] 그 죽에 (두 되의) 녹두가루를 체질하여 부드럽게 반죽을 하고, 더운 것을 면본(=국수틀)에 눌러 찬물에 건져 씻어 얼음물에 담가 두고 쓰면 손님 예닐곱 명은 대접할 수 있다.[18]

세면을 만드는 법은 먼저 녹두가루 2되에 밀가루 7홉을 섞어 부드러운 죽을 쑨다. 그 죽을 '면본에 눌러' 찬물에서 건진다. 부드럽게 쑨 '녹두가루+밀가루' 죽을 '면본'이라는 것에 넣어 눌러 국수 가락을 뽑고, 그것을 즉시 찬물에 넣어 헹군다는 뜻이다. 《음식디미방》의 '면'에서 메밀국수를 만들 때 '누르면'이라고 한 것 역시 면본에 넣어 누른 것으로 생각할 수도 있다. 물론 확실하지는 않다.

백두현 교수의 《음식디미방 주해》는 면본을 '麵本'으로 표기하고 '국수를 뽑기 위해 만든 본 혹은 틀, 국수틀'로 풀이하고 있다. '면본'을 '麵本'으로 옮긴 구체적 사례는 장지현張智鉉의 《한국전래면류음식사연구韓國傳來麪類飮食史硏究》에서 찾을 수 있다. 다만 면본을 '麵本'으로 옮긴다 해도 문제는 남는다. 곧 이 말이 조선시대 문헌에 거의 사용되지 않는다는 점이다. '麵本'은 오희문의 《쇄미록》에 한 번 등장할 뿐이다. 1600년 7월 6일 오희문이 배에 '주조酒槽' 등을 실어 보낼 때 '면본기麵本機' 하나도 같이 실어 보냈다는 기록이다.[19] 하지만 맥락이 없어 어떤 기구인지는 알 수가 없다. '면본기'와 《음식디미방》의 '면본'이 일치하는 것이라고 확언할 수도 없다. 곧 《음식디미방》의 '면본'='麵本'이고, '면본'='국수틀'이라고 단정할 수는 없다는 말이다.[20]

그럼에도 불구하고 '면본을 누른다'는 말 자체를 부정할 수는 없다. 이 난제를 해결할 자료는 《음식디미방》 바로 뒤에 나온 《주방문》에서 찾을 수 있다. 《주방문》은 세면 만드는 법(싀면 누면漏麵)에서 구멍을 뚫은 바가지로 세면의 국수를 만드는 방법을 말하고 이어 새로운 방법을 언급한다. 원문과 현대어역을 같이 인용한다.

> [원문] 쏘한 방문은 반죽을 우와 ᄀ치 호ᄃᆡ 잠깐 되직기 ᄒᆞ여 ᄀᆞᆫ 분판의 누르라. ᄒᆞ기 쉽고 됴ᄒᆞ니라.
>
> [현대어역] 또한 방문은 반죽을 위와 같이 하되 잠깐 되직하게(=되게) 하

여 가는 분판에 누르라. (이 방법이) 하기가 쉽고 좋다.[21]

여기서 '가는 분판'이라는 말이 주목 대상이다. 분판은 아마도 '粉板'일 것이다. 국어사전은 분판을 '국숫분통의 밑바닥에 댄, 구멍이 송송 난 쇠판. 이 구멍으로 국숫발이 빠져 나온다'라고 풀이하고 있다.[22] 곧 가는 구멍이 송송 뚫린 쇠판이다. 《주방문》은 밀가루풀에 녹말을 섞은 반죽을 약간 되게 하여 분판에 얹고 위에서 눌러 세면의 국숫발을 뽑는다고 말한다. 《주방문》의 분판이 《음식디미방》의 면본과 다르지는 않을 듯하다. 그러니까 《음식디미방》의 세면 역시 면본(=분판)에 누르는 방식으로 국수를 눌러 뽑았던 것이다.

조금 더 언급하고 싶은 것은 《음식디미방》의 '맛질방문'에 실려 있는 '싀면법(=세면법細麵法)'이다. 앞의 세면법과 달리 밀가루를 섞지 않고 순전히 메밀가루만으로 만든다. 또한 맛질방문의 세면은 반죽을 넣은 바가지를 높이 들어 만든다. 《산가요록》과 같은 방법이다. '맛질방문'은 '장씨 부인(장계향)이 접촉한 맛질 출신 사람에게 듣거나 배워서 기입해 놓은 방문方文으로 짐작된다'고 한다.[23] 면본(=세면)으로 국수를 눌러 뽑는 방식이 도입된 뒤에도 여전히 과거의 방식이 쓰이고 있었던 것이다.

국수 재료, 메밀가루로 단일화되다

이상에서 살핀 《음식디미방》의 '면본'과 《주방문》의 '가는 분판'은 세면을 만들기 위해 녹두가루로 만든 풀이나 약간 되직한 반죽을 누르는 도구였다. 그렇다면 이는 냉면과 어떻게 연결되는가. 냉면은 녹두가 아니라 메밀가루로 만드는 것 아닌가.

  이 문제를 풀기 위해서는 18세기로 넘어가 다른 자료를 동원하지 않을 수 없다. 앞서 이름을 살짝 언급한 홍만선洪萬選은 사족들의 현실생활에 필요한 실용지식을 모아《산림경제》를 저술한다. 정확한 편찬 연대는 알 수 없으나 대체로 17세기 말, 18세기 초로 추정한다. 조선 건국 이후 사족이 형성되면서 이들의 현실생활에 어울리는 생활양식도 만들어졌다. 이 같은 생활양식에 적합한 실용지식이 필요하다는 요구가 있었는데, 그 요구에 맞춰 처음 출현한 저작이 허균의《한정록閑情錄》이었다. 다만《한정록》은 현실생활에 강하게 밀착하지 않았고 정보 역시 적었다.《산림경제》는《한정록》의 전례를 따르면서 범위를 넓히고 실용적 지식을 넓게 거두어 모았다.

  실용지식 하면 빠질 수 없는 것이 음식이리라.《산림경제》역시 음식과 조리를 중요하게 다루었다. 이 책의 관심사인 국수 역시 권2 치선治膳의 〈국수[粉麵]·떡[餅]·엿[飴]〉에서 살피고 있다. 국수는 다음과 같다.

  ㉠ 취루면䭈䊹麵,《거가필용居家必用》, ㉡ 홍사면紅絲麵,《거가필용》, ㉢ 영롱발어玲瓏撥魚,《거가필용》, ㉣ 산약발어山藥撥魚,《거가필용》

  ㉠ 취루면은 앞에서 들여다본 괴엽냉도다. 여기서 눈여겨봐야 할 점은 ㉠, ㉡, ㉢, ㉣ 모두《거가필용》을 그대로 옮긴 것이라는 사실이다.[24] 위 네 가지 국수를 일괄하여 먹지 않았던 것이라고 단정할 수야 없겠지만, 실제 먹었던 사례는 거의 찾을 수 없다.[25]

  숙종 때 어의御醫로 활동했던 유상柳瑺(1643~1723)의 아들 유중림柳重臨 (1705~1771)은 부친과 마찬가지로 어의였는데,《산림경제》를 증보하여

《(증보)산림경제》를 엮은 것으로 유명하다. 《(증보)산림경제》에는 국수에 대한 언급도 당연히 있다. 권8의 〈떡·국수 여러 가지[餠麵諸品]〉에 다음과 같은 국수가 나열되어 있다.

㉠ 〈메밀국수〉[목맥면법木麥麵法]

㉡ 〈칡국수〉[갈분면법葛粉麵法]

㉢ 창면昌麵

㉣ 사면[사면법絲麵法]

㉤ 마국수[산서면법山薯麵法]

㉥ 밀국수[소맥면小麥麵]

《산림경제》의 네 가지 국수를 빼고 여섯 가지 다른 국수로 바꿔 넣었다. 유중림은 《산림경제》가 실제로 거의 먹지 않는 국수를 모아 놓았다는 점에 주목해 당시 실제 먹고 있던 여섯 가지 국수로 바꾼 것일 터이다.

주목해야 할 점은 위의 ㉠과 나머지 ㉡ 이하의 관계다. 유심히 살펴보면, ㉠의 〈메밀국수〉[목맥면법]는 《산가요록》 '면법'과 그 이하 7종의 국수 조리법을 서술하는 방식을 계승하고 있다. 다시 말해 ㉠ 〈메밀국수〉는 《계미서》의 '면麵', 《음식디미방》 면병류의 '면麵'에 상응한다. 무엇보다 먼저 지적해야 할 것은 과거의 면법, 곧 국수 만드는 법이 '메밀국수'로 특정되어 있다는 점이다. 《계미서》와 《음식디미방》도 동일하다. 이 점이 매우 흥미롭다. 이것은 국수 재료로 쓰이던 여러 가지 곡물가루가 사라지고 점차 메밀가루 하나로 단일화되어 국수=메밀국수의 등식이 성립하고 있던 사정을 보여 준다. ㉠ 〈메밀국수〉를 인용하면 다음과 같다.

〈메밀국수 만드는 법[목맥면법]〉 메밀을 가루를 내어 수비水飛한 다음 베 위에 펴서 볕에 1말을 말린다. 껍질을 깐 녹두 2되를 보통 방법대로 가루를 낸다. '가는 판[細板]'에 눌러 흰 국수를 만들면 맛이 월등하다[味勝]. 혹은 메밀을 가루를 내어 반죽한 다음 칼로 썰어 국수를 만들어도 역시 맛이 좋다[亦佳].[26]

메밀가루 5에 녹두가루 1을 섞어 만든 반죽을 국수 가락으로 만드는 방법은 《음식디미방》에서 본 바 있다. 주목할 부분은 국수를 만드는 방법, 곧 '가는 판[세판細板]에 눌러 흰 국수[백면白麵]를 만드는' 방법이다. 이 문장의 원문은 '세판압작백면細板壓作白麵'이다. '압작壓作'은 눌러 만든다는 뜻이다.

그렇다면 반죽을 얹어 누르는 '가는 판[細板]'이란 무엇인가? '세판細板'에서 '세細'는 가늘다는 뜻이고 '판板'은 나무판자를 말한다. 다른 곳에서는 찾아볼 수 없는 말로, 《주방문》의 세면 만드는 법에 등장하는 '가는 분판粉板'과 다르지 않을 것이다. 《음식디미방》의 '면본'과도 기능적으로 동일한 것일 터이다. 다른 점은 국수 재료다. 《음식디미방》의 면본은 녹두가루에 밀가루를 조금 섞어 쑨 부드러운 죽을, 《주방문》의 '가는 분판'은 밀가루 풀에 녹말을 섞은 되직한 반죽을 세면의 재료로 썼다. 반면 '세판'은 메밀 반죽을 눌러 국수를 뽑는 도구로 사용되고 있다. 드디어 메밀 반죽은 칼에 썰려서가 아니라, 어떤 도구 위에서 눌려 국수 가락이 되기 시작했다!

여기서 《주방문》의 해당 부분을 다시 인용할 필요가 있다. "또한 방문은 반죽을 위와 같이 하되 잠깐 되직하게(=되게) 하여 가는 분판에 누르라. (이 방법이) 하기가 쉽고 좋다." 반죽이 되직한 경우 분판에 누르는 것이 쉽고 좋다는 것이다. 원래 세면은 구멍을 뚫은 바가지에 녹말풀을 넣고 구멍을 통해 녹말풀이 저절로 아래로 흘러나오게 했다. 녹말풀은 묽어야만 했다.

당연히 국수 가락은 가늘게 만들어졌다. 굵고 단단한 면발을 원한다면 녹말풀을 되직하게 반죽해야만 했다. 하지만 이 경우는 바가지를 사용할 수 없다. 이런 이유로 고안된 것이 사람이 위에서 힘을 주어 반죽을 누르는 '가는 분판'이었다. 눌러서 세면을 만들던 '가는 분판'은 쉽게 메밀 반죽을 눌러 메밀국수를 뽑는 도구로 사용될 수 있었다. 《(증보)산림경제》에는 메밀국수를 만드는 데 국수틀을 도입한 최초의 사례가 등장한다.

메밀국수는 국수틀에 눌러 뽑아야 맛이 좋다

세판의 구체적 형태와 구조는 전혀 알 수 없다. 《음식디미방》의 '면본'과 《주방문》의 '가는 분판' 역시 그렇다. 분'판', 세'판'이라는 표현을 통해 유추하자면, 쇠로 만든 판板에 구멍을 송송 뚫은 매우 간단한 형태가 아니었을까 싶다. 후대의 것이기는 하지만, 서유구徐有榘의 《임원경제지林園經濟志》에 참고할 만한 적절한 자료가 있다. 서유구는 《임원경제지》의 정조지鼎俎志에서 30종의 국수 만드는 방법을 소개하면서[27] 《(증보)산림경제》의 국수틀로 메밀국수 뽑는 법을 인용했다. 문장은 약간 다르지만 뜻은 거의 같다. 인용해 보자.

메밀국수 메밀을 빻아 가루를 내어 수비水飛한 뒤 베 위에 펴서 볕에 말린다. 메밀 10되에 녹두가루 2되를 넣어 물을 섞어 풀처럼 반죽한다. 반죽을 국수틀[면자麵榨][안案. 국수틀의 사양은 섬용지贍用志의 도보圖譜에 상세하게 밝혀 놓았다]에 넣는다. 국수틀을 눌러 국숫발이 만들어지면 장물에 끓여 먹는다. 혹은 메밀가루에 물을 섞어 반죽을 만든 뒤 안반에 넓게 밀

어 칼로 실처럼 가늘게 썰어 만든다.[28]

서유구는 《(증보)산림경제》에서 인용했음을 분명히 밝히고 문장을 좀 더 구체적으로 고쳤다. 가장 눈에 띄는 부분은 '국수틀'로 번역한 '면자麵榨'다. '면자'는 '세판' 대신 쓴 낱말이다. '면자' 역시 '세판'과 마찬가지로 다른 곳에서는 찾을 수 없는 말이다. '면자'의 '자榨'는 '밀고 눌러 물체 내의 액체를 나오게 하는 도구 혹은 그 행위'를 의미한다.[29] 곧 국수를 밀고 눌러서 나오게 하는 도구가 '면자'이다. 바로 국수틀이다. 서유구는 '면자' 뒤에 '안案'이라 하고 다음과 같은 주석을 덧붙이고 있다. "국수틀의 사양은 섬용지의 도보에 자세하게 보인다." 다만 이 주석에도 불구하고 도보에는 국수틀 그림이 없다!

다시 《(증보)산림경제》로 돌아가자. 유중림이 "가는 국수틀에 눌러 흰 국수를 만들면 맛이 좋다"라고 한 말도 찬찬히 음미해 볼 필요가 있다. '맛이 월등하다[味勝]'의 '승勝' 자는 다른 것과의 경쟁에서 이긴다는 뉘앙스도 있고 다른 것과 비교해서 우월하다는 의미도 있다.[30] 즉 이 국수틀로 국숫발을 눌러 뽑았을 때 국수의 맛이 다른 방법으로 만든 국수에 비해 월등하다는 느낌이 담긴 말이다. 유중림은 세판으로 반죽을 눌러 국수를 뽑는 방법은 길게 언급한 뒤 짤막하게 "또는 메밀가루를 내어 물에 반죽하고 칼로 썰어 국수를 만들어도 좋다[亦佳]"는 문장을 추가하고 있다. 이는 반죽을 넓게 편 뒤에 칼로 썰어 국수를 만드는 절면법切麵法이다. 유중림이 굳이 칼국수 방법에 앞서 국수틀 방법을 소개하면서 맛이 우월하다고 한 것은 칼국수 방법에 비해 국수틀 방법이 우월하다는 의미다. 뒷날 메밀국수를 만드는 법은 국수틀을 사용하는 압면법이 압도적인 방법이 되었다. 칼국수 방법이 사라지지 않긴 했지만 국수틀에 눌러 뽑아 만

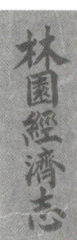

❶《임원경제지》

❷ 《(증보)산림경제》

《(증보)산림경제增補山林經濟》(②)에는 메밀국수를 만드는 데 국수틀을 도입한 최초의 사례가 등장하며, 《임원경제지林園經濟志》는 ① 30종의 국수 만드는 법을 소개하면서 《(증보)산림경제》의 국수틀로 메밀국수 뽑는 법을 인용했다. 유중림은 '가는 국수틀에 눌러 뺀 국수를 만들면 맛이 좋다'고 했다. 곡물가루가 메밀가루로 단일화하면서 찰기 없는 재료로 보다 편리한 방법으로 국수를 뽑고, 보다 맛있는 국수를 만들어야 한다는 압박이 생기면서 세면을 만드는 '면본' 혹은 '가는 분판'을 도입하게 된 것으로 추정된다.

든 국수를 이길 수는 없었다.[31]

유중림이 국수틀 방법을 칼국수 방법에 앞세우고 맛이 우월하다고 한 것은, 국수틀이 이전에는 없던 도구였기 때문인 듯하다. 메밀국수를 만드는 데 세판을 도입한 것은, 국수 재료인 곡물가루가 메밀가루로 단일화하는 길을 걸었기 때문인 듯 싶다. 메밀로 단일화함으로써 이 찰기 없는 재료로 보다 편리한 방법으로 국수를 뽑고, 보다 맛있는 국수를 만들어야 한다는 압박이 생겼을 것이다. 이 압박으로 인해 세면을 만드는 '면본' 혹은 '가는 분판'을 도입하게 된 것일 터다. 이렇게 추정할 수 있지만 그 구체적인 과정은 여전히 알 수 없다.

국수틀은 이런 모양이었다

세판을 이용해 메밀국수를 만들었다는 것은, '국수틀에 눌러 뽑은 국수 가락'이라는 냉면의 최초 조건을 만족시킨다. 그런데 국수틀에는 약간 복잡한 문제가 있다. 이 문제를 살펴보자.

  형태와 구조는 알 수 없지만, 세판이라는 말에서 알 수 있듯 이 국수를 눌러 뽑는 도구는 아주 간단한 것이었을 터이다. 이 간단한 형태의 도구는 곧 개량의 길을 걸었던 것으로 보인다. 앞서 말했듯 서유구는 《임원경제지》의 정조지에서 《(증보)산림경제》의 메밀국수 부분을 인용하면서, 유중림이 세판細板이라고 이름 붙였던 국수틀을 '면자麵榨'라고 바꿔 부르고 자세한 것은 섬용지贍用志에 그림으로 보여 주겠다고 했다. 실제 섬용지의 '밥 짓는 여러 도구[炊爨之具]' 중 '누르는 여러 도구[榨壓諸具]'의 하나로 '면자麵榨'와 '급수면자急須麵榨'가 등장한다. 아마도 이 두 기록이 국수틀에 관한 최초의 설명이자 유일하고 자세한 서술일 것이다. 다만 서유구는 그림을 보여 준다 했지만, 정작 그림은 실려 있지 않다.

  ① **국수틀[면자麵榨]** 아름드리나무를 깎아 다듬되,[32)] 배 쪽은 불룩하고 양쪽 끝부분은 줄어들게 한다. 배 쪽 복판에 둥근 구멍 하나를 뚫는데, 지름

이 4~5촌(약 12~15센티미터)쯤 되게 한다. 구멍의 둘레와 지름에 맞게 쇠로 원반圓盤을 만들고 가는 구멍을 무수히 뚫는다. 원반에는 테두리가 있어, 구멍 바닥에 끼우고 테두리 가장자리에 작은 쇠못을 박아 고정시킨다. 보통 삭면素麵을 만들 때는 솥 위 좌우 시렁에 국수틀을 놓는데, 다만 솥 아가리와 2~3촌(약 6~9센티미터) 떨어지게 하고, 솥에 물을 끓인다. 밀가루 반죽을 치대어 덩어리를 만들고, 이것을 구멍 안에 넣는다.

다시 둥근 말뚝[말뚝의 둘레와 지름은 구멍 크기를 보아 만들어 바닥에 꼭 맞게 한다]을 구멍 위쪽에 맞게 끼운다. 긴 나무 널빤지로 말뚝 위를 누르고 다시 큰 돌로 널빤지 위를 누르면 국수가 작은 구멍으로부터 끊임없이 솥으로 떨어진다. 그러면 잠시 익혔다가 건진다. 중국 사람들은 이것을 '삭병索餠'이라 부르고 우리나라에서는 '국수掬水'라고 부르는데, 무슨 뜻인지 모르겠다.[33]

② **빠른 국수틀[급수면자急須麵榨]** 쇠로 작고 동그란 통을 만들고 통 바닥에 가는 구멍을 무수히 뚫는다. 통의 좌우에 쇠로 끌채를 만들어 솥 아가리 위에 맨다. 다시 쇠로 작고 둥근 말뚝을 만들어 통 바닥까지 끼운다. 밀가루를 치대어 반죽을 만들어 통에 넣고 쇠말뚝을 끼워 넣고 누르면 국수가 바닥의 구멍으로부터 차차 내려와 솥 안의 끓는 물에 둥글게 감기며 국수 가락이 된다.

반죽이 조금 질면 그리 무겁게 누르지 않아도 국수 가락을 뽑을 수 있다. 메밀가루에 다시 녹두가루나 칡가루를 넣으면 국수가 중간에 끊어지지 않는다. 손님이 불시에 찾아와도 순식간에 만들 수 있기 때문에 '빠른 국수틀'이라 부른다. 《금화경독기》[34]

국수틀 ①의 구조를 간단히 줄여서 말하면 다음과 같다. 큰 통나무 중간을 원기둥 모양으로 판다. 그 원기둥 바닥에 구멍을 송송 뚫은 철판을 끼운다(이 철판이 아마도 세판細板일 것이다). 원기둥 안에 반죽을 넣는다. 반죽 위에 말뚝을 꽂고 그 말뚝 위에 널빤지를 올린다. 널빤지 위에 다시 돌을 얹어 무게를 가한다. 반죽은 철판의 구멍을 통해 긴 가락 형태로 아래에 있는 솥의 끓는 물로 떨어진다. 여기서 무게를 가하는 것이 큰 돌덩이임을 기억하자. 빠른 국수틀 ②의 원리는 이보다 간단하다. 쇠로 파이프 형태의 원통을 만든다. 원통 바닥에는 구멍이 송송 나 있다. 이 원통에 반죽을 넣는다. 역시 쇠로 만든 말뚝을 원통에 넣고 반죽을 눌러 국수를 뽑아 내린다. ①, ②의 구조는 같다. 결정적 차이는 ①은 돌덩이가, ②는 사람이 반죽을 누른다는 것이다. ①과 ②를 그리면 〈그림 1〉과 〈그림 2〉다.

①, ②의 출처는 《금화경독기》이다. 원래 서유구는 수많은 책에서 정보를 가져다 《임원경제지》를 편집하고, 각 자료의 끝에 인용 출처를 밝혔다. 금화는 지명으로, 서유구가 1809년 무렵부터 1815년 사이에 살았던 지금의 경기도 포천시 영중면 거사리 금화봉金華峰 주변으로 추정되는 곳이다.[35] 금화봉 아래서 쓴 에세이였기에 《금화경독기》라는 이름을 붙였을 것이다. 그러니까 수많은 저작에서 발췌한 정보로 편집한 《임원경제지》에서 《금화경독기》라고 출처를 밝힌 것은 타인이 아닌, 서유구 자신의 저술이다. 이 국수틀은 1809~1815년 사이에 서유구 자신이 직접 본 것일 터이다.

그렇다면 위의 국수틀 ①은 일반적인 국수틀로 보급되었던 것인가. 이러한 유형의 국수틀은 현재 남아 있지 않다. 20세기 이후 국수틀은 실물은 물론 사용 방법에 대한 증언도 제법 남아 있다. 하지만 《임원경제지》 유형의 국수틀은 남아 있지 않고 또 사용했다는 증언도 없다. 현재 유물로 남아 있는 국수틀의 형태는 〈그림 3〉, 〈그림 4〉와 같다.

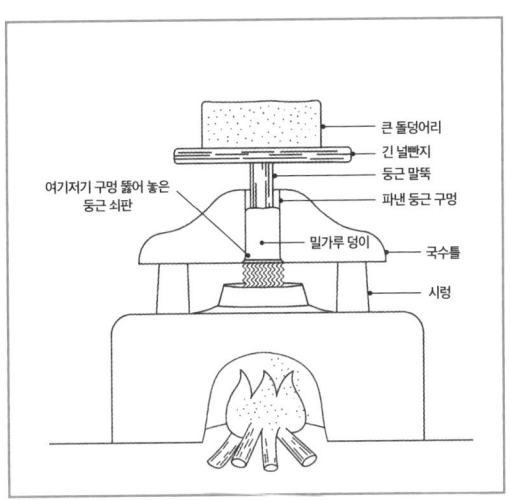

〈그림 1〉
국수틀〔면자〕
* 출처: 서유구, 임원경제연구소 옮김,
《임원경제지 섬용지 1》,
풍석문화재단, 2016

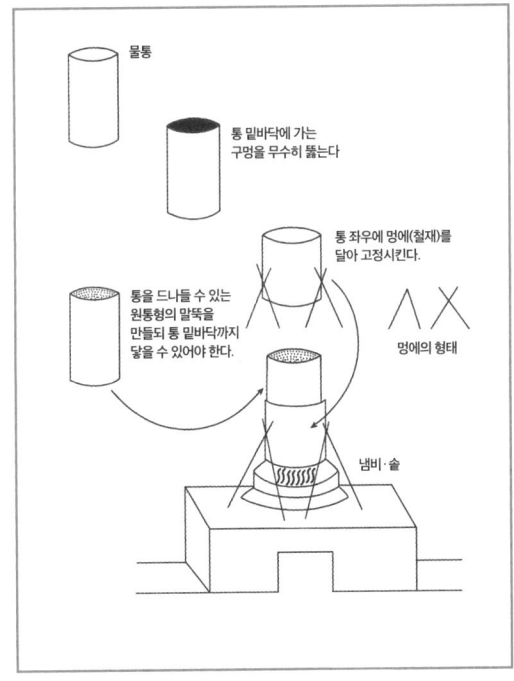

〈그림 2〉
빠른 국수틀〔급수면자〕
* 출처: 장지현,
《한국전래면류음식사연구》,
수학사, 1994

〈그림 1〉은 돌덩이가, 〈그림 2〉는 사람이 반죽을 눌러 국수를 뽑는다. 이 국수틀은 19세기 초반 서유구의 고안품이다. 하지만 남아 있는 유물도 없고, 사용했다는 기록도 없다. 서유구가 《임원경제지》에 자신의 에세이 《금화경독기》를 인용해 기록해 놓은 것이다. 말뚝을 누르기 위해 판을 얹고 그 위에 다시 돌을 얹는 등 여러 동작이 필요하고 국수를 내린 뒤에는 다시 돌을 내려야 하는 등 작동 방식이 복잡하다.

이것은《임원경제지》의 국수틀 ①, 혹은 국수틀 ②와는 전혀 다른 모습이다. 국수틀의 긴 자루를 누르기만 하면 작동한다. 반면《임원경제지》의 국수틀은 말뚝을 누르기 위해 판을 얹고 그 위에 다시 돌을 얹는 등 여러 동작이 필요하고 국수를 내린 뒤에는 다시 돌을 내려야 한다. 상당히 복잡하다. 〈그림 4〉의 국수틀은 이훈종 선생의 그림을 보면 알 수 있듯 부엌의 물 끓이는 솥 위에 간단히 설치한 것이다. 가정에서 구비하고 있는 국수틀은 대체로 이런 유형이었을 것이다.

국수틀은 본체와 누르개로 나뉜다. 본체에는 반죽을 넣는 구멍이 있는데, 바닥에는 '분창'(〈그림 5〉)이 끼워져 있다. 분창은 국어사전에 나오지 않는 말인데, 둥근 쇠판에 구멍을 송송 뚫은 것이다. 반죽 구멍에 반죽을 넣고 위쪽 누르개를 눌러 공이가 반죽 구멍을 강하게 누르면 반죽이 분창을 통과하면서 국수가 된다. 국수는 곧장 아래의 끓는 물로 떨어지고 순간적으로 호화糊化가 일어나 점성이 생기고 끊어지지 않는 국숫발이 된다.

긴 나무 널빤지로 말뚝 위를 누르고 다시 큰 돌로 널빤지 위를 누르는《임원경제지》의 국수틀과 비교해 보면 〈그림 3〉의 국수틀이 훨씬 편리하다. 두 국수틀이 실생활에서 경쟁했다면《임원경제지》의 국수틀이 밀려났을 것이다.《임원경제지》의 국수틀은 찰기 없는 메밀 반죽으로 길고 가는, 그리고 맛있는 국수를 만들어야 한다는 압박에 대한 해결책으로 구현되었다는 점에서 매우 주목할 만한 것이지만, 실제로 많이 사용되었던 것으로 보이지는 않는다.

서울식 국수틀과 평양식 국수틀

그렇다면 현재 전하는 국수틀은 어떻게 출현했던 것인가. 이 문제를 풀기 위해 20세기 초의 자료를 하나 살펴보자.《별건곤》1931년 7월호에는 여름철의 진기한 직업 8가지를 소개하는〈진기珍奇! 대진기大珍奇, 여름철의 8대 진직업珍職業〉이라는 글이 수록되어 있다. 여기에 냉면을 뽑는 방법에 대한 이야기가 보인다. 요즘 말로 고쳐 써서 인용한다.

> 평안도 같은 데는 여름보다 겨울냉면을 더 맛이 있고 운치 있는 것으로 알지마는, 서울에서는 여름철에 냉면을 많이 먹는다. 아니 평안도에서도 실제 많이 먹기는 여름이다. ······국수의 누르는 방법도 평양식과 서울식이 다르다. 서울에서는 '분粉 굉이'[36] 위에 여러 사람이 타고 앉아서 내리누르지마는, 평양에서는 새다리[梯子] 같은 것을 놓고 한 사람이 '분粉 공이' 위에다 등을 대고 거꾸로 매달려서 그 새다리를 한 칸 한 칸씩 발로 뻗디디며 누른다.[37]

주목할 것은 국수를 누르는 방식에 서울식이 있고, 평양식이 있다는 부분이다. 서울식은 '분 굉이' 위에 여러 사람이 타고 앉아 내리누른다. 평양식은 '분 공이'를 등으로 누른다. 구한말 풍속화가 김준근金俊根이 그린〈국슈 누르는 모양〉(〈그림 7〉)을 보면 이해가 쉬울 듯하다.

솥 안의 국수를 젓고 있는 사람이 오른손으로 쥐고 있는 짧은 세로 막대기가 공이다. 공이는 '절구나 방아확에 든 물건을 찧거나 빻는 기구'다. 국수틀에 있는 공이는 분粉 곧 메밀가루를 누르는 역할을 한다(물론 이때의 메밀가루는 반죽으로 변한 것이다). 문제는 이 공이를 누르는 방식이다. 서울식은 공이 위의 가로 막대 끝에 사람이 올라타고 앉아 막대를 눌러 공이에 힘을 주지만, 평양식은 막대 끝을 엉덩이로 누른다. 이때의 힘은 거꾸로 사다리를 밟아 몸을 펼쳐 얻는다.

〈그림 3〉 국수틀

긴 자루를 누르기만 하면 작동하는 국수틀. 부엌의 물 끓이는 솥 위에 간단히 설치한 것으로 보인다. 가정에서 사용한 국수틀은 대부분 이런 유형인 것으로 추정된다. 적어도 18세기 중반에는 국수틀을 눌러 메밀국수를 만들고 있었던 사실은 확인된다. 이로써 메밀국수가 냉면이 될 기본적인 조건이 마련된 것으로 보인다.
* 소장처: 국립민속박물관

〈그림 4〉 국수틀과 국수자루
* 출처: 이훈종, 《민족생활어사전》, 1997

〈그림 6〉 평양식 국수틀
* 소장처: 숭실대 기독교박물관

〈그림 5〉 현대식 분창

둥근 쇠판에 구멍을 송송 뚫은 것이다. 반죽 구멍에 반죽을 넣고 위쪽 누르개를 눌러 공이가 반죽 구멍을 강하게 누르면 반죽이 분창을 통과하면서 국수가 된다. 국수는 곧장 아래의 끓는 물로 떨어지면서 순간적으로 호화糊化가 일어나면서 점성이 생기고 끊어지지 않는 국수발이 된다.
* 출처: 인터넷

〈그림 7〉
평양식 국수 누르는 방식
국수를 누르는 방식은 서울식과 평양식이 다르다.
메밀 반죽을 누르는 역할을 하는 공이를, 서울식은 막대 끝에 올라탄 사람이 막대를 눌러
힘을 주지만, 평양식은 막대 끝을 엉덩이로 누르는 방식이다.
(김준근의 〈국슈 누르는 모양〉)

평양식은 냉면 만드는 과정이 국수틀을 누르는 사람, 국수를 저어 건지는 사람으로 분업화되어 있다. 담뱃대를 물고 있는 여성은 아마도 냉면가게의 주인일 것이다. 그림에는 냉면의 상업화가 반영되어 있다. 상업화되면서 보다 빨리 많은 국수를 편리하게 뽑기 위해 공이를 누르는 방식이 바뀌었던 것이다. 평양식 국수틀은 왼쪽의 사다리를 빼면 〈그림 3〉의 국수틀과 같다. 평양식은 보통의 국수틀에 사다리를 추가한 것으로, 국수틀과 사다리가 하나의 세트로 이루어진 일체형이다. 각각이 분리되어 설치할 때 조합해야 하고 국수를 누를 때 따로 돌을 가져다 얹어야 하는 《임원경제지》의 '면자'에 비해 훨씬 간편하다. 재료가 나무라서 상대적으로 만들기도 쉽다. 이것이 〈그림 3〉의 목제 국수틀이 유행하게 된 이유일 터다.

국수틀, 출현하다

그렇다면 〈그림 3〉의 국수틀은 어떤 과정을 통해 출현한 것인가. 다시 《임원경제지》의 국수틀 곧 '면자'로 돌아가 보자. 면자는 《음식디미방》의 '면본'과 《주방문》의 '가는 분판'에서 《(증보)산림경제》의 '세판'으로 이어지는 국수틀 개량의 흐름 끝에 놓인 것이다. 《임원경제지》의 '면자'는 찰기 없는 메밀가루로 길고 맛있는 국수를 만들어 내야 한다는 내재적 압박의 산물이다. 이는 다음과 같은 의문을 불러온다. 왜 면자가 선택되지 않고 〈그림 3〉 유형의 국수틀이 선택된 것인가. 결론부터 말하면 이것은 중국에서 사용한 국수틀을 본떠 만든 것이 아닌가 한다.

1713년 3월 6일 김창업은 동지사의 정사인 형 김창집(좌의정)을 따라 북경으로 가던 도중 사하보沙河堡에 이르러 새로 지은 점방에서 점심을 먹는다. 점방은 깨끗했다. 상 위에는 금방 삶아 낸 돼지고기가 놓여 있고, 솥에는 방금 눌러 뽑은 국수를 삶고 있었다.[38] '눌러 뽑은 국수'의 원문은 '압면壓麵'이다. 국수틀로 눌러서 뽑은 국수를 의미할 것이다.

메밀로 국수를 만드는 경우도 있었다. 김창업의 연행 120년 후 순조 대에 김경선金景善이 동지사 겸 사은사를 수행해 서장관으로 북경에 갔다. 그는 여양역閭陽驛에서 점심을 먹던 중 그곳 사람들이 메밀로 국수를 만드는데 밀가루 국수보다 낫다는 말을 남겼다.[39] 사하보와 여양역은 북경을 가고 오는 동안 반드시 거치는 곳이었다. 국수틀로 국수를 누르는 모습과 메밀로 만든 국수는 흔히 볼 수 있는 사소한 것이어서 굳이 기록으로 남길 필요가 없었을 듯하다. 그럼에도 김창업과 김경선은 예외적으로 그 사소한 것을 기록해 두었다. 어쨌든 북경을 가고 오는 동안 국수틀로 국수를 뽑기도 한다는 점과 밀가루 국수보다 맛있는 메밀국수가 있다는 점은 조선 사신단의 구성원이면 누구나 아는 사실이었던 것으로 보인다.

이 지점에서 북경에 파견되는 조선의 사신단에 대해 조금 더 언급할 필요가 있다. 사신단은 양반 관료로만 구성되지는 않았다. 공식적으로 파견되는 양반 관료는 정사·부사·서장관 3명이었고 이들을 따라가는 자제 군관 등을 모두 합쳐도 10명 안쪽이었다. 200~300명에 이르는 구성원 대부분은 상인이나 신체노동을 하는 하인들이었다. 양반이나 역관 등이 중국인이 국수 누르는 것을 보고 귀국한 뒤 국수틀을 제작하여 냉면을 만들어 먹는 모습은 상상하기 어렵다. 하지만 사신단의 상인과 하인들은 그럴 수 있다. 특히 하인들은 거의 대부분 평안도 사람이었으며 중국을 자기 집처럼 드나들고 있었다. 국수틀이 조선으로 전해졌다면 들여온 이는 아마도 이들일 것이다. 또 국수틀이 대단히 정교한 기술을 요하는 것은 아니지 않은가. 물론 이 역시 조심스런 추정일 뿐이다. 조선도 메밀로 국수를 만들어 먹었는데, 칼국수 방식의 미진한 부분을 해결할 수 있는 국수틀을 봤을 때 그것을 가져오는 건 그다지 어려운 일이 아니었으리라. 추측건대 평안도식 국수틀은 중국에서 본 국수틀을 본떠 만들었을 가능성이 있다. 이것이 평안도 지방, 특히 평양에서 냉면이 시작된 이유일 듯하다.

국수틀, 확산되다

《임원경제지》의 '면자' 건 〈그림 3〉 유형의 국수틀이건 이 새로운 도구는 메밀국수를 만드는 데 일대 전환의 기회를 제공했을 것이다. 후자의 국수틀은 빠른 속도로 퍼져 나간 것으로 보인다. 관련 자료를 하나 보자. 1782년 5월 9일 행부사직行副司直 김문순金文淳은 각 능침 곧 왕릉의 국수틀에 대해 정조에게 이렇게 말한다.

> 각 능陵의 제물 중 메밀국수를 칼로 썰어 만드는 것이 예전부터의 규정이라 하지만, 보기에 끝내 편치가 않습니다. 숙수들이 하는 말을 들어보니, 여러 곳 능침에 국수틀[면기麵機]이 혹 있기도 하고 없기도 한데, 있는 곳도 버려 두고 사용하지 않는다고 합니다.
> 국수틀이 있는 곳을 보건대, 국수를 만들 때 원래 국수틀을 사용했지만, 중간에 칼로 썰어 만들었던 것을 미루어 알 수가 있습니다. 이제부터는 해조該曹에서 국수틀이 있는지 없는지 그 상황을 상세히 조사해 없는 곳은 새로 만들고, 있는 곳은 수리하게 해서, 국수틀로 국수를 만드는 것이

어떻겠습니까?[40]

왕릉은 여럿이다(정조 당시 30곳). 각 왕릉에서 지내는 제사는 거창한 규모라 제물이 많다. 제물에는 당연히 국수가 포함된다. 김문순은 현재 제사에 올리는 메밀국수가 칼로 썰어 만들기 때문에 보기에 편치 않다고 말한다. 절면법으로 만든 메밀칼국수는 삶아서 그릇 위로 솟아 보이도록 담아 제상에 올려 놓으면 이내 툭툭 끊어져 국수의 형태를 잃는다. 김문순의 말인즉 이름만 국수이고 실제로는 국수의 형태를 갖추지 못하니 보기 편치 않다는 것이다.

압면법으로 만든다 해서 이 문제가 완전히 해결되는 것은 아니지만, 절

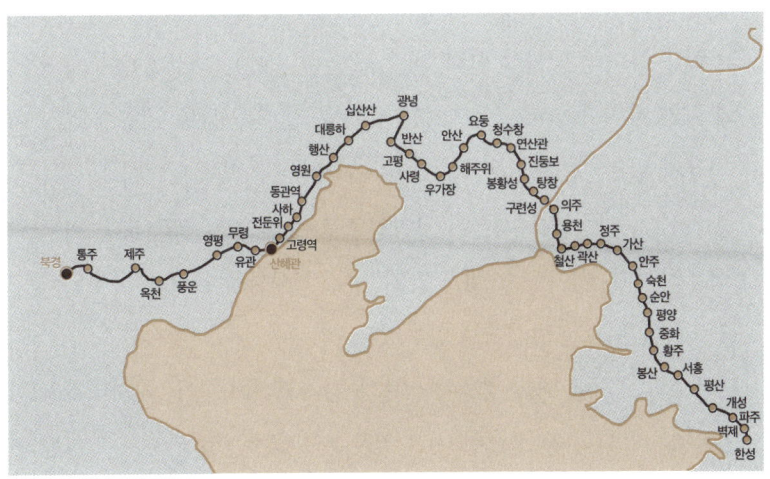

연행노선도

조선시대 사신들이 중국을 방문할 때 이용했던 길. 단순한 교통로를 넘어 조선 지식인들이 선진 문물을 접하고 세계관을 넓히는 중요한 통로 역할을 했다. 평안도식 국수들은 사신단을 따라간 평안도 상인이나 하인들이 중국인이 메밀가루 반죽을 눌러 국수를 만드는 것을 보고 이를 본떠 만들었을 가능성이 크다.

면법보다는 국수 가락을 훨씬 더 온전하게 유지할 수 있다. 사실 왕릉 제사용 메밀국수는 원래부터 칼국수 스타일로 만들지는 않았다. 숙수들의 말을 들어보건대, 과거에는 국수틀을 사용해서 만들었다는 것이다. 현재 일부 왕릉에 남아 있는, 사용하지 않는 국수틀이 그 증거다. 왕릉에는 반드시 제각祭閣이 있고 여기에 제사에 필요한 각종 제기와 도구들을 넣어 놓는데, 국수틀 역시 제각에 보관되어 있었을 것이다.

김문순의 말에서 확인할 수 있듯, 국수틀은 한자로 '면기麵機'라고 쓴다. 1799년 예조에서 국가가 거행하는 제사의 담당관, 절차, 제수의 마련, 수량 등을 상세히 기록한 《사전사례편고祀典事例便考》를 편찬했다. 이 책의 전사관典祀官 합행조건合行條件에 제물로서 국수를 만드는 방법이 담겨 있는데, 여기에 면기가 등장한다. "국수를 만들 때 면기·면대麵袋·면저麵杵는 모두 여러 번 깨끗이 씻어야 한다. 국수를 누를 때 재가 날아오르지 않도록 미리 막아야 한다. 국수를 만든 뒤에는 깨끗한 그릇의 맑은 물에 담가 두어야 한다."[41] 면기는 국수틀, 면대는 삶은 국수를 건져 내는 자루가 달린 채, 면저는 국수틀의 분창에 넣은 반죽덩이를 누르는 공이일 것이다. 이것들을 깨끗이 씻어야 함은 두말할 필요도 없다. 이 자료로 유추하건대, 적어도 18세기 말에는 국가 제사에 올리는 국수도 국수틀을 이용해 누르는 방식으로 만들었다.

김문순의 요청에 대해 정조는 그렇게 하라고 지시한다. 지시대로 되었는지는 알 바 아니다. 중요한 것은 김문순의 국수틀을 쓰자고 요청한 연도다. 김문순이 왕릉 제사에 올리는 국수를 국수틀로 뽑자고 말한 것이 1782년이다. 그러니 당시 제각 한 구석에 먼지를 뒤집어쓰고 버려져 있던 국수틀은 그보다 훨씬 전에 사용된 것일 터다. 아주 보수적으로 추정해도 왕릉의 국수틀은 18세기 중반에는 사용되었으리라. 이 국수틀이

1766년 《(증보)산림경제》의 세판과 어떤 관계가 있는지, 또 형태와 구조가 어땠는지는 알 수 없다. 하지만 적어도 18세기 중반에는 국수틀을 눌러 메밀국수를 만들고 있었다는 사실만은 확인할 수 있다. 이제 메밀국수가 냉면이 될 기본적인 조건이 마련된 셈이다.

〔5장〕

냉면의 시작

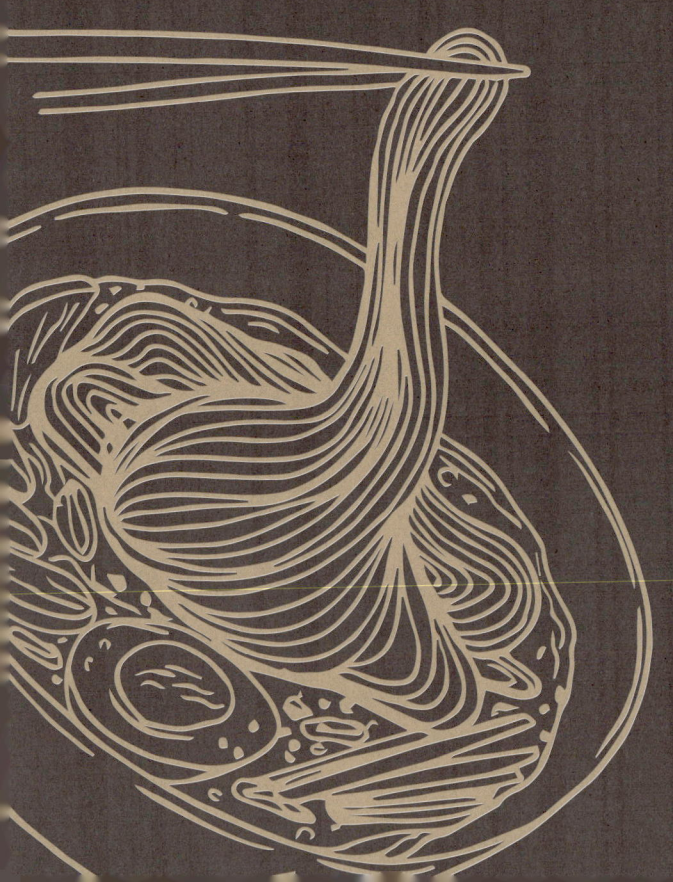

평안도에서 시작된 동치밋국 냉면

메밀국수, 동치밋국에 들어가다

《(증보)산림경제》는 국수틀에 눌러 흰 메밀국수를 만들면 맛이 월등하다고 말했다. 하지만 그 국수를 어떤 국물에 마는지에 대해서는 아무런 언급이 없었다. 맛이 월등하다는 국수가 냉면인지 아닌지 알 도리가 없다. 이와 달리 《(증보)산림경제》의 세판을 국수틀[면자]로 구체화했던 《임원경제지》는 그 국수틀로 내린 메밀국수를 '장물에 삶아 먹는다[醬水煮食]'라고 했다. 《산가요록》을 다시 들춰 보면, 면법의 다섯 가지 국수 만드는 법 끝에 콩가루와 밀가루를 섞어 만드는 두승[豆繩]은 장물[醬汁]에 삶아서 먹는 것이었다. 세면도 장물에 끓여서 먹는 것[醬湯用]이었고, 창면도 '청장물[淸醬水]'에 꿩이나 닭고기를 넣어 끓여 먹는 것이었다. 토장은 간장을 넣은 들깨즙에 비벼서 먹었다.

19세기 냉면 기록 문헌

《규합총서》(1809)는 〈동치미 만드는 법〉 아래 냉면에 대해 덧붙여 놓았다.
"동치밋국에 가는 국수를 넣고, 무·오이·배·유자를 같이 저며 얹고,
돼지고기와 계란 부친 것을 채 쳐서 흩고 후추와 잣을 뿌리면 이른바 냉면이다."

국수를 조리하는 데 장醬, 장물(=간장)을 사용하는 것은 오랜 전통이었다. 하지만 뜨거운 장물에 만 국수는 냉면이 아니다. 서유구가 편찬한 《임원경제지》는 19세기 초에 완성된 책이다. 당시 냉면은 이미 알려진 음식이었다. 그런데도 서유구는 장물에 삶아 먹는다고 기록했다. 메밀국수를 뜨거운 국물에 넣어 먹는다고 말하고 있다. 반면 서유구의 형수 빙허각 이씨는 《규합총서》에서 동치밋국에 만 냉면에 대해 소상히 언급한다. 국수틀에 눌러 뽑아 낸 메밀국수는 더운 장물에 말기도 하고, 찬 동치밋국에 말기도 했던 것이다. 더운 국물에 말면 온면溫麵, 차가운 국물에 말면 냉면이다.

차가운 동치밋국에 만 냉면은 평안도에서 시작된 것으로 보인다. 실제 냉면의 구체적 모습을 묘사한 자료는 홍경모洪錫謨(1781~1857)가 남긴 시가 처음이다. 시기는 18세기 끝이다. 재미있는 것은 홍경모는 앞서 들었던 《동국세시기》를 쓴 홍석모의 사촌형이라는 점이다. 약간 우회해서 김경서 金景瑞(1564~1624)라는 인물에 대해 간단히 살펴보자. 김경서는 무신으로 임진왜란 때 전공을 세운 인물이다. 임진왜란 이후 명明의 요청으로 강홍립과 함께 후금後金을 치기 위해 출전했다가 우여곡절 끝에 후금에 투항한다. 포로가 된 뒤 후금의 내부 사정을 탐지해 조선에 알리다가 발각되어 처형된다. 조선으로서는 기념해야 할 인물이었으므로 김경서는 우의정에 추증되었다. 아, 물론 김경서가 냉면과 직접 관련이 있는 것은 아니다.

홍경모는 김경서의 혼을 부르는 장편시 〈의초擬招〉를 썼는데, 그 시의 주석에 국수와 관련된 부분이 있다. 〈의초〉에서 사용한 '박탁餺飥'이라는 말에 대해 "우리나라 풍속에 국수를 '동저凍菹' 국물에 말아 박탁을 만드는데, 서주西州에서 유명하다"[1]라는 주석을 달았다. 서주는 관서 지방 곧 평안도다. 박탁은 '탕병湯餠의 별명'으로 '고대의 일종의 물에 삶은 국수'[2]다. 요컨대 동치미[동저凍菹] 국물에 만 관서 지방의 국수가 유명하다는 것이다. 국수틀이 18세기 말이면 흔한 것이 되었으니, 이 국수는 국수틀을 눌러 뽑아 낸 메밀국수가 틀림없다. 이제 드디어 메밀국수가 동치밋국으로 들어갔다. 아, 물론 돼지고기 편육은 빠졌지만! 그것은 생략해도 좋은 고명 아닌가.

재미있는 것은 '골동骨董'이라는 말에 붙은 주석이다. "우리나라 풍속에 국수를 오미五味와 배, 유자, 닭고기, 돼지고기와 섞어 골동면을 만드는데, 서주에서 유명하다."[3] 서주 곧 평안도에서 유명하다는 이 골동면은 국물이 없는 비빔국수다. 골동면의 '골동'은 뒤섞는다는 뜻이다. 아마도 함흥냉면과 거의 비슷할 듯하다. 물론 이 골동면은 메밀가루로 만든 것이니, 국수 자체는 감자녹말로 만든 함흥냉면과 다르다.

18세기 중반, 평안도에서 냉면은 유명했다

홍경모가 〈의초〉를 쓴 것은 1798년이다. '서주(평안도)에서 유명하다'고 말할 정도라면, 냉면은 적어도 18세기 후반에는 널리 알려진 음식이어야 마땅하다. 시기를 좀 더 거슬러 올라가 보자. 유득공柳得恭(1748~1807)은 1773년 윤3월과 4월 평양을 유람하고 〈서경잡절西京雜絶〉을 짓는데, 이 시에서 냉면을 말한다.

어린아이 파리채로 파리를 쫓을 무렵	小兒持拂正驅蠅
냉면과 증돈蒸豚은 값이 비로소 오른다지	冷麵蒸豚價始騰
사월 초순 등시燈市가 끝이 나니,	四月初旬燈市罷

가볍고 밝은 색 갈매기 알이 식단에 더해지네　輕明鷗卵食單增[4]

아마도 윤3월과 4월경 평양에서 냉면이 팔리는 모습을 보고 쓴 시일 터이다. 하나 덧붙이자면 '증돈'은 돼지새끼를 통째 찐 음식인데, 혹 냉면에 얹는 편육으로 쓴 것이 아닐까?

홍경모가 남긴 자료와 유득공의 시는 18세기 중반 평안도 일대에서 동치밋국에 말아 낸 냉면이 이미 널리 알려진 음식이 되어 있었음을 알려 준다. 동치밋국과 국수틀에서 뽑아 낸 메밀국수는 적어도 18세기 중반에는 이미 결합해 있었던 것이다. 물론 홍경모는 냉면이 아닌 '박탁'이라는 오래된 말을 사용했다. 한문으로 자기 의사를 표현하던 조선의 문인들은 일상 어휘를 속되다고 여기고 그것을 대체할 수 있는 고전의 어휘를 찾아 쓰곤 했다. 그가 냉면 대신 '박탁'이라는 문자를 쓴 것도 이 때문이 아닌가 한다. 그는 〈학성연구鶴城聯句〉라는 시에서는 냉면이라는 낱말을 쓰고 있다. 이 시는 뒤에서 자세히 살피고자 한다.

냉면이 평안도에서 시작된 것은 앞에서 언급했듯 북경으로 가는 사신단의 상인과 하인의 대다수가 평안도 사람으로 채워졌기 때문일 터이다. 압록강을 넘어 북경에 이르는 공간에는 조선과 청의 음식문화가 서로 영향을 주고받으며 공존하고 있었다. 그러니 그곳을 오간 평안도 사람들이 국수틀을 배워 와 최초로 냉면을 만든 것은 별반 신기한 일도 아니다.

누가 처음 국수틀로 뽑아 낸 메밀국수를 동치밋국에 넣었는지는 모른다. 다만 이것은 매우 간편하게 국수를 먹을 수 있는 방법이었다. 국수를 마는 국물을 애써 따로 만들지 않고도 이미 만들어져 있는 동치밋국에 국수를 말면 그만이었다. 거기에 배추나 무를 썰어 얹는 것은 별반 어려운 일이 아니었다. 돼지고기를 꾸미로 올린 것은 아마도 한참 뒤의 일이었을 터다.

또한 차가운 국수는 멀리는 《산가요록》의 수라화, 만이창면, 토장의 전례가 있고, 또 가까이는 《음식디미방》에 오미자차에 얼음을 넣어서 먹는 창면과 얼음물에 담가 둔 국수를 오미자차에 마는 세면이 나온다. 한국음식사에서 차가운 국물에 말아 먹는 국수는 별반 신기할 것도 없는 일이었다. 이런 음식문화가 이미 존재했기에 국수틀에서 내린 메밀국수를 손쉽게 동치밋국에 넣을 수 있었을 것이다.

황윤석이 서울에서 먹었던 냉면

《이재난고》에 기록된 냉면

앞에서 언급했듯 유득공은 냉면이 1773년에 평양에 있었음을 알리는 시를 썼다. 황윤석(1729~1791)은 이보다 5년 앞선 1768년에 서울에서 냉면을 먹었다는 자료를 남기고 있다. 그렇다면 황윤석이 먹은 냉면이 동치밋국에 만 메밀국수였던가? 선뜻 그렇다고 단정할 수는 없다. 황윤석이 먹었던 냉면은 냉면의 역사에서 가장 난해한 문제다. 답을 얻을 수는 없겠지만 문제 자체는 찬찬히 검토할 필요가 있다.

전라도 고창 출신으로 서양 천문학과 수학까지 섭렵하는 등 박학하기 이를 데 없던 황윤석은 워낙 부지런하고 꼼꼼한 사람이라 매일 보고 들은 것, 만난 사람과의 대화, 자신이 지은 시와 산문, 읽은 책을 일기로 옮겨 놓았다. 이 엄청난 분량의 일기 《이재난고》는 18세기 사족 사회를 구체적

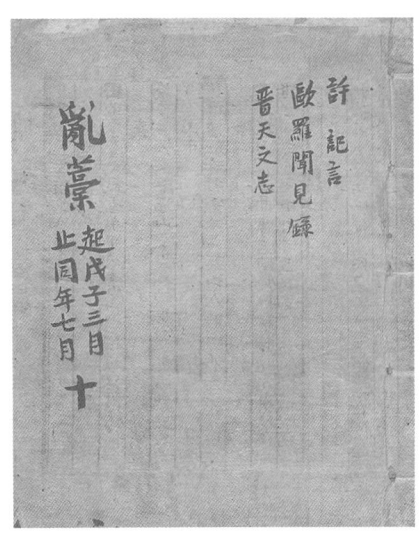

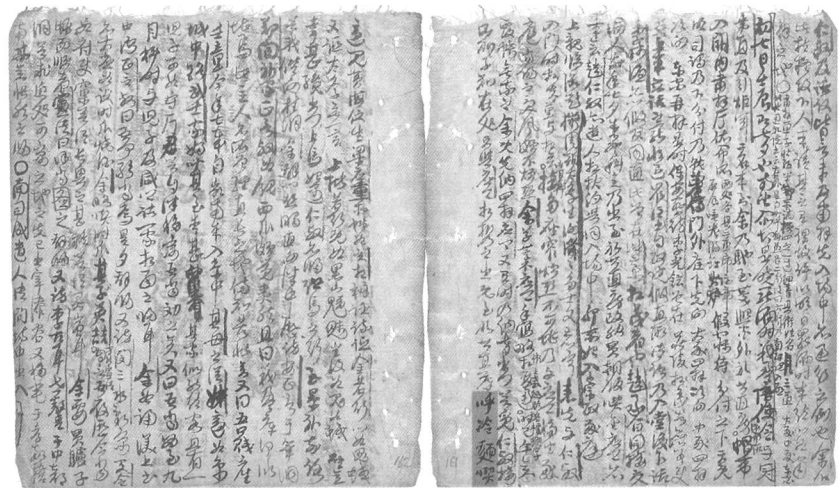

황윤석의 《이재난고》 속 냉면 기록

1768년 7월 7일 칠석날 예조의 직방에서 '냉면'을 불러 먹었다는 기록을 남겼다.
이 냉면이 동치밋국에 만 메밀국수였는지는 단정할 수 없다. 그가 먹었던 냉면의 정체는
냉면의 역사에서 가장 난해한 문제로 남아 있다. 또 1769년과 1770년
두 차례 국수를 사 먹었다는 기록을 남긴 것으로 보아 국수를 파는
가게(매면가) 있었음을 짐작할 수 있다.

으로 이해하는 데 더할 수 없이 귀중한 자료다. 당연히 음식문화에 관련된 자료도 적지 않다. 우리가 궁금해하는 냉면에 관한 자료도 한 토막 남아 있다. 1768년 7월 7일 칠석날 예조의 직방直房에서 '냉면'을 '불러[呼]' 먹었다는 기록이다[呼冷麵, 喫].[5]

황윤석은 1768년 6월에 의영고義盈庫 봉사奉事가 되었다. 의영고는 궁중에서 쓰는 기름과 꿀, 과일 등을 관리하는 관서다. 봉사는 종8품이다. 그야말로 시답잖은 미관말직이다. 말직이기는 하지만 실업자인 그에게는 감지덕지다. 벼슬은 왕이 주는 것이므로 당연히 감사하다는 인사 곧 사은숙배謝恩肅拜를 올려야만 했다. 7월 7일 새벽 통행금지를 해제하는 파루 소리가 울리자 황윤석은 자리에서 일어나 길을 나섰다. 의영고에서 하인들이 나와 앞장을 섰다. 경희궁 바깥 예조 직방의 의막소依幕所에 이르러 사모관대를 하고 숙배청肅拜廳 의막소로 들어가 선잠을 자며 분부(왕명)가 내려오기를 기다렸다(이때 영조는 경희궁으로 옮겨 가서 지내고 있었다). 직방은 대궐 문밖에 있는 관리들의 조회 대기소다. 의막소는 의막依幕 곧 임시 천막을 말한다. 관리들은 의막소에 들어가 기다렸는데, 여기에는 두 겹의 자리, 자리를 가리기 위한 병풍, 타기唾器, 요강, 화로 등이 있었다.

날이 밝자 사알司謁이 나와서 왕의 분부를 전했다. 황윤석은 차비문差備門 외정外庭 아래로 가서 대전大殿(왕)을 향해 네 번, 중전을 향해 네 번, 동궁을 향해 두 번 절했다. 이것이 사은숙배의 절차다. 숙배를 마친 뒤 그 자리에서 아는 사람을 여럿 만나 잠시 대화를 하다가 다시 예조 직방으로 돌아와 옷을 갈아입고 아침밥을 먹었다.

이날은 경희궁 숭정전 뜰에서 왕(영조)이 친림하여 치르는 칠석제七夕製가 있었다. 아침을 먹은 황윤석은 친구들과 뭉그적거리다가 시험시간이 되자 시험장으로 들어갔다. 답안지를 완성해 제출했을 때 시간은 오시午時 (오전 11시~오후 1시)였다. 점심을 먹을 시간이었다. 황윤석은 "예조의 직방에 도착한 뒤 냉면을 불러 먹었다[既至禮曹直房, 呼冷麵, 喫]." 이 냉면은 어떤 냉면이었을까? 예조 직방은 경희궁 바깥에 있었다. 대궐 안이 아니다. '호냉면呼冷麵'의 '호呼'는 크게 소리를 지르거나 명령한다는 뜻이다. 따라서 '호냉면'은 대궐 바깥에서 어디론가 큰 소리로 아랫사람을 불러 냉면을 달라고 했다는 의미로 이해된다. 황윤석은 어떻게 사람을 불러 냉면을 먹을 수 있었을까? 혹 냉면을 사 오게 한 것은 아닐까?

이듬해인 1769년 7월 8일 서울에서 국수를 사 먹었다는 기록도 있다. 황윤석은 전날 있었던 절일제節日製에서 2등으로 뽑혔다. 왕은 장원과 2·3등 모두 직접 만나겠다고 했다. 이에 황윤석은 대궐 아래 숙배청으로 가서 1등과 3등으로 뽑힌 이를 기다렸다. 이때 그는 하인에게 국수를 사 오게 해서 요기를 한다[令下人買麵, 療飢].[6] 국수를 사 먹은 기록은 1770년 12월 9일 일기에 한 번 더 나온다. 이날 지인 김용겸金用謙과 이현직李顯直이 찾아와 대화를 나누었는데, 황윤석은 1전錢 2푼으로 국수를 사서 두 사람을 대접하고 자신도 요기를 한다.[7] 이 두 사례는 서울에서 국수를 사 먹는 일이 드물지 않았고, 국수를 파는 가게도 있었음을 짐작하게 한다.

국수가게도 있었다

국수를 파는 음식점도 한둘 확인할 수 있다. 1761년 12월 1일 영조는 선전관 권필시權必時에게 떠돌아다니면서 구걸하는 사람이 있는 곳을 찾아오라고 명한다. 권필시는 종로 근처를 탐색하다가 '매면가賣麵家' 근처에서 몇

몇을 찾았노라고 보고한다.[8] '매면가'는 곧 국수가게를 의미한다. 국수가게는 같은 시기의 다른 자료에도 등장한다. 1760년 2월 21일 을해년 사건 곧 나주 괘서 사건 혐의자인 변치원卞致遠이라는 사람을 영조가 직접 심문했는데, 변치원의 답변 중 국수와 관련된 한 마디가 나온다. "금호문金虎門 바깥에서 국수를 사 먹었다"[9]는 말이다. 금호문은 창덕궁의 돈화문 서쪽에 있는 작은 문이다. 이곳에 국수를 파는 가게가 있었던 것이다.

국수는 확실히 상업화한 음식이었다. 1762년 4월 16일 장령 조태명趙台命은 영조에게 3월에 있었던 알성시 과장科場이 떡과 담배까지 파는 시장바닥이 되었다고 말하며 당시의 금난관禁亂官을 처벌할 것을 요청했다.[10] 금난관은 과거를 보는 과장이 혼란해지는 것을 막기 위해 임시로 둔 벼슬아치다. 과장의 난잡함은 풍속이 되었을 정도로 자주 있는 일이었으며 조선조 말기까지 달라지지 않았다. 흥미로운 것은 이에 대해 영조와 홍낙순洪樂純이 나눈 대화다. 영조가 "떡을 팔고 담배를 파는 일은 지극히 놀라운 것이다"라고 하자, 홍낙순은 자신이 상제庠製(성균관 유생에게 보인 시험의 하나) 치는 모습을 보았더니 해 질 녘에 간혹 국수를 파는 이도 있었다고 답한다.[11] 응시자들의 답안 작성이 늦어져 저녁이 되면 국수 장수들이 과장에 들어와 국수를 파는 일이 있었다는 것이다.

그렇다면 국수를 파는 가게를 좀 더 구체적으로 알아 볼 수는 없을까? 황윤석은 1768년 9월 27일 춘당대시春塘臺試에 응시하는데,[12] 아침에 '주가酒家'로 가서 육반肉飯 한 그릇과 육면肉麵 두 그릇을 사서 아침밥으로 먹는다.[13] 육반은 짐작이 되지 않는다. 육면은 《산가요록》과 《음식디미방》, 《수운잡방》에 보이는, 고기를 가늘게 썰어 밀가루나 메밀가루를 묻혀 삶아서 먹는 그 육면일 수 있다. 1800년대 중반에 쓰인 한글 조리서《음식방문》에도 '육국수'라는 이름으로 실려 있으니,[14] 적지 않게 먹었던 음식인 모양이다.

황윤석은 '흰 엿[白糖]'과 '홍시紅柿'를 사서 가지고 간다. 시험장에서 요기할 거리였을 터이다. 황윤석이 육반과 육면을 사서 먹은 '주가'는 번역하면 술집이지만 술을 파는 곳이 아니라 음식점이었을 것이다. 영조 대에는 강력한 금주령이 시행되어 술을 판다고 공언할 수 없었기 때문이다. 이상의 자료를 종합해 보면 18세기 후반 서울 시내에 국수를 파는 가게 혹은 국수 장수가 있었고, 황윤석은 이런 가게들에서 국수를 사 먹었다고 볼 수 있다. 물론 직접 가지는 않고 하인을 시켜서 사 오게 했을 것이다. 냉면을 불러 먹었다는 말 또한 하인 혹은 노비를 시켜 냉면을 사 오게 해서 먹었다는 의미일 터이다.

여름철에 어떻게 냉면을 먹을 수 있었을까

이때 황윤석이 먹은 냉면이 동미칫국에 만 메밀국수였을까? 단정할 수 없지만 그럴 가능성이 없지는 않다. 황윤석은 《이재난고》에서 자신이 먹은 국수를 명확히 구분했다. 앞에서 본 육면도 그렇거니와 구체적으로 탕면湯麵과 소맥면小麥麵이라고 지칭한 경우가 적지 않다.[15] 이런 점에서 자신이 먹은 '냉면' 역시 확실히 다른 국수와 구별하여 '냉면'이라고 쓴 것이라 봐야 옳다.

그런데 이 차가운 국수를 '냉면'이라고 단정하기에는 문제가 있다. 냉면을 먹은 칠석날은 음력 7월 7일이다. 양력으로는 8월이다. 참고로 2025년 음력 7월 7일은 8월 29일이다. 여름철에 '차가운 국수'를 만드는 것이 어떻게 가능했을까. 뒤에 다시 언급할 기회가 있겠지만, 18세기 후반 서울에서는 여름에 얼음을 구하는 것이 어렵지 않았다. 조선시대에는

12월과 1월 한강의 얼음을 떼 내어 빙고氷庫에 넣어 두었다가 6월이 되면 관료들에게 나눠 주었다. 이를 반빙頒氷이라 한다.[16] 대궐 안에는 따로 내빙고內氷庫가 있었다. 반빙으로 얼음을 얻을 수 있는 이가 아닐 경우 상업적으로 판매하는 얼음을 구할 수 있었다. 민간에서 겨울에 채취하여 여름에 판매하는 사빙私氷을 살 수 있었던 것이다. 따라서 여름에 차가운 국수를 만드는 일은 그리 어렵지 않았다.

앞서 언급했듯《(증보)산림경제》(1776)는 국수틀을 눌러 뽑은 메밀국수의 맛이 훨씬 좋다고 말했다. 황윤석이 먹었던 냉면 역시 국수틀로 뽑은 메밀국수일 가능성이 충분하다. 남는 문제는 냉면을 말았던 국물이다. 한여름인 8월에 동치밋국이 남아 있을 리 없다. 그렇다면 어떤 국물인가. 답하기 어렵다. 한 가지 참고할 자료가 있다. 1860년 7월 7일 철종이 냉면을 과식하여 배탈이 났다는《승정원일기》의 자료다(이 자료는 뒤에 다시 언급한다). 황윤석 역시 7월 7일 냉면을 먹었다. 칠석날을 기념해서 먹은 듯하다. 칠석날 풍습에 따라 먹었던 이 차가운 국수를 말아 낸 국물은 무엇이었을까? 동치밋국이 아니라면 고기를 삶아서 만든 장국일 수 있다. 하지만 장국냉면은 19세기 말 문헌에 비로소 등장하고 20세기 들어 여름냉면으로 보편화된다. 장국이 아니라면 국수를 말 국물은 따로 없다. 국수틀을 눌러 뽑은 메밀국수의 맛이 훨씬 좋다고 한《(증보)산림경제》는 동치미 담그는 법 두 가지와 고기장국을 만드는 법을 모두 싣고 있다.[17] 아마도 황윤석이 먹은 냉면은 얼음으로 차갑게 식힌 고기장국에 말아 낸 것이 아니었을까? 다만 그것은 칠석날의 시식時食으로만 먹던 것이 아니었을까? 서두에서 언급한 바와 같이 황윤석의 먹었던 냉면은 냉면사에서 가장 난해한 문제다. 여름의 장국냉면일지도 모른다는 조심스러운 가설만 일단 제기해 둔다.

[6장]

냉면의 확산

정약용의 냉면

'눌러 뽑은 국수는 붉은 실이 차갑고'

평안도에서 시작된 냉면은 인근 지역으로 빠르게 퍼졌을 것이다. 이 이야기를 해 보자. 거의 모든 학문적 주제를 다루고, 또 세상의 거의 모든 일에 대해 언급한 정약용은 냉면에 대해서도 중요한 한 마디를 남겼다. 정약용은 아버지 정재원丁載遠(1730~1792)의 환갑날 친지를 불러 잔치를 벌였는데, 이때 쓴 시를 보면 잔칫상에 냉면이 올랐던 것이 분명하다.[1]

눌러 뽑은 국수는 붉은 실이 차갑고　　　麵壓紅絲冷
물에 담근 오이는 푸른 조각이 신선하구나　　瓜沈綠瓣鮮

'면압麵壓'은 국수를 눌러서 뽑는다는 말이다. '붉은 실'은 국수 가락이 붉다는 뜻인데, 이유는 알 수 없다. 가락이 붉은 국수는 홍만선의《산림경제》에 나오는 홍사면紅絲麵이 유일하다. 홍사면은 날새우를 갈아 메밀가루·콩가루와 함께 치대서 만든 반죽을 칼로 썰어 삶은 국수다.[2] 국수가락이 붉은 것은 새우의 아스타잔틴astaxanthin이 열을 받았을 때 일으키는 화학 변화 때문이다. 이 방법은《산림경제》와《임원경제지》에 실리기는 했지만, 원 출처는 원대元代의 실용생활서인《거가필용》이다.[3] 홍사면은 이 두 문헌 외에 다른 문헌에는 보이지 않는다. 실제로 홍사면을 먹었을 것 같지는 않다. 이런 점에서 정약용의 냉면이 붉은색을 띠는 이유는 여전히 미상이다.

이 국수를 앞서 언급한 장유의〈자줏빛 장물에 말아 낸 냉면〉과 동일한 사면絲麵이 아닐까 생각할 수도 있다. 반면 정약용의 시에서는 '국수를 눌러서 뽑는다'고 말하고 있다. 사면은 결코 아니다. 그렇다면《음식디미방》의 '세면법'에서 나왔던 '면본에 눌러' 국수를 만들었던 방법일까? 하지만 면본이 무엇인지 애매하다. 게다가 정약용의 시대는 이미 국수틀이 널리 쓰이고 있던 시기다. 그러니 정약용이 언급한 '면압'은 국수틀에 눌러 뽑은 국수라고 보는 편이 적절하다.

정재원의 환갑은 1790년이니 이 시를 지은 연대 역시 1790년이다. 이 해에 정약용은 예문관 검열, 사헌부 지평, 사간원 정언 등이 되어 관료로서 순조로운 출셋길을 달리고 있었다. 환갑잔치는 다산의 향제鄕第인 경기도 양평 두물머리의 집이거나 혹은 서울의 집 곧 경제京第에서 열렸을 것이다.

'눌러 뽑은 냉면에 배추김치 푸르네'

국수의 색깔이 붉다는 것은 해결되지 않았다. 하지만 정재원의 환갑잔치 때 국수틀을 눌러 뽑은 국수를 차갑게 해서 먹은 것은 분명하니, 냉면이라고 봐도 무방하다. 게다가 정약용은 이미 '냉면'을 먹어 봤고 '냉면'이라는 말도 알고 있었다. 그는 서흥도호부사瑞興都護府使 임성운林性運에게 준 시에서 정식으로 '냉면'이라는 말을 쓴다.

서관西關은 10월이라 한 자나 눈이 쌓였으니 西關十月雪盈尺
겹 휘장 보드란 담요로 손님 대접 간곡하다 複帳軟氍留欵客
갓 모양 냄비에 노루고기 끓이고 笠樣溫銚鹿臠紅
눌러 뽑은 냉면에 배추김치 푸르네[4] 拉條冷麪菘菹碧

임성운이 수안遂安 군수와 함께 고시관으로 해주에 왔다가 돌아갈 때 지어 준 시다. '서관西關'은 황해도와 평안도이고 서흥도호부는 황해도의 중간에 위치한다. 곧 임성운의 서흥 생활을 읊은 것이다. 냉면을 먹은 주체는 당연히 임성운이다. 이 시로 황해도 서흥에서 냉면을 먹었다는 점, 냉면이 시의 제재로 쓰일 정도로 평안도와 황해도에서 흔한 음식이었다는 점을 짐작할 수 있다.

짚고 넘어가야 할 것은 맨 마지막 구절의 '납조냉면拉條冷麪'이라는 부분이다. '납조拉條'는 원래 손으로 길게 잡아 끈처럼 늘이는 것 혹은 그런 긴 끈을 뜻하지만, 정약용은 눌러 뽑는 것으로 이해했다. 그가 1819년에 쓴 어원 연구서 《아언각비雅言覺非》를 들춰 보자.

'면麵'은 밀가루다. 속석束晳의 〈면부麵賦〉에 "가는 체의 가루가 눈과 티끌 날리 듯하네[重羅之麪, 塵飛雪白]"라고 했는데, 밀가루를 두고 한 말이다. 우리나라 사람들은 밀가루를 '진말眞末'이라 하고[방언으로 '진가루'다], 면은 먹는 음식물의 이름으로 아는데[방언으로는 '국수麴水'라고 한다] 잘못된 것이다. 그러나 중국에서도 그렇다. 칼로 자른 것의 이름은 절면切麵이라 하고, 누른 것의 이름은 납조면搚條麵이라 하며, 마른 것의 이름은 괘면掛麵이라 한다.[5]

이번에는 누른 것, 곧 눌러서 뽑은 국수를 '납조면'이라고 한단다. '납搚'은 '접'으로 읽으면 '접다'는 뜻이고, '랍(납)'으로 읽으면 '납拉'과 통한다. '拉'으로 쓸 것을 '搚'으로 쓴 것이니, 사실 동일한 뜻이다.

이 시를 지은 시기는 1797년 9월 이후다.[6] 정약용은 1797년 윤6월 2일에 곡산 부사에 임명된다. 곡산부는 황해도 북동쪽에 있다. 곧 서흥 부사와 수안 군수, 곡산 부사 세 사람이 해주 고시관으로 만났고 시험이 끝난 뒤 헤어지면서 시를 지어 주었던 것이다. 그런 시에 등장할 만큼 18세기 황해도 일대에서 냉면은 유명했다.

19세기 각 지방의 냉면

냉면, 전국으로

적어도 18세기 중반 이후 평안도와 황해도에 전에 볼 수 없었던 새로운 유형의 국수, 곧 냉면이 널리 퍼져 있었음은 분명하다. 황윤석의 냉면은 차치하더라도, 냉면은 서울의 경화세족인 홍경모에게까지 알려질 정도로 유명했다. 경기도 양평의 두물머리 혹은 서울 정약용의 집에서도 냉면을 먹었다. 냉면은 평안도에서 황해도로, 다시 경기도 혹은 서울로 확산되면서 점차 전국적으로 퍼져 나가고 있었다. 그 확산 상황을 검토해 보자.

안동 사람 유휘문柳徽文은 1819년 경상도 울진, 강원도 삼척·강릉 등을 거쳐 관동팔경과 금강산, 이어 함경도 아래쪽을 유람하고 돌아와 〈북유록北遊錄〉이라는 장문의 기행문을 쓴다. 여기에 냉면에 관한 희귀한 자료가 나온다.

내가 보니, 영동嶺東의 남쪽에 가까운 지방은 왕왕 벼를 심기 좋았으나 수확이 아주 적었다. 또 영척嶺脊의 동쪽과 서쪽 및 통천通川·안변安邊 등은 땅이 거친 들판이 많아, 경작하는 것이라고는 오직 옥수수·기장·메밀뿐이었다. 간성杆城 이북의 냉면과 육진六鎭의 기장떡이 아주 맛이 있었다.[7)]

간성은 지금의 강원도 고성이다. 휴전선과 맞닿아 있다. 간성 위로 통천, 안변, 원산이 이어진다. 곧 간성 이북은 강원도의 북쪽과 함경도를 의미한다. 이쪽은 벼농사가 아니라 옥수수, 기장, 메밀만 심고 거둔다. 그런데 이곳은 냉면이 워낙 유명하다는 것이다. 추리해 보자. 옥수수, 기장, 메밀만 수확하는 지역에서 이 곡식을 먹는 방법을 궁리하는 것은 당연한 일 아니겠는가. 국수틀에 메밀 반죽을 눌러 뽑은 새로운 형태의 국수, 곧 냉면이 도입되자 그 방법은 빠른 속도로 퍼졌으리라. 안동 지방, 넓게는 경상도 지방에서 볼 수 없던 이 새로운 국수에 유휘문은 감탄해 마지않았던 것이다.

1819년에 냉면이 맛있는 음식으로 알려졌다면, 이는 18세기의 연장으로 봐야 마땅하다. 18세기에 이미 평안도, 황해도, 함경도 남부, 강원도 북부 지방은 냉면을 열심히 먹고 있었던 것이다. 이제 각 지역의 냉면에 대해 살펴보자.

평안도, 냉면은 평안도 지방의 특미

평양, 냉면의 도시

춘천 출신 관료이자 학자였던 유영하柳榮河(1787~1868)가 죽은 뒤 아들 유민柳旼은 아버지에 관계된 이야기를 정리한다. 그중 평안도 냉면과 관련된 부분이 있다. 1834년 12월 유영하가 은산 현감(은산殷山은 지금의 평안남도 순천 지역)이 되어 평소 친하게 지내던 평천平泉 이상서李尙書 곧 이희갑李羲甲을 찾아간다. 그런데 이희갑이 엉뚱하게도 냉면 이야기를 꺼낸다. "관서의 냉면은 평소 진미珍味라 일컬으나 사람에게 아주 이롭지 않습니다. 또 서도西都는 본디 색향色鄕입니다. 늘 관서에 고을 원으로 갔다가 돌아온 사람들을 보건대, 음식과 여색에 곯지 않은 경우가 드물었습니다."[8] 이희갑의 말에 유영하는 돌아오는 날까지 냉면과 기녀를 가까이하지 않았다고 한다. 이 일화에서 보듯 냉면은 평안도 지방의 특미로 알려져 있었다.

평양은 관찰사영이 있는, 평안도 최대의 도시였다. 따라서 평안도의 냉면은 곧 평양냉면으로 알려졌다. 이면백李勉伯(1767~1830)은 평양을 제재로 한 〈기성잡시箕城雜詩〉 8수 중 여섯 번째 작품에서 "냉면은 사람을 얼어붙게 하고 홍로주紅露酒는 사람을 뜨겁게 하네"라고 했다.[9] 〈기성잡시〉는 1826년 어림에 평안도 일대를 여행하면서 지은 시다. 냉면이 워낙 인상적이라 시로 읊은 것일 터이다. 평양은 냉면의 도시가 되었다. 이규경은 《오주연문장전산고》에서 감홍로紺紅露, 골동반骨董飯과 함께 냉면을 평양의 명물로 꼽기도 했다.[10]

구한말의 문장가 김택영金澤榮(1850~1927)은 이근수李根洙가 자신을 찾아와 관찰사 조영하趙寧夏(1845~1884)를 만나러 평양으로 가는 길이라면서 시를 부탁하자 15수를 지어 준다. 그중 여섯 번째 작품에 냉면 이야기가 나온다.

향동香洞 십리에 함구문含毬門 우뚝 하고	香街十里控含毬
겹겹 주렴 장막에 푸른 나무 그림자 일렁이네	簾幕重重翠影流
새파란 주발의 면발은 서울을 압도하고	碧盌麵絲壓京師
홍로주 맛은 개성 술에 질 수 없다네	紅爐酒味狠開州[11]

세 번째 구 '새파란 주발의 면발은 서울을 압도하고'에는 "평양의 습속은 메밀냉면[교맥냉면蕎麥冷麵]을 잘 만든다"는 주석이 붙어 있다[平壤俗, 善製蕎麥冷麵]. 역시 냉면은 평양냉면이다. 참고 삼아 네 번째 구의 주석도 보자. "홍로주는 술 이름이고, 감홍로甘紅露다[酒名甘紅露]"라 하고, 이어 '개성의 술'에는 "개성의 삼후주三候酒는 나라 안에서 으뜸가는 명주名酒다[開城三候酒, 爲國中第一名酒]"라는 주석을 붙였다.

〈그림 8〉은 18세기 말 평양 성내를 그린 지도인 〈기성전도箕城全圖〉 중 일부다. 중간에 있는 동포루東砲樓를 통해 안으로 들어가면 곧 '냉면가冷麵家'라고 쓴 글씨가 보인다. 냉면을 파는 가게가 있던 곳이다. 그 왼쪽 거리에는 향동香洞이라 써 놓았다. 18세기 말에 평양에 냉면을 파는 음식점이 존재했던 것이다.

의주, 선천, 성천_평양 외 평안도 지역에서도 냉면은 으뜸 음식
이제 평양을 제외한 평안도 나머지 지역의 냉면 소식을 알아보자. 먼저 의주! 평안도의 가장 위쪽이다. 1836년 임백연任百淵(1802~?)이 동지사 서장관 조계승趙啓昇의 수행원으로 북경으로 가던 도중 의주에 잠시 머물렀

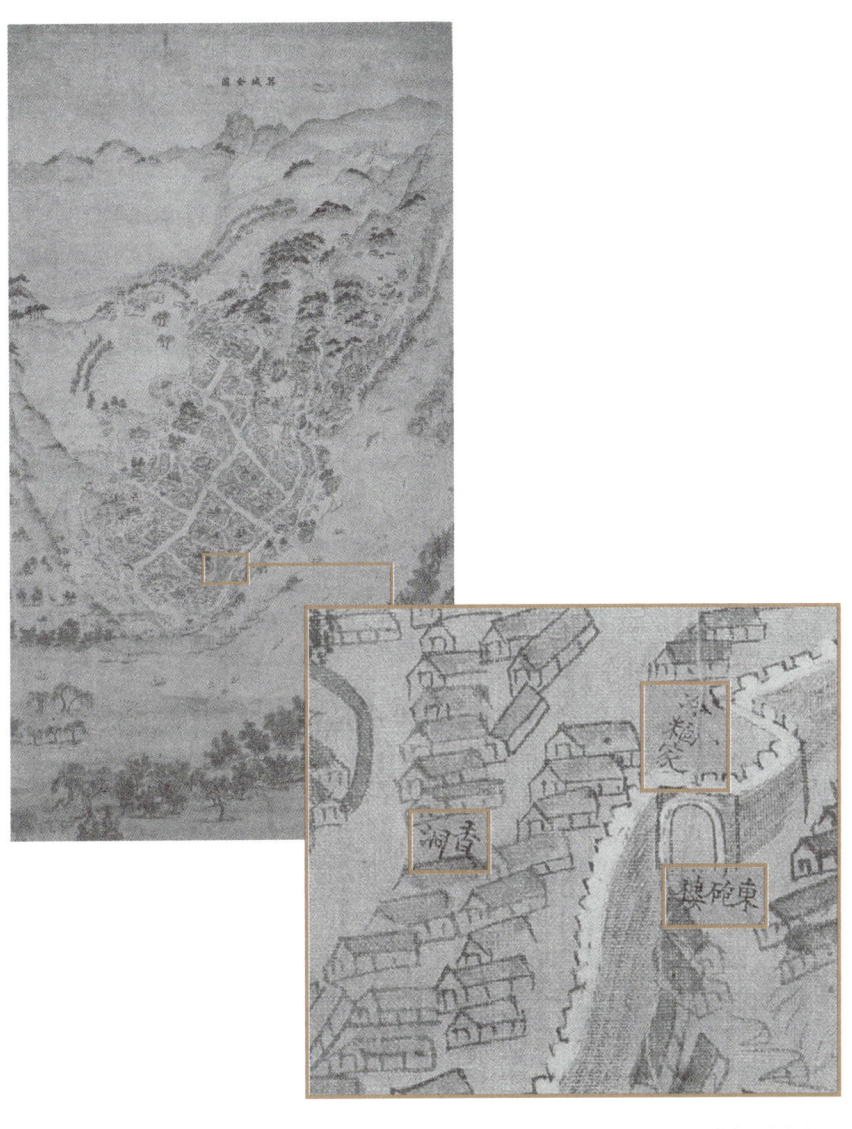

⟨그림 8⟩ 향동의 냉면가가 표시된 ⟨기성전도⟩

18세기 말 평양 성내를 그린 지도의 중간에 있는 동포루를 통해 안으로 들어가면 곧 '냉면가'라고 쓴 글씨가 보인다. 18세기 말에 평양에 냉면을 파는 음식점이 존재했음을 알 수 있다. 이규경은 《오주연문장전산고》에서 감홍로, 골동반과 함께 냉면을 평양의 명물로 꼽았다.

* 소장처: 서울대학교 규장각한국학연구원

는데, 밤에 이형린李亨麟이 아들과 함께 와서 냉면 한 소반을 내놓았다[12]고 했다. 이형린은 원문에 '이교형린李校亨麟'으로 표기되어 있는데, 아마도 각 군영과 지방 관아의 군무에 종사하던 낮은 벼슬아치인 군교軍校일 것이다. 평소 알고 지내던 이형린이 평안도의 특미인 냉면을 가지고 찾아와 먼 길을 떠나는 임백연을 위로한 듯하다. 자세한 사연이야 더 알 수 없지만, 어쨌든 의주에서도 냉면을 먹었음을 알려 준다.

규장각 서리書吏로서 18세기 후반, 19세기 초반에 활동했던 시인이자 화가 임득명林得明(1767~1822)은 〈임반관林畔舘〉이라는 시에서 이렇게 말한 바 있다.

기생집, 술집, 물고기 비늘처럼 겹쳐 있고	青樓酒肆疊魚鱗
강가에는 물 긷는 사람이 끊이질 않네	絡繹江門汲水人
증돈蒸豚과 냉면의 맛 가을에 으뜸이라지	蒸豚冷麵秋正好
성안 가득한 유협遊俠들은 가난이란 걸 몰라	滿城遊俠不知貧[13]

선천군宣川郡에 있는 임반관은 중국 사신을 맞이하고 전송하는 객관客館이다. 선천은 의주 바로 아래에 있다. 시를 지은 시기는 1813년이다. 앞에서 본 의주의 냉면보다 앞서 지은 것이다. 유득공의 시와 마찬가지로 가을에 으뜸 맛을 자랑하는 증돈과 냉면을 아울러 말하고 있다.

성천군成川郡 냉면에 대한 자료도 남아 있다. 성천군은 황해도 수안군과 접한 곳으로, 평안도 남쪽에 위치한다. 성천군에 있는 동명관東明館 강선루降仙樓에서 열린 거창한 유흥을 그린 가사 〈선루별곡仙樓別曲〉에는 "주반酒盤이 낭자하니 진수성찬 없을쏘냐. 감홍로 두세 배杯를 권주가로 부어 내니 취흥이 도도하여 음중선인飮中仙人 나 아닌가. 금린어金鱗魚로

회 치고 화셔 냉면 별미로다"[14]라는 구절이 있다. 동명관은 성천의 객사다. 강선루는 동명관에 있던 장대한 건물이다. 강선루에서 거창한 잔치가 열렸는데, 차린 음식 중에 냉면이 있었던 것이다. 요컨대 19세기 평안도는 평양을 중심으로 위로는 의주와 선천, 아래로는 성천까지 모두 냉면을 즐겨 먹는 지역이었다.

개인이 평안도를 여행하면서 여러 곳에서 냉면을 먹었던 자료도 남아있다. 김석규金碩奎(1826~1883)는 1881년 9월 10일 출발하여 묘향산을 여행하고 〈향산록香山錄〉이라는 기행문을 쓴다. 유람 동안 냉면을 세 번 먹는다. 9월 11일 김석규는 일찍 일어나 술 한잔을 마신 뒤 출발, 평지원平地院을 지나 알일령遏日嶺 꼭대기에 오른다. 신당이 하나 있었는데, 그곳에서 떡을 사서 치성을 드리는 것이 이 지방 풍속이었다. 떡을 사서 먹고 10리 길을 내려와 와원점瓦院店이라는 곳에서 냉면을 사 먹는다.[15] 개천价川 읍치에 이르렀다 했으니, 와원점은 평안도 개천군에 있는 곳이다. 9월 12일 새벽에 길을 떠나 견용리방見龍里坊 율우참栗隅站에서 아침밥을 먹고 이내 안주安州로 접어든다. 30리를 가서 서진西津 곧 청천강에 이른다. 청천강은 강계에서 희천熙川을 거쳐 안주에 이르러 바다로 들어간다. 안주에 청천강이 있으나, 영변의 북쪽에 이 강이 있는 줄은 몰랐다. 영변성 남문에 도착하니 문에는 '고연주성문古延州城門'이라는 편액이 걸려 있다. 안면이 있는 여상호余相鎬라는 사람의 집을 찾아갔더니, 친절하게도 냉면을 차려 주어 요기를 한다.[16] 그 뒤 9월 25일 덕천군德川郡의 평지원平地院에 도착, 안봉국安鳳國의 집에 들어가 술을 마셔 해갈을 하고 냉면으로 요기를 한다. 돈을 받지 않아 길옆의 사람이 이상하게 여겼다[17]고 한다.

〈향산록〉에서 눈여겨봐야 할 것은 와원점에서 냉면을 사 먹는 장면이다. 이는 평안도에서 19세기 말에 냉면이 이미 상업화된 음식이었음을

19세기 조선 각지의 냉면 기록

전국 및 평양

유희문 1819	〈북유록〉	강원도 북쪽과 함경도 냉면이 유명하다
유영하 1834		관서의 냉면은 진미로 일컬어지나 아주 이롭지 않다
이면백 1826년경	〈기성잡시〉	냉면은 사람을 얼어붙게 한다
이규경	《오주연문장전산고》	냉면은 감홍로, 골동반과 함께 평양의 명물
김택영		평양의 습속은 메밀냉면〔교맥냉면〕을 잘 만든다
임백연 1836		의주에 잠시 머물렀을 때 냉면을 대접받았다(의주)
임득명 (1767~1822)	〈임반관〉	'중돈과 냉면의 맛 가을에 으뜸이라지'(선천)
작자 미상	〈선루별곡〉	'금란어로 회 치고 화서 냉면 별미로다(선천)
김석규 1881	〈향산록〉	묘향산 유람 동안 냉면을 세 번 먹은 기록을 남김(평안도 개천군 와원점)
박시순 1893~1894	《북정일기》	1년 동안 냉면을 심심찮게 먹었음을 기록
이도추 1883	《동유기행》	금강산 일대를 유람하며 횡성 지방의 냉면 기록(원주)
이희석 1866		철원 지방 주막에서 냉면 먹은 기록
작자 미상 1803	《계해일기》	황해도 봉산군에서 냉면 먹은 기록
이인행 1802		황해도 장연현에서 냉면 먹은 기록

서울 및 왕족

신석우 1859	〈간당기〉	'국수를 누르는 집의 국수는 아주 가늘고 맛이 아름답다'(노원구)
유만공 1843	《세시풍요》	'군칠이라는 술집에서 평양 냉면과 개성의 구운 고기를 판다'
이유원 1810년 이전	《임하필기》	- 순조가 군직과 선전관에게 냉면을 사 오라고 한 일화
		- 철종이 냉면과 전복을 과식해 급체했다는 기록
류주목 1857		부친 류후조가 냉면을 먹고 상충증이 다시 도져 사망했다는 기록
지규식	《하재일기》	종로에 냉면가게가 있었다는 것, 냉면 대접을 주문받은 것
송병선 1868	〈동유기〉	진천과 제천에서 냉면 시식
박시순 1895		유두날 일기에 냉면 먹은 기록(면천)
홍경모 1890년대	〈학성연구〉	동치밋국에 국수를 말아 먹는 것을 냉면이라 하는데 이 풍속은 평안도와 같다고 했다.
오횡묵 1893		냉면을 먹고 품평을 남김. '기이한 맛과 향기가 있다'(고성)
심노숭 1805		냉면을 만들어 먹었다(기장)

알려 준다. 또 9월 25일 안봉국의 집에서 술과 냉면으로 요기를 했는데 돈을 받지 않아 길옆 사람들이 이상하게 여겼다는 장면도 흥미롭다. 왜 돈을 받지 않았는지 알 수는 없지만, 일단 술과 냉면이 돈을 받고 파는 상품이었음은 분명하다. 요컨대 19세기 말 평안도에서 냉면은 돈을 받고 파는 음식이 되어 있었다.

함경도, 함경도 냉면도 동치밋국에 말아 먹는 메밀국수

함경도 냉면은 매운 비빔국수인 '함흥냉면'으로 알려져 있다. 하지만 함흥냉면은 20세기 전반 함경도에서 감자전분으로 만들어 먹던 농마국수가 한국전쟁 이후 서울에 전해지면서 붙은 이름이다. 조선시대의 함경도 냉면은 평양냉면과 같은 유형의 동치밋국에 말아 먹는 메밀국수였음이 분명하다. 이제 함경도 냉면을 찾아보자.

1893년(고종 30) 전 정언正言 안효제安孝濟는 민비가 총애하던 무당 진령군의 처벌을 청하는 상소문을 올린다.[18] 박시순朴始淳(1848~1907)은 안효제와 이웃에 살면서 친하게 지내는 사이로 그와 상의해 상소문을 올렸다가 덤터기를 써서 함경도 홍원洪原으로 귀양을 가게 된다. 귀양지에서 박시순은 1893년 7월 6일부터 1894년 7월 26일까지 1년 남짓 일기를 쓴다. 바로《북정일기北征日記》다.[19] 귀양살이는 1894년 6월 8일에 끝난다. 재미있는 점은 이 일년 동안 냉면을 심심찮게 먹었다는 것이다. 간추리면 다음과 같다.

박시순의 《북정일기》에 보이는 냉면 기록

연도	월일	내용
1893년	9월 17일	또 재성암再醒菴에 올라갔다. 장니張尼[장씨 성의 비구니]가 냉면 한 그릇을 만들어 대접했는데, 극히 정하고 가늘고 맛이 좋다.[20]
	9월 18일	이날 저녁 김생金生 하용夏容이 냉면을 가지고 왔다. 고맙기 짝이 없다.[21]
	9월 28일	이날 밤 주인이 냉면 한 그릇을 대접했다. 자신의 열두 살 아들의 생일이라 했다.[22]
	9월 29일	어천리魚川里 이유사李有司 훈면勳冕[자는 군심君心이다]이 찾아와 같이 잤다. 밤에 냉면 한 그릇을 대접했다.[23]
	10월 7일	우-우禹友[우두명禹斗命이라는 사람이다]가 냉면 한 그릇을 대접했다. 더욱 불안했다.[24]
	11월 19일	이날 밤 나종인羅宗人 인호寅昊가 냉면 한 그릇을 대접했다.[25]
	11월 20일	황초시黃初試가 밤에 냉면 한 그릇을 대접했다.[26]
	11월 21일	나참봉羅參奉 종인宗人[나규하羅珪夏라는 사람이다]이 머물러 같이 잤다. 밤에 냉면을 대접했다.[27]
	11월 29일	이날 밤 김순金順[학동學童이다]이 냉면 한 그릇을 대접했다.[28]
1894년	4월 14일	아침에 나도정羅都正 영래令來가 왔다. 술을 몇 순배 한 뒤에 냉면을 차려 올렸다. 취한데 배도 불렀다.[29]
	5월 9일	경성鏡城 부사가 냉면 한 그릇을 보냈다.[30]
	7월 8일	태해太奚에게 냉면과 소주를 사 오게 하여 같이 나누어 점심의 요깃거리로 삼았다.[31]

앞서 유휘문이 1819년 〈북유록〉에서 냉면이 맛있다고 한 안변군은 함경도 맨 아래쪽에 있다. 홍원군은 함경도 중간에 위치한다. 이 자료들로 함경도 전역에 냉면이 퍼져 있던 사정을 미루어 짐작할 수 있다.

20세기 전반이지만 함경도 냉면과 평안도·서울 냉면을 구분하는 사람도 있었다. 소설가 이효석李孝石(1907~1942)은 1939년 평양 음식에 대해 쓴 〈유경식보柳京食譜〉에서 "평양냉면을 유명한 것으로 치는 듯하나 서울 냉면만큼 색깔이 희지 못합니다. 하기는 냉면의 맛은 반드시 색깔로 가는 것은 아니어서, 관북 지방에서 먹은 것은 빛은 가장 검고 칙칙했으나, 맛은 서울이나 평양 그 어느 곳 것보다도 나았습니다"[32]라고 평했다. 함경도 냉면이 가장 검지만, 맛은 서울과 평양의 냉면보다 낫다는 평가다. 덧붙여 말하면, 《조선무쌍신식요리제법》은 "국수는 메밀에 속껍질이 조금 있어야 맛도 낫고 자양滋養에도 좋으니, 시골서 만드는 국수가 빛은 검으나 맛은 좋으니라"라고 말한 바 있다.[33]

강원도, 냉면이 널리 퍼져 팔리고 있더라

이어 강원도도 간단히 살펴보자. 유휘문은 〈북유록〉에서 강원도 통천과 간성(=고성)도 냉면이 맛있다고 했다. 여기에 구한말 경상도 출신의 학자 이도추李道樞(1848~1921)가 남긴 일기를 통해 한 곳을 더 추가해 보자.

이도추는 1883년 5월부터 7월 3일까지 금강산 일대를 유람하고 그 과정을 글로 남긴다. 《동유기행東遊紀行》이라는 유람기다. 거기에 횡성 지방의 냉면에 관계된 자료가 나온다. 이도추는 5월 24일 원주 성내로 들어가서 영내의 하향각과 광풍루를 구경했다. 이때 가뭄이 몹시 들어 문에 물병을 걸어 놓고 비를 빌고 있었다. 목이 말라 술을 한잔 마시고 싶었으나 당시 주금령이 워낙 엄하여 마시지 못하고 어떤 점사店舍에 들어가 냉면을 사서 일행이 각각 한 그릇씩 먹었다.[34] 이어 길을 떠나 수촌점藪村店이라는 곳에서 점심을 먹고 떠났다. 이도추가 남긴 이 기록을 통해 19세기 말 원주 읍내에 냉면을 파는 식당이 있었고, 강원도 북부 지방에 냉면이 퍼져 있었음을 짐작할 수 있다.

19세기 전라도의 학자 이희석李僖錫(1804~1889)은 1866년 3월 금강산 유람을 떠나 4월 16일 오후에 창도역점昌道驛店 점사에 도착한다. 창도역은 지금의 강원도 철원군(과거의 금성현金城縣)에 속한 곳이다. 기와 대신 돌(아마도 얇은 돌)로 지붕을 씌운 점사들이 늘어서 있었다. 점사는 주막 곧 음식점이다. 흥미로운 것은 이희석이 '석류황石硫黃이 나고 냉면이 많은데, 또한 관동(강원도)의 한 도회지다'라고 서술한 부분이다. 이는 철원 지방에서 냉면을 흔히 볼 수 있었고, 그것이 점사 곧 가게에서 팔리고 있었다는 사실을 알려 준다.[35] 강원도에서도 냉면이 팔리고 있었던 것이다.

황해도, 평양 못지않게 냉면이 맛있는 지역

앞서 정약용이 서흥도호부사 임성운에게 준 시를 통해 18세기 말 황해도에서 냉면을 먹고 있었음을 확인했다. 뒤에서 따로 살피겠지만, 20세기 이후 황해도 냉면에 대해 언급하는 자료는 상당히 많다. 예컨대 황주黃州 역시 평양 못지않게 냉면이 맛있는 곳인데 이를 알아 주지 않는다며 억울함을 호소하는 글도 있을 정도다. 이제 19세기 기록들을 살펴보자.

신원을 알 수 없는 어떤 사람이 황해도 봉양군鳳陽郡 선방읍仙坊邑 전덕민田德民의 집에 유배를 가 있는 동안 쓴 일기가 있다. 바로 《계해일기癸亥日記》[36]다. 일기를 쓴 기간은 1803년 1월 1일부터 12월 30일까지다.

모두 384일로 일년이 조금 넘는다. 이 일기의 필자는 냉면을 어떻게 먹었던가.

- 3월 2일. 점심 때 절의 중이 냉면 3그릇을 바쳤다.[37)
- 3월 20일. 냉면과 들깨죽으로 요기를 했다.[38)
- 11월 25일. 밤에 아는 사람 몇이 찾아와 놀았다. 억복億福이라는 사람은 거문고를 안고 왔고, 달보達甫라는 사람은 술을 가지고 왔다. 거문고를 듣고 술을 마시고 노래를 부르며 즐기다가 파했고, 냉면 몇 그릇을 나눠 먹었다.[39)

냉면을 먹은 곳은 봉양군, 곧 봉산군鳳山郡으로 황해도의 중간에 위치한다. 모두 세 번 먹었는데, 사서 먹은 것 같지는 않고 만들어 온 것을 먹거나 만들어 먹은 것으로 보인다. 다른 자료도 하나 보자. 이인행李仁行(1758~1833)은 1802년 2월 평안도 위원군渭原郡으로 귀양을 간다. 강세륜姜世綸이 이인행을 이가환李家煥의 무리라고 공격했기 때문이다.[40) 이인행은 2월 10일 유배지로 출발하여 경포대, 고성군高城郡, 총석정叢石亭, 고원高原, 압록강 가를 돌아 3월 16일 초산부楚山府에 들어갔고 다음 날 저녁 위원군에 도착한다. 여기서 귀양살이를 하는가 싶었는데, 이듬해 윤2월 18일 다시 황해도 장연현長淵縣으로 유배지를 옮기란다. 그는 같은 달 29일 장연현에 도착한다. 이곳에서 지내다가 이듬해인 1804년 3월 29일 냉면을 한 그릇 먹는다.[41) 친지들이 위로차 찾아오자 그들이 떠날 때 냉면 한 그릇을 먹여서 보낸 것이다. 이인행은 이곳에서 냉면을 자주 먹었고, 또 냉면이 별식이었기 때문에 먹인 것일 터이다.

이상에서 평안도, 함경도, 강원도 북부, 황해도에서 냉면을 먹었던 기록을 살폈다. 냉면은 황해도와 강원도 북부 위쪽의 음식이었다. 물론 중심지는 평안도였고, 평안도 중에서도 평양이었다. 그렇다면 서북 지방에서만 냉면을 먹었던 것인가. 그럴 리 없다.

서울, 평안도와 황해도의 냉면이 흘러들어 오다

상업적 냉면의 자취

서울(한양)은 사람과 물자가 집중되는 곳이었다. 당연히 냉면도 서울로 전해졌을 터이다. 평안도와 황해도의 주·부·군·현을 맡아 다스리는 지방관들은 서울의 경화세족들이었다. 북경으로 파견되는 조선 사신단의 정사·부사·서장관과 그들의 수행원들 역시 서울 사람들이었다. 이들은 지방 수령으로 평안도와 황해도에 머무르다 돌아왔고 사신단의 일원으로 평안도와 황해도를 거쳤으니, 이곳의 냉면에 대해 일찌감치 알고 있었다고 봐야 옳다. 냉면이 평안도와 황해도의 교통로를 따라 서울로 흘러들어 왔음은 두말할 필요가 없을 것이다.

선명한 자료로 신석우申錫愚(1805~1865)가 남긴 〈간당기艮堂記〉라는 산문을 들 수 있다. 신석우는 형조판서에 임명되었으나 상소문을 올리고 노원蘆原 금천琴泉의 별업別業(별장)으로 돌아갔다. 그는 1858년 금천에 간당艮堂이라는 건물을 짓고 1859년 〈간당기〉를 쓴다. 이 글에 냉면에 관한 흥미로운 자료가 있다. "동쪽 마을은 전주리全州里인데, 길옆에 가게가 있어 쌀과 소금, 고수氍繡(무엇인지 미상), 포布, 종이, 짚신 등을 판다. 또 선술집이 있어 술맛이 아주 향기롭고 진하다. 국수를 누르는 집의 국수는 아주 가늘고 맛이 아름답다."[42] 눌러 파는 국수는 냉면인 듯하다. 온면일 수 있지만 냉면일 가능성이 훨씬 크다. 신석우가 냉면을 판다고 했던 '노원'은 현재의 서울 노원구로, 당시는 서울에 접한 경기도였다. 이렇게 냉면은 서울 인근에서도 길거리의 외식으로 판매되고 있었다. 냉면은 상업화된 음식의 첨병이었던 셈이다.

이제 범위를 좀 더 좁혀서 서울로 들어가 보자. 서울의 세시풍속을 읊은 유만공柳晩恭(1793~1869)의 시집 《세시풍요歲時風謠》에 냉면에 관한 정보가 실려 있다.

이름이 자자했던 예전의 군칠이집	藉藉當年君七家
지금 거리 가게들은 그 이름 빌린 곳 많지	至今街肆借名多
서경西京 냉면과 송경松京의 구운 고기를 판다지만,	西京冷麵松京炙
그 맛 본뜨기 어려우니 그걸 어찌하리오	倣樣來難奈爾何[43]

이 시에는 "예전 술집에 군칠이라는 사람이 있었는데, 술을 잘 빚고 안주를 잘 만들기로 이름이 났다. 그래서 지금 술집을 군칠이집이라고 한다"[44]라는 주석이 붙어 있다. 보통 주사 하면 술집을 일컫지만 군칠이집이라는 술집에서는 평양(서경)의 냉면과 개성(송경)의 구운 고기 등을 포함해 술과 안주, 밥을 다 팔았던 모양이다. 《세시풍요》는 1843년에 쓰였다. 그러니 군칠이집은 19세기 전반 서울 시정에 냉면을 파는 음식점(=술집)이 있었음을 증명하는 징표다.

왕부터 사족가까지 냉면을 즐기다

다른 자료를 통해 상업적 냉면의 출현 시기를 좀 더 올려 보자. 이유원李裕元(1814~1888)이 남긴, 순조가 냉면을 먹었다는 자료다. 이유원은 영의

정까지 오른 인물로, 경기도 남양주군 가곡리嘉谷里 일대에 널찍한 정원과 집을 꾸미고 호사스런 삶을 살았다. 세상의 오만 가지 이야기를 끌어모은 《임하필기林下筆記》를 남겼는데, 이 책이 조선시대를 이해하는 데 적지 않게 도움이 된다. 허다한 시시콜콜한 이야기 가운데 냉면에 관한 이야기도 한 토막 있다.

> 순묘純廟께서 초년에 한가로운 밤이면 늘 군직軍職과 선전관宣傳官들을 불러 함께 달을 감상하셨다. 어느 날 밤 문틈으로 군직에게 명하여 냉면을 사 오라 하시며 말씀하셨다.
> "너희들과 같이 냉면을 먹고 싶구나."
> 한 사람이 혼자 돼지고기를 사 가지고 왔다. 상께서 하문하셨다.
> "어디다 쓰려는 게냐?"
> 냉면에 넣을 것이라고 답하자, 상께서는 아무 말도 하지 않으셨다.
> 냉면을 나누어 줄 때 돼지고기를 산 자만은 그냥 두고 주지 않으시고 이렇게 이르셨다.
> "그는 혼자 먹을 것이 있을 것이다."
> 가까이서 이 일은 근신近臣이 크게 경계로 삼아야 할 것이다.[45]

순묘는 순조다. 1800년부터 1834년까지 왕위에 있었으니, 이유원이 말한 '초년의 한가로울 때'는 대체로 1810년 이전이 아닌가 한다. 즉위 초기에는 대왕대비 김씨(정순왕후, 영조의 계비)가 3년간 수렴청정을 했으니까, 그때는 좀 한가롭지 않았을까?

흥미로운 부분은 냉면을 사 오라 시켰더니 한 사람이 냉면은 사 오지 않고 돼지고기를 따로 사 왔다는 것이다. 다른 사람이 냉면을 사 오면 그것을 나눠 줄 터이니, 거기에 돼지고기를 넣어서 같이 먹으려고 냉면을 사지 않고 혼자 돼지고기를 사 왔다는 것이다. 이기적인 모습 아닌가. 순조는 그를 나무라고 냉면을 나눠 주지 않았다. 물론 여기에서 이기적인 자와 순조는 그리 주목할 대상이 아니다. 중요한 것은 냉면과 삶은 돼지고기 곧 편육이 같이 언급되고 있다는 점이다. 편육이야말로 냉면을 구성하는 주요 요소 중 하나 아니었던가. 하나 궁금한 것은 궁중에서도 냉면을 만들 수 있었는데, 왜 굳이 시내 냉면가게에서 사 오라고 했을까 이다. 시중에서 파는 냉면이 더 맛이 있었던 것인가? 알 수 없는 일이다. 순조가 군직과 선전관에게 냉면을 사 오라고 한 일화는 19세기 초 서울 시내에 냉면을 파는 가게가 있었음을 알려 준다. 앞서 살핀 《세시풍요》의 냉면이 19세기 초반으로 거슬러 올라갈 수 있다는 것이다. 이 지점에서 황윤석이 1766년 냉면을 사서 먹었던 서울 시내 국수가게를 떠올려 보자. 아마도 19세기 초의 냉면은 18세기 후반에 있었던 국수가게의 연장일 터이다.

이유원의 《임하필기林下筆記》
이유원이 남긴 시시콜콜한 이야기 가운데 순조가 냉면을 사 먹은 이야기도 있다. 1810년 이전의 풍경으로, 19세기 초 서울 시내에 냉면가게가 있었음을 알려 준다.

《임하필기》는 왕 또한 냉면을 좋아했다는 사실을 확인시켜 준다. 순조 외에 냉면을 좋아한 왕 한 사람을 추가한다. 바로 철종이다. 1860년(철종 11) 7월 15일 철종은 희정당熙政堂에 있었다.[46] 정기적으로 내의원 의관들이 들어와 진찰을 하는 날이었다. 진찰이 끝나고 영부사領府事 정원용鄭元容과 철종이 대화를 나눈다. 정원용은 '삶을 해치는 것은 술과 색色'이라면서[47] 이 문제에 대해 각별히 조심해야 한다고 했다. 이에 철종은 자신은 평소 아주 조심하고 있노라고 답했다. 물론 그냥 하는 말이다. 외척에게 짓눌려 왕으로서의 권력을 제대로 행사하지 못하던 철종이 달리 할 수 있는 일이 무엇이 있었겠는가. 정원용은 이런 말을 덧붙여 다시 철종을 압박했다.

성교聖敎가 이와 같으나, 신은 감히 우러러 믿을 수가 없나이다. 삼가 듣건대 지난 칠석날 냉면과 전복을 너무 많이 드시어, 급체 증상이 있었다고 하였습니다. 만약 수저를 한 번 들 때마다, 잠자리에 한 번 들 때마다 반드시 조심하고 신중하게 하신다면, 어찌 질병이 찾아올 리가 있겠습니까?[48]

일주일 전인 7월 7일 철종이 냉면과 전복을 너무 많이 먹어 급체했다는 말을 듣고 제발 음식을 가려서 드시라 당부한 것이다. 성관계를 좀 덜 가지라는 주문도 이어졌다. 무안했는지 철종은 "그날 별로 먹는 것을 탐하지는 않았고 또한 평상시 좋아하는 음식도 아니었는데, 설사 증세가 있었기 때문에 의관에게 말한 것일 뿐이다"라고 변명했다. 급체를 일으킬 정도로 많이 먹었는데 평소 좋아하는 음식이 아니라니, 철종의 변명은 그리 믿음이 가지 않는다. 철종과 정원용의 대화는 당시 냉면과 전복은 맛있는 음식으로 알려져 있었고, 철종도 좋아하는 음식이었음을 보여 준다. 또 왕가의 잔치에는 냉면이 한 자리를 차지하기도 했다.[49]

왕 아닌 여타 궁중 사람도 냉면을 먹었다. 1874년 11월 2일 고종은 입직한 감관監官, 지구관知轂官, 서리, 고직庫直, 순뢰巡牢에게 냉면을 주라고 전교한다.[50] 왕을 호위하는 사람들에게 냉면을 먹인 것이다. 고종이 냉면을 좋아했다는 이야기는 널리 알려져 있는데, 자신이 좋아했으니까 다른 사람들에게도 먹으라고 한 것인가.

궁중에서 이렇게 냉면을 먹었으니, 서울의 사족가에서도 냉면을 열심히 먹었던 것은 당연한 일일 터이다. 뒤에서 살필 빙허각 이씨의 《규합총서》에는 동치밋국에 마는 냉면 조리법이 나온다. 실제 그의 집안(시집인 서유구 집안)에서 만들어 먹은 듯하다.

사실 냉면을 먹었다는 기록은 많지 않다. 냉면 먹는 것이 범상한 일이기 때문에 굳이 기록에 남길 필요가 없어서인 듯싶다. 그래도 한번 찾아나 보자. 남인南人으로서 오랫동안 벼슬길에서 멀어져 있던 류성룡의 후손 류후조柳厚祚(1798~1876)는 대원군 집정 이후 출셋길을 달려 좌의정까지 오른다. 그의 쌍둥이 동생이 류효조柳孝祚이고 막냇동생이 류교조柳教祚다. 류후조의 아들 류주목柳疇睦(1813~1872)이 쓴 제문에 의하면 류후조는 1857년 말에 사망하는데, 사망 원인이 냉면과 관계가 있었다. 12월 1일 류효조가 최승지承旨의 집에 가서 냉면을 먹었는데, 이로 인해 원래 앓던 상충증上衝症(화기火氣 또는 열기가 위로 치솟는 병증)이 다시 도져 죽음에 이르렀다는 것이다.[51] 이 자료를 통해 서울의 사족가에서 냉면을 만들어 먹었음이 확인된다.

19세기 말 서울에서 냉면은 그냥 보통으로 먹는 음식이었던 모양이다. 궁궐과 관청에 그릇을 납품하는 공인貢人 지규식池圭植은 황윤석처럼 일기를 열심히 썼다. 바로 《하재일기荷齋日記》다. 여기에 냉면에 관한 기록이 다수 남아 있는데 참고할 만하다.

㉠ 1891년 5월 18일. 종로[鍾樓]로 내려가 민상순閔尙淳에게서 돈 5냥을 가지고 와 2냥으로 천유天裕와 함께 냉면을 사서 먹었다.[52]

공인 지규식(1851~?)의 《하재일기》 속 냉면 기록
1891~1911년 약 20년 7개월분의 일기에
냉면에 대한 기록을 다수 남기고 있다.
냉면을 사 먹었거나, 대접받은 것,
냉면 대접을 제작한 것 등이다.
냉면이 특별식, 별미로 확산되었음을
짐작할 수 있다.

ⓛ 1891년 6월 21일. 장동壯洞 신상인申喪人 집으로 돌아갔다. 2냥 5전으로 참외를 사서 주인 여자에게 주었다. 냉면 한 그릇을 또 내와서 배불리 먹고 이야기하였다.[53]

ⓒ 1891년 9월 4일. 주인 영감이 식소라食所羅·분자盆子·냉면 대접 등속을 나에게 부탁하였기에 가까운 시간 안에 구워 보내드리겠다고 답했다.[54]

ⓔ 1895년 4월 12일. 익준益俊과 함께 수동壽洞 한韓의 별가에 갔다. 만나 반갑게 인사를 나누고 함께 안방으로 들어갔다. 잠시 이야기를 나누었는데 냉면을 차려서 왔다. 배불리 먹고 해질녘에 돌아왔다.[55]

ⓜ 1895년 4월 20일. 저녁에 수동 한의 별실에 이르러 냉면을 먹었다.[56]

ⓑ 1895년 4월 24일. 한 지사韓知事의 초청을 받아 동지 몇과 함께 그의 별실로 가서 냉면을 먹었다(번호는 저자).[57]

㉠은 종로에서 냉면을 사 먹었다는 기록이다. 종로에 냉면가게가 있었던 것이다. ⓒ은 '냉면 대접'을 주문받은 장면이다. 19세기 말 냉면을 담는 대접을 따로 제작했음을 알려 준다. ⓛ는 참외를 선물하고 주인집 여성으로부터 냉면을 대접받는 모습이다. 대접받은 냉면은 파는 냉면이 아니라 집에서 만든 냉면이다. ⓔ, ⓜ, ⓑ의 '한韓'은 한용식韓龍植이라는 인물이다(지규식이 자주 만났던 관료로 보인다). 한용식의 집에서 손님 대접으로 냉면을 낸 장면에 대한 일기다. 냉면은 별미로 인식되고 있었던 것이다.

남쪽 지방으로의 확산

충청도, 특별하지만 쉽게 만들어 먹던 냉면

냉면은 평안도에서 시작되어 황해도, 함경도, 강원도 북부로 퍼져 나갔다. 급기야 경기도를 거쳐 서울에 이르렀다. 남은 곳은 충청도와 전라도, 경상도다. 남쪽이라고 냉면이라는 강력한 '전염병'에 과연 무사했을까? 아닐 것이다.

먼저 살필 곳은 경기도와 가까운 충청도다. 송병선宋秉璿(1836~1905)은 1868년 봄에 금강산과 영동 지방을 유람하고 〈동유기東遊記〉를 쓴다. 4월 9일 마의태자의 전설이 어린 태자성太子城 등 여러 곳을 지나 진천의 지장암地藏庵으로 들어가자, 승려 기월機越이 송병선의 일행인 김용혁金龍赫과 아는 사이라 메밀국수[교맥면蕎麥麵]를 차려 대접했다.[58] 귀환하는 길에 단양과 청풍을 거쳐 제천에 이르는데, 알고 지내던 이도영李道英을 찾아가자 냉면을 대접한다.[59] 제천에서도 냉면을 먹었던 것이다. 진천에서 기월이 대접한 메밀국수도 냉면일 가능성이 있다. 아, 송병선에 대해 한마디 덧붙인다. 을사조약 체결에 앞장섰던 매국노들을 격렬히 규탄하고, 국권 상실에 통분하여 자살을 택하면서 국민들의 궐기를 호소한 인물이다.

예를 하나 더 들자. 박시순朴始淳(1848~1907)은 충청도 면천沔川에서 군수로 재직하면서 일기를 썼다. 기간은 1894년 11월 12일부터 이듬해 7월 21일까지다. 1895년 6월 15일 유두流頭 날 일기에 냉면을 먹은 기록이 나온다. "이날은 유두 가절佳節이라, 유리由吏의 집에서 냉면 한 상을 올렸다." 《동국세시기》에 의하면 유두에는 쌀가루로 만든 수단水團 같은 특별식을 먹는데, 냉면 역시 그런 특별식의 의미를 갖는 음식이었던 모양이다. '유리'는 육방六房 중 이방吏房의 아전을 말한다. 그러니까 면천 군수를 섬기느라 향리 집에서 냉면을 만들어 올렸다는 것이다.[60] 이런 사례들은 냉면이 특별한 음식이긴 했지만 어렵지 않게 만들어 먹던 음식이기도 했음을 의미할 터이다.

경상도, 드물지만 그래도 찾아 먹었던 냉면

경상도 쪽을 보자. 홍경모는 친구들과 어울려 학성鶴城, 곧 울산의 풍속을 제재 삼아 〈학성연구鶴城聯句〉라는 글을 쓴다. 여기에 냉면이라는 말이 등장하는데, 이런 주해를 붙이고 있다. "이곳 풍속은 동치미[담저淡菹] 국물에 국수를 만다. 기호嗜好가 서로西路와 꼭 같다. 속칭 냉면이라는 것이다."[61] 곧 동치밋국에 국수를 말아 먹는 것을 냉면이라 하고, 이 풍속은 서로 곧 평안도와 같다는 것이다. 홍경모는 울산의 지리지인 《학성지鶴城志》에서도 이러한 학성의 풍속 소개를 반복한다.[62] 그런데 앞서 살폈듯 홍경모는 1798년 김경서의 혼을 부르는 장편시 〈의초〉[63]에서 '박탁'이라는 말에 "우리나라 풍속에 국수를 '동저凍菹' 국물에 말아 박탁을 만드는데, 서주에서 유명하다"라는 주석을 달지 않았던가. 곧 〈의초〉에서 '박탁'이라고 했던 것을 〈학성연구〉에서는 정확하게 '냉면'으로 표기하고 있다. 아마도 〈의초〉의 박탁은 냉면이라는 말을 대체할 고전적 어휘를 찾아서 쓴 것일 터다. 어떤 연유로 경상도에서 드물게 울산에서 동치밋국에 메밀국수를 만 냉면을 먹게 되었는지는 알 수 없다.

경상도 남쪽의 고성固城에서도 냉면을 먹었던 기록이 확인된다. 19세기 끝의 자료이기는 하지만, 1893년 오횡묵吳宖默은 고성 군수로 가서 관주官廚 곧 고성군의 주방에서 만든 냉면을 먹고 품평을 남기고 있다.[64] '기이한 맛과 향기'가 있다고 했으니, 냉면은 이 시기 별미였음이 분명하다. 1894년 5월 24일에는 비가 오던 끝에 날이 활짝 갤 조짐이 보이자 고을 아래 사는 지인들이 축하하러 왔다. 오횡묵은 모내기가 끝나고 보리를 거둘 수 있게 되었다면서 좋다 하고, 주방에 콩죽과 냉면을 만들어 올리라 한 뒤 종일 신나게 놀았다.[65] 또 하나 뒤에 언급할 심노숭沈魯崇(1762~1836)이 1805년 기장에서 냉면을 만들어 먹었던 사례를 추가할 수 있다. 이처럼 경상도에서도 냉면을 먹은 예가 없지는 않다. 하지만 매우 드문 경우였다.

전라도, 냉면 관련 기록이 없는 지역

냉면에 관한 기록이 전혀 발견되지 않는 곳은 전라도가 유일하다. 정말 19세기 말까지 전혀 먹지 않았던 것인지, 아니면 먹기는 했으나 기록에 남지 않은 것인지 알 수 없다. 경상도 역시 고성, 기장, 울산 등 남도에는 보이지만, 안동을 중심으로 한 북도에는 전혀 보이지 않는다.

이광수는 1930년에 쓴 〈남유잡감南遊雜感〉[66]에서 "충청도 이남으로 가면 술에는 막걸리가 많고 소주燒酒가 적으며 국수라 하면 밀국수를 의미하고 서북에서 보는 모밀국수(메밀국수)는 전무하다. 서북 지방에는 술이라면 소주요, 국수라면 모밀국수인 것과 견줘 보면 미상불 재미있는 일이다"라고 했다. 1930년대에도 남부 지방에는 밀국수가, 서북 지방에는 메밀국수가 대종을 이루었던 것이다. 이는 19세기에 이미 정착된 음식문화였다.

국수틀의 보급

값비싼 기구도, 갖추기 어려운 도구도 아니었다

냉면의 역사에서 18세기 전반 어느 시점부터 사용된 국수틀은 획기적인 사건이었다. 국수틀에 눌러 뽑은 국수는 확실히 칼국수 유형의 국수보다 가늘고 길고, 식감이 좋았다. 새로운 국수에 맛을 들인 사람들이 이 국수를 계속 찾았음은 두말할 필요가 없을 것이다. 이제 국수틀 사용의 확산을 통해 냉면 확산을 입증해 보자.

앞서 언급한 바 있는 정약용이 1797년 서흥 부사에게 준 시에 등장한 냉면은 서흥부 관아에서 국수틀에 눌러 뽑은 국수일 터이다. 황해도 지방 관아의 주방에도 국수틀이 있었던 것이다. 단정할 수는 없겠지만, 황해도의 냉면은 평안도의 냉면이 전파된 것이니 국수틀 역시 평안도식이었을 듯하다.

정약용은 다른 곳에서도 국수틀에 대해 언급한다. 저 유명한 저작《목민심서》에서 정약용은 지방에서 군교軍校가 날뛰는 것을 막아야 한다고 말하면서 국수틀을 언급한다. 먼저 군교에 대해 간단히 살펴보자. 정약용에 의하면 대체로 읍내 사람 중에서 배우지 못하고 글도 모르고 사나워 가르칠 수도 없는 자들이 군교가 된다. 군교의 부류는 여럿이다. 그중 가장 악질적인 것이 포도군관捕盜軍官이다. 이들은 시장을 감찰하는 일을 맡아 하는데, 특히 장차將差(수령이 죄인의 호송을 맡겨 보내는 심부름꾼)가 되면 백성들을 협박하고 돈을 뜯는다. 이 자들은 가는 곳마다 '술을 거르고 국수를 누르고 닭을 잡고 돼지를 잡는다[漉酒壓麵, 殺鷄擊豕].'[67] 여기서 중요한 것은 '국수를 누르고[압면壓麵]'라는 말이다. 시장을 감찰하는 과정에서 '술을 거르고 국수를 누르게' 했다는 말에는 시장에서 국수를 눌러 팔았다는 사실이 전제되어 있다. 국수틀로 눌러 뽑는 것은 메밀국수일 수밖에 없고, 거기에 동치밋국을 부으면 냉면이 된다.《목민심서》는 1818년 완성되었으니, 19세기 초 지방의 장시에서 국수틀로 국수를 뽑는 방법이 상당히 널리 유행하고 있었다고 봐야 할 것이다.

위에서 언급한 국수틀은 관아와 장시의 것이었다. 그렇다면 일반 가정에서는 어떠했을까? 1790년 정약용의 아버지 정재원의 환갑잔치 상에 올린 냉면을 보자. 아마도 이 냉면은 국수틀을 사용한 압면일 것이다. 다시 그 시를 불러 오면 '붉은 실처럼 눌러 뽑은 국수는 차갑고[麵壓紅絲冷]'라고 했다. 일반 양반가에서도 국수틀을 가지고 있었던 사정을 보여 주는 시구다. 앞서 언급한 서유구의《금화경독기》는 19세기 초반의 저작물인데, 가정에서 사용하는 국수틀의 구조와 제작법을 소상하게 언급한 뒤 그림까지 붙인다고 했다. 19세기에 접어들면 국수틀은 전라도와 경상도를 제외하면 신기할 것도 없는 기구였던 것이다.

한편 19세기 인물로서 영의정까지 지낸 바 있는 이유원은 〈치범致範이 작은 면기를 만들어 보냈다〉라는 시에서 작은 면기가 '새 실[新絲]'을 솥바닥에 토해 내고 돌아간다고 했다.[68] 아마도 누르개의 공이가 반죽을 눌러 국수를 내리게 한 뒤 원위치로 돌아가는 모습을 묘사한 듯하다. 치범이 누구인지는 알 수 없지만, 영의정까지 지낸 당대의 권세가에게 잘 보이려고 국수틀을 만들어 선물로 보낸 것 아닐까. 어쨌든 이 역시 가정용의 작은 국수틀을 의미할 것이다. 굳이 이유원처럼 권세가가 아니더라도 보통 사람들 또한 국수틀로 냉면을 뽑아 먹었다. 앞서 한 번 언급한 바 있는 공인 지규식은 1892년 11월 12일 자신이 일하는 분원공소에서 돼지를 잡아 삶고 국수를 눌러 동료들과 취하도록 먹고 마신다.[69] 국수틀은 값비싼 기구도, 갖추기 어려운 도구도 아니었던 것이다.

19세기 말 양반가의 조리서인 《규곤요람》(1896)에서도 국수틀을 확인할 수 있다.

[원문] 국슈라 ○ 뫼물 말을 더운 물의 되게 반죽ᄒᆞ야 국슈틀 밋 솟테 빅슈탕을 쓸여 솔라의 반죽흔 걸 담고 오릭 진니기다ㄱ 절반을 쎄여 빅슈탕의 좁간 졍거닉여 도로 흔데 짓니겨서

[현대어역] 국수 ○ 메밀가루를 더운 물에 되게 반죽하여 국수틀 밑 솥에 백수탕을 끓여 소라에 반죽한 걸 담고 오래 짓이기다가 절반을 떼어 백수탕에 잠깐 잠가내어 도로 한데 짓이겨서 …….[70]

보다시피 국수틀을 사용하고 있었음이 확인된다. 냉면을 언급하는 다수 문헌에서 국수틀을 별도로 언급하지 않았던 것은 너무나 흔해서 굳이 말할 필요를 느끼지 못했기 때문인 듯하다. 이상의 예로 일반 양반가나

그 아래의 일반 가정에서 국수틀을 가지고 있었던 사실을 미루어 짐작할 수 있을 것이다.

남쪽 지방에서 국수틀은 흔치 않은 도구

재미있는 것은 19세기에 냉면이 각 지방으로 퍼지기는 했지만, 냉면을 거의 먹지 않았던 남쪽 지방은 국수틀로 국수를 뽑는 경우가 드물었다는 점이다. 심노숭沈魯崇(1762~1836)은 1801년부터 1806년까지 6년간 경상도 기장현機張縣에서 귀양살이를 한다. 시파와 벽파의 당쟁 때문이었다. 1799년 아버지 심낙수沈樂洙가 죽었는데, 심낙수는 노론 시파의 핵심이었다. 1800년 정조의 사망 뒤 집권한 벽파는 시파를 정리하는 일환으로 심낙수의 아들까지 읽어서 귀양을 보낸다.

심노숭은 귀양지에서 《남천일록南遷日錄》이라는 제목의 일기를 쓴다. 책 제목은 《효전산고孝田散稿》이나 사실상 일기이기 때문에 흔히 《남천일록》이라고 한다. 이 일기에 흥미롭게도 국수틀에 관한 자료가 나온다. 1805년 9월 7일 일기에서 심노숭은 '목맥면식木麥糆食' 곧 메밀국수는 자신이 매우 좋아하는 음식이지만, 토속土俗 곧 기장군의 풍속에는 없는 것이어서 자신이 간혹 메밀가루를 구하면 칼로 썰어 만들어 먹었다고 적었다. 칼로 썰어 국수를 만든 이유는 기장 지방 사람들이 국수틀을 본 적이 없기 때문이란다.

그런데 그는 며칠 전 송문협宋文協이라는 사람의 집에서 국수틀을 본 것을 떠올리고 빌려온 뒤 돈 닷 푼으로 메밀가루 반 말[斗]을 사서 팔동八童이에게 가루를 내게 한 뒤 국수를 눌러 먹는다. 국수가락은 짧았지만

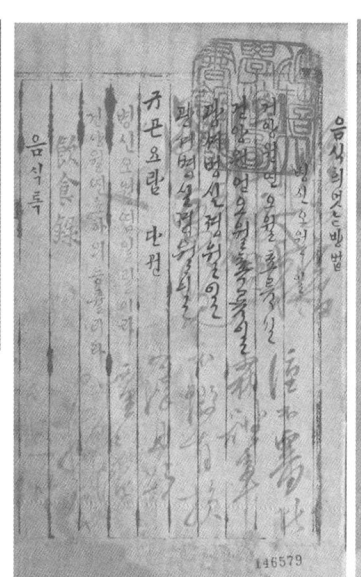

《규곤요람》에 나오는 국수틀
19세기 말 양반가 조리서인 《규곤요람》(1896)에도
국수틀이 언급되는데, 19세기 일반 가정에서도
국수틀을 가지고 있음을 알 수 있다.

19세기 국수틀 기록

심노숭의 귀양일기를 수록한
《효전산고孝田散稿》(《남천일록》).
1805년 9월 7일 자 일기에
이웃집에서 빌려온 국수틀로
국수를 눌러 뽑았는데,
이 광경을 본 아이들이
소리를 지르며 좋아했다는
기록이 보인다.
정약용의 《목민심서》,
서유구의 《금화경독기》,
이유원의 〈치범이 작은
면기를 보내다〉 등에도
국수틀 기록이 보인다.

그래도 먹을 만했다 한다. 자신도 한 그릇을 먹고 다른 사람도 맛있다며 먹었단다. 눈길을 끄는 부분은 국수틀을 눌러 국수가 나오자 아이들이 보고 펄펄 뛰며 소리를 지르고 좋아했다는 대목이다.[71] 《남천일록》에 기록된 이 일화는 경상도 남쪽에서는 국수틀을 가지고 있는 것이 오히려 신기한 경우였을 정도로 흔치 않았음을 알려 준다.

냉면의 상업화

냉면가게, 냉면 상업화의 방증

냉면은 상업화하기에 좋은 음식이었다. 무엇보다 《(증보)산림경제》에서 유중림이 말했듯 국수틀로 뽑은 메밀국수는 맛이 월등하게 좋았다. 또한 국수틀로 노동력을 절감하고 균질적인 국수를 제공할 수 있었다. 국수를 동치밋국에 말아서 내면 됐기 때문에 따로 국물을 준비할 필요도 없었다. 이런 요인들로 인해 냉면은 쉽게 상업화할 수 있는 음식으로 자리 잡았다.

앞서 말했듯 '냉면'을 먹었던 황윤석이 《이재난고》에 남긴 여러 글과 《승정원일기》나 《추안급국안》 등에 등장하는 일화로 18세기 후반 국수가 팔리고 있었고 서울 시정에 국수를 파는 가게가 등장했음을 확인할 수 있었다. '군칠이집'이라는 이름을 붙인 수많은 술집에서 평양식 냉면과 개성식 구운 고기를 팔았다고 한 《세시풍요》, 순조가 군직과 선전관에게 냉면을 사

오라고 했다는《임하필기》역시 냉면가게의 존재를 전제한다. 1882년 임오 군란 때 일본인 군사교관 호리모토 레이조堀本禮祖를 죽인 혐의로 사형에 처해진 손순길孫順吉은 원동園洞에서 국수를 파는[매면賣麵] 사람이었다.[72] 1891년 5월 18일 공인 지규식이 2냥으로 천유天裕와 함께 냉면을 사서 먹었다는《하재일기》의 일화 또한 냉면의 상업화를 보여 준다.

서울만이 아니다. 평안도의 경우 유득공의 〈서경잡절〉에 냉면이 팔리는 정황이 담겨 있어, 이 작품이 지어진 1773년에 이미 냉면이 상업화되어 있었음을 짐작하게 한다. 임득명이 1813년에 지은 〈임반관〉은 평안도 선천 지방에서도 냉면이 팔리고 있었던 사실을 확인시켜 준다. 연대가 좀 늦긴 하지만, 김석규金碩奎(1826~1883)가 1881년 9월 11일 평안도 개천군 와원점에서 냉면을 사 먹은 사례, 1894년 안효제가 (아마도 평안도) 월파정과 장항리 등지에서 냉면과 소주를 사 오게 하여 먹고 마신 사례도 있다. 평양 향동의 '냉면가冷麵家'를 표기한 〈기성전도〉 또한 냉면 상업화의 증거로 꼽을 수 있다.

강원도의 경우 이희석이 1866년 4월 16일 철원군의 점사에서 냉면이 팔리는 것을 본 사례, 이도추가 1883년 5월 24일 강원도 원주 성내의 점사에서 냉면을 사 먹은 사례가 냉면이 상업적 음식이 된 사정을 짐작하게 한다. 경기도는 신석우가 1859년 쓴 〈간당기〉에 나오는 노원의 국수를 눌러 파는 집[자면지가榨麵之家]의 국수를 통해 냉면이 거리의 간단한 음식점에서 판매하는 음식이었음을 알 수 있다.

냉면장수, 시장에서 냉면을 팔다

사람이 가장 많이 몰리는 곳은 시장이었다. 정약용은 앞서 거론한 《목민심서》에서 지방의 장시場市에서 '국수를 누르고 닭을 잡고 돼지를 잡는다'라고 말한 바 있다. 국수를 누른다는 것은 국수틀로 메밀국수를 눌러 뽑는다는 뜻이다. 이 메밀국수를 더운 국물에 말아 내면 온면, 찬 국물, 즉 동치밋국에 말아 내면 냉면이 된다. 다만 온면과 냉면의 경쟁에서 냉면이 절대적으로 유리했다는 사실을 잊어서는 안 될 것이다.

그렇다면 장시에서 국수를 눌러 판다는 《목민심서》의 말은 어느 정도 신빙성이 있는 것인가. 아주 성격이 다른 자료를 들어 보자. 19세기 중반 황해도에서 중앙 정부에 올린 4건의 살인 사건[73]에 면상麵商이 등장한다. 면상에는 당연히 '냉면장수'가 포함될 것이다.

첫 번째 사건은 연안부延安府에서 일어났다. 1848년 방놋쇠[方老叱金]가 홍두깨로 이경문李京文의 정강이뼈를 부러뜨린다. 이경문은 열흘 만에 사망한다. 이경문은 원래 방놋쇠와 함께 면상麵商 나매남羅每南의 집에서 고용인[使喚]으로 있었다. 방놋쇠는 나매남의 외사촌이었다. 이경문은 방놋쇠가 술과 국수를 판 돈을 훔친다고 그를 힐난했고 이로 인해 언쟁이 일어났다. 이경문은 거칠고 힘이 센 그를 대적할 수 없어 나매남의 아들 나지걸羅之傑의 숯막[炭幕]으로 피신해 있었는데, 방놋쇠가 찾아와 홍두깨로 정강이를 쳐서 부러뜨렸고 이것이 사망 원인이 되었다.[74] 나매남은 술과 국수를 같이 파는 사람이었다.[75] 나매남의 국수가게는 연안부의 장터에 있었던 것으로 보인다. 방놋쇠의 말에 의하면, 나매남이 술과 국수 파는 일을 그에게 맡겼고, 장시場市에서 찬을 하고 곡식을 사는 일까지 모두 자신이 주관한다고 했다.[76]

《목민심서》 속 냉면 기록
지방의 장시場市에서
"술을 거르고 국수를 누르고
닭과 돼지를 잡는다…"란 기록이 있다.
19세기에 '냉면장수'가 있었음을 시사한다.
19세기 중반 황해도에서 중앙 정부에 올린
4건의 살인 사건에 '면상麵商'이 등장한다.
면상에는 당연히 냉면장수가 포함될 것이다.

두 번째 사건은 서흥부瑞興府에서 일어난 것이다. 1850년 김길손金吉孫이 윤치오尹致五에게 숫돌로 맞아 사망한다. 이 사건을 고발한 사람은 이경철李京哲이었다. 술을 지고 다니며 파는 율리방栗里坊 사람 김길손이 이경철의 국수가게에서 동네 사람 6명과 함께 국수를 먹고 있을 때 윤치오가 지나갔고, 김길손이 윤치오에게 작년에 빌려 간 돈 3전을 왜 갚지 않느냐고 힐난했다. 여러 사람이 있는 곳에서 불손한 어조로 돈을 독촉했다면서 윤치오가 분노했고 이어 일어난 시비가 결국 살인 사건으로 귀착된 것이다. 여기서 주목할 점은 이경철이 자신을 '장터[場垈]의 국수장수[麵商]'로 말하는 부분이다.[77] 실제 사건이 일어난 날 모두 7명이 국수를 먹고 있었다. 그의 장터 국수가게는 성업 중이었던 것이다.

세 번째는 황주목黃州牧 영풍방永豊坊 이정리梨井里에 사는 김성오金成五가 자신의 형 김성곤金成坤을 죽인 이인백李仁白을 고소한 사건이다. 이인백은 김성곤과 싸우다가 그의 목덜미를 밟아 죽게 만든다. 김성오는 심하게 다친 형을 데리고 '면상麵商으로 생활하는' 문재순文才淳[78]을 찾아가 형을 누이고, 온면을 달라고 해서 먹이지만 전혀 먹지 못하고 결국 사망에 이른다.[79] 특별히 온면을 달라고 한 것은, 심하게 다친 사람을 위한 배려였던 듯하다.

네 번째는 중화부中和府의 유학철劉學喆이 박동혁朴東赫을 죽인 사건이다. 유학철이 박동혁의 어물전에 와서 헐값으로 생선을 사려고 하자, 박동혁은 거절하며 돈을 땅에 던져 되돌려주었다. 이에 분노한 유학철이 박동혁을 발로 차서 죽게 했다. 이 사건의 목격자를 여럿 심문했는데, 박재순朴在順도 그중 한 사람이었다. 박재순은 주면상酒麵商, 곧 술과 국수 파는 것을 생업으로 삼고 있었다. 두 차례 증언하는데 옮기면 다음과 같다.

저는 장시에서 술과 국수를 파는 것을 생업으로 삼고 있습니다. 저의 집은 어물전과 거리가 아주 가깝습니다. 이번 초9일 장날 한창 국수를 팔고 있을 즈음에 시장 사람들의 말을 들으니, 본방本坊 상육리上六里의 유학철과 박동혁이 서로 싸우고 있다 하였습니다. 하지만 저는 술과 국수 값을 받느라고 나가 볼 겨를이 없었습니다.[80)]

저는 이미 전의 공초에서 다 말씀드렸거니와, 저의 집은 어물전과 아주 가깝기는 하지만, 사이에 포석전蒲席廛이 있기 때문에 시장 사람들이 많이 몰려 있습니다. 그래서 저의 집에서는 어물전을 바라볼 수가 없습니다. 그날 저는 술을 팔고 국수를 파느라 너무 바쁜 통에 시장의 떠들썩한 소리를 들었지만, 즉시 나가 보지는 못했습니다.[81)]

그는 바로 옆에서 격렬한 싸움이 일어나도 나가 보지 못할 정도로 바빴다. 국수는 시장을 찾는 사람들이 가장 선호하는 음식 아니었을까.

이 네 면상麵商이 판 국수는 어떤 국수였을까? 김성오가 면상 문재순에게 온면을 사서 많이 다친 형에게 먹였던 것을 음미해 보자. 김성오가 따뜻한 국수를 사서 형에게 먹인 것은, 차가운 국수 곧 냉면이 팔리고 있었음을 전제한다. 그러니까 앞의 면상들은 냉면과 온면을 같이 팔고 있었다고 보는 편이 적절하다. 그런데 보통 국수라고 하면 냉면을 의미했다. 따뜻한 국수는 특별히 온면이라 칭하는 관행이 있을 정도로 냉면이 온면에 비해 많이 팔렸다. 평안도의 경우 노인에게 냉면이 아닌 온면을 대접하면 무시를 당했다고 생각하는 문화까지 있었다.[82)] 이를 봤을 때 황해도 네 지방의 면상은 냉면과 온면을 파는 곳이었고 특히 냉면을 주로 파는 가게였던 것으로 추정된다.

황해도의 네 면상은 살인 사건이 아니었다면 알려질 수 없는 곳이다. 이 네 곳의 장시에만 냉면가게가 있었던 것은 아닐 터이다. 이것은 우연히 기록에 남은 것일 뿐이리라. 실제 냉면가게는 장시가 있는 곳마다 있었다고 봐야 하지 않을까? 황해도가 이런 상황이라면 평안도는 더욱 많았을 것이다. 게다가 정약용이 《목민심서》에서 언급한 것처럼 지방의 장시에도 냉면을 파는 가게는 상당히 많았을 것이다. 요컨대 19세기에 냉면은 조선에 흔치 않았던 외식업의 주요 음식 중 하나가 되었다. 이처럼 19세기에 이미 상업화된 냉면은 근대 이후 급격한 변화의 물결에 들어가게 된다.

국수의 건면화와 상품화

냉면의 상업화에 이어 국수의 건면화乾麵化와 상품화에 대해 간단히 덧붙인다. 이규경은 《오주연문장전산고》의 〈산주자미변증설山廚滋味辨證說〉에서 말린 메밀국수를 시장에서 팔고 있다고 증언한다.

> **건면乾麵** 시장에서 파는 메밀국수를 사다가 얇은 포布와 광주리를 사서 볕에 말려 저장해 두었다가 창졸간에 손님을 맞거나 혹 길을 떠났을 때 장물[醬水]에 던져 한 번 끓이면 국수가 윤기가 나서 새 국수와 다름이 없다. 밀가루 절면切麵(칼국수) 역시 잠시 익혔다가 건져 내어 볕에 말린 뒤 저장해 두었다가 불시에 필요할 때 꺼내 쓰면 좋다. 이것은 산에 살기에 시장이 멀리 있는 사람들이 쓰는 방법이다.[83]

평양 장시의 음식점
《동국문헌비고》(18세기 후반)에 의하면 평양 장시가 확인된다. 19세기에 냉면은 조선에 흔치 않았던 외식업의 주요 음식 중 하나가 되었는데, 냉면가게는 장시가 있는 곳마다 있었을 것으로 보인다. 사진은 1930년대 평양 장시의 음식점(신양장, 신창장).
*출처: 평양부,《생활상태조사》, 1932

시장에서 메밀국수 파는 것을 전제하고 있다. 시장의 메밀국수는 팔기 위해 썰어 놓은 것인데, 아직 물기가 배어 있다. 그래서 이걸 사다가 광주리에 놓고 말린 뒤 손님이 불시에 찾아오거나 먼 길을 떠날 때 양식으로 가져가 간장 물에 삶아서 먹는다는 것이다. 밀가루 칼국수도 물에 넣어 익힌 뒤 볕에 말려 저장해 두었다가 다시 꺼내서 삶아 먹는다는 것이다.

시장에서 익히지 않은 메밀국수(아마도 국수틀로 뽑은 것인 듯하다)를 팔고 있고, 그것을 사다가 말려서 집에 보관해 둔다는 기록이다. 국수를 말려 시장에서 팔고 이것을 사서 필요할 때마다 삶아 먹는다는 것은 다른 곳에서 찾아보기 어려운 자료다.[84] 국수의 건면화와 상업화가 어떤 정도까지 확산되었는지는 모르겠으나, 19세기 국수문화에서 일어난 의미 있는 변화다.

조리법의 변화

냉면, 경화세족 가문에 침투하다

19세기가 되면 평안도, 황해도, 함경도와 강원도 일부, 서울, 서울 주변의 경기도에 냉면이 크게 확산된다. 장시에 냉면을 파는 면상이 출현하는 등 냉면은 상업화의 길을 걷는다.

그렇다면 냉면은 어떻게 만들어 먹었을까. 18세기 말부터 냉면에 관한 기록이 더러 나오기 시작하지만, 정작 냉면을 만드는 방법과 재료에 대한 언급은 없었다. 반면 고조리서古調理書에는 냉면 재료와 만드는 방법이 담겨 있다. 이를 통해 조선시대 냉면 재료와 조리법을 간단히 살펴보자. 다음은 검토할 고조리서다.[85]

① 빙허각憑虛閣 이씨李氏(1759~1824), 《규합총서閨閤叢書》. 1809년 빙허

각이 서문을 씀.

② 《윤씨음식법尹氏飮食法》. 1854년에 필사된 것으로 추정.

③ 《주식방문酒食方文》. 안동 김씨 집안.

④ 연안 이씨延安李氏,《주식시의酒食是儀》. 1800년대 후반.

⑤ 《규곤요람閨壼要覽》(연세대 소장). 1896년.

⑥ 《시의전서是議全書》. 1800년대 말.

먼저 이 고조리서들이 거의 다 사족가士族家, 그것도 조선 최고의 사족가에서 쓰인 것이라는 사실에 주목하자. 빙허각 이씨는 서유본徐有本의 아내다. 서유본은 《임원경제지》를 편찬한 서유구의 형이다. 서유본·서유구의 아버지는 6조의 판서를 모두 지낸 서호수徐浩修, 숙부는 이조참판과 경기 관찰사를 지낸 서형수徐瀅修다. 조부는 홍문관과 예문관 대제학을 지낸 서명응徐命膺이고, 서명응의 동생은 영의정까지 올랐던 서명선徐命善이다. 빙허각은 당대 최고 가문의 일원이었던 것이다.

《주식방문酒食方文》은 1713년 사하포에서 국수틀을 보았다고 말했던 김창업의 후손 김이익金履翼(1743~1830) 집안에서 나온 책이다. 김이익 집안 역시 조선 후기 최고 벌열가 안동 김씨 가문이다. 《주식시의》는 은진 송씨恩津宋氏 동춘당同春堂 송준길宋浚吉(1606~1672) 집안에서 전해 오는 책이다. 저자 연안 이씨는 송영로宋永老(1803~1881)의 아내다. 송시열과 함께 숙종 때 정국을 이끌었던 송준길은 굳이 덧보탤 말이 필요 없는 학자이자 관료다. 《시의전서》는 일제강점기에 주로 경상북도의 지방관을 지냈던 심환진沈晥鎭이 1919년 상주 군수로 부임하여 상주 양반가에서 소장하고 있던 조리서를 빌려서 상주군청의 편면괘지片面罫紙에 베낀 책이다. 원본은 1800년대 말에 쓰인 것으로 추정한다.

연세대 소장 《규곤요람》의 필자는 알 수 없지만, 나머지 5종은 모두 사족 가문에서 나온 도서다. 특히 ①, ③, ④는 18~19세기 조선 최고의 사족 가문인 달성 서씨, 안동 김씨, 은진 송씨 가문에서 나온 책이다. 이들 가문처럼 조선 후기 서울과 경기도, 충청도에 세거하면서 고급 관직을 독점한 가문을 경화세족이라 하는 바, 이 고조리서들은 경화세족의 음식문화를 반영한 책으로 봐야 할 것이다. ②《윤씨음식법》은 충남 부여에 거주하는 조씨[86] 가문에서 9대째 보관해 왔다고 하니, 역시 충청도 사족가의 책으로 경화세족 가문의 음식문화를 반영하고 있을 터이다. 요컨대 이들 조리서에는 좁게는 조선 후기 경화세족, 넓게는 사족가의 음식문화가 내재되어 있다고 봐야 할 것이다. 이들 고조리서가 냉면 조리법을 소개한다는 것은 평안도 지역의 음식문화가 드디어 경화세족 가문까지 침투했다는 의미일 터이다.

고조리서에 담긴 조선시대 냉면 재료와 조리법

《규합총서》

이제 조리법을 구체적으로 살펴보자. 《규합총서》는 〈동치미 만드는 법[陳沈菹法]〉 아래 냉면에 대해 덧붙여 놓았다.

> 겨울에 익은 후 먹기를 임시하여 배와 유자는 썰고, 그 국에 꿀을 타고, [석류에 잣을 흩어 쓰면 맑고 산뜻하며 그 맛이 매우 아름답고, 또 좋은 생치 生雉를 맨으로 고아[白熟] 그 국의 기름기를 없이 하고 얼음같이 채워 동치밋국에 화합하고, 생치 살을 찢어 섞어 쓰면] 그 이름이 이른바 생치김치

> 요. 동치미국에 가는 국수를 넣고, 무·오이·배·유자를 같이 저며 얹고, 돼지고기와 계란 부친 것을 채 쳐서 얹고 후추와 잣을 뿌리면 이른바 냉면이다(밑줄은 저자).[87]

빙허각에 의하면 냉면은 동치밋국에 '가는 국수'를 넣고 동치미 건더기를 썰어 얹고, 돼지고기와 달걀 부친 것을 채 쳐서 얹고 후추와 잣을 뿌린 것이다. '가는 국수'는 국수틀을 눌러 뽑은 메밀국수일 터이다. 앞서 살핀 것처럼 빙허각의 시동생 서유구가 《임원경제지》에서 국수틀에 대해 상세히 말했을 정도니, 빙허각 역시 국수틀을 알고 있었음이 틀림없다.

빙허각의 냉면은 메밀국수, 동치밋국, 무, 돼지고기 편육, 채 친 달샬시단, 오이, 배, 유자, 후추, 잣 등으로 구성된다. 이 중 메밀국수, 동치밋국, 무, 배, 돼지고기는 냉면의 기본요소다. 그 외의 것은 고명이다. 기호에 따라 넣을 수도, 넣지 않을 수도 있다. 워낙 거창하고 부유한 집안이라 호사스러운 고명을 추가하긴 했지만, 《규합총서》의 냉면은 《동국세시기》의 냉면과 동일하다. 다만 하나 눈여겨봐야 할 것은, '생치김치'다. 꿩을 삶아 기름기를 걷어 낸 국물을 동치밋국에 섞고 그 살을 찢어 섞은 것이 생치김치다. 생치김치를 만드는 방식, 육수와 동치밋국을 섞는 최초의 조리법이다. 물론 빙허각이 여기에 메밀국수를 만 냉면을 제안한 것은 아니다. 다만 오늘날 몇몇 냉면점에서 동치밋국과 고기육수를 섞은 국물에 메밀국수를 말기도 하는데, 동일한 형태의 국물의 기원을 여기서 찾을 수 있다.

《윤씨음식법》

《윤씨음식법》의 냉면 조리법은 다음과 같다.

고조리서에 담긴 냉면 재료와 조리법

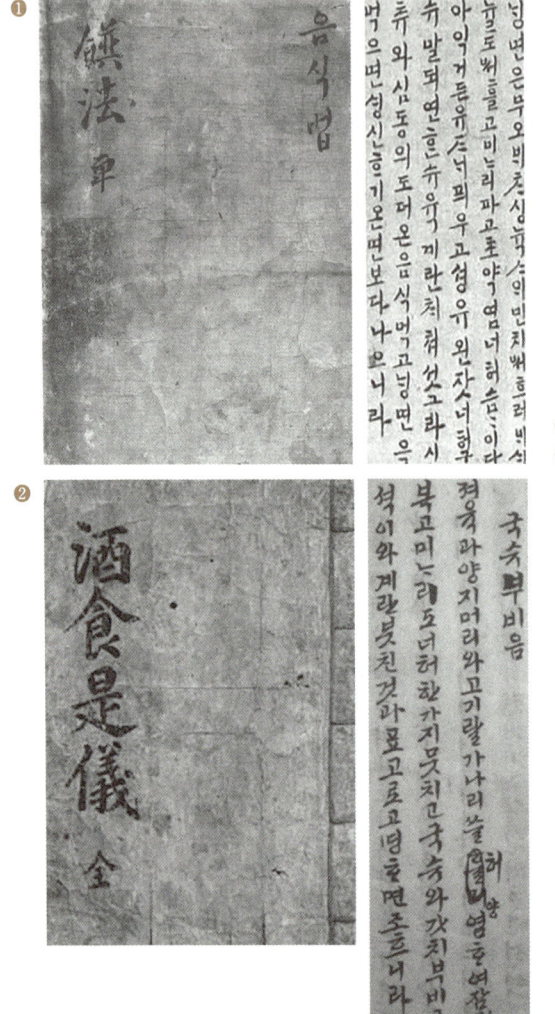

① 《윤씨음식법》
② 《주식시의》(1800년대 후반)

19세기 고조리서들은 대부분 조선 최고의 사족가에서 쓰인 것으로, 조선 후기 경화세족을 비롯한 사족가의 음식문화를 보여 준다. 이들 고조리서가 냉면 조리법을 소개한다는 것은 평안도 지역의 음식문화가 경화세족 가문까지 스며들었음을 의미한다.

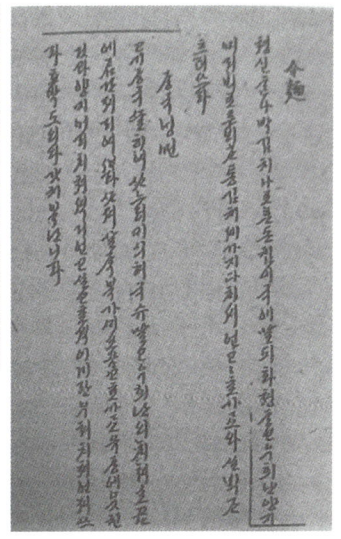

③ 《시의전서》(1800년대 말)
④ 《주식방문》(19세기 전기~중기 추정)

《윤씨음식법》의 냉면 만드는 법은 《규합총서》와 다르지 않으며, 《주식방문》의 냉면은 《규합총서》와 같되 돼지고기와 쇠고기를 함께 쓴다는 것만 다를 뿐이다. 19세기 전기 팔사본으로 추정되는 《주식시의》 냉면은 《규합총서》를 옮긴 듯하며, 《시의전서》는 처음으로 장국 만드는 법을 소개하고 있다.

① 냉면은 무, 배추를 쌍륙놀이의 주사위 크기로 썰어서 ② 배와 생률生栗도 썰어 넣고 ③ 미나리, 파, 고추로 양념하여 넣어서 싱겁게 담아라. ④ 익으면 유자를 약간 넣어 향기가 나게 하고 ⑤ 석류와 통잣을 넣어 국수를 말되 ⑥ 연한 수육과 계란을 채 쳐서 섞어라. ⑦ 늦가을과 한겨울에도 더운 음식을 먹고 냉면을 먹으면 생신生新하기가 따뜻한 면을 먹는 것보다 낫다(번호는 저자).

①, ②, ③은 동치미 담그는 법이다. 무와 배추가 주 재료이고 나머지는 고명이다. 유자, 석류, 잣을 쓰는 것④, ⑤은 《규합총서》와 같다. ⑥의 수육과 계란을 채 쳐서 섞는 것도 《규합총서》와 다를 바 없다. 수육의 고기가 돼지고기인지 쇠고기인지는 알 수 없다. 보통의 냉면이 돼지고기를 쓴 것을 떠올려 보면 아마도 돼지고기일 듯하다. 이렇게 본다면, 《윤씨음식법》의 냉면 만드는 방법 역시 《규합총서》와 다르지 않다.

《주식방문》

《주식방문》은 19세기 전기 늦어도 19세기 중엽에 필사된 것이니, 《규합총서》, 《동국세시기》와 같은 시대의 조리서다. 냉면 조리법은 다음과 같다.

① 냉면은 김치에 꿀을 쳐 잘 담는다. ② 고추 양념은 ○○○○ 우려 내어 버리고 ③ 국수는 따뜻한 물에 풀어서 ④ 국수 한 켜, 쇠고기와 돼지고기를 섞어 한 켜를 섞어 여러 겹으로 쌓는다. ⑤ 그 위에 달걀을 채 쳐 놓고 ⑥ 양념을 갖추어 넣고 ⑦ 김칫국을 위에 부어 말아라(○○○은 원래 판독이 불가능한 글자다).

국수를 김칫국에 마는 기본은 같다. 김치에 꿀을 타는 것 역시 《규합총서》와 같다. 돼지고기와 쇠고기를 같이 쓴다는 것④만 다를 뿐이다. 국수 한 켜, 쇠고기와 돼지고기를 한 켜 섞어 여러 겹으로 쌓는 방법도 약간 독특하다. 기호에 따라 쇠고기가 추가되었을 뿐 기본은 같다.

《주식시의》

《주식시의》는 동치미 담는 법을 앞에 쓰고 뒤이어 냉면 조리법을 소개한다. 앞의 동치미 담는 법을 생략하고 냉면 조리법만 옮기면 다음과 같다.

> 겨울에 익은 후 먹되 배와 유자를 썰고, 또 생치를 백숙으로 고아 그 국의 기름기를 없게 하고 얼음을 함께 채워 그 김칫국에 합하고 생치 살을 찢어 섞으면 이름하여 생치김치요, '동치머리 국수'[88]를 말면 그 국에 말고 그 위에 무, 유자, 배를 함께 저며 얹는다. 돼지고기와 계란을 부쳐 채를 치고, 후춧가루와 실백자를 얹어 쓰면 이름하여 냉면이라 한다.

《규합총서》와 다르지 않다. 문장 표현 및 들어가는 재료에 약간의 차이가 있을 뿐이다. 예컨대 《규합총서》에서 동치밋국에 꿀을 타고 석류를 흩어 쓴다고 한 부분은 《주식시의》에 빠져 있다. 물론 동치미를 담그는 부분은 약간 다르지만, 냉면 조리법은 사실상 같다. 아마도 《주식시의》의 냉면 조리법은 《규합총서》를 옮긴 것인 듯하다.

《규곤요람》

《규곤요람》(연세대 소장)은 냉면 조리법을 이렇게 소개했다. "① 싱거운 무 김칫국에다가 꿀을 타서 국수를 말고 ② 돼지고기를 잘 삶아 썰어 넣고 ③ 배와 밤과 복숭아를 얇게 저며 넣고 ④ 통잣을 띄운다." 배는 원래 쓰던 것이니, 밤과 복숭아가 고명으로 추가되었을 뿐이다. 기본적인 냉면의 구성은 별반 바뀐 것이 없다.

《시의전서》

《시의전서》는 특이하게도 냉면 만드는 방법을 두 가지 소개하고 있다.

- (A) **냉면** ① 맑고 산뜻한 나박김치나 깨끗한 동치밋국에 말되 꿀을 타고, ② 위에는 양지머리, 배, 좋은 배추 통김치 세 가지를 다 채를 쳐서 얹고, ③ 고춧가루와 실백자實栢子(잣알)를 흩어 쓴다.
- (B) **장국냉면** ① 고기 장국을 끓여 서늘하게 식힌 다음 국수를 만다. ② 국수 위에 오이를 채 쳐 소금에 잠깐 절여 ③ 빨아 짜서 살짝 볶은 후 ④ 깨소금, 고춧가루, 기름장에 무친 것과 양지머리를 채 쳐 섞어 얹는다. ⑤ 실고추, 석이, 계란을 부쳐 채 쳐 얹어 쓴다. ⑥ 호박도 오이와 같은 방법으로 볶는다(번호는 저자).

(A)는 동치밋국에 국수를 만다는 점에서 기존의 방법과 다를 바 없다. 다만 돼지고기 편육이 아닌 쇠고기 양지머리를 얹는다는 것이 다를 뿐이다. (B)의 '장국냉면'은 《시의전서》에서 처음 보이는 냉면이다. '고기 장국'을 끓여 식힌 뒤 국수를 만 냉면이다. 장국은 양지머리를 채 쳐서 국수에 올리는 냉면 조리법(A)을 통해 봤을 때 양지머리 등 쇠고기를 넣고 끓여서 만든 것일 터이다. 차갑게 식힌 쇠고기 육수에 국수를 마는 방법은 《시의전서》에 처음 등장한다. 물론 이것이 《시의전서》의 필자가 최초로 고안한 방법인지는 알 수 없다. 꿩고기 육수를 넣은 생치김치 국물을

쓴 《규합총서》라는 전례가 있긴 하다. 하지만 빙허각은 그 국물에 국수를 만다고 말하지는 않았다.

《시의전서》는 19세기 말 경상도 지방의 양반가에서도 냉면을 만들어 먹었음을 보여 주는 주요 자료다. 중요한 것은 《시의전서》에서 엿보이는 변화다. 돼지고기 편육은 소의 양지머리 고기로 바뀌었고, 전에 없던 고기 장국에 국수를 만 장국냉면이 등장했다. 고기 장국이 동치밋국을 대체한 것이다. 동치밋국이 바닥났을 때, 그러니까 겨울이 끝나고 날이 더워졌을 때 먹기 위한 것이었다. 뒤에서 상세히 말하겠지만 고기 장국은 겨울의 시식時食으로서의 냉면이 아니라, 여름에도 먹을 수 있는 냉면을 위해 고안된 국물이다. 냉면이 스스로 변화하던 시정을 《시의전서》를 통해 확인할 수 있다.

[7장]

근대 이후, 냉면의 시대

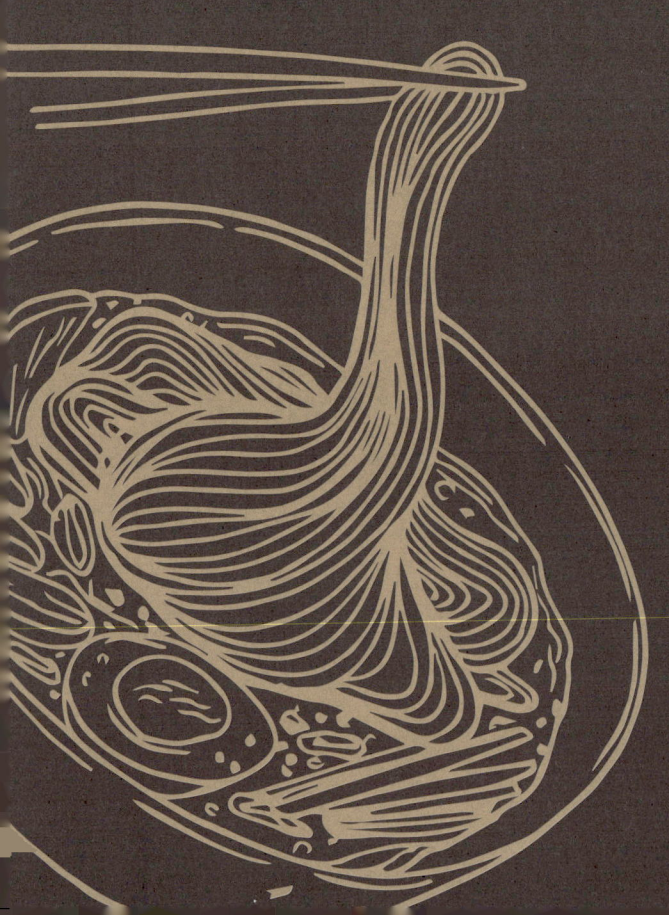

근대와 외식업

외식업의 본격적 출현

1876년 개항 이후 한반도는 세계사 속에 강제로 편입되었다. 근대가 시작된 것이다. 일본을 시작으로 미국, 러시아 등 세계 각국과 외교관계를 맺어 바깥세상과의 접촉이 시작되었다. 나라 안도 격변의 시기를 맞았다. 임오군란과 갑신정변, 동학농민운동과 청일전쟁이 일어났다. 전에 없던 충격적 사건을 잇달아 겪은 뒤 1894~1895년 갑오개혁을 통해 근대적 제도가 본격적으로 도입되었다. 하지만 이후에도 불행한 사건이 연속적으로 일어났다. 한반도는 을사늑약, 경술국치로 이어지는 비극을 겪었다. 근대화는 실로 혼란스럽고 당혹스러운 과정이었다.

하지만 한편으로는 새 시대가 열리는 과정이기도 했다. 개항 이후 인천과 부산과 같은 항구 도시가 활기를 띠기 시작했다. 새 건물이 들어서고

인구가 늘어났다. 주민들은 전에 없이 바삐 움직였다. 1883년 개항한 인천의 경우를 보자. 당연히 음식 이야기다.

> 인천에는 이른바 '제물포 드림'을 이루기 위해 각지에서 모여든 사람들이 많았는데, 개항장의 각종 건축, 건설 공사, 축항 공사 등은 전국에서 노역자, 부두 노동자들을 불러 모았다는 것이다. 이 과정에서 숙박업과 음식업이 번창했는데, 이때 등장한 대표적인 음식이 냉면과 해장국, 추어탕, 짜장면이다. 이 음식들은 1883년 인천항 개항과 밀접한 관계를 갖는 것으로 보인다. 개항과 동시에 전국에서 많은 사람들이 일자리를 찾아 모여들었기 때문이다.[1)]

개항지인 인천에 외지인이 몰려들면서 이들을 위한 음식점이 다수 출현한 것은 당연한 일이다. 이는 같은 개항지인 부산과 원산도 마찬가지였을 것이다. 이런 변화와 연동하여 서울·평양과 같은 과거의 중심도시 역시 전에 없이 활발한 모습을 보이기 시작했다. 여기에 더해 갑오개혁 이후 새 제도로 인해 전에 없던 기관과 조직들이 우후죽순처럼 나타나기 시작했다. 조선시대에는 국가 관청만이 유일한 기관이었지만, 이제는 전에 없던 기관과 사회 조직들, 신문사, 출판사, 서점, 병원, 학교, 은행, 학회 등이 등장한다. 외국에서 상품을 수입하여 판매하는 상점도 등장한다. 국가 관청의 성격도 바뀐다. 노비제가 혁파되면서 관청에 소속되어 무상으로 또는 거의 무상에 가까운 대가를 받고 신체노동을 제공하던 하예(下隷)들이 사라진다.

이 같은 변화는 한국 음식사에 중대한 변화를 가져온다. 외식업의 본격적인 출발이다. 성격이 바뀐 관청, 새로 등장한 기관이나 기구는 전에 없던 문제를 불러왔다. 그곳에 근무하는 사람들의 점심이다. '직장인'의 점심이 문제가 되기 시작한 것이다. 과거처럼 관청에서 직접 마련하거나 집안의 노비가 차려서 가져오는 것은 불가능했다. 결국 음식점에서 매식買食할 수밖에 없었다. 이는 외식업을 활성화했다. 그러니 한국 음식의 역사에서 외식업의 본격적 출현은 1894~1895년 이후로 봐야 할 것이다.

근대 외식업은 19세기 음식점의 연장

시정에서 외식업이 출현하게 된 결정적인 계기는 갑오개혁이었다. 그렇다고 근대의 외식업이 19세기 음식점과 무관한 것은 결코 아니었다. 갑오개혁 이후 급격하게 증가한 음식점은 앞서 언급한 조선 후기 음식점의 연장이었다. 1912년 《매일신보》는 요릿집 명월관明月館에 찬사를 보내며 명월관 창업(1903) 당시 서울의 음식점에 대해 이렇게 말한다. 한문을 섞어 쓴 국한문혼용체라서 번역을 약간 더하면 다음과 같다.

> 근 십 년 전 조선 내에서 요리라고 하는 이름을 알지 못했을 때 소위 별별 약주가藥酒家 외에 전골煎骨집, 냉면점, 장국밥집, 설렁탕집, 비빔밥집, 강정집, 숙수집 등속만 있어 티끌과 먼지가 산처럼 쌓인 깨진 식탁 위에 전라도 대죽大竹을 닥치는 대로 가르고 찢어 만든 긴 젓가락, 씻지 않아 자연적으로 검은 칠을 바른 아현阿峴 진유眞鍮(유기鍮器를 말한다-역자), 시순匙箵(숟가락질)의 때에도 찌그러져 사용하기 불가능한 길고, 크고, 둥글고, 네모나고, 깊고, 얕은, 검은색, 갈색의 천태만상을 보이는 질그릇에, 먹기도 힘든 생선과 고기와 채소와 과일 등을 신사, 노동자, 남녀노소가

한 탁자에서 죽 늘어서서 혹은 섞어 앉아 먹고, 마시고, 들이키고, 토하고 할 때에 일개 신식의, 파천황적인, 청결하고 완전한 요리점이 황토현黃土峴에서 탄생하니, 곧 조선 요리점의 비조 명월관이 바로 그것이다.[2]

이 기사는 조선의 신식 요리점 명월관을 찬상讚賞하는 내용으로 일관한다. 하지만 20세기 초 서울 음식점에 대한 귀중한 정보도 담고 있다. 서울에 약주가 외에 전골집, 냉면점, 장국밥집, 설렁탕집, 비빔밥집, 강정집, 숙수집 등의 음식점이 있었다는 것이다. 숙수집은 궁중의 숙수가 나와서 차린 음식점이 아닌가 싶다. 이런 식당은 당연히 19세기의 연장이다. 근대가 시작되자 냉면과 장국밥처럼 과거에 팔리던 음식과 간단하게 한끼를 때울 수 있는 음식들이 시정 음식점의 차림표에 진출했던 것으로 보인다.

냉면, 시정에서 가장 선호하던 음식 중 하나

하지만 시정의 음식점은 수저가 불결했고 땟국에 찌든 찌그러진 질그릇을 식기로 내놓았다. 식탁마저 온전치 않았다. 그럼에도 신사와 노동자, 남자와 여자, 노인과 젊은이가 몰려들었다. 《동아일보》의 1923년 10월 16일 자 기사에 의하면, 서울의 음식점들은 조선인음식점조합을 설립하고 '위생 개량'에 힘쓸 것을 다짐하고 먼저 소독저와 음식기구 등을 개량하기로 했다.[3] 흥미로운 것은 이 기사에서 대표적인 음식점으로 '설렁탕집', '국숫집', '선술집'을 들고 있다는 점이다. 선술집은 술을 파는 곳이므로 제외하면, 20세기 전반 서울에서 가장 선호하는 대중적 음식은 설렁탕과 국수 곧 냉면이었음을 알 수 있다.

1923년 《별건곤》의 기사도 시골 친구에게 서울 구경을 시킬 때 먹는 음식으로 가격이 모두 20전인 냉면과 비빔밥, 상床밥, 대구탕반大邱湯飯을 소개하고 있다.[4] 20세기 초 서울 시내에 음식점이 대거 출현하면서 조선시대에 이미 상업화한 냉면과 비빔밥이 간단하게 먹을 수 있는 요리로 등장했고, 시간이 흐르면서 반찬과 함께 한 상씩 따로 파는 상床밥과 대구식大邱式으로 고춧가루를 많이 넣어 맵게 만든 대구탕반이 추가된 듯하다. 중요한 것은 언제나 냉면이 포함되어 있었다는 점이다. 냉면은 가장 대중적인 음식이었던 것이다.

　이는 앞서 살핀 것처럼 냉면이 19세기에 이미 서울과 경기도, 황해도, 평안도, 함경도, 강원도 북부 일대에서 '사서 먹을 수 있는' 음식이 되어 있던 결과로 보인다. 상업화의 길을 걷고 있었기에, 가장 먼저 상업화된 음식이었기에 냉면은 20세기 근대화·도시화에 가장 빨리 반응하면서 '직장인의 점심'이 되었던 것이다. 이제 이야기의 범위를 좁혀 냉면에 집중해 보자.

냉면점의 성황

서울, 냉면의 대중화

냉면점, 서울 종로와 광화문 부근에 자리 잡다

앞서 지규식은 《하재일기》에서 1891년 5월 18일 종로에 가서 냉면을 사 먹었다고 했다. 바로 이 종로 일대의 냉면점에 대해 좀 더 구체적으로 살필 자료가 남아 있다. 《고종실록》 1895년 11월 15일 조에 수록된, 이른바 춘생문 사건에 가담했던 자들을 처벌하는 판결 선고문[5]이다. 이 중에서 김귀서金龜瑞라는 인물이 냉면과 관련하여 아주 흥미로운 이야기를 전한다. 김귀서는 10월 11일 모교毛橋, 곧 지금의 서린동에서 무교동으로 통하는 사거리에 있던 모전교毛廛橋의 면점麵店에 갔다가 반란군에게 잡혀 춘생문까지 갔다고 한다(김귀서는 무죄 방면된다). 이로써 모전교 근처에 냉면점이 있었음을 알 수 있다.

이후 냉면점은 이런저런 자료에 종종 나타난다. 1876년 4월 《독립신문》, 1898년 9월 《황성신문》, 1904년 7월 《대한매일신보》가 창간되고, 1906년 대한자강회 등 계몽적 목적을 갖는 민간학회가 설립되어 기관지를 발행하자, 냉면이라는 어휘가 지면에 이따금 등장한다. 예컨대 기호흥학회畿湖興學會는 1908년 11월 25일에 발행한 기관지《기호흥학회월보》에 10월 사용한 비용 총 72원 73전 5리의 내역을 보고하는데, 수십 가지 항목 안에 냉면고가冷麵雇價가 있다.[6] '고가雇價'는 품삯이라는 뜻이다. 이를 통해 유추해 보면 정확하게 알 수는 없지만 '냉면고가'는 냉면을 만드는 사람에게 지불하는 돈이라는 의미인 듯하다. 아마도 냉면을 배달해 먹고 지불한 돈이 아닌가 싶다.

이하는 《대한매일신보》와 《황성신문》에 게재된 냉면 관련 기사다. 1909년 6월 서소문 안 복차교卜次橋 건너편 냉면가에서 일본인 노동자 2명이 각각 냉면 한 그릇과 소주 몇 잔을 마신 뒤 돈을 내지 않고 달아나다가 잡으러 간 주인을 칼로 찌르는 사건이 일어났다.[7] 복차교의 정확한 위치는 미상이다. 하지만 서소문 안에 냉면점이 있었고 소주도 팔고 있었음을 알 수 있다.

1909년 6월 관수동과 종로3가 사이 비파동琵琶洞을 지나던 사람이 5환圜 지폐를 분실한 것을 수하동학교, 장훈학교, 교동보습과 학생 3명이 주워 주인에게 돌려주었다. 주인이 답례로 냉면 한 그릇씩을 사 주려 했더니, 학생들이 정색하며 냉면 한 그릇을 탐할 것 같았으면 애초에 돈을 돌려주지 않았을 것이라 말했다.[8] 같은 해 같은 달, 냉면 내기로 화투를 치던 이들이 경리警吏에게 발각되어 중부경찰서 감방에 수금되는 일도 있었다.[9] 8월에는 수동壽洞에 거주하는 면상麵商 이조이李召史의 집에 살던 25세 여성이 경찰에 이 조이의 구타와 학대를 고발한 사건이 있었다.[10] 눈길을 끄는 부분은 현 종로 수송동의 일부인 수동에 냉면점이 있었다는 사실이다(수송동은 수동과 송현이 합쳐져 만들어졌다). 또 다른 자료를 하나 더 들면, 1910년 8월 1일 송교松橋(곧 종침교琮沈橋)에 살던 면상麵商이 전차 철로에 누워 잠들었다가 중상을 입는 사건이 일어났다.[11] 송교는 지금의 서울경찰청 약간 아래쪽에 있었다.

이상의 예는 19세기 말 20세기 초 냉면점이 주로 '면상麵商'이라는 명칭으로 서울의 종로와 광화문 부근에 있었음을 짐작하게 한다. 구체적인 예를 더 확인할 수 없어 아쉽지만, 이 지역에 상당수의 냉면점이 있었다는 사실은 다음 기사로 충분히 확인 가능하다. 《대한매일신보》의 1910년 8월 26일 자 기사다. 국한문혼용체를 약간 풀어서 인용한다.

> 한성漢城 내 각처 면상麵商 등이 모여서 충분히 토의한 결과 단합하여 조직을 만들지 않을 수 없다고 하였다. 위생에 방해가 되는 것을 금지하고 물가도 균일하게 만들어, 영업에 있어서 신용을 발달하게 할 의도로 '면상조합麵商組合'을 설립하겠다고 하였다.[12]

조합을 설립할 정도로 1910년 당시 서울 시내에는 국숫집, 곧 냉면점이 상당수 있었다. 서울의 냉면점은 19세기 이래 계속 수를 늘려 가다가 갑오경장으로 근대가 시작되자 급속도로 증가했던 것이 분명하다. 면상조합은 내부의 금전 문제로 1911년 해산되지만,[13] 어쨌든 20세기 서두 서울 냉면점의 성황을 알리는 증거가 되기에 부족함이 없다.

일제강점기 냉면에 대해 언급할 때마다 인용되는 1917년 유종석의 〈냉면 한 그릇〉은 바로 이런 서울 면상의 성황을 배경으로 쓰인 엽편소설葉篇小說이다. 한 대목을 읽어 보자.

흐릿한 날이 우중충하게 저물어 간다. 서대문 안 어느 냉면점 방에는 수십 인의 손이 냉면 들어오기를 기다리고 앉았다. 그중 두 사람은 화려한 의복 고운 장식으로 한껏 치레를 하고 떡 버티고 앉아서 굵은 목소리로 지껄이고 그 옆으로 행색이 초솔(草率)한 한 시골사람이 있다. ……한편 구석에 자리를 정하고 앉았노라니, 한참 있다 냉면을 가져왔다.[14]

서대문 안에 있는 1917년의 냉면점은 19세기 이래 서울에 있었던 냉면의 연장일 것이다.

갈개발을 늘어뜨린 냉면점 깃발, 여름냉면의 시작을 알리다

서울 냉면점은 갈개발을 늘어뜨린 '냉면점 깃발'을 내걸었다. 《동아일보》 1921년 4월 20일 자 기사에서는 이렇게 말한다. "냉면점의 광고하는

갈개발
갈개발은 종이 연 양쪽 귀퉁이에 붙이는
긴 종잇조각을 말하는데, 서울 냉면점은 여름이 오면
갈개발을 걸어 냉면 계절의 시작을 알렸다
(《동아일보》 1921년 4월 26일 자)

갈개발이 벌써 춘풍에 펄펄 날리운다. 풍설風雪에 손을 불던 일이 엊그제 같은데, '더워, 더워' 할 여름 소식이 전한다. 난만爛漫한 행화杏花도 어느 덧 날아가면 가가머리에 단행을 보기도 멀지 않을 것이다."[15] 《동아일보》 1921년 4월 26일 자 기사에서 갈개발 모습을 확인할 수 있다.

갈개발은 원래 종이 연鳶의 균형을 잡기 위해 양쪽 귀퉁이에 붙이는 긴 종잇조각을 말한다. 긴 국숫발이 흡사 갈개발 같아서였을까. 여름이 오면 냉면점은 갈개발을 내걸어 냉면 계절의 시작을 알렸다.

그렇다면 갈개발은 언제 시작된 것일까? 백현석·최혜림은 돈의동에 있던 동양루東洋樓에서 최초로 내걸었다고 말한다.[16] 하지만 근거는 밝히지 않았다. 동양루가 1919년 3·1운동 때 이미 있었으니, 동양루에서 갈개발이 시작되었다면 1919년에는 이미 서울의 여름에 날리고 있었을 것이다. 한마디 덧붙이자면, 냉면은 원래 겨울 음식 아니었던가. 그런데 여름의 냉면을 알리는 갈개발이라니! 이는 19세기에 시작된 여름냉면이 근대 이후 음식문화의 하나로 온전히 자리 잡았음을 의미한다. 이에 대해서는 뒤에 따로 언급한다.

대중적인 음식이 된 냉면

냉면은 서울 사람들이 언제든 사 먹을 수 있는 대중적 음식이었다. 1926년 소설가 김낭운金浪雲이 쓴 〈냉면〉[17]이라는 소설을 보자. 주인공인 S신문사의 기자 김순호는 월급날 가불했던 20원을 제외하고 55원을 월급으로 받는다. 그의 월급을 목 빠지게 기다리는 가족들을 생각하면 턱도 없이 적은 돈이다. 그는 전차를 타고 집으로 가면서 종로를 지난다. 시장기가 몰려왔다. 양복 주머니에 넣어 둔 월급봉투가 그대로 있는지 만져 보면서 종로 근방에 내려 냉면 한 그릇을 먹겠다고 생각한다. "저육과 채로 가신 배[梨] 쪽과 노란 겨자를 위에 얹은 수북한 냉면 그릇이 먹음직하게 눈앞에 보였다." 저육 곧 돼지고기 편육과 채로 썬 배와 겨자를 얹은 수북한 냉면! 아마도 김순호만이 아니라, 당시 서울 사람들이 상상하는 맛있는 냉면이었을 것이다.

전차가 경성재판소를 지날 때 그 옆에 냉면점이 보인다. 김순호가 전차에서 내리려 하자, 운전수가 '표'를 내라고 한다. 냉면 생각에 잠겨 있어서였을까. 김순호는 '파쓰'(패스포트)라고 말한다는 게 '냉면'이라고 말해 버린다. '파쓰'를 보여 주고 내렸지만 창피함에 냉면 생각은 이미 달아나 버린 뒤였다. 그는 다시 영추문행 전차를 타고 집으로 돌아온다. 집에 돌아왔지만 돈 달라는 소리가 쏟아지자 사람을 시켜 사 온 냉면 그릇을 냅다 차 버리고 만다. 소설은 그렇게 끝난다.

평양냉면의 서울 진출

서울에서 냉면이 선호하는 외식의 하나로 자리 잡자 평양의 냉면이 서울로 진출했다. 냉면에 관한 저작들은 1910년대 말 평양냉면이 서울로 진출했다고 서술하지만,[18] 정확한 근거가 있는 것은 아니다. 앞서 국수틀에 대해 언급하면서 《별건곤》 1931년 7월호의 〈진기! 대진기, 여름철의 8대 진직업〉이라는 글을 인용했는데, 국수틀에 관한 내용을 제외한 나머지 부분을 살펴보자.

그것은 다른 것이 아니라 여름의 냉면점이다. 평안도 같은 데는 여름보다 겨울냉면을 더 맛이 있고 운치 있는 것으로 알지마는 서울에서는 여름철에 냉면을 많이 먹는다. 아니, 평안도에서도 실제에 양으로 많이 먹기는 여름이다. 그것이야 어찌 되었건 여름철에 눌러 먹고 사는 사람이야 냉면점밖에 또 무엇이 있으랴.

서울에도 지금은 냉면점이 해마다 늘어 간다. 값으로 치면 어느 집이나 보통 15전이지만은 솜씨를 따라서 맛이 각각이다. 연조로나 깨끗하기로는 종로 평양루가 몇째 아니 가지만, 순 평양식으로 닭고기 많고 국물 맛 좋기로는 무교정武橋町 진평옥眞平屋이 제일일 것이다. 그러나 배달이 신속지 못한 것이 한 흠점이다.[19]

서울이나 평양이나 여름철에 냉면을 많이 먹고, 서울에도 냉면점이 해마다 늘어나고 있고, 값은 보통 15전이고, 가장 유명한 냉면점은 종로의 평양루이고, 닭고기 많고 국물 맛이 좋기로는 무교정 진평옥이 제일이라는 내용이다. 여러 가지 정보가 있는데, 가장 중요한 것은 서울의 냉면점이 증가일로에 있다는 정보다. 유명한 냉면점은 종로의 평양루, 무교정의 진평옥이다. 둘 다 평양냉면의 연장이다. 전자는 가게 이름에 '평양'을 쓰고 있고, 후자는 순 평양식이다. 한편 '순 평양식으로 닭고기 많고 국물 맛 좋기로는'이라는 문장에서 냉면에 돼지고기가 아닌 닭고기를 얹어 주는 곳도 있었음을 알 수 있다. 냉면이 '배달'로 판매되고 있었다는 점도 확인된다.

위의《별건곤》기사가 1931년의 것이니, 평양냉면이 서울로 진출한 시기는 1920년대였음을 짐작할 수 있다. 이후 서울에서 냉면을 언급할 때면 종종 평양냉면이 같이 언급된다. 1936년《매일신보》의 기사를 읽어 보자.

평양냉면, 해주냉면 다음으로 서울냉면을 손꼽을 만큼 이제는 서울냉면도 냉면 축에서 버젓하게 한몫을 보게 되었습니다. 그러나 경성냉면은 말하자면 평양냉면의 연장에 지나지 않습니다. 입 까다로운 서울 사람들의 미각을 정복해 보려고 평양냉면 장사들이 일류 기술자—냉면의 맛은 그 기술 여하에 달렸습니다—를 다리고 경성으로 진출하기 시작하여 이제는 움직일 수 없는 굳은 지반을 쌓아 놓았습니다. 여름 한철 더군다나 각 관청 회사의 점심시간이면 냉면점 전화통에서는 불이 날 지경입니다.[20]

1930년대에는 평양과 황해도 해주의 냉면을 최고로 쳤으며, 서울냉면도 그다음에 이름을 올리고 있다 한다. 하지만 서울냉면은 평양냉면의 연장이란다. 평양냉면을 만드는 일류 기술자들이 서울로 진출해 기반을 쌓았다 한다. 이는 평양냉면이 과거의 서울냉면에 큰 영향을 끼쳤다는 말이다. 19세기에 평양냉면을 가져와 만들기 시작한 서울냉면은 나름의 조리법을 갖추게 되었으나, 다시 '평양냉면 장사'들이 입 까다로운 서울 사람들의 미각을 정복하려고 서울로 진출하여 움직일 수 없는 지반을 쌓았다는 것이다. 이것이 1936년의 상황이다. 서울은 평양냉면이 지배하게 되었다! 물론 과거의 서울냉면도 사라지지는 않았을 것이다. 첨언하면, 여름이면 각 관청과 회사의 점심시간에 냉면점 전화통에 불이 날 지경이란다. 관청과 회사의 직장인들이 점심으로 냉면을 선호했고, 전화로 냉면 배달을 요청했다는 것이다.

 평양의 냉면 기술자가 서울로 진출할 정도로 냉면은 대중이 선호하는 음식이었다. 서울은 인구가 가장 많은 도시였기에 냉면점 역시 많을 수밖에 없다. 《경성일보京城日報》의 1933년 7월 21일 자 기사에 의하면, 원래 냉면에는 '불량 탄산소다'의 사용을 엄금하고 있지만 값이 싸기 때문에 냉면점에서 썼다 한다. 경성 본정서本町署에서 17, 8일 이틀간 관내의 업자를 일제 검사한 결과 70개 업소 중 '탄산소다'를 사용하지 않는 경우는 겨우 23개 업소였다고 한다.[21] 이 기사는 서울 중심부에 냉면점이 70개 정도 되었음을 알려 준다. 냉면점은 증가일로에 있었던 것이다.

냉면점의 청결 문제

이제 냉면점을 구체적으로 살펴보자. 앞의 《별건곤》과 거의 같은 시기에 작성된 자료다.[22] 소설가 이태준李泰俊이 종로의 식당가를 염두에 두고 친구와 대화를 나누는 장면이다.

> "이 사람 오래간만일세. 더운데 냉면이나 한 그릇씩 해 볼까?"
> "냉면? 글쎄? 냉면을 우리도 좋아는 하는데, 신 벗기 싫어. ……냉면점에 방석이나 어디 깨끗한가. 어디로든지 걸터앉는 데로 가세."

오랜만에 만난 친구에게 냉면점에 가서 냉면이나 한 그릇 하자고 한다. 그런데 친구의 말이 더 재미있다. 좋기는 하지만 신발을 벗기 싫고 불결하니, 걸터앉는 음식점으로 가자 한다. 그러니까 1930년 전후의 냉면점은 좌식 식당이었고 불결하다는 것이 보통 사람들의 인식이었던 모양이다.

이태준은 위 대화에 이어 이렇게 말한다. "주머니가 푸근하면 양식洋食집으로 가고 그렇지 못하면 일본집 '소바' 먹으러 가는 것이 보통이다." 이 시기 음식의 등급을 볼 것 같으면 양식이 1위, 2위가 일식, 3위가 한식이었던 것이다. 냉면이 일본 메밀국수와의 경쟁에서 밀리고 있었다는 말인데, 이는 아마도 맛의 문제는 아니었던 것으로 보인다. 음식점의 청결 상태 때문인 듯하다. 이태준은 이렇게 말한다.

냉면뿐이 아니다. 설렁탕·대구탕도 그렇다.

설렁탕은 걸터앉는 것이 아닌 것은 아니나, 높이가 한 자밖에 안 되는 소위 식탁에 목침 ^{木枕} 밖에 안 한 걸상에 주저앉으면 그건 마치 무슨 고문이나 당하고 앉았는 것 같이 전신이 엇질려서 괴롭다. 양쪽 무릎은 귀 위까지 올라가지 허리가 굽어지니 배가 달라붙지, 식탁이 낮으니 황새처럼 모가지를 빼야지.

대구탕도 그렇지. 여름이라도 놋그릇이 을리거든 자주 닦아야 한단 말이지. 그릇과 숟가락이 몇십 년 닦지 않는 이빨처럼 싯누런 너리(=고름)가 앉은 것을 외면도 안 하고 '헤이끼'로 내어 놓는다.

게다가 음식 나르는 친구들의 의복이란 언어도단이다. 걸레라고 하더라도 빨지 않고는 못 쓸 걸레들이다.

냉면점뿐만 아니라 설렁탕집과 대구탕집도 불편하고 불결했던 모양이다. 설렁탕집은 식탁의 높이가 한 자(약 30센티미터)밖에 되지 않고 의자 역시 목침 정도의 크기란다. 그러니 엉거주춤한, 불편하기 짝이 없는 자세로 음식을 먹을 수밖에 없었으리라. 대구탕의 경우 놋그릇에 고름 같은 것이 끼어도 닦을 생각도 하지 않고 '헤이끼[平氣]'로 내어놓았다고 한다. '헤이끼'는 '태연하게'라는 말이다. 마지막으로 음식 나르는 사람들의 옷이 걸레 같았단다. 냉면점도 이와 다를 바 없었을 것이다.

냉면, 고급 음식점에도 진출하다

하지만 그중에서 고급화를 추진하는 곳도 있었다. 극작가이자 언론인이었던 이서구 ^{李瑞求} 는 종로 종각 사거리 화신백화점의 화신식당에 새로 등장한 요리에 대해 말한다.

화신식당에서 '냉면' '비빔밥'을 시작하였다! 같은 값이면 밤참은 미소녀가 나르는 깨끗한 음식을 사층루상四層樓上에서 시원스럽게 먹자는 야심이 집중되어! 밤의 화신和信 식당으로 나르는 '에레베다'(엘리베이터)만이 바쁘다.

유리창 많기로 동양의 첫째가는 백화점! 유리창은 많아도 '바람 한 점 편하게 흘러들기 어렵게 된, 화신의 유리창이 많은 덕에 밖에서 바라보면 마치 대서양 상에 뜬 유람선같이 좋아도 보인다. 화신을 개축할 용단을 나리는 경영자는 미국米國에서나 구해야 있을는지!' [23]

화신백화점의 유리창이 많은 것도 경탄의 대상이었던 시대다. 종로 중심지의 최첨단 건물이자 신산업이었던 백화점 4층에 들어선 화신식당! 엘리베이터를 타고 올라가 창가 식탁에 앉는다. 아름다운 소녀가 음식을 가져다주면 유리창 밖 종로 거리를 내려다보면서 천천히 먹는다. 그 음식은 곧 냉면이고 비빔밥이다. 냉면은 이제 깔끔한 식당에서 먹게 되었다! 비록 화신식당 한 곳이지만. 비빔밥이 식당 차림표에 등장했다는 점도 눈길을 끈다.

어쨌든 서울은 평양 못지않은 냉면의 도시가 되었다. 1920년대에는 동양루, 백양루, 부벽루 등 유명한 냉면점이 있었고,[24] 1930년대에는 앞에서 살핀 바와 같이 평양루와 진평옥이 이름을 날리고 있었다.[25]

경기도에도 냉면점이 다수 있었다

경기도의 냉면은 따로 언급할 정도로 정보가 많지 않아 서울에 간단히 덧붙인다. 《매일신보》 1912년 7월 3일 자 기사에 인천의 냉면장수가 등장한다.

근일 인천의 냉면 장사들이, 길로 냉면을 가지고 다니는 자가 종종한대, 똑겅(뚜껑)을 덮지 아니하여, 위생에 방해될 염려가 있으므로 소관 경찰서 경부 김윤복金允福 씨가 일반 냉면 장사들을 불러들여 음식을 청결히 하도록 엄중히 설유하였다더라(인천지국).[26]

'길로 냉면을 가지고 다닌다'는 것은 냉면을 배달하는 모습을 두고 한 말인 듯하다. 배달하는 냉면 그릇을 덮지 않고 다니기 때문에 위생에 문제가 있다는 지적이다. 어쨌든 이 기사는 1910년대 초반 인천에 냉면을 파는 점포가 다수 있었음을 짐작하게 한다.[27]

인천의 냉면점은 이후 이따금 신문에 등장한다. 《매일신보》는 1935년 6월 6일 자 기사에 인천 냉면점 신경관新京館 주인 박재윤朴齊潤이 그의 처와 함께 결혼식에 다녀온다고 집을 나서 그대로 도피한 사건을 싣고 있다. 수천 원의 빚을 피해 달아난 것인데, 그의 개인 사정은 물론 알 바 아니다. 인천에도 냉면점이 있었다는 사실이 중요하다.[28]

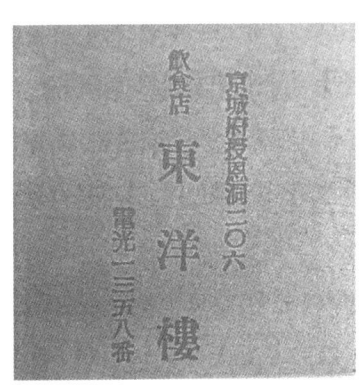

동양루 냉면점 광고
평양의 냉면 기술자가 서울로 진출할 정도로 냉면은 서울 사람들이 선호하는 음식이 되었다. 냉면점은 해마다 늘어나 1933년 신문기사에 의하면 서울 중심부에 냉면점이 70군데 정도 되었다. 동양루는 1919년 3·1운동 때 이미 존재했으며, 1920년대를 대표하는 냉면점이다.
《조선신문》 1935년 5월 1일)

신문이 냉면점을 홍보하는 경우도 있었다. 《매일신보》는 1935년 11월 20일 〈상공도시商工都市 인천 소개〉라는 전면 특집 기사에서 복영루復英樓라는 '일류의 냉면옥冷麵屋'을 소개한다.

> 사계斯界의 명인 최구영崔求英 씨. 부내府內 금곡리金谷里 복영루(전화 779번)는 일류의 냉면옥으로 동루同樓 냉면의 성가는 떡국, 만두, 육개장, 대구탕과 아울러 인천 사계를 풍미하는데, 경영자 최구영 씨는 19개년 음식점 영업에 종사한 이로 십여년래 인천 조선인음식점조합장으로 활약 중이다.[29)]

냉면집인데 냉면이 대표 음식이고 떡국, 만두, 육개장, 대구탕도 아울러 팔았던 모양이다.

평양과 평안도, 대표적인 냉면 지역

평양냉면, 다른 곳에서는 맛보지 못할 기가 막힌 냉면

냉면 하면 평양을 먼저 말해야 하는 법이겠지만, 서울이 수도라 하는 수 없이 앞에서 다루었을 뿐이다. 냉면의 중심지는 역시 평안도와 평양이다. 평안도 성천 출신의 소설가 김남천金南天(1911~1953)은 냉면에 대한 평안도 사람의 광적인 기호에 대해 이렇게 말한다.

> 누가 마을을 오던가 한때에 점심이나 밤참에 반드시 이 국수를 먹던 것을 나는 겨우 기억할 뿐이다. 잔칫날, 그러니까 약혼하고 편지 부치는 날

에서부터 예물 보내는 날, 장가가는 날, 며느리 데려오는 날, 시집가는 날, 보내는 날, 장가가서 묵는 날, 가는 날에 이르기까지 언제나 이 국수가 출동한다. 이 밖에 환갑날, 생일날, 제삿날, 길사, 경사, 흉사를 물론하고 이 국수를 때로는 냉면으로, 때로는 온면으로 먹어 왔다.

심지어는 정월 열나흘 작은 보름날 이닭기엿, 귀밝이술과 함께 수명이 국수 오리처럼 길어야 한다고 '명길이국수'라 이름 지어서까지 이 냉면 먹을 기회를 만들어 놓았다. 지금 생각해 보면 평안도 사람의 단순하고 담백한 식도락을 추상할 수 있어 흥미가 새롭다.

속이 클클할 때라든가 화가 치밀어 오를 때 화풀이로 담배를 피운다든가 술을 마신다든가 하는 일은 흔히 있는 일이지만, 이런 때에 국수를 믹는 사람의 심리는 평안도 태생이 아니고는 좀처럼 이해하기 힘들 것이다. 도박에 져서 실패한 김에 국수 한 양푼을 먹었다는 말이 우리 시골에 있다. 이렇게 될 때에 이 국수는 확실히 술의 대신이다. 나같이 술잔이나 하는 사람도 속이 클클한 채 멍하니 방안에 처박혀 있다가 불현듯 냉면 생각이 나서 관철동이나 모교 尾橋(무교동, 다동 일대) 다리 옆을 찾아갈 때가 드물지 않다.[30]

오직 냉면이다. 길사든 흉사든 냉면을 먹는다. 속이 클클할 때도, 화날 때도 냉면이고, 도박에 겼을 때도 냉면이다. 김남천 또한 서울로 이사를 온 뒤 술잔을 들기도 하지만, 속이 클클할 때면 냉면 생각에 관철동과 모교의 냉면점을 찾는다.

냉면에 대한 평안도 사람들의 집착적 기호는 당연히 평양냉면을 다른 지방 냉면과 구별하는 방향으로 나아간다. 김남천은 서울냉면과 평양냉면을 구분한다. "서울의 골목마다 있는 마른 국수 또는 결혼식장에서 주는 국수 오리 속에 몇 퍼센트의 메밀가루가 들었는지는 우리들의 단언할 수 없는 바다. 나는 횡행하는 국수의 대부분은 옥수수 농매(녹말을 가리키는 평안도 사투리)나 그와 유사한 것이 아닌가 한다. 이틀 사흘을 두었다가도 제법 먹을 수 있고, 얼렸다가도 더운 국물에 풀면 국수 행세를 할 수 있다. 이것은 국수가 아니고 국수 유사품이다. 평양냉면이나 메밀국수와는 친척간이나 되나마나 하다."[31]

서울에서 먹는 국수는 국수가 아닌 국수 유사품이라는 것, 평양냉면 혹은 메밀국수와 친척이 되나마나한 것이라는 야박한 평가다. 김남천은 평안도 냉면 혹은 평양냉면이 구별되는 특별한 존재라고 선언한다.

김남천만이 아니다. 평양냉면을 먹은 사람은 평양냉면의 압도적 우월성을 인정했다. 유지영柳志永(필명 버들쇠)은 이곳저곳의 냉면을 말하지만, "평양냉면같이 고명高名한 것은 없다"고 잘라 말한다.[32] 그 이유는 다음과 같다. 첫째 국수가 좋고, 둘째 고기가 많고, 셋째 양념을 잘하고 분량도 많고 값도 눅다(싸다)! 좀 더 자세히 말하면 이렇다.

서울서는 제아무리 잘 만드는 국수라도 밀가루를 섞습니다마는, 이곳에서는 순전한 메밀로만 만들며 고기를 쇠고기, 도야지고기 등을 서울보다 갑절씩이나 넣는 모양인데, 평양육平壤肉이란 얼마나 맛있는 것이라는 것은 형도 기위旣爲 아시는 바이라 노노呶呶히 말하지 않겠습니다마는, 게다가 닭고기와 닭의 알까지 넣으며, 잘하는 것은 닭 삶은 물에다가 말아서 갖은 양념을 해 놓으니 과연 얼마나 맛이 있겠습니까? 게다가 분량은 서울 냉면의 갑절이 실히 되며 값은 단 15전입니다.

유지영은 평양냉면의 우월성을 서울냉면에 견주어 역설한다. 서울냉면은 모두 밀가루를 섞는다. 하지만 평양냉면은 오직 메밀로만 만든다. 고기도 쇠고기, 돼지고기 등을 서울보다 배나 많이 넣는다. 게다가 평양육, 곧 평양 쇠고기는 워낙 맛있기로 소문이 나 있지 않은가. 여기에 닭고기와 달걀까지 넣는다. 육수는 닭을 삶아 만드는 닭 육수다. 더욱이 양은 서울냉면의 갑절이 되고 값은 단 15전이다. 유지영이 이 글을 쓴 때가 1926년이다. 이 시기에 이미 평양냉면은 서울냉면에 비해 확실한 우위를 점하고 있었던 것이다.

물론 이는 냉면점에서 파는 냉면 이야기이다. 그럼 집에서 만드는 냉면은 달랐는가. '아랫목에 이불을 쓰고 앉아 덜덜 떨면서 동치밋국에 말아 먹는 냉면', 곧 가정에서 만드는 냉면도 다르지 않았다. 평양 가정에서는 쇠고기 육수나 명태 육수, 조기 대가리 육수를 부어 만든 김칫국물에 국수를 말아 먹었는데, 도저히 다른 데서 맛보지 못할 기가 막힌 냉면이었단다.[34]

평양냉면 나름의 독특한 언어 관행

평양냉면은 또 나름의 독특한 언어 관행을 갖고 있었다. 1924년 《개벽》에 실린 청오靑吾라는 이의 글 〈평남平南은 냉면국冷麵國〉[35]을 잠시 읽어 보자.

> 평남은 냉면국
> 냉면이 평남 음식물 중 명품이라는 말은 경성에서도 이미 배불리 들었다. 그런데 실제에 본 즉 참 과연 명물이다. 요리법도 요리법이어니와 맛도 좋고 먹기도 퍽 잘들 먹는다. 어디를 가든지 별식도 냉면이오 점심도 냉면뿐이다. 다시 말하면 평남에는 냉면을 제하고는 요리가 별로 없다 하여도 가하다.

특히 평양은 냉면의 본산지로 냉면가도 많고 팔리기도 잘 한다. 한집에서 흥성興成 잘 될 때는 일수입日收入 300원까지 된단다[일기一器 보통 15전]. 나도 10여 일 동안에 20여 기器를 먹었는데 갈 때마다 냉면점에서 "살로만 치소", "맛박어 치소", "계모[芥子]도 주고, 외집[苽菜] 한 그릇 주소" 하던 소리가 아직까지 귀에 쟁쟁한다.

평남 곧 평안남도는 '냉면의 나라'로서 냉면 맛도 좋고 냉면을 먹기도 잘 먹는다. 어디를 가든 별식도 냉면, 점심도 냉면이다. 냉면을 제외하고는 요리가 없다! 평양은 그중에서도 핵심이다. 냉면가冷麵家 곧 냉면점도 많다. 냉면점 한 곳이 하루에 15전 냉면 300원어치를 팔기도 한다. 곧 2,000그릇이다. 실로 어마어마한 양이 팔리고 있었던 것이다.

주목할 것은 냉면점에서 주문할 때 손님들이 "살로만 치소", "맛박어 치소", "계모[芥子]도 주고, 외집[苽菜] 한 그릇 주소"라고 외친다는 부분이다. 필자 청오는 "이곳 문자로 '맛박어', '비벼' 놓으면 그 맛이란 참으로 무엇에다 비하겠습니까?"라고 한 뒤 '맛박는다는 말'은 국수를 조금 적게 넣고 그 대신에 고기를 더 넣어서 만든다는 것이며, '비빈단 말'은 기름과 깨소금을 많이 넣어 양념을 더 잘한다는 것이라고 말한다. 이어 '맛박아 놓은 것'도 국수 사리가 서울 25전짜리 냉면 한 그릇보다 많다고 덧붙인다.

그렇다면 '살로만 치소'는 무슨 뜻인가? 앞서 인용했던 김남천의 〈냉면〉은 이렇게 말한다. "국수 꾸미, 다시 말하면 국수에는 무슨 고기를 쳐야 가장 맛이 나는 것일까? 흔히들 쇠고기[牛肉]와 돼지고기[豚肉]를 친다. '수육 치구 한 그릇이오'라든가, '수육 치구 두 그릇이오.' '살루 치구 두 그릇이오'라든가는 이를 말함이다."[36] 냉면의 꾸미는 쇠고기와 돼지고기를 쓴다. 이 중 수육은 원래 냉면에 꾸미로 얹는 돼지고기 편육을, 살은 쇠고기를 의미하는 듯하다. 곧 '살루만 치소'는 '살로만 치소'로서 쇠고기만 올려 달라는 뜻으로 보인다.

김남천은 〈냉면〉에서 '냉면과 인연 있는 어휘로 재미있는 것이 한둘이 아닐 게다'라고 하면서 '전동치미', '다대기', '수육', '살', '생저리', '밧드리' 등의 어휘를 들었다.[37] 다대기, 수육, 살 등은 짐작이 되지만 나머지는 쉽게 이해되지 않는다. 다만 그는 '못당추'라는 말을 소개하면서 서울말로 '못고추' 곧 고추를 먹지 못하는 사람을 의미한다고 했다. 의미를 잃어버린 말을 포함한 이런 언어 관행은 평양의 독특한 '냉면문화'의 산물일 터이다.

냉면, 평양의 상징

독특한 냉면문화가 형성되어 있을 정도로 냉면은 평양의 상징이었다. 1920년이면 평양=냉면이었다. 일제강점기 잡지는 종종 팔도의 자랑거리를 소개하는 특집 기사를 실었는데, 평안도는 평양냉면과 안주수침安州繡枕(수놓은)이 가장 큰 자랑거리였다.[38] 고향을 떠나 타향에 간 평양 사람이 겨울에 가장 그리워한 것은 물론 냉면이었다. 1929년 팔도의 명물 음식을 예찬하는 자리에서 평양의 김소저金昭姐는 사계절의 평양냉면을 이렇게 예찬한다.

> 봄. 봄바람이 건듯 불어 잠자든 모란대牡丹臺에 나무마다 잎 트고 가지마다 꽃 피는 3, 4월 긴 해를 춘흥春興에 겨워 즐기다가 지친 다리를 대동문大東門 앞 드높은 2층루層樓에 실어 놓고 패강浿江 푸른 물 따라 종일의 피로를 흘려보내며 그득 담은 한 그릇 '냉면'에 시장을 멈추게 할 때!
> 여름. 대륙적 영향으로 여름날 열도熱度가 상당히 높은 평양에서 더위가 몸

시 다를 때 흰 벌덕대접(?)에 주먹 같은 얼음덩이를 속에 감추고 서리서리 얼킨 '냉면' 얼음에 더위를 물리치고 겨자芥子와 산미酸味에 권태를 떨쳐 버릴 때.

가을. 수년을 두고 그리든 지기를 패성浿城에 맞이다가 능라도綾羅島 버들 사이로 비치어 오는 달빛을 맞으며 흉금을 헤쳐 놓고 고회古懷를 설화說話할 때 줄기줄기 긴 '냉면'이 물어 끊기 어려움이 그들의 우정을 말하는 듯할 때!

겨울. 조선 사람이 외국 가서 흔히 그리운 것이 김치 생각이라 하듯이 평양 사람이 타향에 가 있을 때 문득문득 평양을 그립게 하는 한 힘이 있으니, 이것은 겨울의 냉면 맛이다. 함박눈이 더벅더벅 나리울 때 방안에는 바느질하시며 《삼국지》를 말씀하시는 어머니의 목소리만 고요히 울리고 있다. 눈앞의 글자가 하나가 둘, 셋으로 보이고 어머니 말소리가 차차 가늘게 들려올 때 '국수요……' 하는 큰 목소리와 같이 방문을 열고 들여놓는 것은 타래타래 지은 '냉면'이다. 꽁꽁 언 김칫독을 뚫고 살얼음 뜬 김장 김칫국에다 한 저箸 두 저箸 풀어 먹고 우루루 떨면서 온돌방 아랫목으로 가는 맛! 평양냉면의 이 맛을 못 본이여! 상상이 어떻소![39]

냉면은 봄, 여름, 가을, 겨울 사시사철의 음식이다. 한국인이 외국에 가면 김치를 떠올리듯, 평양 사람이 타향에 있을 때 가장 그리워한 것은 겨울냉면이었다. 근대 이후 냉면은 평양의 상징물이 되어 있었다.

평양의 냉면점, 지속적으로 증가하다

그렇다면 평양에 냉면점이 얼마나 있었을까? 1929년 평양 냉면점주의 조합인 면옥조합에 소속된 냉면점은 24개였다. 그런데 이 면옥조합에서 12월 14일 회의를 열고 17일부터 평양시내 갑종 면옥 27곳, 을종 면옥 37곳

도합 64곳의 면옥이 총휴업하기로 결정했다. 갑종과 을종은, 아마도 순전히 냉면만 팔면 갑종, 냉면 외에 다른 음식을 같이 팔면 을종이었던 듯하다. 1930년 7월 냉면을 먹고 복통을 겪는 사람이 많아, 평양경찰서 위생계에서 출동하여 평양 시내 60여 곳의 냉면업장을 일제히 검사했다고 한다.[40] 복통은 냉면에 섞은 '약품'(아마도 양잿물인 듯)이 원인이 되었을 것이라고 추측했는데, 이 문제는 뒤에서 다시 자세히 언급하기로 하자. 이 60여 곳은 앞서 갑종 면옥과 을종 면옥을 합친 숫자이리라. 어쨌든 1930년 평양 시내에서 냉면을 사 먹을 수 있는 음식점은 60여 곳이 넘었다.

평양의 냉면점은 지속적으로 증가한 것으로 보인다. 《동아일보》 1931년 2월 9일 자 기사에 의하면 "평양 29개 국숫집은 모두 문을 닫아 버려 14만 부민의 매일 점심거리인 국수도 필경 그림자가 사라지고 말았다"고 한다.[41] 면옥 노동자의 파업을 알리는 《매일신보》의 1934년 2월 10일 자 기사에 의하면 이 시기 평양에는 44개의 냉면옥冷麵屋이 있었다.[42] 1938년 평양경찰서에서 냉면점의 위생 상태를 일제히 점검했을 때 냉면점 수는 80여 곳이었다.[43] 1941년 메밀 부족으로 평양의 냉면점이 휴업했을 때 평양 시내의 냉면점은 150여 곳이었다.[44] 자료에 따라 들쑥날쑥하지만, 냉면점 수가 계속 증가하고 있었음은 두말할 필요가 없다.

평양 냉면점의 이모저모

그렇다면 면옥은 어떻게 생긴 것인가. 사진을 하나 보자.

고등면옥高等麵屋이라는 냉면점의 사진이다. 이층 기와집인데 상당히 크다. 성업 중인 평양의 다른 면옥 역시 거의 같은 크기 아니었을까. 이런 규모 정도의 면옥을 운영하려면 자금이 얼마나 들었을까? 정확하지는 않겠지만, 약간 우스꽝스러운 사기 사건을 통해 추리해 보자. 《매일신보》는

1928년 7월 12일 자 기사에서 평양에 거주하는 이지선李志善이라는 사기꾼이 차린 냉면점에 대해 이야기한다. 이지선은 평양 기림리箕林里에서 대서업을 하던 중 문서와 인감 등을 위조해 다른 사람의 토지를 자신의 것으로 꾸민 뒤 이 토지를 담보로 금융조합에서 2,000원을 대출받는다. 사기꾼은 이 돈을 들고 즉시 함경북도 함흥으로 도주하여 '면영업麵營業'을 하다가 체포된다.[45] 좀 거칠게 말해 냉면점을 하나 여는 데 2,000원이 들었던 것이다. 앞서 들었던 1926년 김낭운의 소설 〈냉면〉의 주인공 S신문사 기자 김순호의 월급은 75원이었다. 연봉으로 계산하면 900원이다. 이지선이 냉면점을 여는 데 들인 돈 2,000원은 당시 신문기자의 2년 치 연봉을 훌쩍 넘는다. 결코 적다고 할 수 없는 돈이다.

20세기 이후 신문의 시대가 시작되자, 냉면점은 신문에 광고를 내기 시작했다. 1939년 11월 30일 자 《조선시보朝鮮時報》에 실린 조선면옥의 광고를 보자.

광고를 옮기면 다음과 같다.

전화 4501번
이번에 사정상 전화번호를 바꾸었습니다.
꼭 새 번호를 사용해 주십시오.
조선면옥
평양부 황금정黃金町 77번지
전화 4501번

전화번호가 바뀌었음을
알리는 평양 조선면옥 광고.
(《조선시보朝鮮時報》 1939년 11월 30일)

평양 고등면옥과 동일루

냉면은 평양의 상징이었다. 평양의 냉면점은 계속 증가하여 1941년 메밀 부족으로 평양의 냉면점이 일제히 휴업했을 때 평양 시내 냉면점은 150여 곳이었다. 냉면점인 고등면옥은 이층 기와집인데, 성업 중인 평양의 다른 면옥 역시 거의 같은 규모였을 것이다. 냉면점 한 곳이 15전 하는 냉면을 하루에 300원어치를 팔기도 했다는데, 이는 2,000그릇에 해당한다(사진: 석지훈 제공).

전화번호가 바뀌었다고 신문에 알리고 새 번호를 사용해 달라는 내용이다. 평양의 면옥은 뒤에 평양면옥노조를 다루면서 다시 상세히 언급할 것이다.

평양 외의 도시, 냉면점 개량이 필요하다

평양 외의 도시에 대해서도 조금 언급해 보자. 먼저 의주! 평안도에서 가장 위쪽에 있는 곳이다. 1836년 임백연任百淵은 동지사의 서장관 조계승의 수행원으로 북경으로 가다가 의주에 잠시 머무를 때 군교 이형린에게 냉면을 대접받은 바 있다. 19세기 초 의주에서도 냉면을 먹고 있었던 것이다.

《매일신보》는 1913년 8월 9일 〈평북통신平北通信, 면상가麵商家 개량 필요〉라는 제명의 기사에서 의주부 거주민은 봄, 여름, 가을, 겨울을 가리지 않고 냉면을 두루 먹는다면서 면상 곧 냉면업자는 위생에 유의해 달라고 지적했다. 의주에서도 냉면은 가장 선호하는 음식이었던 것이다. 이 기사는 모두 세 가지를 요구하고 있는데, 당시 냉면점의 상태를 보여 주는 것이어서 인용할 만한 가치가 있다.

첫 번째 위치의 개량. 음식점의 위치를 논하자면, 방을 깨끗하게 유지하는 것이 급선무일 터인데, 의주의 면상은 이 문제에 주의를 기울이지 않아 오막살이 뒷박 같은 방에 온돌은 펄펄 끓고 자리는 먼지가 가득하여 앉은 손님은 무릎을 펼 수가 없다.
거기에 파리는 상에 가득하고 악취는 코를 찔러 찾아온 손님이 이맛살을 찌푸리는 경우가 허다하니, 위치의 불량함이 어이하여 이처럼 심하단 말인가.
자본이 넉넉하지 않아 고루거각은 짓지 못한다 해도 몇칸 방을 어찌 불결한 상태에 이르게 한단 말인가. 이것을 우선 개량하여 사회의 환영을 받는 것이 급선무가 될 것이다.[46]

음식과 음식점의 위생이 근대 이후 계몽의 첫 번째 사항이었다는 점이 의주의 냉면점에서도 확인된다. 두 번째는 손님이 오면 그때그때 한 그릇 분량의 냉면을 눌러 뽑지 않고 많은 그릇의 냉면을 한꺼번에 눌러 뽑아 널빤지 위에 쌓아 둬서 국수가 부패하는 것은 물론이고 먼지와 파리가 마구 섞여 들어가는 문제다. 그러니 미리 뽑아 불결한 곳에 두지 말라는 요구다. 세 번째는 식재료를 부엌 주변에 둬서 불꽃과 연기가 채소와 고기에 혼합되어 '정당한 감미甘味'를 잃게 만들고 보기에도 좋지 않다는 시적이다. 식재료 두는 곳을 따로 만들라는 요구다.

신의주, 진남포, 안주, 강동, 숙천 등지에도 냉면점이 있었다. 1933년 신문기사에 의하면 신의주에는 13개의 냉면점이 있다고 했다.[47] 진남포는 1928년 20개 면옥 노동자들이 노동조합을 설립했다. 안주에는 1929년 12월 현재 6개의 냉면옥이 있었고,[48] 1930년 40~50명에 이르는 면옥 노동자들이 노동조합을 설립했다.

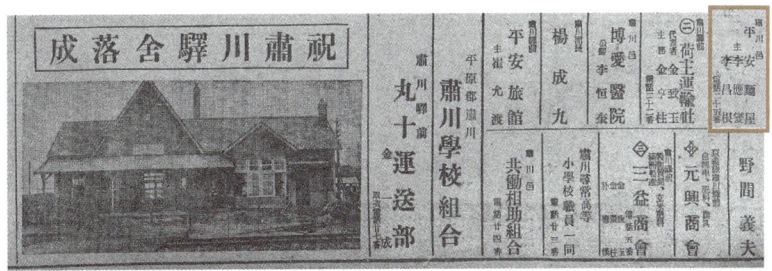

평안면옥平安麵屋 광고
(《조선신문朝鮮新聞》, 1935년 11월 19일(8))

1935년 평안도 숙천肅川의 역사驛舍가 완공되자 당시 숙천의 상공인들이 신문에 광고를 냈는데, 거기에 평안면옥도 이름을 올렸다.[49]

물론 이곳들은 신문에 난 기사를 보고 찾아낸 것일 뿐이다. 이외에도 평안도 각지에 면옥이 있었을 것이다.[50]

황해도 냉면, 평양냉면 못지않은 진미

황해도 냉면 역시 빼놓을 수 없다. 앞서 19세기 황해도 장시에 면상 곧 냉면가게가 있었음을 밝힌 바 있다. 《매일신보》 1936년 7월 23일 자 기사에서는 '평양냉면 해주냉면 다음으로 서울냉면을 손꼽는다'고 했다. 해주냉면은 20세기 전반에도 냉면계에서 손꼽힐 정도였다. 《별건곤》의 1928년 기사 〈팔도 여자 살림살이 평판기〉에 의하면, 해주 여자들은 술 장사(특히 방문주方文酒)와 냉면 장사를 잘하는 것으로 알려져 있었단다.[51]

이제 황해도 냉면의 구체적인 예를 확인해 보자. 1907년 해주 경무서 총순總巡 전봉훈全鳳薰이 감옥을 찾아가 죄수들에게 일장연설을 했다. 모든 사람들이 단옷날을 즐기는데 너희들은 옥에 갇혀 해를 보지 못하고 굶주림과 근심을 면하지 못하고 있다면서, 통렬히 죄를 뉘우치라는 내용이었다. 그러고는 150여 명 죄수에게 각각 냉면 한 그릇을 사서 먹였다.[52] 냉면 150그릇이라면 상당히 많은 양이다. 아마 전문적으로 냉면을 만드는 음식점에서 공급했을 것이다. 해주 동쪽의 사리원 역시 냉면으로 알려진 곳이다. 1928년 사리원에서 면옥 노동자 70여 명이 면옥노동조합을 결성했다. 1935년 사리원에는 면옥이 10여 곳이었고, 노동자는 60여 명이었다.[53]

사리원 바로 위쪽이 황주黃州인데 황주냉면 역시 '성가聲價가 대단한'

곳이었다.[54] 《중외일보中外日報》는 1930년 3월 13일 자 〈황주 소개호〉라는 기사에서 황주 지역의 여러 가지를 소개했다.[55] 그중 명산名産을 알려 주다면서 평과苹果(사과), 대두大豆(콩), 철鐵, 엿을 꼽은 뒤 냉면을 언급했다. 들어 보자. "황주냉면. 이곳 속칭 '국수' 말만 해도 입에서 침이 돈다. 평양 사람 냉면 자랑하오, 경성 가면 으레 평양냉면이라고 광고하고 선전한다. 그를 볼 때마다 소읍小邑 사람은 여기도 억울하고나 하고 자탄하게 된다. 황주냉면을 한번 먹어본 사람은 당대當代 잊지 못한다고 한다." 황주냉면도 한번 먹어본 사람은 잊지 못할 맛인데, 황주가 작은 지방이기 때문에 서울로 가면 으레 평양냉면을 입에 올리지 황주냉면을 말하는 법이 없어 억울하다는 한탄이다.

재령군에도 냉면점이 있었다. 1942년 1월 8일 재령군과 부산의 상공업자들이 일본군의 대승을 축하한다면서 광고를 실었는데, 거기에 재령군의 '조선면옥'이 이름을 올리고 있다.[56] 서흥군에는 '냉면조합'이 있을 정도였다.[57]

황해도 냉면이 평양냉면 혹은 서울냉면과 어떻게 달랐는지는 알 길이 없다. 하지만 20세기 전반에 이미 다른 점을 어느 정도 인지했던 것은 사실로 보인다. 해방 후인 1947년 《독립신문》에 서울 충무로3가에 개업한 봉산면옥鳳山麵屋의 광고가 실린다. 봉산은 사리원에서 약 6킬로미터 떨어진 곳에 있는 봉산군이다. 봉산면옥은 봉산식 냉면을 판다고 광고했는데, 광고 문안은 '봉산식 꿩 꾸미 냉면 개시, 대중식사'다.[58] 봉산식 냉면이 꿩 꾸미를 얹어 주는 냉면이었음을 알려 준다. 봉산면옥은 1948년에도 광고를 싣는데, 광고 문안은 '냉면계의 인기로 유명한 황해도식 봉산냉면'이었다. 황해도 냉면을 다른 곳의 냉면과 구분하려는 의식이 강하게 반영된 문구다.[59] 물론 이는 황해도 쪽의 생각일 뿐, 꿩 꾸미를 얹어 주는 냉면은 평안도에서도 먹었다!

함경도, 그럴듯한 냉면을 뽐내다

함경도 쪽도 보자. 먼저 원산이다. 《매일신보》는 1914년 6월 30일 돼지고기와 김치 등을 덮개 없이 진열한 면상을 처벌했다는 내용의 기사를 싣는다. 처벌 대상이 된 이는 원산의 냉면장수[면옥상麵屋商] 김성준이다. 그는 경찰관이 누차 경고했음에도 계속 돼지고기와 김치 등을 뚜껑 없이 진열하여 과료금 50전을 내는 처벌을 받았다. 이 기사는 20세기 초반에 원산에도 냉면가게가 있었음을 알려 준다.[60] 1927년에는 원산의 '국숫집[麵屋]'에 '고용인' 200여 명이 있었고 이들이 노조를 조직하는 일이 있었다.

1933년 5월에는 영흥永興의 면식 영업자 12명이 모여 면가麵價 인상, 면식麵食 개량을 목적으로 영흥면옥조합을 창립했다.[61] 영흥에만 12개 이상의 냉면점이 있었던 것이다. 냉면점은 함흥에도 있었다. 앞서 언급한 평양의 대서업자 이지선이 냉면점을 차린 곳이 바로 함흥이었다. 함흥은 함경도의 대도회였으니 면옥 또한 많았을 것이다. 회령에도 냉면점이 있었다. 천도교도이자 잡지 《개벽》의 창간 주역이었던 박달성朴達成은 1923년 회령을 여행하던 중 '영정永井 군'(누구인지 미상)을 찾아가 회령과 간도의 이야기를 듣고 돌아오는 길에 회령냉면을 맛보았는데 그럴듯했다고 회고했다.[62]

내친 김에 신문에 실린 냉면 광고를 보자. 함흥의 덕흥냉면옥德興冷麵屋이 1938년 1월 《조선신문朝鮮新聞》에,[63] 장진長津 읍내의 신설냉면옥新設冷

麵屋이 1940년 1월 《경성일보京城日報》에 광고를 싣고 있다.[64] 여기서는 흥남의 냉면옥 광고를 하나 보도록 하자.

> 흥남읍 본정本町 3정목
> 경성냉면옥京城冷麵屋
> 주主 고도웅차랑高島雄次郞[구舊 고용득高龍得)]
> 전화 16번 一六番[65]

점포 이름이 '경성냉면옥'이다. 일제의 창씨개명이 시작된 때라 주인이 이름을 고용득에서 '고도웅차랑高島雄次郞'으로 바꾼 것이 눈에 띈다. 1940년 이후 태평양전쟁 발발에 따라 일제의 지배가 한층 더 억압적으로 변화하자 냉면점 광고에도 엄혹한 시대 상황이 반영된 것이다. 1940년 1월 1일 경흥慶興의 경흥냉면옥 광고,[66] 1942년 웅기雄基의 조선냉면옥과 원산냉면옥元山冷麵屋 광고[67]는 이 같은 사정을 잘 보여 준다.

강원도, 막국수 지역이지만 냉면점도 있었다

앞서 언급했듯 1819년 강원도의 관동팔경과 금강산, 함경도 아래쪽 지방을 유람했던 유휘문은 간성 곧 지금의 강원도 고성 이북 지방에서 냉면을 많이 먹고 있더라는 이야기를 전했다. 강원도의 냉면은 사실 막국수인 듯한데, 불행하게도 막국수는 냉면의 전당에 오르지 못했다.

여기서 강원도 막국수에 대해 간단히 언급한다. 오늘날 강원도 향토음식으로 알려져 있는 막국수 역시 메밀국수를 김칫국에 말아서 먹는다는 점에서 냉면과 다를 바 없다. 앞에서 언급했다시피 냉면은 평양을 중심으로 한 평안도는 물론 황해도와 함경도 일대에서도 먹었다. 그런데 20세기 이후 평양냉면이 워낙 유명해지면서 다른 지방 냉면은 존재조차 망각되고 말았다. 강원도 냉면이 냉면이라 불리지 못하고 '막국수'라는 이름으로 남은 것은 이 때문일 것이다. 20세기 후반 채록된 막국수 유래담은 가볍게 '막' 만들어서 막국수라는 이름이 붙었다고 전한다.[68]

이야기가 약간 옆으로 번지지만 막국수라는 낱말에 대해서도 짧게 검토한다. 과거 문헌에서 막국수라는 말은 찾을 수 없다. 오직 1934년 7월 평양냉면을 말하는 자리에서 한 번 사용되었을 뿐이다. 1934년 7월 10일 평양 선교리의 대동면옥大同麵屋에서 냉면을 먹고 십수 명이 식중독을 일으켜 그중 1명이 사망하고 3명이 위독한 지경에 이른 사건이 일어났다. 《매일신보》는 이 식중독 사건을 전하는 기사의 첫머리에서 "부내 선교리에서 소위 막국수[흑면黑麵]를 먹고 8명이 중독된 사건이 있다"[69]라고 말한다. 이것이 '막국수'라는 말이 쓰인 유일한 예다. 막국수는 아마도 20세기 후반에 만들어진 말이 아닌가 한다. 흑면은 평양냉면이 메밀을 완벽하게 거피去皮하지 않아 국수가 약간 검기 때문에 붙은 이름인 듯싶다.

강원도의 막국수가 '냉면의 전당'에 이름을 올리지 못했지만, 강원도에 면옥이 없었던 것은 아니다. '평양'을 앞에 붙인 면옥이 있었다. 《매일신보》 1934년 12월 16일 자 기사를 보자.

강릉에서는 재래로부터 많이 매출되는 냉면
1년 사계를 물론하고 일일 평균 천여 기器에 가까운 매출을 보게 되는 강릉 면옥에 호경기를 연출하는 동시에 강릉읍 욱정旭町 신흥여관新興旅館에 지난 13일부터 평양면옥이라는 간판을 붙이고 개업하리라는 바, 현

강릉 면옥으로 전화 있는 곳이 없는 터에 동래(東萊) 면옥에서는 여관 전화를 이용하여 음식점에 혹성(或成)이 될 것인 바, 타점(他店)에 여하히 영향을 줄지는 주목되는 바이라는 바, 그 종목은 평양냉면, 전주비빔밥, 경성떡국 등인데, 전화는 강릉 108번이라고 한다.[70]

대단히 흥미로운 내용이다. 현재 강릉의 면옥에서 사시사철 하루 1,000여 그릇의 냉면이 팔리고 있다는 것이다. 이런 호황을 배경으로 신흥여관이라는 곳에서 '평양면옥'이라는 간판을 내걸고 영업을 시작한다는 소식이다. 강릉의 기존 면옥은 전화가 없었으나 평양면옥은 모기업인 셈인 신흥여관의 전화를 이용하여 영업할 예정이라고 하니, 새 면옥이 기존 면옥에 어떤 영향을 미칠지 주목거리라는 의견도 덧붙인다. 재미있는 것은 평양냉면과 함께 전주비빔밥, 경성떡국이 차림표에 등장했다는 점이다. 평양, 전주, 경성 등 각지를 대표하는 음식을 모두 거두어 팔았던 것이다.

이곳 외에 또 다른 냉면점도 확인된다. 1937년 주문진의 농촌 지도자 30여 명이 연곡면의 '최돈성 영업집'에서 시켜 온 국수를 먹고 일제히 식중독에 걸린 사건이 일어났다. 최돈성 영업집은 냉면점이었다. 주문진은 강릉에 속한 곳이다.[71] 그러니까 강원도에서 인구가 밀집한 강릉 같은 곳에는 냉면점이 있었던 것이다. 강릉 외에 이천군(伊川郡)에도 냉면점이 있었다. 1930년 물가 하락으로 냉면값을 낮출 때 이천에서 먼저 냉면값을 떡국과 같이 10전으로 내렸다고 한다. 이천에 면옥이 있었음을 알려 주는 기사다.[72]

전라도와 경상도, 냉면점이 극히
드물지만 없지는 않았다

전라도와 경상도에는 면옥이 극히 드물었다. 물론 없는 것은 아니었다. 군산의 경우 여름에 냉면을 먹고 이질이 발생했다고 한다.[73] 1932년 군산에 면옥이 있었음을 짐작하게 하는 기사다. 또한 전라도 진도에 살았던 최병채崔炳彩(1907~1974)는 일기에 1931년과 1933·1934년 냉면을 만들어 부모에게 올렸다고 적었다. 전라도에서도 냉면을 만들어 먹었음을 확인할 수 있는 기록이다. 물론 이 냉면이 어떤 유형이었는지는 알 수 없다.[74] 상업적으로 냉면을 파는 냉면점의 존재 여부도 알 수 없다. 만약 있었다 해도 그리 많은 수는 아니었을 것이다.

경상도 진주에도 냉면에 관한 자료가 보인다. 《개벽》의 〈진주소언晉州小言〉이라는 글이다. 잔약하고 우매한 백성들이 심심풀이로 몇십 전을 걸고 냉면이나 궐련 내기를 하면 도박으로 몰아 벌금을 물리거나 몇 개월 형무소 머슴살이를 시킨다는 내용이다.[75] 진주 지방에 냉면이 존재했음을 유추할 수 있는 자료다. 이것이 현재의 진주냉면인지는 분명하지 않다. 냉면점이 존재했다는 증거로는 '강학봉냉면점姜學鳳冷麵店' 광고를 들 수 있다.

전화 개통電話開通 339번三三九番

냉면冷麵 숙면熟麵 기타其他

진주읍晉州邑 영정榮町 1번지一番地

삼곡상점 앞三谷商店前

강학봉냉면점姜學鳳冷麵店

(《조선시보》 1937년 10월 17일(4)).

이 냉면점에서 진주냉면을 팔았는지 평양냉면을 팔았는지는 알 수 없다. 아마도 후자가 아니었을까 싶다.

해외 진출, 한국인 따라 냉면도 흩어져 (러시아, 중국, 하와이)

러시아 연해주, 한국인 있는 곳이면 냉면점도 있었다

근대가 시작되자 한국인은 세계로 흩어지기 시작했다. 목숨을 이어 갈 수단 곧 토지를 찾아, 혹은 독립운동을 위해, 혹은 일제의 진출로를 따라 돈벌이를 하기 위해 러시아와 중국 각지로, 하와이로, 미국으로 흩어졌다. 냉면 역시 한국인을 따라 퍼져 나갔다.

먼저 러시아 연해주로 가 보자. 1908년 사업가 최봉준崔鳳俊이 러시아 블라디보스토크에서 창간한 《해조신문海朝新聞》은 창간호를 낸 2월 26일로부터 보름 뒤 계동학교와 대한학교 학생들이 건원절乾元節(순종 황제의 생일, 2월 8일)을 경축할 때 보조금을 낸 여러 사람들의 명단을 열기했다. 이 명단에서 맨 마지막에 이름을 올린 차석보라는 인물이 흥미롭다. 신문은 차석보가 보조금 대신 냉면 100그릇을 냈다고 밝히고 있다.[76] 아마도 차석보는 블라디보스토크에 냉면점을 연 사람인 듯하다.

블라디보스토크에서 북쪽으로 약 70킬로미터 떨어진 곳에 니콜스크-우수리스키(현 우수리스크)가 있는데, 여기에도 한국인이 진출했다. 소왕령蘇王營·송황령宋皇營·쌍성자雙城子 등으로 불린 니콜스크-우수리스키는 한국인이 많이 거주했고, 독립투쟁의 기지이기도 했다. 《독립신문》 1919년 10월 14일 자에 실린 〈소왕령통신蘇王營通信〉이라는 기사는 서두를 냉면점으로 시작한다.

9월 18일 오후에 쌍성자雙城子에 도착하여 우리 냉면가를 찾아가니, 상점 간판을 국문으로 크게 써 놓았고, 상투 있는 우리나라 사람들이 많더이다. 모씨의 지도로 중국 여관에 머물며 모모 10여 인을 상봉하였나이다. 소왕령 시내 우리 호수는 400 남짓이요, 인구는 2000 남짓이라. 전 아령俄領에 인구는 50만이라 하나이다.

최초에 이종호李鍾浩가 창립한 권업회勸業會와 정재관鄭在寬·이상설李相卨 양씨가 창설한 국민회國民會와 이동휘李東輝 씨의 전아한족회全俄韓族會가 있다고 하며, 작년 12월에 북간도와 합하여 국민의회國民議會가 되었다고 하나이다.

한인韓人은 아령俄領 개척의 주인이오, 수전水田의 성적成績이 가장 좋아 일일경一日耕에 아화俄貨 십만 원 소출 예산이오며 5년 후면 들판에는 벼가 덮이고, 산에는 뽕나무로 푸르리라 하나이다. 그러나 아직 공공개척의 기관이 없는 것이 유감이로소이다.

상업에 대하여는 4, 5년 이래로 십수 배나 진보하였으며, 수십만 원의 상업가가 많으나 아직도 일인의 상업에 뒤처져 있으며 부정한 사업도 많은 모양이로소이다.

교육은 전全 아령에 소학교가 2백여 곳이나, 중학교 실업학교 등은 없고, 중등 이상 학식을 가진 자는 몇 백이 못 된다 하나이다. 신문에 대한 평론은 전 아령에 국한문 아는 자가 적어서 순국문이면 환영하겠다 하나이다.[77)]

이종호·정재관·이상설·이동휘 등의 이름과 이들이 만든 조직에서 보듯, 니콜스크-우수리스키는 연해주의 독립운동 기지였다. 《해조신문》을 창간했던 최재형의 집도 여기에 있었다. 물론 이 책에서는 《독립신문》의 기자가 니콜스크-우수리스키 거주 한국인의 상황을 알기 위해 찾아간 곳이 다름 아닌 '냉면점'이었다는 사실이 중요하다. 한국인이 있는 곳이라면 냉면점은 반드시 따라갔던 것이다.

중국, 한국인이 많아 냉면점도 많았다

냉면은 20세기 초반 러시아의 블라디보스토크와 니콜스크-우수리스키까지 진출했다. 하지만 역시 한국인이 가장 많이 퍼진 외국은 중국이었고, 냉면점도 가장 많았다. 먼저 한국에서 가장 가까운 중국 땅을 보자. 1937년 중국 안둥현安東縣 의주면점義州麵店에서 냉면을 먹은 1명 포함 총 8명이 식중독에 걸려 치료를 받은 사건이 있었다. 안둥현은 신의주 바로 건너편이라 한국인이 많이 살았기에 냉면점이 있었던 듯하다.[78]

안둥현 위쪽에 위치한 봉천 곧 지금의 선양瀋陽도 한국인이 많이 거주하는 곳이었다. 《조선신문朝鮮新聞》은 '조선신문사 지국 개설 기념'으로 1936년 7월 22일 자 6면과 7면을 '봉천 소개호紹介號'로 편집했는데, 지면 한쪽에 봉천 상공업계의 광고를 몰아서 실었다.[79] 아래 광고 중 음식점 부분을 잘라 낸 것을 보면, 위쪽의 맨 왼쪽 두 번째 칸에 평화면점平和麵店이 실려 있다. 그 왼쪽에 조선요리 금천관金泉館이 있고 아래 단에 오른쪽 금만관金滿館부터 조일관朝日館까지 모두 15곳의 조선 요릿집 광고가 실렸다.

평화면점 광고
(《조선신문》 1936년 7월 22일(11))

다수의 조선 요릿집 광고는 선양에 사는 조선 사람들을 겨냥한 것일 터이다. 평화면점을 좀 더 구체적으로 살펴보면 광고 내용은 이러하다.

봉천奉天 십간방대가十間房大街

조선朝鮮 소바ソバ

순평양식純平壤式

신속배달迅速配達

평화면점平和麵店

전화 5728번 電話 五七二八 番

냉면을 '조선朝鮮 소바ソバ'로 소개한 것은 지역 내 일본인을 의식해서인 듯하다. 선양 바로 오른쪽에 붙어 있는 푸순撫順에도 한국인의 냉면점이 있었다. 《조선신문》 1942년 1월 9일 자에 신년을 축하하는 광고[80]가 실렸는데, 푸순 역 앞 무순면점撫順麵店 광고도 있었다.

봉천성奉天省 무순역전撫順驛前

무순면점撫順麵店

전화 5077번

선양과 푸순은 평안도에서 가까워 한국인들이 많이 거주하던 곳이었다. 그래서 무순면점처럼 이들을 위한 냉면점도 들어섰던 것이다.

중일전쟁(1937~1945) 이후 중국으로 건너가는 한국인들이 많아졌다. 《삼천리》는 1938년 8월 〈북지北支에 조선인朝鮮人 대진大進〉이라는 기사에서 전쟁 이전 중국 북부 지방에 3,000명 있던 조선인이 전쟁 발발 후 1만

2,000여 명으로 증가했고, 최근에는 1개월에 1,000명씩 격증하고 있다고 했다. 예컨대 톈진天津은 1,200명에서 4,000명으로, 지난濟南은 얼마 없다가 1,100명으로, 스지좡石家莊은 전혀 없었는데 1,006명으로 증가했다는 것이다. 한국인의 격증은 한국 음식의 유입을 불러왔다. 잡지는 "북경 거리에 냉면점, 떡집이 늘어서게 되고, 한편 카페, 끽다점, 여관 등도 자꾸 늘어 간다"[81]고 말했다. 일제가 일으킨 침략 전쟁을 배경으로 음식을 논하는 것이 한가로운 이야기일 수 있으나, 어쨌건 한국인 다수가 중국으로 건너가 살게 되자 음식이 따라갔고 그 음식 중 첫 번째가 냉면이었다.

중국을 침략하고 산시성山西省 일대를 점령한 일제는 고무된 나머지 전과의 선전에 골몰했다. 《매일신보》는 1941년 5월 2일 자에 산시성 허둥河東의 윈청運城과 핑딩平定의 양취안陽泉 등을 소개하는 특집 기사를 실었다.[82] 기사에 의하면 허둥의 윈청 인구 1,600명 중 한국인이 600여 명, 핑딩의 양취안은 1,500명 중 한국인이 160여 명으로, 두 곳의 상권은 거의 한국인이 장악하고 있다고 했다. 기사는 전면에 걸쳐 윈청과 핑딩은 물론 산시성 바로 위쪽 허베이성河北省의 베이징과 바오딩保定 등의 한국인 상공인을 사진과 함께 소개하고 있다. 기사 맨 아래 단은 광고를 몰아서 싣고 있는데, 그중 바오딩의 냉면점 광고가 보인다.

보정保定 서관西關 금대역가金臺驛街 10호十號
반도면옥半島麵屋
전화電話 563번五六三番
평산항의平山恒義
구명舊名 신정열申禎烈

반도면옥의 주인 평산항의는 창씨개명한 이름으로, 원래 이름은 신정열이다. 본문 기사가 소개한 상공인들 모두 창씨개명한 이름 옆에 괄호를 치고 본래 이름을 쓰고 있다.

중국 한 지역을 선정하여 특집 기사로 소개하는 방식은 당시 《매일신보》가 자주 벌이던 짓이었다. 《매일신보》는 같은 해 8월 25일 자에 산시성 타이위안太原의 상공인을 소개했다.[83] 냉면점 주인도 광고가 아닌 정식 기사로 소개되었다.

청년 노력가 소화면점昭和麵店 송산삼랑松山三郎 씨[구명舊名 승도현承道鉉]. 태원 번화가 요지인 남초장南肖墻에 반도 명물인 냉면 소화면점의 경영주 송산삼랑 씨는 어떠한 인물인가? 씨는 평북 정주定州 출생으로 금번 사변에 군속으로 종군하여 소화 12년 10월 석가장 공략에 참전하였으며 황군의 융성을 위하여 희생적 노력으로 2년 동안이나 혈투한 24세의 용사로서 훈8등勳八等을 받았고 그 공적이 적지 않다.
현재는 실업계에서 활약하여 성공한 씨는 두뇌가 명석하며 의리심이 풍부하고 신의가 독후篤厚한 인사이다. 장래 포부로는 완전히 치안만 되면 대농장을 경영하여 북지北支에 조선농촌을 건설하여 볼 생각이라고 운운.

평안북도 정주 출신의 승도현은 송산삼랑으로 창씨개명하고, 1937년 노구교 사건으로 중일전쟁이 발발하자 일본군 군속으로 종군하여 석가장 공략에 참여한 인물이란다. 자발적 친일파인 셈이다. 이 자발적 친일파가 사업가로 변신하여 타이위안 번화가에 소화면점이라는 냉면점을 개설했다는 내용이다.[84]

《매일신보》는 1943년 7월 1일에도 〈평산개관平山槪觀〉이라는 제목하에 허베이성 펑산平山현의 상공업과 상공업자를 소개했다.[85] 기사에 반도냉면옥半島冷麵屋이라는 한국 냉면점도 있다.

> 반도냉면옥
> 길전용중吉田鎔重 씨는 경북 청송군 출생으로 당년 44세의 온후쾌활한 이다. 일찍이 도만渡滿하여 각 방면으로 사업을 경영하다가 금년부터 평산에 냉면업을 개시하고 있는데, 객인客人에 많은 호감을 가지고 있는 이로서 장래의 신망이 더욱 양양하다.

경상북도 청송군 출신 인물이 허베이성까지 진출하여 냉면점을 개설했던 것이다!

후베이성 한커우漢口도 일본이 일시 점령한 지역이었다. 이곳 역시 한국인이 다수 옮겨 살던 곳이었다. 《삼천리》 1941년 6월호는 한커우의 한국인 상황에 대해 여러 정보를 제공했다.[86] 친일적 논조의 기사는 한커우에서의 한국인 소식을 이렇게 전했다.

> 한구漢口에서 조선인은 무얼 하는가.
> 황군皇軍의 세력하에 활동하고 있는 조선 동포들은 주로 무역상, 잡화상, 여관업, 음식점, 위안소업이다. 전수 한구에 있는 조선인 여관은 '평화여관平和旅館' '동화東和여관' '금수金水여관' '한구漢口여관' '삼진三鎭여관' '반도하숙옥半島下宿屋' 등이다.
> 전지戰地의 경기가 좋아서 어느 여관이나 매일 만원의 상태에 있다. 음식점은 갑종 요리 '동일관東一館'과 을종 요리 '대승관大勝館'이 있다. 기타 경성식당京城食堂, 평택平澤식당, 조선식당, 동광東光식당 등이며 그

외에 조선인이 경영하고 있는 카페도 적지 않다.

조선 음식의 가격표

일주日酒 1홉 50전, 탁주 1홉 20전, 비루ビール 1본本 85전, 사이다サイダ 1본本 50전, 냉면 1그릇 60전, 백반 1그릇 30전, 육탕肉湯 1그릇 40전, 소육燒肉 1인분 70전, 갈비 1인분 70전, 갈비탕 1인분 70전, 비빔밥 1그릇 60전, 만두국 1그릇 60전, 회갓[87] 1인분 60전, 떡국 1그릇 50전, 장국밥 1그릇 50전, 쟁반 1상 1원 이상. 음식 가격은 대개 이러하다.

음식을 나열했는데, 첫 번째가 냉면이다.

하와이, 열렬히 냉면을 먹다

한국인은 하와이와 미국으로도 건너갔다. 하와이의 한국인들은 1907년 《한인합성신보韓人合成新報》를 창간한 후 《신한국보新韓國報》(1909), 《국민보國民報》(1913)로 개칭하면서 계속 발간했다(《국민보》는 1968년까지 간행됨). 《국민보》는 1936년 3월 3일 다음과 같은 광고를 실었다.

> 본인이 팔라마 구역 '좌개左開 번지'에 요리점을 개업하온 바
> 매일에 냉면, 주일날에 만두국을 만들어 오시는 손님들에게 염가로 공급하고 특별히 맛있게 하기로 각별 주의하옵니다.
> 팔라마 카페 주인 이정건 648호 북 킹 스트리트[88]

이정건이라는 사람이 매일 냉면을, 일요일에는 만둣국을 만들어 파는 음식점을 연다는 것이다. 드디어 냉면이 하와이까지 진출했다.

이정건 외에도 냉면점을 연 사람이 더 있었던 것으로 보인다. 같은 해 6월 최영기라는 사람이 냉면, 온면, 만두를 파는 식당을 열었고,[89] '이병두 씨의 부인' 장애경은 채소 상점을 경영하던 중 냉면점을 열 계획을 세웠다.[90] 이외에도 7월 21일 평양 태생의 주인이 '평양냉면'과 '평양만두'를 수정양으로 맛있게, 손님의 입에 맞게 청결하게 만든다는 '청월관 요리점'이 영업 중이었다.[91] 1938년 4월에는 안용호라는 사람이 냉면은 항상 있고, 만두는 주말에 파는 '한찬관'을 개업할 것이라고 광고했다.[92]

이처럼 냉면은 하와이에서도 인기 있는 음식이었다. 특이한 점은 냉면 앞에 '평양'이라는 관형어를 쓰는 경우가 많았다는 것이다. 한인 모임에 냉면을 점심으로 제공하는 일도 있던 것으로 보아[93] 냉면에 대한 선호도가 아주 높았던 모양이다. 해방 이후에도 하와이에서는 냉면을 열렬히 먹었고 냉면점은 성업 중이었다.[94]

미국 본토의 교포 사회에서도 냉면을 먹었던 것은 분명하다. 독립운동가 안창호安昌浩(1878~1938)는 1925년 미국 시카고를 방문하여 그곳의 한인들에게 "십 년 전에 이곳을 지날 때 장씨에게 냉면을 대접받은 일이 있었습니다. 다시 와 보니 참 반갑습니다"라고 했다.[95] 안창호가 1915년 시카고에서 한국인이 만든 냉면을 먹었다는 것이다. 냉면점에서 만든 것을 먹었는지, 개인이 만든 것을 먹었는지는 분명하지 않다. 하지만 안창호의 말로 미국 교민 사회에서도 냉면을 먹었음을 확인할 수 있다.

민족의 음식 냉면

1876년 개항 이래 조선은 세계 속으로 들어갔고, 비로소 무수한 외국 곧 타자의 존재를 강렬하게 인식하게 되었다. 이에 조선 사람들의 자의식도 강화되었다. 민족의식이 형성되었던 것이다. 또한 외국으로 나가는 사람들이 늘어나고 외국 경험이 생기면서 한국 문화에 대한 인식도 나타났다. 음식은 강력한 문화의 상징이 되었다. 그리고 냉면은 한국 음식을 대표할 만한 음식으로 자리 잡았다.

일제강점기에 드물게 프랑스에서 유학하고 귀국해 언론인으로 활동했던 이정섭李晶燮(1895~1950. 납북)은 귀국 후 '외국에 가서 생각났던 조선 것'으로 '조선의 달과 꽃, 음식으로는 김치, 갈비'에 냉면을 꼽았다. 그의 말을 직접 들어 보자. "그뿐이냐? 동지섣달 추운 날에 백설白雪이 펄펄 흩날릴 때에 온돌에다 불을 뜻뜻히 때고 3, 4 우인友人이 서로 앉아 갈비 구워 먹는 것이라든지, 냉면 추렴을 하는 것도 퍽 그리웠다. 그리고 양식을 먹은 뒤에는 언제든지 김치 생각이 퍽 간절하였다. 김치야말로 외국의 어느 음식보다도 진품이요, 명물일 것이다. 나의 그립던 것은 이 몇 가지라 하겠다."[96] 친구들과 어울려 구워 먹는 갈비구이, 냉면 추렴, 그리고 김치가 가장 그리운 음식이었단다. 이 음식들은 지금 한식의 대표주자 아닌가.

이정섭은 출신지 미상이지만, 1927년 근우회를 결성하여 항일투쟁에 앞장섰던 여성독립운동가 유영준劉英俊은 중국과 일본에서 유학했던 인물로 원래 평양 출신이다. 유영준은 외국에서 다른 무엇보다 김치와 온돌이 가장 간절하고 그리웠다고 말한다. 아울러 중국에서 약 6년, 일본에서 약 8~9년 있는 동안 고생을 맛보던 중 "달 밝고 꽃이 필 때에 친척과 동무의 생각도 간절하얏고 속이 헛헛하고 입맛이 고플 때에는 평양냉면과 닭찜 같은 것도 생각이 났다"[97]고 했다. 온돌과 김치가 가장 그리웠지만, 평양냉면과 닭찜도 그리운 음식이었다는 것이다.

낙동강 끝 동래군 사하에서 태어나 일본에서 유학하고 귀국해 한국 민속학 연구를 개척했던 손진태孫晋泰(1900~1960)는 온돌을 예찬하는 글에서 긴 밤을 글 읽다 시장하면 식은 밥에 김치 걸쳐 먹던 생각, 어떤 해 겨울 평양에서 동치미에 냉면 말아 밤참 먹던 그 맛, 서울서 설렁탕 먹던 그 맛을 잊을 수 없는 고향 겨울밤의 추억으로 꼽고, 일본의 겨울밤에 이런 것을 생각하는 사람이 적지 않을 것이라고 했다. 역시 김치와 평양에서 동치밋국에 말아 먹던 냉면을 잊을 수 없는 추억으로 꼽았던 것이다.[98] 냉면은 김치와 함께 조선을 대표하는 민족음식이 되었다.

근대식 도구의 조력,
자전거와 전화 그리고 냉면기계

전화와 자전거의 도입

전화 주문을 위해 앞다퉈 전화 개설

냉면이 외식업의 주종목이 되고 냉면의 소비가 확연히 늘어난 것은 근대 이후의 일이었다. 이는 일차적으로 냉면이라는 음식이 갖는 매력에 근거한 것이지만, 한편으로는 배달이 가능했기 때문이기도 했다. 냉면은 설렁탕과 함께 대표적인 배달 음식이었다. 가정 혹은 직장에서 편하게 먹을 수 있었으니, 배달은 냉면 소비를 늘리는 데 크게 기여했다. 배달을 가능하게 한 것은, 근대적 도구 곧 전화와 자전거였다.

전화는 1881년 중국 톈진에 파견되었던 영선사의 군계학조단軍械學造團 중 한 명인 상운尙澐이 1882년 귀국하면서 최초로 실물을 가져왔다. 실제 전화가 사용된 것은 1896년경부터다. 이즈음 경운궁(현재 덕수궁)을 중심으로 중앙부서를 연결하는 전화선과 더불어 서울과 조선의 대표적 개항장인 인천 사이에 전화선 가설이 완료되어 공무용으로 사용되었다. 공무용이 아닌 민간의 전화는 1902년 인천 해관과 서울에 전화소가 설립되면서 시작되었다.[99]

전화는 1910년까지도 불과 6,780여 대밖에 보급되지 않았으나 생활에 절실히 필요한 도구로 인식되고 있었다.[100] 전화는 가입자의 전화 통화와 비가입자의 전화 통화로 구분되었다. 비가입자는 우편국소나 전신전화소, 자동전화(공중전화)를 이용하여 통화할 수 있었다. 자동전화는 철도 정거장이나 공원 등에 설치되었는데, 경성의 경우 1922년 8월 26개였던 것이 1938년 12월에는 59개소가 되었다.[101] 전화는 대도시, 상공업이 발달하는 중소도시에 주로 보급되었다. "1926년 10월 전체 가입자 2만 6,897명 중 63퍼센트인 1만 7,046명이 부청 소재지인 경성, 부산, 평양, 대구, 인천, 원산, 군산, 마산, 신의주, 목포, 청진, 진남포 거주자였다. 이 가운데 경성이 전체의 26퍼센트를 차지하였고 그 보급률은 일본의 오사카, 교토 다음에 이르렀다."[102]

전화 보급률을 정확하게 파악할 만한 통계는 없지만, 보급 상황을 짐작할 만한 자료는 있다. 1926년의 통계를 보자.《동아일보》1926년 10월 8일 자 기사[103]는 전 조선의 전화 가입자가 2만 6,897명이라고 밝히고, 이는 1921년의 1만 4,993명에 비해 79퍼센트가 증가한 수치라고 했다. 상당히 빠른 증가율이다. 뒤이어 기사는 각 도시의 전화 가입자 수를 제시했다.

서울(경성)이 압도적 1위이고, 부산과 평양이 그 뒤를 잇고 있다. 서울은 1925년 4월 1일 현재 6,617명이었으니,[104] 1년 동안 392명이 증가한 것이었다. 전화 가입자들의 사회적 성격을 구체적으로 밝히기는 어렵지만, 영업적 이익을 얻기 위한 음식점이 있었음은 물론이다. 냉면점의 경우 자료가 없지만 설렁탕집은 적절한 자료가 있다.

> 설렁탕 장사들이 앞을 다투어 전화를 매더니 필경은 흥정은 늘지 않고 경쟁만 늘어서 서로 잡아먹으려는 격이 된 모양이올시다. 거리 거리, 골목 골목에 청요리집, 양요리집이 늘어가며부터는 점잖은 손님은 구경도 못하게 되었습니다.[105]

1924년 설렁탕집 주인의 말이다. 전화 주문을 위해 설렁탕집에서 앞다퉈 전화를 개설했던 것이다. 물론 다른 음식을 팔던 음식점 때문에 기대만큼의 수익을 거두지는 못했지만 말이다!

냉면점 역시 설렁탕집과 마찬가지로 전화로 주문을 받고 배달했다. 서울은 말할 것도 없고 평양에서도 그러했다. 평양에서는 장난으로 수십 회

〈1926년 전국 각 도시의 전화 가입자 수 및 증가율〉

지역	가입자 수(증가율)
경성	7,009명(0.12)
부산	2,348명(0.72)
인천	942명(0.29)
평양	1,283명(0.45)
대구	1,236명(0.86)
원산	796명(0.47)
목포	545명(0.80)
군산	729명(0.73)
진남포	418명(0.26)
신의주	571명(0.67)
마산	661명(0.50)
청진	508명(0.70)

에 걸쳐 다량의 냉면을 전화로 주문한 일도 있었다.[106] 모든 냉면점이 전화를 설치한 것은 아니었겠지만, 전화가 필수품이라는 사실은 모두 인지하고 있었을 듯하다.

자전거로 냉면을 배달하다

전화로 주문을 받아 냉면을 만들면, 배달부는 자전거로 배달했다. 자전거 역시 냉면점의 필수품이었다. 자전거는 개항 이후 조선에 머물고 있던 외국인들에 의해 도입되었다. 자전거에 대한 최초의 기록은 1884년 등장한다. 당시 미국 해군 장교였던 필립 랜스데일Philip V. Lansdale 대위가 제물포에서 미국 공사를 보호하기 위해 서울로 이동할 때 앞바퀴가 뒷바퀴보다 큰 하이휠 형태의 자전거를 이용했다는 내용이다.[107]

등장 이후 자전거는 곧바로 상품으로 판매되었던 것으로 보인다. 아래는 《독립신문》 1899년 7월 12일 자에 실린 개리양행開利洋行의 광고다.[108] 미국에서 수입한 자행거自行車 곧 자전거를 판다는 내용이다.

신식 운송수단인
자전거 판매를 알리는
개리양행 광고
**1914년 985대였던 서울의
자전거는 1920년 4,096대,
1930년 1만 5,769대로
빠르게 증가했다.**
(《독립신문》 1899년 7월 12일)

자전거는 전차와 승합자동차를 보완하는 중·단거리 출퇴근 및 기타 사적 용무에 활용할 수 있는 수단인 동시에 상점 영업에 빠질 수 없는 비품의 하나였다. 그 효용 때문인지 1914년 985대를 헤아린 서울의 자전거는 1920년 4,096대, 1930년 1만 5,769대로 빠르게 증가했다.

서울의 자전거 증가 추세는 가팔랐다. 1896년 주로 서양인이 소유하고 있던 14대, 1898년 내국인이 소유한 8대와 일본인이 소유한 6대의 수치로 미루어 19세기 말 자전거는 50대 미만에 불과했던 듯하다. 이 수가 1914년에는 985대로 급증했다. 이용자도 집배원이나 상점에 고용되어 배달에 나서는 점원이 포함될 만큼 상용화 단계에 접어들었다. 1915년의 2,468대를 기준으로 5년 추계를 보면, 1920년 4,096대, 1925년 9,455대, 1930년 1만 5,769대, 1935년 3만 1,188대, 1940년 5만 4,558대로 증가한다. 경성부 인구 1,000명당 소유 비율은 1915년 10.2대, 1920년 16.4대, 1925년 25.8대, 1930년 44.4대, 1935년 77.2대, 1940년 58.6대로 변한다. 전시 국면에 강철을 비롯한 주요 원자재를 통제하면서 다소 감소하지만 대중화 추세는 뚜렷했다.[109]

자전거가 빠르게 늘어나자 자전거에 대한 법적 규제도 이루어진다. 1905년 12월 30일 경무청령으로 공포된 〈가로관리규칙〉 제9조는 '야중 등화夜中燈火가 무無ᄒ고 자전거를 승乘함이 불가不可할 사事'라 하여 자전거 야간 운행을 단속하기 시작한다. 이어 1912년 5월 2일 평안남도 경무부령으로 〈자전거취체규칙〉이 제정되고, 1917년 10월 27일 조선총독부 경무총감부령 〈자전거취체규칙〉이 정식으로 발령되어 이듬해 1918년 1월 1일부터 시행된다.[110]

냉면점에 한정되는 것인지는 알 수 없지만, 당시 자전거는 오늘날 자동차처럼 번호판을 달고 있었다. 다음 자전거 도둑의 사례를 보자.

평남 승호리勝湖里 중부中部 김신면옥金信麵屋에 고용으로 있던, 본적을 황해도 신천信川에 두고 작년부터 고용으로 국수 배달을 하고 있던 김용선金龍善(26)은 지난 1일 당지 구락부에 가서 국숫값 40전을 받는 중 5원짜리 거스름돈을 가져오라 하므로 주인에게서 4원 60전을 가지고 가서 자전거를 타고 어데로인지 종적을 감추었으므로 당지 경찰에 고발하여 방금 엄탐 중이라 하는데, 자전거 번호는 평남 28167이라 한다.[111]

배달부가 자전거를 타고 달아났는데, 그 자전거의 번호가 '평남 28167'이라는 내용이다. 자전거도 번호판을 달고 있었던 것이다. 자전거 도둑질은 당연히 팔기 위해서였다. 1936년 8월 25일 평양부 기림리箕林里의 칠성자전거포에 수상한 청년이 자전거를 팔러 왔다. 그런데 그것은 시가 약 20원 상당의 대성면옥大成麵屋 자전거 '평남 21822호'였다. 훔친 자전거를 팔려 했던 것이다.[112]

냉면기계의 발명

냉면기계 발명의 전사

앞서 두 차례 인용했던 《별건곤》 1931년 7월호의 글 〈진기! 대진기, 여름철의 8대 진직업〉을 다시 가져와 보자. 이 글은 서울식 국수틀과 평양식 국수틀의 차이에 대해 말한 뒤 다음 말을 덧붙이고 있다.

냉면 많이 먹는 나라 사람으로 아직까지 냉면 누르는 무슨 편리한 기계 하나를 발명하지 못한 것은 참 냉소冷笑할 일이다.[113]

이 글이 쓰인 1931년 당시까지 국수틀은 나무로 만든 것이었다. 보다 견고하고 신속하게 냉면을 눌러 뽑을 수 있는, 또 사람의 힘을 덜 들이는 기계식 국수틀이 필요한 시점이었다. 그것은 금속으로 만든 국수틀일 수밖에 없었다. 《별건곤》 기자는 냉소할 일이라고 했지만, 바로 그 1931년에 냉면기계가 발명되었다!

　이 냉면기계 발명의 전사前史를 조금 살펴보자. 20세기 이후 냉면의 본격적 상업화와 함께 새로운 냉면기계를 만들고자 하는 노력이 없던 것은 아니었다. 최초의 시도는 1910년에 있었다. 그해 7월 30일 《대한매일신보》에 대한철공장大韓鐵工場의 광고가 실린다. 광고의 문안은 이렇다. '본 철공장에서 각종 철물기계 등속을 정밀히.'114) 공장 위치는 서울 남대문 밖 약현藥峴 중동中洞 246통 2호戶다. 대한철공장에서는 자신들이 만드는 기계를 여럿 예로 들고 있는데, 다음과 같다. "마차, 하차荷車, 직조기계, 압유기계壓油機械, 절초기계切草機械, 압면기계壓麵器械, 인수기계引水機械, 제승기계製繩機械, 발면기계發緜機械." 마차는 말이 끄는 수레, 하차는 짐수레, 직조기계는 직물을 짜는 기계, 압유기계는 기름 짜는 기계, 절초기계는 담배 써는 기계, 그리고 압면기계는 냉면을 눌러 뽑는 기계다. 나머지도 설명을 붙여 보자. 제승기계는 새끼 꼬는 기계, 발면기계는 솜 타는 기계다. 물론 중요한 것은 냉면기계인데, 어떻게 생겼고 어떻게 작동하는지 알 길이 없다. 실제 팔렸는지도 알 수 없다. 그저 철공소에서 만든 것이니 쇠로 만든 기계가 아니었을까 짐작할 뿐이다.

　국수틀을 개량하려는 노력, 냉면기계를 만들려는 노력은 계속 있었다. 《매일신보》 1926년 5월 26일 자에 게재된 〈경편輕便 무쌍無雙 제면기製麵機 발명〉,115) 곧 '가볍고 편리하기 짝이 없는 국수 만드는 기계'라는 의미의 기사는 '조선 청년 기사의 손으로 국수틀이 새로이 발명되었다'고 말한다. 기사는 제면기를 발명하게 하는 압력이 분명히 있었다고 지적한다. 기사를 직접 인용해 보자.

> 현재에는 국수를 누르려면 불 지피는 사람 한 사람, 국수 누르는 사람, 이삼 ㅇㅇ의 다수한 인공人工이 들어서 도저히 한두 사람의 점원으로는 국수 가價를 내릴 생각도 못하였으며(㉠) 국수를 자주 쓰는 가정에서도 설비를 하는 데 지면地面을 많이 잡고 인공이 너무 드는 관계상 국수틀을 놓지 못하였었는데(㉡), 최근 시내 공평동公平洞 '서울 철공장'의 기사 박천병朴天秉(32) 씨는 이에 재미있는 간편한 기계를 발명하여 이미 특허국에 청원서까지 접수가 되었다고 한다(㉢).

다수의 인원이 있어야만 하는 것이 냉면점의 상황이다(㉠). 이 때문에(곧 인건비 때문에) 국수값을 내릴 수가 없다. 즉 냉면점 노동자 다수의 임금이 국수값을 높일 수밖에 없다는 것이다. 국수틀은 자리를 많이 차지할 정도로 크기 때문(㉡)에 가정에는 설치하기 어렵다. ㉠과 ㉡, 특히 ㉠의 압력으로 공평동 철공장의 32세 기사 박천병이 국수틀을 발명하게 되었다!

새로 발명된 국수틀은 어떤 것이었던가. "국수틀이 길던 것이 솥 위에 세워 가지고 간편히 누르게 되었다"고 한다. '솥 위에 세워 가지고'라는 말이 좀 이상하지만, 뜻은 명료하다. 사람이 힘을 주어 누르는, 국수틀을 가로질러 있던 긴 막대기를 없애고, 그것을 수직으로 세워 위에서 누르도록 고쳤다는 것이다. 그 결과 "3, 4인이 매달려 국수를 누르던 것을 '라사(나사)'만 한 번 틀어 놓으면 용수철 기운이 있어서 저절로 국수가 눌려 나리게 되었다." 강력한 스프링을 설치하여 그 복원력으로 반죽을 눌러 국수가 아래로 내려오도록 만들었다는 것이다.

오호라, 정말 대단한 기계가 아닐 수 없다! 이 기계를 발명한 박천병도 소개하지 않을 수 없겠다. 박천병은 '청년회 철공과'(어느 학교인지는 미상!)를 졸업하고 상하이로 건너가 용화조선龍華造船所에서 4년, 상하이 방직에서 1년 등 공장에서 기계에 관한 사무와 연구를 쌓은 근실한 청년이다. 어느 날 냉면점을 지나다가 여러 사람이 국수틀에 매달려 땀 흘리는 것을 보고 느낀 바가 있어서, 1925년 여름부터 연구에 착수하여 1년 만에 드디어 국수기계를 발명했다는 것이다.

박천병의 제면기는 특허국에 특허 신청서를 접수시켰지만, 결과는 알려진 바 없다. 그의 기계는 사라지고 말았다. 하지만 조선에는 박천병만 있는 것이 아니었다. 1930년 9월 '각지의 광산 기계계機械界에 다대한 공헌이 있던' 평안북도 선천의 최응도崔應道(21)는 다수의 인력과 시간을 필요로 하는 조선의 냉면 제조에 대해 개탄한 나머지 새로운 제면기를 발명한다. 이 새 제면기 역시 박천병의 제면기와 마찬가지로 '인력과 시간의 경제와 위생, 기타 개량에 실로 합리한 것'이었다.

김규홍의 제면기, 냉면 역사에 한 획을 긋다

최응도 또한 전매특허를 당국에 신청했음은 물론이다.[116] 하지만 인정되지 않았던 모양이다. 다시 새 발명가가 나섰다. 함경도 원산 사람 김규홍金圭弘이다. 김규홍은 원래 강원도 통천군 출신이다. 가난한 탓에 '별로 많은 학문을 배우지는 못했으나' 17세에 일단 서울로 왔다. 도회지의 물을 마시고 그는 이듬해 원산으로 가서 발동선發動船에서 일한다. 발동선이니까 당연히 배의 엔진을 알게 되었을 것이다. 기계에 관심을 갖게 된 그는 기계 관련 '많은 연구'를 한다. 냉면기계 발명은 그러한 연구의 결실이었다![117]

김규홍도 특허국에 발명특허를 신청했고, 1931년 2월 26일 '신안특허 번호 제3129호'로 허가된다. 이 특허 받은 냉면기계의 특징은 다음과 같다. ① 가장 신속하고, ② 위생적이고, ③ 한 사람이 작업할 수 있고, ④ 전부 철재로 되어 있어 파괴될 염려가 없고, ⑤ 운반에 지극히 간편한 것! 많은 노동자들을 필요로 했던, 과거 목제 국수틀의 문제점을 일거에 해소한 기계였다.[118] 이 기계로 '한 사람의 반력半力', 곧 1인의 절반의 노동력

〈최응도의 제면기〉
(《매일신보》
1930년 9월 2일(3))

〈김규홍의 제면기〉
(《중앙일보中央日報》
1932년 4월 3일(4))

1930년 최응도가 '인력과 시간의 경제와 위생, 기타 개량에 실로 합리한 것'을 목표로 제면기를 발명했으나 전매특허를 얻지 못했다. 이어서 1931년 특허를 받은 김규홍의 냉면기계는 1937년에만 170대를 팔았다. 그의 냉면기계는 하루 5,000그릇 이상의 냉면을 뽑을 수 있었다고 한다. 냉면점은 임금을 줄이고 이윤을 늘리기 위해 냉면기계를 적극 도입했을 것으로 보인다. 냉면기계의 발명은 냉면의 역사에 한 획을 긋는 사건이었다.

으로 재래식 국수틀보다 3배 이상으로 국수를 뽑을 수 있게 되었단다. 또한 기계가 아주 작기 때문에 좁고 낮은 장소에 설치할 수 있고, 3개월만 사용할 경우 절약한 인건비로 다시 이 냉면기계 두 대를 살 수 있단다. 냉면점 주인으로서는 바라마지 않던, 꿈의 기계였다.

김규홍은 특허를 얻자 원래 함주군에 있던 철공소를 원산으로 옮겨 확장하고 냉면기계를 대량 제조하기 시작했다.[119] 김규홍의 냉면기계는 전국을 휩쓸었다. 그의 금강철공소金剛鐵工所는 1937년까지 700대 이상의 냉면기계를 전국에 팔았다. 1937년에만 170대를 판매했다. 신문기사에 의하면 이 냉면기계는 하루 '5,000그릇' 이상의 냉면을 뽑을 수 있었다고 한다.[120]

김규홍의 냉면기계가 냉면업계의 고용에 큰 영향을 미쳤음은 두말할 필요도 없을 듯하다. 또 금속제의 강력한 기계의 등장은, 메밀과 다른 재료의 배합을 가능하게 만들었을 것이다. 메밀이 아닌 밀가루만으로도 국수를 내릴 수 있게 되었을 것이다. 그건 보다 다양한 냉면의 탄생을 유도했을 터이다.

냉면기계의 발명은 냉면의 역사에 한 획을 긋는 사건이었다. 뒤에 언급하겠지만, 1925년 1월 25일 평양에서 면옥 노동자들이 노동조합을 결성한 이래 격렬한 노동쟁의가 시작되었다. 면옥 노동자 수가 많다는 점, 면옥 노동자가 단합하여 임금 인상을 요구하면서 파업하는 점은 냉면점 주인의 입장에서는 불편하기 짝이 없는 것이었다. 그것은 곧 이윤율이 낮아진다는 것을 의미했다. 이런 상황에서 냉면기계는 임금을 줄이고 이윤을 늘리기 위해 적극 도입되었을 것으로 보인다.

냉면에 일어난 변화

겨울냉면과 여름냉면

'냉면과 동치밋국냉면'에서 '겨울냉면과 여름냉면'으로

이제까지 살핀 바와 같이 19세기에 이미 상업화의 길을 걷던 냉면은 20세기 들어 면옥이라는 냉면 전문점이 출현할 정도로 대중적인 음식이 되었다. 이윤을 얻기 위해 상품으로서의 냉면에 변화가 일어났음은 물론이다. 그 변화는 말할 것도 없이 조리법과 재료에서 시작되었다.

조선시대에는 조리서가 인쇄되는 경우는 없었다. 하지만 20세기 이후 조리서가 인쇄, 출판되는 경우가 흔해졌다. 20세기 이후 1945년 해방 전까지 간행된 조리서는 다음과 같다.

① 1917년 방신영, 《만가필비 조선요리제법》 냉면, 동치밋국냉면.

② 1924년 이용기, 《조선무쌍신식요리제법》 동냉면, 여름냉면
(면옥냉면, 가정냉면)
③ 1934년 방신영, 《일일활용 조선요리제법》 냉면(동절냉면), 냉면(하절냉면)
④ 1934년 이석만, 《간편조선요리제법》 냉면(동절냉면법), 냉면(하절냉면법)
⑤ 1939년 조자호, 《조선요리법》 장국냉면, 김치국냉면
⑥ 1943년 조자호, 《조선요리법》 장국냉면, 김치국냉면, 생치냉면

가장 이른 것이 ①이다. 간행본은 아니지만 1915년에 필사된 《부인필지》도 중요하니, 여기서 먼저 다루겠다. 《부인필지》는 《규합총서》의 음식 부분만 떼어 내 축약한 것이다. 《부인필지》 역시 《규합총서》와 마찬가지로 동치미 담는 법에서 냉면을 다루고 있다. 내용은 《규합총서》와 사실상 동일하다. 동치미 담는 법에 이어 생치동치미를 담는 법이 실려 있는데, 인용하면 다음과 같다.

> 생치를 백숙으로 고아 그 국물을 기름기 없이 하여 동치밋국에 화합하고 생치 살을 찢어 넣으면 '명월관생치채'라 이르나니라.

> 동치밋국에 국수를 말고 무와 배와 유자를 얇게 저며 넣고 제육 썰고 계란 부쳐 채 쳐 넣고 후추 백자(잣)를 넣으면 '명월관냉면'이라 하니라.[121]

《규합총서》의 생치김치가 명월관 생치채로, 냉면이 명월관 냉면으로 바뀌었다. 명월관은 1903년에 개업했다. 명월관의 생치채와 냉면은 《규합총서》를 따르고 있었던 것이다. 여전히 과거 스타일의 냉면을 고수하는 음식점도 있었음이 확인된다. 하지만 위 ①에서 ⑤까지의 조리서는

냉면에 큰 변화가 있었음을 보여 준다.

1917년 방신영의 《만가필비 조선요리제법》은 냉면을 '냉면'과 '동치밋국냉면'으로 구분한다.[122] 1921년 《조선요리제법》 역시 냉면을 '냉면'과 '동치밋국냉면'으로 나눈다. 《만가필비 조선요리제법》과 완전히 동일하다. 그런데 앞에서 말했다시피 1924년 이용기의 《조선무쌍신식요리제법》에 오면 냉면이 겨울냉면과 여름냉면으로 분화되고, 여름냉면은 면옥냉면(가게에서 파는 냉면)과 가정냉면(집에서 하는 냉면)으로 나뉜다. 냉면을 여름냉면과 겨울냉면으로 구분한 것은 냉면의 모태인 동치밋국냉면에서 장국냉면이 갈라져 나온 변화에 계절을 적용한 것이었다. 이 구분을 이후 조리서는 그대로 받아들인다.

국물, 겨울냉면과 여름냉면의 결정적 차이

《조선무쌍신식요리제법》은 여러 차례 언급한 바 있으니, 여기서는 1934년에 간행된 방신영의 《일일활용 조선요리제법》을 예로 들어보자. 《일일활용 조선요리제법》은 냉면을 동절冬節냉면과 하절夏節냉면으로 구분한다.

냉면(동절냉면)

재료(3인분): 국수(열 손), 제육(20인 문14), 김칫국(적당히), 고춧가루(반 숟가락), 설탕(한 숟가락), 김치(썰은 것 반 보시기)

만드는 법 : 국수를 정하게 빨아서 즉시 건져 물을 바로 빼어서 대접에 담고 맛있는 김칫국을 붓고 저육을 얇게 저며서 칠 푼 길이, 너푼 넓이로 썰어 넣고 김치는 채 쳐서 위에 얹고 고춧가루 뿌리고 계란 부쳐 채 친 것 색스럽게 실백을 넣어 얹어 놓느니라.

냉면(하절냉면)

재료(3인분): 국수(열 손), 제육(20인 문씨), 장국(세 사발), 표고(한 개), 미나리(썰은 것 한 보시기), 석이(한 조각), 간장(반 종자), 계란(한 개), 실백(한 숟가락), 고춧가루(조금)

만드는 법 : 기름 없는 살코기로 맑은 장국을 끓여서 식히고 고기는 섭산적을 만들어 구워 다시 잘게 이겨 놓고 미나리를 한 치 길이로 잘라서 소금을 약간 쳐서 대강 절여서 꼭 짜 가지고 기름에 볶고 미나리 없을 때에는 외를 얇게 저며서 닷 푼 길이로 가늘게 채 쳐서 소금에 잠간 절였다가 기름에 볶아서 놓고 석이와 표고를 물에 정히 씻어서 채 쳐서 기름에 볶아 놓고 계란 황백미를 따로 얇게 부쳐서 닷분 길이로 곱게 채 쳐서 국수를 물에 속히 빨아 건져서 대접에 담고 국물을 붓고 그 위에 여러 가지 양념 만든 것을 뿌려서 놓나니 실백을 맨 위에 얹어서 놓느니라.[123]

여름냉면과 겨울냉면의 차이는 국물이다. 동치밋국에서 고기를 삶아 만든 육수 곧 장국으로 바뀐 것이 결정적 변화다. 물론 여름냉면엔 겨울냉면에 쓰지 않던 표고, 미나리, 석이 등을 쓴다.

이 분화는 ④, ⑤, ⑥에도 동일하게 나타난다. ④ 이석만의 《간편조선요리제법》 역시 동절냉면과 하절냉면으로 나누고 있다. 조리법도 앞의 조리서와 다를 바 없다.[124] 1939년 조자호의 《조선요리법》 또한 냉면을 겨울냉면(김칫국냉면)과 여름냉면(장국냉면)으로 나눈다.[125] 4년 뒤 동명同名의 책에서는 생치냉면이 추가된다.[126] 좀 더 분화한 것이다. 생치냉면에 대해서는 뒤에서 약간 더 언급하겠다.

그렇다면 동치미냉면에서 장국냉면으로의 변화는 20세기에 와서 일어난 것인가. 그렇지는 않다. 19세기 말기에 쓰인 것으로 추정되는 《시의전

▼《부인필지》 ▼《부인필지》 광고 ▼《만가필비 조선요리제법》

 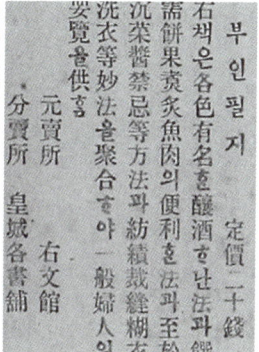 

▶ 방신영

요리서로 보는 20세기 냉면의 변화

《부인필지》(1915 필사)는 《규합총서》의 음식 항목만 축약한 것이다. 《규합총서》와 마찬가지로 동치미 담는 법에서 냉면을 다루고 있는데, 생치동치미를 담는 법이 실려 있다. 《규합총서》의 생치김치가 명월관생치채로, 냉면이 명월관냉면으로 바뀌었다.

▼《조선무쌍신식요리제법》 ▼이석만《간편요리제법》

 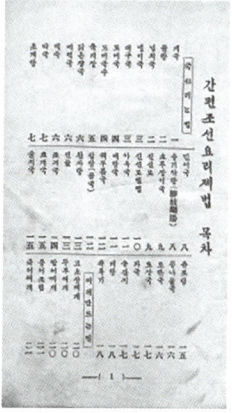 

▲ 조자호 《조선요리법》

방신영의 《조선요리제법》은 냉면을 냉면과 동치밋국냉면으로 구분하며, 이용기의 《조선무쌍신식요리제법》은 겨울냉면과 여름냉면으로 구분하고, 여름냉면을 면옥냉면과 가정냉면으로 구분하고 있다. 이석만의 《간편요리제법》, 조자호의 《조선요리법》도 마찬가지다. 여름냉면과 겨울냉면의 차이는 국물이다. 동치밋국에서 고기를 삶아 만든 육수 곧 장국으로 바뀐 것이 결정적 변화다.

서是議全書)에서 냉면은 이미 '냉면'과 '장국냉면'으로 분화되어 있었다. 냉면은 '맑고 산뜻한 나박김치나 깨끗한 동치밋국'에 국수를 말았고, 장국냉면은 '고기 장국을 끓여 서늘하게 식힌 다음' 국수를 말았다. 장국냉면 조리법은《일일활용 조선요리제법》과 다를 것이 없다. 그런데《시의전서》는 '상주의 양반가에서 소장하고 있던 조리서'였다. 앞서 검토했다시피 경상북도 일대는 냉면이 거의 확산되지 않았던 곳이다. 이런 점에서 보면 장국냉면 조리법은 상주에서 처음 만들어진 것이 아니라 다른 곳에서 만들어진 것을 옮겨 온 것일 가능성이 있다.

얼음, 여름냉면을 가능하게 하다

사실 동치밋국에 말아 먹는 겨울냉면은 동치밋국이 없으면 만들 수 없다. 기온이 올라가면 동치밋국은 쉬어 버린다. 여름에도 냉면을 먹고 싶다면 어떻게 할 것인가. 어떤 형태로든 여름냉면을 만들 필요가 있다. 실제 여름에 냉면을 먹었다는 자료는 종종 보인다. 1768년 7월 7일 칠석날, 황윤석은 예조의 직방에서 냉면을 먹었다. 이로부터 약 100년 뒤인 1860년(철종 11) 7월 15일, 철종은 일주일 전인 7월 7일에 냉면을 너무 많이 먹어 탈이 났을 것이라고 정원용에게 핀잔을 듣는다. 철종이 먹은 냉면은 냉면이라는 음식이 널리 알려진 뒤의 것이다. 당시 알려져 있던 냉면은 국수틀에서 내린 메밀국수를 동치밋국에 만 냉면이다. 그런데 여름에 냉면이라니! 이것은 따져 볼 만한 문제 아닌가.

앞서 거론한 자료에서 애매한 황윤석의 경우를 제외하고 여름에 냉면을 먹었던 사례를 정리하면 다음과 같다.

- 철종, 서울, 1860년 7월 7일

- 이도추, 원주 읍내의 점사, 1883년 5월 24일
- 박시순, 함경도 홍원, 1894년 7월 8일/ 충청도 면천, 1895년 6월 15일
- 지규식, 서울, 1891년 6월 21일
- 오횡묵, 경상도 고성군, 1894년 5월 24일

1860년, 1883년, 1891년, 1894년, 1895년이다. 모두 19세기 중반 이후다. 날짜는 5월 말(24일), 6월(15일, 21일), 7월(7일, 8일)이다. 이는 양력으로 각각 6월 말, 7월, 8월에 해당한다. 여름이다. 자료는 적지만 적어도 19세기 중반 여름에 냉면을 먹는 사례가 이처럼 보인다면, 여름냉면은 그 이전부터 시작되었다고 봐도 무방할 것이다. 아마도 겨울냉면의 맛에 빠진 사람들이 여름에도 냉면 먹기를 원했고, 그 결과 적어도 19세기 중반이면 누군가가 장국에 냉면을 말아 먹기 시작했을 듯하다.

여름에 차가운 국수를 어떻게 만들 수 있을까. 동치밋국을 대신할 국물과 국수를 차갑게 만들 얼음이 있으면 된다. 국수를 만들 때 찬물 혹은 얼음물을 사용하는 것은 그리 신기한 일이 아니었다. 1450년에 쓰인 《산가요록》에 실린 여러 종류의 국수는 거의 대부분 찬물 혹은 얼음물에 국수를 헹구는 방식을 사용하고 있었다. 1670년에 간행된 《음식디미방》도 세면을 만들 때 '면본'에 눌러 찬물에 건져 씻어 얼음물에 담가 두고 쓴다고 했다.

얼음이 어는 겨울이라면 이 방법은 문제가 되지 않는다. 하지만 겨울이 아니면 어떻게 할 것인가. 앞서 반빙頒氷과 관빙官氷, 사빙私氷에 대해 간단히 언급했는데, 이에 대해 좀 더 상론해 보자. 조선시대에는 국가와 민간에서 겨울에 얼음을 채취하여 여름에 공급했다. 먼저 국가는 세 곳에 빙고氷庫를 가지고 있었다. 국가의 제사용 얼음을 저장하는 동빙고東氷庫, 왕실과 고위관료에게 나누어 줄 얼음을 저장하는 서빙고西氷庫, 궁궐 안에서 사용

하는 얼음을 저장하는 내빙고內氷庫가 그것이다.[127] 예조 산하에 빙고를 두고 음력 12월과 1월에 인력을 동원하여 한강에서 얼음을 채취한 후 저장했다. 이것을 6월 초부터 9월 말까지 고위관료들에게 나눠 주었다. 이상이 국가에서 관장하는 관빙官氷이다. 6월이면 각사各司에 얼음을 나누어 주었는데[반빙頒氷], 목패木牌를 만들어 얼음 창고에서 받아 가게 했다.[128]

관빙으로 모든 얼음 수요를 충당할 수는 없었다. 관빙이 충족시키지 못하는 수요에 대응하기 위해 나타난 것이 사빙私氷이다. 15세기 후반 권세가들에 의해 건설된 사빙고私氷庫는 민간 장빙업藏氷業이 성행하는 18세기 이후 대폭 확산되었다. 정조 재위 기간에는 한강 연안에 사빙고가 30여 곳이나 있을 정도로 성황을 이루었다.[129] 민간의 장빙업은 특히 18세기 이후 성행했다. 서울이 상업도시로 성장하면서 각종 어물과 육류의 수요가 늘어났다. 건어나 염어鹽魚로 유통되던 어물이 생선으로 유통되자, 얼음을 가득 실은 빙어선氷魚船이 출현할 정도로 18세기 중엽 이후 민수용 얼음 수요는 크게 증가했다.[130]

국가가 얼음을 채취하여 저장하는 방식에도 변화가 있었다. 다양한 방식이 등장했지만, 결국에는 민간에서 채취한 얼음을 국가가 매입하는 방식, 곧 국가가 민간의 장빙업자에게 얼음을 구입하는 무빙제貿氷制로 낙착되었다. 이 얼음을 국가가 관료들에게 분배하는 제도는 기본적으로 변하지 않았다. 황윤석이 먹은 냉면이 '차가운 국수'였다면, 그것은 이 시기 서울의 민간에서 여름에도 살 수 있는 얼음을 넣은 것이리라. 철종이 먹은 냉면은 궐내의 내빙고에서 가져온 얼음을 장국에 넣어 만든 냉면이었을 터이다.

1894년 갑오개혁으로 관제가 개혁되자 빙고가 없어졌다. 국가가 얼음을 구입하여 관료들에게 나눠 주는 제도가 없어진 것이다. 그렇다면 얼음의 수요는 어떻게 충당했을까? 민간의 장빙업자는 사라지지 않았다. 1894년 음력 12월 31일부에 이창李刱이라는 사람이 '원만圓滿회사'라는 제빙·장빙업 회사를 세워서 얼음 유통 일을 계속했다. 비록 제빙이라고 했지만, 겨울에 한강에서 얼음을 캐는 채빙과 그것을 저장하는 장빙이 주된 사업이었다.[131] 이 천연빙은 필요한 사람들에게 계속 공급되었을 것이다. 이것이 19세기 말의 상황이었다. 아마도 장국에 국수를 만 여름냉면이 만들어졌다면, 19세기에도 그럴만한 조건은 이미 충분히 갖춰져 있었던 것이다.

얼음이 대중적으로 사용된 것은 20세기 이후였다. 1909년에 대한제국 탁지부에서 부산항 근처에 제빙소를 만들었다. 이 제빙소는 1910년 4월에 일본인 수산회사에 넘어갔다. 일본인 수산회사는 제물포와 원산, 군산 등지에도 제빙공장을 열었다. 생선을 유통할 때 신선도를 유지하기 위해서는 얼음 포장이 필수적이라 제빙공장은 수산업에 없어서는 안 되는 시설이었다. 이에 오래된 채빙 방식이 냉장시설과 연결되었다. 겨울에 한강을 비롯한 저수지 등이 얼면 그것을 캐내 보관하는 공장이 들어섰다. 전기가 충분치 않았던 터라 제빙공장도 얼음을 직접 생산하기보다는 이처럼 겨울에 캐낸 얼음을 보관하는 방식으로 운영되었다. 1913년 4월에는 경부선 기차 안에서 시원한 음료를 제공하기 위해 용산의 제1철로 근처에 일본인이 운영하는 제빙공장이 들어섰다. 이 공장 또한 겨울에 한강에서 캐낸 얼음을 보관하는 냉동 방식이 가장 중요했다.[132]

이 같은 회사가 만들어졌다고 해서 얼음의 공급량이 획기적으로 늘어난 것은 아니었다. 정문기鄭文基(1898~1995)는 1932년 《동아일보》에 기고한 글[133]에서 당시의 제빙업에 대해 소상히 증언했다. 정문기는 조선의 제빙업은 소화昭和 이전 곧 1926년 이전에는 그렇게 왕성하지 못했다고 증언했다. 제빙업이 시작된 것은 구한국 통감統監시대(1905~1910)에 부산수산조합에 최초의 제빙공장이 세워지면서부터라고 한다. 그 뒤 부산수산회사, 군산만석제빙회사(다이쇼大正 12년, 1923) 등이 제빙공장을 세웠다. 하지만 정작 제빙업의 발전은 총독부가 1927년 제빙업 발전을 목적으로 장려금을 교부하면서부터라고 한다. 정문기는 이후 제빙업이 급속도로 발전하여 1932년 현재 25개소의 제빙냉동고가 설치되었고 21만여 방척房尺의 용량을 가지고 있다고 했다. 이 25개소 중 22개소는 제빙·냉동을 겸했고, 3곳은 냉동만 하고 제빙은 하지 않았다. 22개소 제빙회사[134]는 하루 300톤, 5개월을 제빙하면 1년에 4만 6,000톤의 인조빙을 생산할 수 있었다. 이들 제빙회사는 모두 일본인 소유였다.

얼음의 총량은 제빙공장에서 만든 인조빙과 하천에서 채취한 천연빙을 합친 것이었다. 1930년 얼음의 총생산량은 17만 4,600여 톤이었다. 이 얼음의 75퍼센트는 생선 저장용으로, 그다음 음료용, 잠종지蠶種紙 냉장용, 위생용으로 사용되었다. 이 중 인조빙은 3만 5,600여 톤, 천연빙은 5

1950년대 한강에서의 얼음 채취
1930년 얼음의 총 생산량은 17만 4,600톤으로, 그중 9만 4,500톤이 국내에서 생산되었다. 이 가운데 천연빙이 62퍼센트가량 되었다. 얼음 생산량이 대폭 증가하면서 여름냉면을 쉽게 만들고 먹을 수 있게 되었다.
* 출처: 인터넷

만 8,900여 톤, 일본에서 가져온 외래빙外來氷이 8만여 톤이었다. 국내에서 생산된 9만 4,500톤 중 천연빙이 62퍼센트를 차지했다.

천연빙이든 인조빙이든 얼음 생산량이 대폭 증가했던 것은 두말할 필요가 없다. 이 얼음의 일부가 냉면 그릇으로 들어갔을 것이다. 다만 위 22개소 제빙회사에 평양은 들어 있지 않았다. 하지만 평양의 대동강 근처에도 1910년대 후반에 제빙공장이 들어섰다. 제빙공장이 가동되자 평양 사람들도 한여름에 얼음덩어리를 구할 수 있었다. 1925년 여름 서울에 비가 많이 와서 수해가 나 얼음값이 다섯 배나 오르자, 조선총독부 철도국에서는 평양을 비롯해 신의주에서 얼음을 구해 기차로 서울까지 수송해 왔다. 평양의 천연빙주식회사에서는 겨울에 꽁꽁 언 대동강에서 캐낸 얼음을 암모니아 가스를 사용해 녹지 않도록 보관했다. 일본인이 소유주였던 천연빙주식회사가 얼음값을 올리자, 평양의 음식점조합은 1926년 스스로 얼음 저장고를 구입하고 빙고조합氷庫組合을 설립한다.[135]

얼음의 공급 증가는 당연히 음식업에도 영향을 미쳤을 터이다. 식재료 저장은 물론 차가운 음식 예컨대 빙수, 아이스크림 등의 제조가 가능해진 것이다. 여름냉면을 쉽게 만들고 먹을 수 있게 된 것 역시 얼음의 공급이 늘어났기 때문으로 추정된다.

생치냉면과 가정냉면 (콩국수, 깨국수, 밀국수)

생치냉면, 꿩 육수에 동치밋국을 섞다

겨울냉면에서 여름냉면이 분화되어 나온 것으로 끝이 아니었다. 조자호의 《조선요리법》은 김칫국냉면(겨울냉면), 장국냉면(여름냉면)에 생치냉면을 추가했다. 생치냉면 조리법은 다음과 같다.

생치냉면

재료: 생치, 배, 동침이, 실백, 백면, 초, 설탕, 간장, 소금.
만드는 법 : 성한 생치를 정히 다려서 살만 얇게 저며 갖은 양념 해서 볶고 배는 물을 붓고 푹 고읍니다. 배는 작은 것이면 다섯 쪽에 내서 속을 빼고 껍질을 벗겨 가지고 가로 놓고 착착 썹니다. 동침이도 껍질을 벗기고 같은 치수로 썹니다. 준비가 되었으면 뼈 삶은 국물을 차게 식혀 가지고 동치밋국과 반반씩 간장, 초, 설탕, 기름 간 맞게 해서 국수를 찬물에 빨아서 알맞은 그릇에 담고 위에다 고명들을 얹은 후 국물을 붓고 실백을 띄웁니다. 깊은 겨울에 하는 냉면입니다.[136]

생치냉면은 꿩을 뼈까지 푹 곤 국물과 동치밋국을 반씩 섞은 뒤 거기에 국수를 말고 발라 낸 꿩고기를 올린 냉면이다. 동치밋국과 꿩 육수[137]를 섞는 방식은 《규합총서》의 생치김치와 같다. 하지만 《규합총서》는 그 국물에 국수를 말지 않았다! 생치냉면 역시 사람들이 먹는 겨울냉면이 분화한 것일 터이다. 앞서 언급했던 김남천은 생치냉면에 대해 이렇게 말한다.

무엇무엇 해도 냉면에는 꿩 이상 가는 것이 없다. 꿩고기를 쳐서 동치밋국에 먹어본 적이 없는 이는 냉면에 대하여 말참견[參見]할 자격이 없다. 꿩은 겨울에 나는 동물이다. 냉면 맛이 겨울에 나는 것은 이 때문도 아닌가 한다. 꿩고기를 쳐서 냉면을 먹어보지 못한 겨울은 내게 있어선 지극히 불행한 겨울이다.[138]

김남천은 평안도 성천 출신이다. 그가 말하듯 생치냉면은 동치미냉면의 변주로서 평안도에서 먹던 것일 터이다. 이는 《조선중앙일보》 1936년 6월 4일 자에 실린 〈냉면의 '고향'은 평양〉이라는 기사를 통해서도 알 수 있다. "또는 오동지五冬至달 기나긴 밤에 꿩고기 동치밋국을 담아서 듬뿍한 그릇 먹어 낸 다음에 덜덜덜 떨면서 뜻뜻히 땐 아랫목에 이불을 들쓰고 누웠다가……."[139]

그런데 "꿩고기 동치밋국을 담아서" 만든 생치냉면은 평안도만의 것이 아니었다. 앞서 황해도의 냉면에 대해 언급하면서 1947년 서울에서 개업한 봉산면옥을 살폈는데, 이 면옥에서는 '꿩 꾸미'를 얹은 냉면을 '황해도 봉산식 냉면'으로 소개했다. 황해도에서도 생치냉면을 먹었던 것이다.

가정냉면, 냉면의 원형이 보존된 냉면

이용기는 《조선무쌍신식요리제법》에서 냉면을 겨울냉면과 여름냉면으로 나누고, 다시 여름냉면을 '가게에서 파는 냉면'과 '집에서 하는 냉면'으로 나누었다. 이것을 면옥냉면과 가정냉면으로 정리해 보자.

여름의 면옥냉면은 '고기나 닭국'을 식힌 국물 곧 장국에 말고, '얼음' 한 덩이를 얹는 것이 기본이다. 여기에 들어가는 고명은 제육(돼지고기), 수육(쇠고기), 전유어, 배추김치, 배, 대추, 복숭아, 능금, 실백(잣), 삶은 달걀 반쪽, 알고명, 석이버섯, 실고추, 설탕, 겨자, 식초 등이다. 제육과 배추김치, 배는 기본적인 고명이다. 하지만 나머지 수육(쇠고기), 전유어, 복숭아, 능금, 삶은 달걀, 알고명 등은 모두 추가된 것이다. 상업화한 음식의 고급화, 사치화를 그대로 보여 주는 것이라 하겠다.

20세기 이후 냉면이 면옥냉면과 가정냉면으로 완전히 분화되자 후자가 원래 냉면의 원형을 보존하게 되었다. 그렇다면 실제 가정에서는 냉면을 어떻게 만들어 먹었을 것인가. 평양 쪽은 겨울에 냉면을 만들어 먹었다는 증언이 있고, 그것은 냉면의 원형에 가깝다. 하지만 다른 지방은 어땠을까? 서울의 경우를 보자. 조풍연趙豊衍(1914~1991)은 '1900년대 전후 서울의 풍물과 풍속'을 엮은 《서울잡학사전》에서 가정에서 조리해 먹는 냉면에 대해 이렇게 말한다.

> 서울 사람은 냉면을 겨울에만 먹었다. 그것도 대개 밤참으로서다. 양지머리 삶은 물에 동치미를 부어 국물을 만들고 국수를 만다. 차돌박이 편육을 얇게 썰어서 두어 점 곁들이고 실백을 몇 알 띄운다. 반드시 설탕을 쳤다. 가급적 흰 설탕. 배추 통김치 하나로 훌륭한 밤참이다. 국수는 부드러운 서울 메밀국수를 국숫집에서 몇 사리씩 팔았다. 서도西道의 쫄깃쫄깃한 국수나 기계에서 뽑아 말린 밀국수가 아니었다. 서도 사람들의 말을 들으면 그들도 '겨울냉면'을 즐기고 밤참으로 먹었다고 하는데, 어떻게 해 먹었는지 필자는 지식이 없다.[140]

서울 사람이 냉면을 겨울에만 먹었다는 것은, 가정에서 만들어 먹는 냉면에 한정될 것이다. 조리법은 장국과 동치밋국을 섞은 국물에 국수를 마는 방식이다. 동치밋국과 장국의 혼합은 충분히 예상할 수 있는 조리법으로, 원래의 냉면과 별로 다르지 않다. 다만 국수를 뽑지 않고 국숫집에서 파는 '부드러운 메밀국수'를 사서 썼다 한다. 여기서 국숫집은 국수를 뽑아서 전문적으로 파는 집이 아니라 냉면점을 의미할 터이다. 냉면점에서 따로 판매용으로 부드러운 국수를 만들어 두면, 그것을 사 와서 집에서 냉면으로 만들어 먹었다는 말로 이해된다. 조풍연은 《서울잡학사전》의 부제를 '개화기의 서울 풍속도'라고 달았다. 그가 1914년에 태어난 사람임을 고려한다면, 그가 소개한 '서울 사람의 냉면'은 일제강점기 서울 가정식 냉면의 사례일 것이다.

가정냉면은 조풍연이 증언한 메밀국수로 만든 단 한 종류만이 아니었다. 이용기는 《조선무쌍신식요리제법》에서 여름냉면의 가정냉면을 말하면서 "장국이나 깻국이나 콩국에다가 국수를 말고 외를 채 쳐 소금에 절였다가 기름에 볶아 얹고 알고명과 석이버섯 채 쳐 얹고 고기 볶아 난도하여 얹고 실백 뿌리고 얼음 넣어 먹느니라"라고 했다. 냉면을 마는 국물은 장국, 깻국, 콩국이다. 장국냉면은 면옥냉면과 동일하지만 고명이 아주 소박하다. 눈길을 끄는 것은 깻국과 콩국에 마는 것을 가정냉면에 포함시키고 있다는 점이다. 지금은 그냥 콩국수라고 부르지만 당시에는 콩국냉면이라고 불렀다. 예컨대 1940년대 말에 쓰인 것으로 추정되는 저자 미상의 《가정요리》(고려대 소장)는 냉면을 콩국냉면과 김칫국냉면으로, 1957년 한희순 등이 쓴 《이조궁정요리통고》는 냉면을 김칫국냉면, 콩국냉면, 장국냉면으로 나누었다.[141]

냉면붙이, 냉면에 약간의 변화를 주다

깻국냉면과 콩국냉면 같은 새로운 종류의 냉면은, 냉면이 탄생하고 난 뒤에 생긴 것이다. 곧 메밀반죽을 국수틀에 눌러 국수를 뽑아 동치밋국에 말고 거기에 무·배추김치, 돼지고기 편육, 배를 올려 먹는 냉면이 널리 퍼지자, 이를 모본으로 하여 약간씩 변화를 준 '냉면붙이'들이 생기기 시작했던 것이다. 깻국냉면과 콩국냉면은 육수를 바꾼 것일 터이다. 이제 이 냉면붙이에 대해 약간 언급해 보자.

경상도 성주 출신으로 구한말의 강직한 유학자이자 독립운동가였던 이승희李承熙(1847~1916)는 여성들을 훈육하는 교과서 《여범女範》에서 이렇게 말한다. "국수는 밀가루에 달걀을 섞어 반죽한 뒤 홍두깨로 밀어 종이처럼 얇게 만든 뒤 접어서 머리털처럼 썬다. 물을 팔팔 끓여 끓는 물에 삶아, 장물 혹은 육수에 섞는다. 아주 더운 날이면 돼지고기, 배, 여러 과일을 섞어 냉면으로 만든다."[142] 장물은 간장을 탄 물일 것이고, 육수는 당연히 고기를 삶은 물이다. 이것을 여름철에 돼지고기, 배, 과일 등을 섞어 차게 해서 먹으면 냉면이 된다. 이 차가운 칼국수는 '차갑다'는 조건을 만족시키기 때문에 냉면이라 부르지 못할 이유가 없다.

아마도 이승희의 밀가루로 만든 칼국수냉면은 더러 해 먹는 음식이었을 것이다. 《부인신보婦人新報》는 해방 후 얼마 지나지 않은 1948년 5월 19·20·21·22일 자에 〈가정요리상식, 각종 냉면 만드는 법〉이라는 기사를 싣고 다양하게 변주된 냉면의 조리법을 소개한다. 세목을 보면 다음과 같다. '냉면(여름철)'(19일), '장국냉면'(20일), '밀국수냉면·콩국'(21일), '국수비빔·녹두국(밀국수)'(22일).[143] 아마도 일제강점기에 분화된 냉면에 대한 소개일 터이다. 여기서 '냉면(여름철)'과 '장국냉면'은 둘 다 장국에 국수를 만다는 점에서 동일하다. 다만 전자는 섭산적과 미나리를 쓰고 후자는 오이를 쓴다는 것이 다를 뿐이다.

밀국수냉면은 쇠고기를 삶아 육수를 만든다. 거기에 닭 삶은 육수도 섞는다. 닭의 살코기는 양념을 하여 얹는다. 중요한 것은 국수. 국수는 밀가루로 만든 칼국수다. 이걸 삶아 놓았다가 식힌 장국에 넣는다. 국수틀에 눌러 뽑는 메밀면이 아니라 밀가루 반죽을 썰어 만든 칼국수면을 닭고기 육수와 쇠고기 육수를 섞은 육수에 만 것이 밀국수냉면이다. 이승희가 만든 냉면과 크게 다르지 않다. 고기만 돼지고기에서 쇠고기와 닭고기로 달라졌을 뿐이다.

콩국냉면은 다음과 같은 방법으로 만든다. "① 밀가루를 끓는 물로 반죽을 충분히 해서 잘게 밀어서 가늘게 썰어 삶아 놓고, ② 흰콩을 정하게 씻어 일어 불려서 삶아 가지고 맷돌에 곱게 달아서 체에 받쳐 소금으로 간을 맞추고, ③ 밀국수를 만들어 그릇에 담고 콩국을 부어서 상에 놓으니라." 아주 간단한 방법인데 사실 콩국수는 《시의전서》에 최초로 나온다. "콩국은 콩을 담가 불려 살짝 데쳐 가는 체에 받쳐 소금 타 간 맞추어 밀국수 말고 웃기는 깻국과 같이 하여 얹으라." 이는 콩국수가 19세기 말에 냉면의 한 종류로 이미 등장했음을 의미한다.[144] 흥미로운 것은 '깻국'이라는 말이다. 마지막의 국수비빔과 녹두국(밀국수)은 사실 냉면으로 보기 어려운 음식인데도 냉면의 범주에 넣고 있다.

가성소다와 아지노모도

응이가루와 식용소다, 메밀국수에 쫄깃함을 더하다

여러 번 말했다시피 메밀은 글루텐 성분이 없어 국수로 만들었을 때 끊어지기 일쑤였다. 《산가요록》의 국수부터 메밀가루를 다른 곡물가루와 섞었던 것은 그 곡물이 포함하고 있는 글루텐의 찰기를 빌려오기 위해서였다. 그런데 20세기 이후 메밀가루는 다른 곡물의 글루텐에 대한 의존도를 낮출 수 있었다. 다음 신문기사를 보자.

> 냉면의 졸긴 맛은 즉석에서 국수를 빼내는 데서 생기는 것입니다. 그러기에 일즉 만들어 오는 냉면일수록 맛이 없는 법입니다.
> 냉면의 재료는 모밀과 응이가루로 여기에다 식용 '소-다'를 쳐서 익은 반죽을 합니다. 그런데 이 반죽 여하에 국수의 맛이 달려 있는 것입니다.

모밀과 응이가루의 섞는 분량이라든지 물 치는 가량, 반죽하는 손놀림, 국수 빼는 방법 등이 국수의 맛을 결정하는 것으로 이것은 하루 이틀에 되지 안는 순전한 기술문제입니다. 그러기에 냉면 맛을 결정하는 것은 반죽하는 사람의 솜씨 여하에 달린 것입니다.[145]

이 자료에서 눈여겨봐야 할 말은 '졸긴 맛'이다. '졸긴 맛'은 약간 '쫄깃한 식감'을 뜻한다. 메밀로만 만든 국수는 쫄깃하지 않고 툭툭 끊긴다. 여기에 쫄깃한 식감을 더하기 위해 첨가하는 것이 '응이가루'와 '식용소다'다.

응이는 원래 율무를 가리킨다.[146] 곧 율무를 갈아서 물에 담가 얻은 앙금으로 쑨 죽이 응이죽이다. 그런데 조선 사람들은 먹을 수 있는 모든 가루를 응이라고 불렀다. 이는 '옥수수응이', '칡응이', '녹말응이', '메밀응이' 같은 명칭에서 확인 가능하다. 이런 이유에서 앞의 기사의 '응이' 역시 율무의 앙금을 지칭하는 것이 아니라, 점성이 높은 곡물의 고운 가루를 일컫는다고 보는 편이 타당하다. 일제강점기에는 이것을 '가다구리'라고 부르기도 했다.[147] 오늘날 냉면을 만들 때는 밀가루를 섞기도 한다.

그렇다면 응이와 별도로 넣은 '소-다'는 무엇인가. 이것은 '식용소다', '베이킹소다', '식소다'로도 불린다. 정식 명칭은 탄산수소나트륨($NaHCO_3$)으로 나트륨의 탄산수소염(중탄산염)이다. 중조重曹라고도 한다. 밀가루를 반죽할 때 사용하면 탄력이 생기게 된다. 메밀가루도 소다를 통해 탄력을 얻어 쫄깃한 맛을 뽐낼 수 있게 되었다. 그런데 식용소다가 아닌 다른 소다를 쓰는 통에 문제가 발생했다. 다른 기사 하나를 보자.

서도 지방 명물의 하나인 냉면은 근래 사업자들이 제조의 신속을 도모하기 위하여 냉면 원료인 메밀가루[蕎麥粉]를 물로 반죽할 때 약품인 세탁용 속칭 '떡잿물'이란 것을 섞어 넣는 일이 많다. 그렇게 하면 냉면의 분량이 많아지고 또 신속해지기 때문이나, 그것은 냉면의 원래 맛을 잃게 할 뿐만 아니라, 잿물을 혼용함으로 인하여 냉면을 먹는 사람들은 십중팔구가 위장병에 걸리어 고생을 하는 예가 많다.

재령載寧경찰서 위생계에서는 그를 방지하기 위하여 일반 냉면업자들을 호출하여 금후로는 '떡잿물'을 냉면에 혼용하는 자는 엄중한 처벌을 한다는 주의를 하여, 해당 업자들은 사용하지 않겠다는 서약서에 날인까지 하였다.

하지만 그 후에도 예전처럼 그대로 사용하는 자가 있는 모양이라 재령경찰서에서는 주의를 하여 오다가 얼마 전 그 같은 짓을 하는 3명의 영업자를 발각하고 곧 영업 정지를 시켰다.[148]

'떡잿물'은 떡덩이처럼 뭉쳐진 잿물인 듯하다. 잿물은 원래 '나무를 태운 재에 물을 부어 침전시킨 후 걸러서 얻어지는 물'로서 주성분이 탄산칼륨(K_2CO_3)이며 물속에서 가수분해되어 알칼리성을 띠므로 세탁에 효과가 있다. 조선 말 개항 이후 가성소다(NaOH)가 들어오면서 잿물 대신 세탁에 쓰였는데, 서양에서 들어온 잿물이라 하여 양잿물이라고 불렀다.[149] 위의 떡잿물은 양잿물이다. 냉면점에서 이 양잿물을 메밀가루에 섞어 반죽을 해서 냉면을 먹은 사람들이 위장병에 걸려 고생했다는 것이다.

신비한 가루 아지노모도, 냉면에 스며들다

《매일신보》 1925년 11월 18일 자에 실린 〈평양 면옥업자의 이상한 결의〉라는 기사에 의하면, 평양의 명물인 냉면은 근래 '냉면 영업자'가 다수 증가하여 각자 자신의 가게로 손님을 끌고자 했는데, 그 방법은 다음과 같았다. 국수를 다른 가게보다 많이 주는 것은 물론이고 맛을 좋게 하려고 '미味의 소素'를 치거나 계육수鷄肉水의 덧국을 치는 등의 방법으로 경쟁이 격렬했다는 것이다. '미의 소'는 '아지노모도'이고, 계육수는 닭 삶은 물(육수)이다. 이 같은 방법은 당연히 원가의 상승을 불러왔다. 결국 아지노모도의 값이 하루 평균 2, 3원이라는 '거비巨費'에 이르자, 면옥업자들은 회의를 열고 경쟁을 멈출 것을 결의한다. 결의 내용은 앞으로 일체의 가미제加味劑를 사용하지 않는다는 것이었다.[150]

여기 등장하는 아지노모도는 우리가 익히 아는 바로 그 인공조미료다. 일본의 화학자 이케다 기쿠나에池田菊苗가 1908년 글루탐산 소다(MSG)를 합성했다. 감칠맛 성분을 인위적으로 만드는 데 성공했던 것이다. 이케다 기쿠나에로부터 특허권을 양도받은 스즈키 사부로스케鈴木三郎助가 1917

냉면 맛에 스며든 인공조미료
'아지노모도' 광고
**1940년 평남에서 발표한
물가 고시 가격에 따르면
아지노모도 50문(187.5그램)의 값이
6원 79전으로 매우 비싼 편이었다.**
(《매일신보》 1915년 10월 7일).

년부터 아지노모도 생산을 본격적인 공업화 방식으로 전환하고 주식회사를 설립하여 제조, 판매, 광고를 시도했다. 1925년 평양의 면옥들이 아지노모도의 사용에 대해 비용 문제로 논란을 벌일 정도였다면, 굉장히 빠른 속도로 한반도에 퍼졌던 모양이다.

당시 《매일신보》(1915. 10. 7)에 실린에 실린 아지노모도 광고문을 읽어보자.

> 소맥과 대두로 정제한 순백의 분말이오니 각종의 음식에 소량을 가하면 곧 천래의 미미(美味)를 생(生)합니다.

밀(소맥)과 콩(대두)에서 뽑아 낸 순백의 분말을 조금만 넣으면 어떤 음식이라도 하늘에서 내린 아름다운 맛을 낸단다. 이 신비한 가루는 모든 조선의 음식에 스며들었다. 특히 냉면에!

아지노모도는 여름냉면이 본격적으로 팔리기 시작한 것과 관련이 있다. 원래 평양 사람들은 동미치를 담글 때 익힌 쇠고기나 돼지고기 덩어리를 넣어 냉면 육수를 만들었기에 동물성 단백질의 아미노산 맛이 냉면 육수에 배어 있었다. 그런데 그 맛을 아지노모도의 글루탐산이 대신하게 되었으니, 냉면점 주인 입장에서는 아주 편리해졌던 것이다. 《동아일보》 1940년 6월 27일 자 기사에 의하면 평안남도에서 발표한 당시 소비자 물가 고시 가격에 아지노모도 50문(匁)(187.5그램)이 들어간 작은 깡통 하나의 값이 6원 79전이었다. 같은 자료에서 두부 3문 11.25그램의 값이 2전 5리라고 했으니, 아지노모도는 매우 비싼 편이었다. 하지만 그 편리성은 비싼 값어치를 하고도 남았다. 특히 한여름에 굳이 동치미를 담글 필요가 없어졌으니 얼마나 간편했겠는가. 맛을 보는 손님 입장에서도 심심한 동

① 흥정잇는 음식점〈광고〉
(《동아일보》 1928년 6월 29일(2))

② 〈맛이 짠판일세〉〈광고〉
(《동아일보》 1930년 11월 16일(5))

③ 〈양념 가루 味の素〉〈광고〉
(《동아일보》 1931년 6월 16일(5))

④ 〈천객만래 千客萬來〉〈광고〉
(《동아일보》 1929년 10월 10일(1))

아지노모도와 냉면 광고

인공조미료 아지노모도는 굉장히 빠른 속도로 한반도에 퍼지면서 냉면에 스며들었다. 한여름에 동치밋국 대신 아지노모도를 넣은 육수가 훨씬 자극적인 맛을 내면서 여름냉면이 본격화되었다. 1925~39년 음식점을 대상으로 한 아지노모도 광고는 《동아일보》에 총 90건이나 되는데, 그중 가장 많이 등장하는 광고가 냉면 광고였다고 한다.

치미 육수에 비해 아지노모도를 넣은 육수가 훨씬 자극적이고 맛도 더 구수했던 모양이다.[151]

아지노모도사의 공격적인 마케팅도 이 인공조미료가 퍼지는 데 결정적인 역할을 했다. 아지노모도사는 1915년 《매일신보》에 광고를 게재한 이래 《경성일보》, 《동아일보》, 《부산일보》, 《조선신문》, 《조선민보》, 《조선일보》, 《조선매일신문》, 《매일신보》, 《평양매일신문》, 《남선일보》, 《원산매일신문》 등에도 아지노모도를 광고했다. 《조광》, 《여성》, 《신가정》, 《중앙》, 《삼천리》 등 당시 발행 부수가 많은 잡지 역시 아지노모도와 장기 계약하여 광고를 실었다.[152] 아지노모도사는 1925년부터 수요 창출과 판매 촉진을 위해 판매점 증설운동을 전개했다. 판매점들이 급증하자 이들을 지역별로 묶어 아지노모도회를 결성했다. 1929년까지 서선西鮮 아지노모도회(회원 1명), 남선 아지노모도회(회원 15명), 경인京仁 아지노모도회(회원 15명)가 설립되었고 1933년에는 북선北鮮 아지노모도회(회원 9명)가 결성되어 조선에 전국적인 판매망이 완성되었다. 1934년에는 호남 아지노모도회(회원 7명)가 남선 아지노모도회에서 분리, 독립했다.[153]

이런 활동의 결과 1929년 이후 아지노모도의 판매량이 급증했다. 아지노모도사는 서울이나 부산 등을 제외하면 특히 평양과 그 인근 지역에 판매 초점을 맞췄다. 평양은 냉면점이 많았고, 육수와 곰국물 요리가 많았다. 때문에 이 지역에 아지노모도를 사용하도록 집중적으로 권유했다. 평양에서는 냉면점 32명이 면미회麵味會를 결성했고 이를 기점으로 각 도시에서 크고 작은 냉면점을 묶어서 아지노모도회를 만들었다. 그 결과 1936년에는 제2경인 아지노모도회, 함경 아지노모도회, 1937년에는 황평黃平, 함경, 부산, 평양 아지노모도회 등 소매상 모임도 결성되었다. 대량 수요자들의 조직도 만들어졌다. 1932년 평양 면미회(32명), 1937년 함흥 포모상 아지노모도회(6명), 원산 면미회(7명), 인천 면미회(5명), 1938년 평양면옥 아지노모도회(19명) 등이 결성되었다. 인천과 원산의 면옥이나 평양의 소규모 면옥까지 아지노모도 판매 조직망에 포섭된 것이다.[154] 냉면은 이제 아지노모도를 피할 수 없게 되었다.

  냉면과 아지노모도가 불가분의 관계에 있었음은 1925~1939년 《동아일보》에 실린 아지노모도 광고를 분석한 논문을 통해서도 알 수 있다. 이 연구에 의하면, 음식점을 대상으로 한 아지노모도 광고는 1925년부터 1939년까지 꾸준히 등장하여 총 90건이나 되는데, 그중 가장 많이 등장하는 광고가 냉면 광고였단다. 총 18건의 광고에 7가지 도안이 등장한다는 것이다.[155]

냉면 식중독

식중독의 양상과 원인

식중독, 냉면집의 비위생이 낳은 불청객

20세기 이후 냉면의 급격한 소비 증가는 한편으로는 반갑지 않은 문제를 낳았다. 바로 식중독이다. 20세기 초 냉면을 조리하고 판매하는 과정은 결코 청결하다고 할 수 없었다. 앞서 인용했던 1912년 인천의 냉면상에 관한 기사를 다시 인용해 보자.

> 근일 인천의 냉면 장사들이, 길로 냉면을 가지고 다니는 자가 종종한대, 똑겅(뚜껑)을 덮지 아니하여, 위생에 방해될 염려가 있으므로 소관 경찰서 경부 김윤복金允福 씨가 일반 냉면 장사들을 불러들여 음식을 청결히 하도록 엄중히 설유說諭하였다더라.[156]

추측건대 '길로 냉면을 가지고 다니는 자가 종종하다'는 냉면 배달을 위해 냉면을 가지고 길을 가는 사람들이 많다는 의미일 것이다. 즉 도보로 냉면을 배달하는 장면이다. 그런데 냉면 그릇의 뚜껑을 덮지 않는다는 것이다. 앞서 1932년 《별건곤》의 기자 야광생夜光生은 냉면 배달부로 변장하여 냉면을 배달할 때 냉면 그릇에는 붉은 '꼬깔'을 씌웠다. 그러니까 이 관행은 1912년에는 없었던 것이다. 여기서 중요한 것은 그릇을 덮지 않은 행위를 경찰이 '위생의 관념'으로 지적하고 있다는 점이다. 이 위생 관념은 근대 이후 도입된 것이다.

음식을 위생적으로 관리하지 않은 경우 총독부가 처벌하기 시작했다. 1914년 6월 경관의 두세 차례 경고에도 불구하고 돼지고기와 침채沈菜 곧 김치 등을 덮개 없이 진열한 원산의 면옥상 김성준金聲濬은 벌금 50전을 물었다. 같은 원산의 면옥점 주인 이종호李鍾浩 역시 덮개 없이 음식물을 진열하여 판매하다가 벌금 50전에 처해졌다.[157] 당시에는 냉면점에서 냉면 위에 얹은 돼지고기와 같이 내는 반찬인 김치를 덮거나 장 속에 넣지 않고 노출해 두는 것이 일반적이었음을 알 수 있는 대목이다.

앞서 1929년 소설가 이태준이 서울 냉면점에 대해 말하면서 냉면점이 좌식으로 불편하고 비위생적이라 말한 것을 확인했는데, 이 같은 문제는 냉면점이 폭발적으로 성장한 1930년대에도 개선되지 않았다. 1930년 잡지 《별건곤》은 〈해학·풍자 춘계대청결〉[158]이라는 글에서 학원, 문단, 양행洋行꾼, 저급영화, '모던 껄, 모던 뽀이', '기생과 연애정사' 등을 대상으로 대청결의 과업을 수행할 것을 요청했다. 위생 관념을 청소라는 구체적인 행위로 현실화하면서 사회의 각 기구나 현상에까지 적용시키기를 바랐던 것이다. 위생 관념이 얼마나 필요했는지 짐작하게 하는 건의다.

하지만 이는 비유적인 것일 뿐이다. 중요한 것은 현실에서의 위생, 이 책의 주제와 관련해서는 음식의 위생이다. 《별건곤》은 같은 기사에서 음식에 대해서도 한마디 얹는다.

> 이 밖에도 청결을 하자면 많이 있다.……설렁탕집을 비롯하여 목로집, 냉면점, 장국밥집의 방과 그릇과 수저도 청결을 하자. 떡을 사 먹자 해도 눈썹이 보기 싫어 못 사 먹는다는 격으로 땟국을 벗기기가 섭섭하겠지만 그야말로 청결을 단행하라.

1930년대 설렁탕집, 목로집, 냉면점, 장국밥집 등의 불결했던 사정을 헤아리게 하는 내용이다. 이 비위생적 상태는 여름이면 더욱 확연히 드러난다. 같은 시기에 쓰인, 좀 더 구체적인 지적을 읽어 보자.

> 여름과 조선인의 식물食物.
> 여름! 우리나라 사람의 음식물! 나의 머리에 곧 연상되는 것은 여러분께 걱정 들을지 모르겠으나 거리에 음식점에 파란 장 유리창으로 보이는 여러 가지 음식!
> 돈육, 우육, 전유어, 여러 가지 색 고명 등등 먹음직스럽게 채반에 고여 놓은 음식, 거기에 왕왕하고 모여드는 흑파리 은파리 금파리, 우연인지 피육皮肉인지 내가 신경질 눈으로 찾아 그런지 냉면 그릇 먹는 중 한 그릇쯤은 꼭 파리가 섞였다.
> '또 어느 대요리점에 모 결혼식 피로연에 가서 음식 먹는데, 호박전 위에 쉬를 한 20마리 몽쳐 깔긴 것을 보았다. 그런 음식을 먹으면 꼭꼭 복통이 나서 수일 고생을 한다. …… 물론 그렇지 않은 가정도 있지만 재래 구가정舊家庭에서는 대부분이 그렇다.[159]

진열장을 갖춘 음식점이다. 돼지고기, 쇠고기는 아마도 삶은 것일 터이다. 거기에 기름에 지진 전유어도 있다. 하지만 진열장이라고 해서 흑파리, 은파리, 금파리가 몰려드는 것을 막지는 못한다. 결혼식 피로연이 열리는 대요리점의 사정도 다르지 않다. 호박전 위에 파리가 20개 정도의 알(쉬)을 뭉쳐 낳은 것도 본 적이 있다. 파리의 알은 부화하면 구더기가 된다. 냉면에서 구더기가 나오는 경우도 있었다. 1939년 11월 11일 서울 인사정 이문식당里門食堂의 냉면에서 구더기가 나와 영업정지 처분을 받았다.[160] 이는 흔히 있는 일이었다. 1940년 6월에는 영등포 조선옥朝鮮屋의 냉면에서 구더기가 나와 비난이 쏟아졌다.[161]

비위생적인 음식 상태는 자연 식중독과 연결되게 마련이다. 이제 냉면으로 문제를 좁혀 보자. 《조선중앙일보》는 1935년 7월 11일 자 〈지금부터가 냉면의 중독시절〉[162]이라는 기사에서 냉면으로 인한 식중독의 계절이 왔음을 알렸다. '성하盛夏에는 냉면에 중독되는 일이 많은데', 원래 조선 음식점은 설비가 불완전하므로 아무리 주의해서 먹는다 해도 안심할 수 없다는 것이다. 살균을 위해 식초 같은 것을 많이 쳐서 먹지만 그 역시 위장에 좋지 않다고 지적한다. 뒤이어 여름철 한 철만은 냉면을 그만두는 것이 제일 안전하다면서 냉면을 먹지 말라고 권했다. 여기에 냉면이 몸에 그리 이로운 음식이 아니라는 '의학가醫學家의 말'까지 덧붙였다. 여름에 냉면을 포기할 것을 권유할 정도로 음식점의 비위생적인 상태와 냉면으로 인한 식중독은 공포의 대상이었다.

식중독의 원인, 돼지고기와 소다

식중독의 원인은 대체로 두 가지였다. 첫째는 냉면에 얹어 주는 돼지고기다. 쇠고기가 원인이 되기도 했지만 압도적인 원인은 돼지고기였다. 먼저 식중독 사례를 간단히 살펴보기로 하자.

1933년 7월 21일 서울 청엽정 동해루東海樓의 냉면을 먹은 사람 50명 중 21명이 중독되고, 그중 3명이 위독한 사건이 발생했다. 부패한 돼지고기와 달걀이 원인이었다. 이 냉면점은 1932년 중독자 73명을 내고 그중 3명이 사망한 곳이었다. 1934년 7월 12일 십수 명이 중독되어 1명이 사망, 3명은 위독한 지경에 이르렀던 평양 대동면옥大同麵屋의 중독 역시 돼지고기와 육수의 부패가 원인이었다.[163] 1934년 9월 9일 12명의 식중독자가 나오고 그중 1명이 사망한 평양 수면옥壽麵屋 사건도 육수 부패 때문에 벌어졌다.[164] 통계적으로 식중독 사건이 가장 많은 곳은 평안남도였고, 대부분 냉면 때문에 일어났다.[165] 냉면 식중독 사고의 대다수는 부패한 돼지고기 때문이었다. 냉면 국물도 문제였는데, 이 역시 돼지고기 삶은 육수를 사용했기 때문일 터이다. 이런 사례는 일일이 들기 어려울 정도로 많다.

돼지고기가 냉면 식중독의 원인이라는 것은 공지의 사실이었다. 《매일신보》는 1936년 7월 23일 자 기사에서 이렇게 말한다.

> 해마다 여름이면 냉면 중독 사건이 처처에서 일어납니다. 사실 여름철 냉면은 까닥하면 배탈을 일으키기 쉽고 심하면 중독을 일으키게 되는 것입니다. 그러나 이것은 냉면이 나쁜 것이 아니라 고명으로 없는 '도야지고기'가 나쁜 것입니다.
>
> 도야지고기는 원체 상하기가 쉬운 고기인 까닭에 조금만 간수를 잘못하면 곧 '푸도마인' 중독을 일으키게 되는 것으로 냉면 중독 사건의 십중팔구는 대개가 이 도야지고기로 인한 '푸도마인' 중독 까닭에 생기는 것입니다.[166]

'푸도마인'은 일본어 'プトマイン'을 한글로 표기한 것으로, 독일어 '프토마인Ptomain'의 일본어 표기다. Ptomain은 육류 곧 단백질이 부패할 때 생기는 유독 물질로서 식중독의 여러 원인 중 하나로 꼽힌다. 냉면 식중독은 돼지고기 혹은 쇠고기를 삶은 뒤 상온에 오랫동안 방치하고 그것을 다시 냉면에 꾸미로 올리거나 삶은 물을 육수에 섞었을 때 일어났을 게다.

부패한 돼지고기와 함께 냉면 식중독의 원인으로 지목된 것은 앞에서 언급한 소다였다. 소다는 베이킹소다를 쓰는 것이 원칙이었으나, 냉면점에서는 값이 싼 가성소다 또는 양잿물이라고 불린 수산화나트륨(NaOH)을 사용하는 경우가 있었다. 수산화나트륨은 치명적인 맹독이었다. 1930년 7월 22일 냉면을 먹고 혹독한 복통을 앓는 사람들이 나타나자, 평양경찰서 위생계에서 60여 곳 냉면점을 일제 검사하여 '다량의 탄산나토링'을 사용한 사실을 확인했다. 평양경찰서는 '기리己利'(이기적 이익)를 도모할 경우 엄중하게 처벌하겠다고 했다.[167] 여기서의 '탄산나토링'은 아마도 가성소다 곧 수산화나트륨인 듯하다. 이어지는 9월 2일 자 기사를 통해 평양경찰서 위생계에서 조사한 결과 지난여름 사용 금지한 유해물인 '공업용 탄산나토리움'을 사용하는 것을 발견'[168]했다고 밝히고 있기 때문이다. '공업용 탄산나토리움'은 가성소다를 가리키는 것일 터이다.

1933년 6월 신의주 안식면점安堤麵店의 냉면을 먹은 후 130여 명이 식중독을 일으켜 그중 5명이 사망하는 사건이 일어났다.[169] 식중독의 원인으로 먼저 지목된 것은 소다였다. 《동아일보》는 가성소다가 혼입된 것은 사실이나 "그렇다고 흔히 오해하기 쉬운 자살용 속칭 '양잿물'이 아니라, 여자의 두발 세탁에 쓰는 갈색 '피잿물'이라는 것으로 일반 국수에서는 물론 기타 중국요리집에서도 반죽하는 곳에 많이 사용하여 오던 것"이라 했다.[170] 말이 애매하다. 가성소다가 들어간 것은 확실하지만 양잿물이 아니라 피잿물이란다. 피잿물이라는 말이 현재 쓰이지 않아 그 정확한 뜻을 알 수 없지만, 어쨌든 독극물인 양잿물은 아니라는 것이다. 그렇다고 가성소다가 아니라는 말도 아니다.

《동아일보》는 뒤이어 이렇게 말한다. "속칭 피잿물은 양잿물과 같은 극약은 아니로되, 글자 그대로 '가성苛性의 소다'임은 물론"이었다. 그런데 "계속 조사에 의하면, 신의주 내의 13개 면옥 중 5곳은 '불량 소다'를 사용했지만, 안식면점은 '진실히도' 중탄산소다[重炭酸曹達]를 사용한 것이 밝혀졌다." 식중독 사건의 원인이 가성소다라고 볼 수 없다는 것이다.[171] 평안도 위생과에서 냉면과 피해자의 위벽을 검사했으나 식중독의 원인을 알아 내는 데 실패했다.[172] 안식면점 식중독 사건의 원인이 밝혀지지 않긴 했지만, 보통 냉면으로 인한 식중독의 원인으로 가성소다를 지목했던 사정은 알 만하다. 또 실제 13개의 면옥 중 5개 면옥이 불량 소다 곧 가성소다를 사용하고 있었던 것도 확인되었다. 1938년 1월 평양경찰서에서 80여 냉면점의 위생 상태를 점검했는데 14곳에서 공업용 '탄산나토리움'을 혼입 사용하고 있었다 한다.[173] 불법으로 금지한 '불량 탄산소다'를 사용한 이유는 값이 쌌기 때문이었다.

안식면점의 경우 가성소다가 원인은 아니라고 했다. 하지만 가성소다가 식중독의 원인인 경우도 당연히 있었다. 경성 본정서本町署에서 1933년 7월 17일과 18일 이틀간 관내의 70곳의 냉면업자를 일제 검사한 결과 '조제粗製 소다'를 사용하지 않는 업소는 겨우 23곳에 불과했다.[174] 이 같은 단속에도 불구하고 이윤을 위한 위험한 도박은 그치지 않았다. 1934년 8월 내자동의 만화옥萬化屋과 인사동 이문옥里門屋에서 조제 탄산소다를 넣어 만든 냉면을 먹고 설사를 하는 사람이 나오자, 종로경찰서에서 즉각 점주를 불러 주의를 주고 이문옥은 과료 15원, 만화옥은 과료

10원에 처하는 일이 있었다.[175] 《매일신보》는 두 식당만이 아니라, 최근 시내 각 음식점에서 비밀리에 "부상腐傷한 육류 또는 부정가미원료不正加味原料 등을 쓰는 까닭"에 발병자가 많다고 지적했다.[176] 1939년 4월 25일 서울 관철동의 부벽루浮碧樓에서 냉면을 먹고 4명이 중독되었는데, 원인은 조제 탄산소다였다.[177] 이런 사정을 봤을 때 원인이 밝혀지지 않은 냉면 식중독 혹은 가벼운 증세의 식중독에는 조제 소다가 원인인 경우가 적지 않았을 듯하다.

냉면 식중독이 가장 많이 일어났던 곳은 평안남도였고, 그다음이 평안북도, 황해도, 서울이었다. 이는 냉면을 가장 많이 먹던 곳의 순서로 짐작된다. 도시 중에서 식중독자가 가장 많은 곳은 평양이었다. 1934년 9월 6일 평양 수면옥에서 12명의 중독자가 발생하여 1명이 사망하자, 《매일신보》는 기사에서 '통계상으로 식중독 사건이 가장 많은 곳은 평남이며 중독의 대부분이 냉면'이라고 했다.[178] 1937년의 중독 사건에 관한 통계가 남아 있는데, 남자 식중독 환자가 5,594명, 여자가 3,970명이었다. 이 중 사망자는 남자가 343명, 여자가 302명이었다. 식중독 사건은 다시 식중독과 약품 등에 의한 중독으로 나눌 수 있는데, 식중독의 경우 구체적인 내역은 다음과 같다. 남자는 2,629명(사망자 157명), 여자는 2,466명(사망자 78명)이었고, 이 가운데 냉면 식중독은 남녀 합해 508명, 사망자는 3명이었다.[179]

예방과 치료

《주식방문》 등의 고조리서에는 냉면에 식초, 겨자를 쳐서 먹는 식습관이 없다. 이 식습관은 20세기 전반의 조리서에 보인다. 이용기의 《조선무쌍신식요리제법》 '여름냉면'에 "설탕과 겨자와 초를 쳐서 먹으나, 여러 가지 넣는 것은 좋지 못하니"[180]라는 말이 나온다. 이것으로 보아 20세기에 들어와서 냉면에 겨자와 식초를 쳐서 먹기 시작했던 것이 아닌가 한다. 다만 식초와 겨자는 맛을 위한 것이 아니라 위생을 위한 것이었다. 1938년 9월 콜레라가 번지고 있는 상황에서 《동아일보》는 다음과 같이 계몽적인 기사를 쓴다.

> 특히 평양 명물 냉면도 위험하기 짝이 없다는데 이 외 음식을 일조에 금지시키기는 지난하여 초醋를 많이 쳐서 먹도록 권고 중이다.[181]

냉면에 초를 쳐서 먹는 것이 기호가 아니라 위생 때문이었던 것이다. 물론 이는 나중에 취향으로 바뀌게 된다. 예컨대 1939년 조자호趙慈鎬는 《조선요리법》에서 "겨자즙도 식성에 안 맞는 분이 계시니 따로 그릇에 놓는 게 좋을 것 같습니다"[182]라고 말한다.

냉면 식중독 환자들은 병원으로 옮겨져 응급처치를 받았다. 병원은 환자의 가검물을 채취해 검사하여 식중독 원인을 알아 내려 했다. 원인을 찾아내지 못하는 경우도 허다했다. 냉면 식중독을 관할하는 기관은 경찰서였다. 여름이 되면 식중독이 빈번하다는 것을 이미 알고 있었기 때문에 경찰서는 미리 냉면업자의 주의를 환기했다. 1937년 신의주경찰서의 경우를 보자.

> 매년 여름 절기를 당하면 냉면 중독으로 말미암아 수많은 희생자를 내이기 때문에 신의주경찰서에서는 수일 내로 부내에 있는 냉면업자를 소

집한 다음 이 중독 사건 방지에 관한 주의사항을 시달하여 냉면 중독 방지에 만전을 기하기로 되었다.[183]

이런 주의사항은 거의 모든 도시에서 반복되었다. 또 주의사항에는 조제 소다의 과용이 반드시 포함되었다.[184] 냉면 식중독 치료법도 적극 모색되었다.[185]

한편 육류의 부패를 막기 위해 냉장고 사용을 종용하기도 했다. 1933년 7월 4일 평양의 협성면옥에서 135명의 중독자가 발생하자, 평양경찰서는 10일 면옥업자를 전부 호출하여 냉장고 등을 설비를 완전히 하여 국수 원료의 부패를 방지하도록 '엄명'했다.[186] 하지만 면옥들의 냉장고 설치가 그리 순조롭게 진행되지는 않았던 모양이다. 이는 평양경찰서에서 1935년 6월과 1937년 8월에도 같은 명령을 내린 것에서 충분히 짐작 가능하다.[187] 경찰이 설치하라고 말한 냉장고가 어떤 형태의 냉장고였는지, 면옥들이 냉장고를 얼마나 설치했는지는 알려진 바 없다. 경찰서에서

일제강점기 냉장기(1920~1930년대)
일제강점기 때 가정에서 사용한 냉장기. 2단 구조로 상단에 얼음을 넣으면 하단부로 냉기가 전달되는 방식이다. 냉면의 소비가 늘수록 냉면집의 비위생으로 인한 식중독 사건이 해마다 불거졌다. 언론이 여름에는 냉면을 포기할 것을 권유할 정도로 냉면으로 인한 식중독은 공포 대상이었다. 경찰서는 면옥업자들에게 냉장고를 설비하여 국수 원료의 부패를 방지하도록 '엄명'했지만 그리 순조롭게 진행되지는 않았다.
* 출처: 인터넷

이렇게 냉장고 설치를 종용한 것은, '여러 가지로 연구한 결과 중독의 원인은 주로 육과 육즙의 부패에 있음을 알았다. 이 부패를 방지하기 위해 냉장고를 사용하는 것이 안전하다'는 것을 알았기 때문이었다.[188]

식중독 사례

그렇다면 실제로 어떤 냉면 식중독이 얼마나 많이 일어났던 것일까. 구체적인 사례를 통해 확인해 보자. 다음은 신문기사에 실린 냉면 식중독 사례들이다.

〈표〉 신문기사에 실린 냉면 식중독 사례

연도	월일	내용
1927년	7월 18일	평남 평양 어떤 냉면점. 학생 3명이 냉면 먹고 1명 사망.[189]
	7월 10일	경기 문산 역전 평양냉면점. 4명 중독. 생명에는 무관.[190]
1930년	7월 25일	평양 혹독한 복통. 22일 평양경찰서 위생계에서 60여 곳 냉면점을 일제 검사. '다량의 탄산나토링'을 사용한 것을 찾아냄, '기리근체'를 도모할 경우 엄중 처벌.[191]
1931년	7월 14일, 10일	서울 청엽정青葉町. 민윤기(32) 음식점에서 2명이 냉면을 사서 먹음. 복통, 구토, 설사, 사망. 중독자 80여 명 발생, 모두 3명 사망. 중국인 상점에서 사 온 소다[曹達]을 사용한 것으로 추정. 해부 결과 소다 사용 과다(탄산소다 중독)로 판명. 용산의 조사에 의하면, '소다'는 살인의 원인이 아니다. 분량은 많았지만 먹어서 '죽는' 소다가 있는지는 의문이라고 함.[192]

1932년	7월 25일	서울 원정元町 영흥식당永興食堂. 부패한 냉면을 먹고 35명 중독, 중태자 4명 중 1명 사망. 용산서에서 조사 중.[193]
	7월 28일	전라북도 군산 혹서로 인해 냉면을 먹기만 하면 이질에 걸림. 유독물 혼입이 원인은 아님.[194]
1933년	6월 24일	평북 신의주 안식면점. 7월 10일까지 중독자 130여 명, 사망자 5명. 가성소다(양잿물, 매 그릇에 0.464그램씩 혼입)를 사용한 것을 원인으로 지목했으나 그것이 실제 원인인지는 확정할 수 없었음.[195]
	9월 17일	평북 신의주 안식면점. 몇 사람이 복통. 안식면점은 18일 폐업.[196]
	7월 4일	평남 평양 협성면옥協成麵屋. 135명 중독, 모두 중태. 썩은 쇠고기가 원인.[197]
	7월 13일	평북 의주 상진면옥常珍麵屋. 27명이 국수를 먹고, 여자 9명, 남자 2명 중독. 이어 중독자 5, 6명 추가. 원인을 찾지 못함.[198]
	7월 21일	서울 청엽정 동해루東海樓. 냉면을 먹은 사람 50명 중 21명이 중독, 3명은 위독. 부패한 돼지고기와 달걀이 원인. 동해루는 1932년 73명의 중독자 중 3명이 사망한 윤흥관潤興館임.[199]
	8월 24일	경기도 장단 고랑포냉면옥. 10여 명 중독, 1명 사망. 원인은 채독菜毒.[200]
	9월 6일	평남 평양 서성면옥西城麵屋. 250그릇 넘게 판매. 국수 먹은 20여 명 중독. 1명 사망, 나머지 20여 명 중 5, 6명은 생명이 위독.[201]
1934년	7월 10일	평양 대동면옥大同麵屋. 돼지고기 국물의 부패가 원인. 11일 아침부터 350그릇을 팔았고 십수 명이 중독, 1명 사망, 3명은 위독.[202]
	8월 21-22일	사리원 황주냉면. 중독 110명. 급성위장가다루[急性胃腸加答兒]로 판명. 30여 명은 입원 치료 중이나 70여 명은 약으로 치료 중. 부패한 음식 때문으로 추정.[203]

	9월 6일	평양 수면옥壽麵屋. 12명이 중독, 1명 사망. 원인은 '육수 부패'.[204]
1935년	7월 14일 이전	신의주 어떤 국숫집. 국수를 먹고 복통이 극심, 아편 먹고, 절명. 국수 중독이 원인이 됨.[205]
	7월 22일	황해도 재령載寧 내유화리內有花里 오두현吳斗鉉냉면점. 냉면 중독 30여 명 발생, 3명 사망, 1명 위독, 부패한 수육.[206]
1936년	8월 12, 3일	평안남도 순안順安 조선면옥. 12일 하루 300그릇을 판매, 12일 농민 17명이 중독, 13일 서선西鮮축구대회에 출정하는 평양신명축구단 선수 14명이 중독. 물을 잘 끓이지 않아 국수가 충분히 익지 못한 까닭.[207]
	8월 20일	평양 조선면옥. 13그릇을 주문해 먹고 12명이 중독, 중태에 빠짐.[208]
	7월 22일	황해도 재령 냉면점. 25명이 냉면을 먹고 중독, 23일 3명 사망. 부패한 냉면과 돼지고기가 원인.[209]
1937년	8월 30일	강원 강릉 냉면점. 30명, 중독, 위독.[210]
	7월 5일	서울 영등포 덕흥옥德興屋. 2명 중독으로 사망. 이날 180여 그릇 판매.[211]
	7월 5일	황해 장연 읍내 냉면점. 7, 8명 중독, 1명 사망.[212]
1938년	6월 30일	황해 연백군 원약산냉면옥元若山冷麵屋. 2명 사망, 9명 중태.[213]
	8월 20일	평남 진남포 영성면옥永成麵屋(가명假名). 19명 중독, 그중 3명은 생명이 위독. 이외에도 약간 더 있음. 원인은 부패한 돼지고기.[214]
	9월 10일	평양 냉면 먹고 1명이 콜레라에 걸림.[215]
1939년	4월 25일	서울 관철동 부벽루浮碧樓. 4명이 중독, 조제 탄산소다가 원인.[216]
	8월 5일	평남 평양 한면옥韓麵屋. 8명 중독. 주인은 더위 먹은 것이라고 주장.[217]
	8월 12·14일	평남 평양 황금면옥. 17명 중독, 이 중 2명 사망, 생명이 위독한 자 5명. 고기 육수의 부패.[218]

근대 이후, 냉면의 시대

1939년	8월 5일	평남 강동군 김재봉냉면점. 17명 중독, 1명 사망, 썩은 냉면과 육수.[219]
	9월 11일	서울 인사정 이문식당里門食堂. 6명 중독.[220]
	10월 27일	황해 해주 중앙냉면점. 40여 명 중독, 3명 사망. 원인은 미상.[221]
1940년	6월 8일	평북 신의주 신흥면점新興麵店. 3명 즉사, 수십 명의 중경상자, 원인은 돼지고기로 추정.[222]
	6월 2일	평북 신의주 고진면점古津麵店. 12명 중독, 1명 사망. 원인은 탕국(육수). 다 쓰지 못한 육수를 그다음 날 씀.[223]
	7월 7일	평남 평양 금하면옥金河麵屋. 7명 중독. 부패한 고기가 원인.[224]

냉면값

냉면 가격, 물가와 재료값에 따라 오르락내리락

일제강점기 냉면은 대중들이 가장 선호하는 음식이었다. 그렇다면 냉면값은 어느 정도였을까? 냉면을 좋아하는 사람이면 쉽게 주머니를 열 수 있는 정도의 값이었을까? 이 문제를 살펴보자. 냉면값에 대한 가장 이른 자료는 1925년의 것이다. 1925년 8월 평양의 '국수[麵]조합'은 재료값 인상을 이유로 냉면 한 그릇 값을 15전에서 17전으로 올리기로 합의하고 평양경찰서 영업계에 청원서를 제출했다.[225] 아쉽게도 자료가 남아 있지 않아 청원 결과는 알 수 없다.

냉면값의 변동을 확실하게 알 수 있는 것은 1929년부터다. 이해부터 냉면값이 하락했다. 1929년 12월 17일부터 평안도 안주의 6개 면옥은 12

전 하던 냉면값을 일제히 10전으로 내렸다.[226] 쌀값 인하 때문이었다. 쌀은 1920년대 초 가장 비쌌다가 1930년 전후 가격이 3분의 1까지 폭락한 후 1930년대 말 전시체제에 이르러서야 1920년대 초 가격을 회복했다.[227] 그런데 쌀값이 흙값으로 떨어졌는데도 다른 물가는 요지부동이었다. 《매일신보》에 의하면, 쌀 판매를 절대적 수입원으로 삼고 있던 조선 사람들은 쌀값 하락으로 생활에 큰 타격을 받았다. 임금도 내려갔다. 예컨대 경북 성주군에서는 다양한 분야의 고용주들이 연합하여 50~60전 하던 남성 노동자의 하루 품삯은 30전으로, 30~40전 하던 여성 노동자의 하루 품삯은 15전으로 내렸다.[228]

다시 냉면값 이야기로 돌아가면, 평양에서는 면옥조합에서 1930년 11월 1일부터 냉면값을 15전에서 13전으로 인하하기로 결정했다. 면옥 노동자의 임금도 같이 내릴 경우 노동쟁의가 일어날 수 있다는 염려 때문에 임금은 내리지 않았다.[229] 하지만 이러한 결정에도 불구하고 7~8곳 면옥에서 이전부터 10전을 받았기 때문에 더 내려야 한다고 해서 논란 끝에 결국 모두 10전으로 인하했다.[230] 황해도 해주 역시 냉면값을 10전으로 인하했다. 해주경찰서는 음식점조합을 소집하여 일반 음식값의 인하를 단행했는데, 인하 폭이 가장 큰 음식이 냉면이었다. 냉면은 '음식 중에서 가장 대중적인 것'이라 15전을 10전으로 내렸고, 다른 음식도 20~30퍼센트 정도 인하했다.[231]

원산은 조합에서 15전에서 12전으로, 고원高原은 13전에서 10전으로, 진남포는 동업자 회의에서 냉면은 15전을 10전으로, 어복장국은 20전을 15전으로, 밥장국은 15전을 10전으로 내리기로 결정했다.[232] 냉면값 인하는 전국적인 현상이었다. 강원도 이천 역시 경찰서가 11월 1일부터 음식 가격을 강제로 내리면서 냉면값도 10전으로 내렸다.[233] 평안북도 선천 또한 면옥들이 물가 하락에 따라 11월 23일부터 냉면값을 13전에서 10전으로 낮추기로 합의했다. 당시 신문은 결국 면옥 노동자 등 냉면업 종사자들의 임금도 인하될 것이라고 예측했다.[234]

물론 냉면값 인하가 일률적인 것은 아니었다. 인하하지 않은 곳도 있었다. 게다가 인하가 반드시 업자들의 손해로 귀결된 것도 아니었다. 《별건곤》 1931년 4월호에 수록된 〈방정환씨方定煥氏와 빙수설당氷水雪糖(만화경萬華鏡)〉에 의하면, 당시 《별건곤》 사원이었던 방정환은 워낙 설탕을 좋아해서 15전짜리 냉면에도 10전짜리 설탕 한 봉지를 넣지 않고는 못 먹는다고 했다 한다.[235] 1931년 당시 서울의 냉면값은 15전이었던 것이다. 한편 전라북도 군산은 원래 냉면값이 20전이었다. 면옥 간의 경쟁으로 10전으로 인하하는 곳이 나타나자, 다른 곳에서는 다시 8전으로 내렸다. 사람들은 '8전 냉면점'으로 몰렸고, '한 집에 하루 매상고가 6, 700그릇은 무난하여 전부 매일 3천 그릇씩 팔리어 냉면 사태가 났다고 한다.'[236] 말이 좀 이상하지만, 모든 가게의 평균 매상고가 600~700그릇이고, 많이 팔리는 곳은 매일 3,000그릇이 팔렸다는 말이 아닌가 한다. 어쨌든 냉면값을 내리자 냉면이 더 팔리게 되었던 것이다. 그러니 냉면값의 인하가 결코 손해나는 일은 아니었을 것이다.

냉면값은 1932년부터 다시 오르기 시작했다. 1932년 평양의 면옥조합에서는 여름냉면의 재료인 메밀값이 폭등했다면서 '면가 인상 실시운동'을 맹렬히 전개했다.[237] 면가 인상 실시운동의 결과 8월 24일부터 냉면값은 10전에서 13전으로 인상되었다. 그런데 두 달 뒤인 10월, 면옥조합 내부에 분열이 일어났다. 계속 13전을 받자는 파와 인하해야 한다는 파 간의 갈등이었다. 인하파는 제일면옥 등 19개 냉면점이었다. 이들은 연명하여 8월 24일 경찰서에 '면가 인하 실시 진정원麵價引下實施陳情願'을 제출했다. 냉면값을 내려 달라는 진정서였다. 음식점들이 모여서 냉면값을 내리게 해 달라고 경찰서를 찾아간다니, 정말 우스꽝스런 모습이 아닐 수 없다. 하지만 일제강점기에는 당연한 풍경이었다. 당시 음식점은 경찰서 관할이었고, 경찰서가 음식값을 결정했다.

냉면값을 내려야 하는 이유는 다음과 같았다. 한 포대에 15원 하던 메밀값이 12원으로 떨어졌는데도 냉면 한 그릇에 여전히 인상된 13전을 받는다면, 이것은 '대중을 위하여 온당치 않다'는 것이다. 이건 정말 이상한 요구가 아닌가. 값을 내리고 싶으면 군산의 냉면점처럼 자기 가게부터

《조선중앙일보》 1936년 6월 4일   《매일신보》 1936년 7월 23일

〈냉면의 고향은 평양〉
냉면은 대중이 가장 선호하는 음식이어서 여름만 되면 언론은
이런 특집기사를 내곤 했다. 많이 팔리는 곳은 하루에 3,000그릇까지 팔았다고 하는데,
메밀값 여하에 따라 냉면값을 둘러싼 논란이 그치지 않았다.

내리면 그만이다. 다른 냉면점이 높은 가격을 받고 자신의 가게가 낮은 가격을 받으면, 가격 경쟁력이 생기는 것 아닌가.

사실 굳이 경찰서를 찾아가 평양의 모든 냉면점이 똑같이 인하된 가격을 받아야 한다고 진정서를 제출한 데는 이유가 있었다. 인하 반대파들은 냉면만 파는 냉면 전문점이 아니라 온반溫飯을 아울러 파는 온반 겸업자들이었던 것이다. 이들은 냉면이 덜 팔리면 온반이 많이 팔리므로 굳이 냉면값을 내릴 필요가 없었다. 인상된 냉면값은 그대로 받아 이익을 챙기고, 냉면이 비싸다고 먹지 않는 사람은 온반으로 쏠리기 때문에 또 거기서 이익을 보겠다는 생각이었다. 이것이 냉면값 인하를 반대했던 이유다. 이 꼴을 보다 못해 냉면 전문점이 경찰서에 일률적으로 냉면값을 내려 달라고 요구했던 것이다. 그럼에도 여전히 문제는 남는다. 거듭 말하지만, 온반 겸업자가 인상된 냉면값을 그대로 받아도 자신이 값을 내리면 문제는 간단히 해결되는 것 아닌가.

평양의 냉면값은 이렇게 미묘한 문제였다. 그런데 2년 뒤인 1934년 8월에는 면옥조합에서 다시 냉면값을 올려 달라고 요구했다.[238] 그간의 사정을 살펴보자. 냉면은 원래 1그릇에 15전이었으나, 지난가을 곧 1933년 가을에 13전으로 인하했다. 1932년 10월 전개했던 냉면값 인하운동의 결과이리라. 하지만 각종 원료 가격이 폭등하면서 인상이 불가피해졌다. 면옥조합에서는 2개월 전 13전을 15전으로 인상해 줄 것을 평양경찰서에 요청했다. 경찰서에서 불허하자 평양 시내 냉면점 24곳 중 7곳이 휴업에 들어갔다. 이런 상황에서 8월에 다시 평양경찰서 보안과에 냉면값 인상을 요구하는 진정서를 제출했던 것이다. 평양경찰서는 인상을 불허했다. 왜냐? 다른 재료의 값은 올랐는지 몰라도, 쇠고기값은 8월 상순부터 1근에 2~3전씩 인하되었던 것이다. 이것이 냉면값 인상을 불허하는 이유였다.[239] 결국 여러 우여곡절 끝에 냉면값은 1935년 1월 15일부터 15전으로 인상되었다.[240] 하지만 이는 노동쟁의를 낳았다.

냉면값이 인하된 상태로 유지될 수는 없었다. 면옥 측에서는 당연히 올리려 했고, 냉면을 먹으려는 사람들은 저항했다. 1934년 10월 해주의 냉면업조합에서는 재료값 인상 등을 이유로 냉면값을 10전에서 15전으로 인상했다. 50퍼센트가 인상되자 고객들은 발길을 끊었다. 인상 전에 하루 평균 300~500그릇을 팔던 해주 시내 면옥 12곳은 인상 후 하루에 200~300그릇밖에 팔지 못했다.[241] 진남포에서도 10전에서 15전으로 인상했지만 들끓는 여론에 밀려 다시 10전으로 돌아갔다.[242]

냉면값이 실제 오른 것은 1935년이었다. 평양의 면옥조합은 냉면값을 다시 15전으로 올리기 위해 평양경찰서에 세 차례나 인상을 요구했고 결국 1월 22일 인가되었다.[243] 다만 서평양 지역은 13전으로 올렸다.[244] 이렇게 인상된 냉면값은 1936년 12월 다시 문제가 되었다. 평양의 면옥조합 내부에 15전인 냉면값을 10전으로 인하하자는 의견이 나와 찬반을 둘러싸고 조합원 간 갈등이 벌어진 것이다. 12월 14일 조합원 총회가 열려 결국 지역별로 냉면값을 달리하는 방향으로 결정했다. 여기서 평양경찰서가 개입했다. '평양의 실정'을 감안하여 냉면값 인하 방침을 갖고 있던 평양경찰서는 면옥조합의 14일 결의를 기회로 삼아, 암정岩町, 서성리西城里, 신양리新陽里 방면에서는 1그릇 12전, 그 밖의 지역은 종전대로 15전으로 할 것을 종용했다. 면옥조합은 평양경찰서의 방침을 수용하여 번화가는 15전, 변두리는 12전으로 하기로 결정했다.[245]

사리원에서는 면옥노동조합이 냉면값을 10전에서 15전으로 인상해 달라고 경찰서와 음식점조합에 요구했다. 노동자가 직접 냉면값의 인상을 요구한 것은 자신들의 낮은 임금과 관계가 있었다. 당시 60명의 면옥 노동자 중 가장 높은 임금이 1개월에 10원이었는데, 모두에게 5원씩을 인상해 달라고 한 것이다. 노동자들은 요구가 관철되지 않으면 동맹파업을 할 예정이었다. 결국 면옥조합과 경찰서는 노동자들의 요구를 수용하여 냉면값은 5전, 임금은 3할을 인상했다.[246]

냉면값은 한동안 15전을 유지했던 것으로 보인다. 냉면값이 다시 인상된 것은 1939년이었다. 중일전쟁의 발발 등으로 전시체제가 본격화하면서 전체 물가가 올랐던 것이다.[247] 원산의 경우 재료비의 앙등을 이유로 15전인 현재 가격을 20전으로 인상해 달라고 원산 상의商議에 진정했다. 원산 상의에서는 각지의 냉면값을 조사해 보고 결정하기로 했다. 조사 결과는 평양, 신의주, 통천은 각 15전, 인천, 성진城津은 15전 내지 20전[248]이었다.

거의 대부분 15전에서 20전으로 가격이 형성되어 있었다. 원산이 가격을 20전으로 인상했는지는 확실치 않다. 하지만 다른 곳은 실제 인상되었다. 평안북도 피현枇峴의 면옥에서는 물가 인상을 이유로 12전을 15전으로,[249] 진남포에서는 15전을 18전으로,[250] 안주에서는 15전을 16전으로 인상했다.

가장 큰 인상 요인은 메밀의 부족이었다. 예컨대 1939년 강원도에서 한해 때문에 메밀 대신 다른 작물을 심기로 결정하자 메밀값이 폭등했다. 각지의 면옥은 고통을 겪을 수밖에 없었다.[251] 메밀 부족으로 인해 평양의 면옥들은 1939년 12월 18전이던 냉면값을 20전으로 올려 줄 것을 평양경찰서에 요청했고, 평양경찰서는 허가하지 않을 수 없었다.[252] 1940년 1월 신의주경찰서는 원료값 폭등과 기타 사정을 고려하여, 1그릇에 18전 하던 냉면값을 20전으로 올리는 것을 허가했다.[253] 신의주의 면옥조합에서는 이미 인상을 진정해 놓고 있던 터였다. 이 소식을 전한 《매일신보》는 "그동안 낮아졌던 질質도 다시 전과 같이 회복되리라"고 기대했다.

냉면값이 낮게 유지되자 냉면점에서 냉면의 질을 낮추었던 것이다.

총독부, 가격과 양을 정하다

음식점 업자들은 값을 올릴 수 없을 경우 양을 줄이는 것으로 대응했다.[254] 《매일신보》 1940년 11월 23일 자 기사 〈적어지는 냉면의 양〉을 보자. 당시 중국요리집의 우동이나 짜장면, 조선음식점의 냉면과 온면, 이외 음식점의 우동과 소바, 밤거리에서 파는 우동이나 소바가 든 국수류의 음식은 음식점조합에서 협정 가격을 받아 왔다. 그런데 우동과 소바의 분량이 말할 수 없을 정도로 줄어 들어 비난의 대상이 되고 있다. 이에 대응하여 총독부에서는 도쿄의 예를 따라 우동과 소바의 양을 정해서 판매하도록 할 계획을 세운다. 11월 21일 본정서本町署에서 음식조합장 등을 불러 값을 올리지 못하는 대신 양을 줄이는 업자들을 훈계한다. 현재 우동과 냉면이 30몬메もんめ(돈, 3.75그램) 내지 35몬메 정도인데 너무 적다는 것이다. 그러고는 각종 국수의 양을 다음과 같이 정해 준다. 우동·냉면·짜장면은 55몬메, 소바는 45몬메!

 음식의 양을 정한다는 것은 가격을 강력하게 통제하겠다는 뜻이었다. 같은 해 12월 6일 총독부는 조선식 온면과 냉면을 비롯하여 대중적인 우동, 소바에 정종까지 '공정 가격'을 정하여 15일부터 실시한다고 발표했다. 다음은 몇몇 음식의 공정 가격이다.

- 냉면, 25전에서 20전으로 인하
- 온면, 25전에서 20전으로 인하

- 우동, 13전에서 11전으로 인하
- 모리, 18전에서 13전으로 인하
- 셈베, 47전에서 35전으로 인하

* '모리'는 '모리소바盛り蕎麦'(もりそば), '셈베'는 '센베이せんべい'(煎餠)가 아닌가 한다.

냉면과 온면은 고기 7몬메 이상이 들어가야 하고 김치도 같이 내놓아야 했다.[255] 이 방침은 19일에 공포되고 그날로 시행되었다.[256] 만약 방침을 따르지 않을 경우 영업을 정지시킨다고 엄포를 놓았다.[257] 하지만 엄포에도 불구하고 따르지 않는 면옥이 있었다. 인천경찰시는 냉면 한 그릇의 값을 강제로 25전에서 20전으로 인하하고, 국수의 정량을 45몬메, 고기를 7몬메 이상으로 하라고 지시했다. 그러나 여러 면옥에서 이를 순순히 따르지 않았다. 일제히 조사에 들어간 결과 위반자 3명을 적발하여 구류하고 취조에 들어가기까지 했다.[258]

냉면값은 1941년 이후 거의 언급되지 않는다. 1943년 6월 총독부는 6월에 면류값을 인상했다. 여러 종류의 국숫값을 올렸는데, 그중 냉면은 20전에서 22전으로, 온면은 20전에서 22전으로 인상했다.[259]

냉면값은 1925년 15전 내외에서 1943년 22전까지 올랐으니 그리 빠르게 인상된 것은 아니었다. 일제강점기 소설에 등장한 식민지시대의 급여를 정리한 논문에 의하면, 보통학교 교사가 40~60원, 중학교와 고등보통학교 교사가 60~70원, 기자가 60~80원, 은행원이 60~80원, 기수가 30~40원 정도였다고 한다.[260] 1원은 100전이므로 15~20전 정도의 냉면 가격은 그리 비싼 것이 아니었다.

앞서 1941년 3월 인천경찰서에서 냉면 국수와 고기의 양이 정량인지 일제히 조사에 들어갔다고 서술했다. 이때 인천 경찰이 위반자에게 했다는 말이 대단히 흥미롭다. 그는 이렇게 말했다. "냉면은 대용식으로서 중요한 음식물인데, 근량과 가격이 지정되어 있음에도 이런 위반을 하는 것은 용서없이 처벌할 터이다." 냉면은 쌀을 중심으로 하는 일반 식사를 대용할 수 있는 음식이라는 것, 대표적인 대중적 음식이라는 언급이다. 이 발언으로도 냉면이 그리 비싸지 않은 음식이었음을 짐작할 수 있다.

면옥 노동자와
면옥노동조합

면옥 노동자와 냉면배달부

철저한 분업으로 상당수의 면옥 노동자가 필요

근대 이후 냉면점 곧 면옥의 증가는 면옥에 고용되어 냉면을 만들고 배달하는 노동자의 증가를 의미했다. 1935년 2월 평양면옥조합이 평양경찰서에 여러 차례 진정해서 13전이던 냉면값을 15전으로 올리자 평양면옥노조에서 임금 인상을 요구했다. 면옥 노동자의 파업을 알리는 《매일신보》 1935년 2월 10일 자 기사에서는 이 시기 평양에 44개 냉면옥이 있고, 여기에 약 500명 노동자가 고용되어 있다고 했다. 44개 면옥에 500명이면 1개 면옥에 11~12명이 고용되어 있었던 셈이다.

앞서 1933년 7월 17일과 18일 이틀간 경성 본정서에서 관내의 70곳 면옥을 검사한 결과 불량 탄산소다를 쓰지 않는 곳은 23곳에 불과했다는

《경성일보》 기사를 검토한 바 있다. 본정은 충무로 일대다. 곧 서울 중심부에 면옥이 70여 개 있었다는 의미다. 서울에도 냉면점은 증가일로에 있었던 것이다. 면옥 수가 이 정도라면, 특정할 수 없지만 서울에도 평양에 버금가는 면옥 노동자가 있지 않았을까? 예컨대 1931년 5월 서울 서린동의 평양냉면옥에서 파업이 일어났을 당시 이 냉면점에서 고용하고 있던 배달부는 모두 10명이었다.[261] 평양 외의 평안도와 황해도 도시에도 적지 않은 면옥이 있었으니, 이들을 모두 합하면 20세기 전반 전국의 냉면점은 상당한 수의 노동자를 고용하고 있었다고 봐야 한다.

면옥에는 어떤 노동자들이 있었던가. 냉면을 만드는 과정을 보자. 메밀을 갈아서 메밀가루를 만들고, 그것을 반죽하고, 국수틀에 넣어 누르고, 솥에 떨어져 익은 국수를 건져 찬물에 헹구고, 그릇에 담아 육수를 붓고, 고명을 얹는 과정이 필요했다. 물론 여기에 고명과 양념, 웃기를 만드는 공정을 맡는 사람이 있어야 한다. 가정에서 냉면을 만든다면 이 모든 공정은 한두 사람이 처리하겠지만, 주문이 쏟아지는 면옥이라면 사정이 다르다. 작업 공정은 분업화될 수밖에 없고, 그에 따라 특화한 노동자가 생기게 마련이다.

1933년 6월 신의주 안식면점安堤麵店에서 냉면을 먹은 후 130여 명이 식중독을 일으키고 그중 5명이 사망하는 사건[262](이 사건은 뒤에 상세히 다루겠다)이 일어났다. 이로 인해 종업원들이 신의주경찰서에서 조사를 받았는데, 당시 신문기사는 종업원에 대해 이렇게 말하고 있다. "안식면점의 '앞자리'(압자리)와 '반죽꾼'과 배달인들이 업무상 과실치사 혐의로 지난 5일 이래로 신의주서에 구속되어 목하 엄중한 취조를 받는 중."[263] 이 자료에 의하면, 면옥 노동자는 앞자리, 반죽꾼, 배달인으로 나뉜다. 앞자리는 면을 삶아서 찬물에 헹궈 그릇에 담는 사람이다. 김준근 그림(280쪽)

의 오른쪽에 있는, 그릇에 국수를 담고 있는 사람이다. 반죽꾼은 당연히 반죽을 전담하는 사람일 터이다.

 이 외에 반죽을 국수틀에 넣고 눌러 면발을 솥에 내리는 사람이 있어야 한다. 발대꾼은 이 일을 하는 사람일 것이다. 발대는 의미가 정확하지 않은데,《표준국어대사전》은 "높은 곳에다 작업 장소를 임시로 마련하기 위하여 만든 발판을 지지하는 틀 구조, 수직대, 가름대, 받침대 따위로 이루어지며 가볍고 억세며 조립, 해체나 이동이 쉽다"라고 풀이했다. 천장에 도배를 할 때 작업자가 딛는 높은 발판 같은 것이다. 김준근의 그림을 보면 벽에 계단 같은 것을 만들어 붙여 놓았다. 국수틀을 누르는 사람은 줄을 잡고 계단을 발로 밟은 후 몸을 뒤집어 등에 힘을 줘서 국수틀을 눌렀다. 그런데《표준국어대사전》은 발대를 '북한어'라고 말하고 있고, 위에서 살핀 냉면 뽑는 방법은 평양식이다. 그러니까 발을 지탱할 수 있는 이 계단 같은 것을 발대라고 부르지 않았을까?[264]

 반죽꾼, 발대꾼, 앞자리가 냉면을 만드는 노동자의 전부는 아니다. 손님에게 내가기 전에 그릇에 담고 돼지고기 편육, 무·배추김치, 배 등 고명을 얹는 노동자도 있어야 한다. 이들을 고명꾼이라 한다.

 이제 다시 순서를 정리해 보자. 반죽꾼이 메밀을 치대서 반죽을 만들어 발대꾼에게 넘긴다. 발대꾼은 그것을 국수틀에 넣고 눌러 끓는 솥으로 면발을 내린다. 앞자리는 면발을 건져서 찬물에 헹궈 씻어 그릇에 담는다. 고명꾼은 고명을 얹는다. 물론 모든 작업에 앞서 메밀을 갈아서 가루로 만드는 노동이 있어야 하는데, 이 일을 누가 맡았는지는 밝혀지지 않았다. 1925년 4월 8일 평양면옥노동조합에서 최초의 임금 인상 투쟁을 할 때 '메밀 정미에 대해 매 두斗 5리씩 인상할 것'을 요구한 것을 보면, 메밀을 가루로 만드는 노동이 있었고, 그러한 노동에 일정 비용을 지불했음

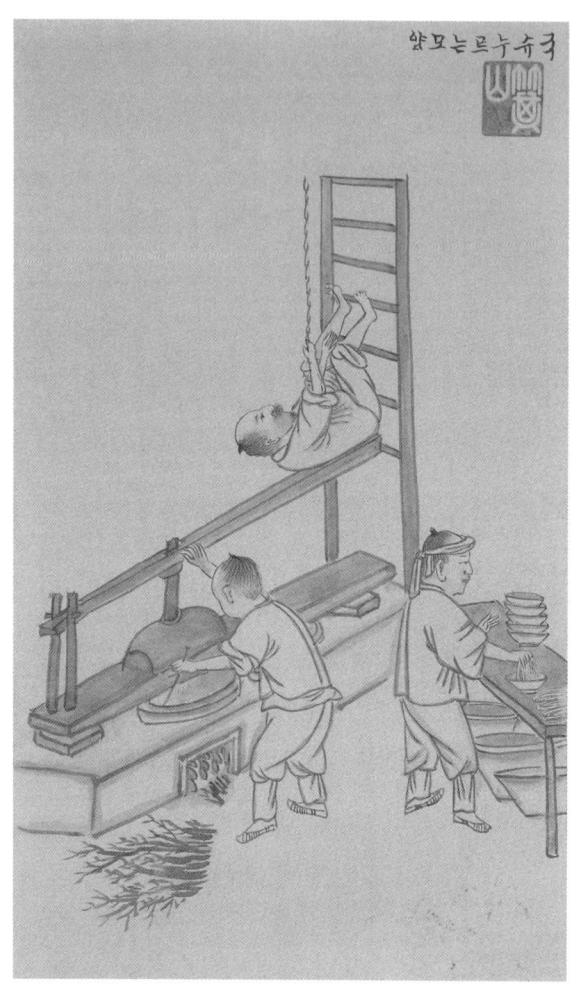

김준근의 〈국슈 누르는 모양〉

면옥 노동자는 앞자리, 반죽꾼, 발대꾼, 고명꾼, 배달인으로 나뉜다.
앞자리는 면을 찬물에 헹궈 그릇에 담는 사람, 발대꾼은 반죽을 국수틀에 넣고 눌러
국수를 솥에 내리는 일을 하는 사람이다. 그림에서 보듯, 발대꾼은 줄을 잡고
계단을 발로 밟은 후 몸을 뒤집어 등에 힘을 줘서 국수틀을 눌렀다.
앞자리는 국수를 삶아 물에 헹궈 그릇에 담는 일을 맡았다.
그림의 오른쪽에 있는 사람이다.
* 소장처: The British Museum.

을 알 수 있다.

냉면 배달부, 냉면점 매출의 큰 몫

이들은 모두 주방에서 일하는 사람들이었다. 하지만 이들이 면옥 노동자의 전부는 아니다. 냉면을 만드는 사람 외에 냉면을 배달하는 사람 곧 배달부도 있었다. 냉면점의 매출에는 배달이 큰 몫을 차지하고 있었다. 면옥 노동자 중 배달부의 파업이 업주 측에 치명적인 일이었음을 떠올려 보면, 매출의 상당 부분이 배달에서 나왔다고 해도 지나치지 않다. 이제 배달부에 대해 좀 더 구체적으로 살펴보자. 배달은 직장 혹은 가정에서 음식을 받아먹을 수 있다는 점에서 매우 편리한 제도였다. 배달은 전근대 한반도에서 전혀 쓰이지 않던 말이었다. 중국에서도 이 말은 쓰이지 않았다. 배달은 '하이타츠はいたつ'(配達)로서 일본말이었다. 한반도에서는 1884년 우정총국郵政總局의 개설과 함께 근대적인 우편체제가 갖춰진 이후에 보편화된 말로, '물건을 가져다가 몫몫으로 나누어 돌리다'라는 뜻이었다.[265] 곧 편지나 전보를 가져다주는 것을 배달, 그러한 일을 하는 사람을 배달부라 불렀는데, 음식을 가져다주는 업종이 생기면서 본격적으로 차용한 것으로 보인다. 이는 아마도 전화의 사용 증가 시기와 맞물릴 터이다.

냉면점의 배달부는 거리를 누비고 다녔기 때문에 사람들의 눈에 쉽게 띄었다. 냉면배달부 그림은 신문과 잡지에 종종 등장한다.

아마도 짧은 바지에 줄무늬 셔츠가 냉면 배달부의 여름용 옷이었던가 보다. 겨울이면 두꺼운 옷에 방한모를 쓰고 손에는 검은 병정 장갑을 꼈다고 한다.[266]

이제 배달이 어떻게 이루어졌는지 보자. 1932년 《별건곤》의 기자 야광생夜光生은 냉면 배달부로 변장하여 하루 배달 일을 한 경험을 기사[267]로 작성했다. 이 기사는 냉면 배달에 대한 중요한 정보를 담고 있다. 잡지가 2월에 발행되었으니, 기자 야광생이 배달을 경험한 것은 아마도 1월일 것이다. 1월의 서울은 한겨울이다. 야광생은 양복을 벗고 방구석에 굴러다니는 때 묻은 조선 바지저고리를 입는다. 배달부 장갑을 빌려 끼고 방한모를 귀까지 눌러쓰고 냉면점으로 갔다. 도착한 뒤 주문 전화를 기다린다. 11시쯤에 첫 전화가 울린다. 관철동 24×번지 냉면 두 그릇이다. 이제 배달 장면을 직접 보자.

> 자전거 등불을 밝히었다. 냉면 그릇에 붉은 고깔을 씌워 두 그릇 장국 한 주전자, 소독저 두 개, 김치 한 그릇을 실은 목판을 어깨 위에 올려 놓으니 웬일인지 묵직한 것 같다. 그뿐 아니라 거북해 못 견디겠다.

  냉면 두 그릇 위에 씌운 붉은 고깔은 음식에 먼지가 앉지 말라고 씌우는 밥상보 같은 것일 터이다. 냉면 육수는 주전자에 담는다. 소독저는 나무젓가락이다. 여기에 빠질 수 없는 김치 한 그릇이 추가된다. 이것을 나무로 만든 넓은 목판 위에 모두 싣고 목판을 한쪽 어깨 위에 올려 놓는다.
  배달꾼이 옆에서 요령을 가르쳐 준다. "자, 이렇게 올려 놓으시고 이 손을랑 한 귀퉁이를 잡으시오." 목판을 어깨에 얹은 뒤 손으로 목판 한 귀퉁이를 꽉 잡으란다. 오른손잡이라면 오른손으로는 자전거 핸들을 잡아야 하기 때문에 왼쪽 어깨에 올리고 왼손으로 목판의 한 귀퉁이를 꽉 잡아야 한다. 이건 곡예에 가깝다.
  일일 배달부 야광생은 요령을 듣고 출발했다. '자전거종'을 울리며 종로 네거리를 지나 종각 뒤로 들어가 평양루 냉면점 골목에 이르러 속도를 늦춘다. 쓰러질 듯 말 듯하다가 개천을 피하느라 어리버리하는데 전신주가 코앞에 나타났다. 핸들을 확 꺾었으나 목판 한 귀퉁이가 전신주와 부닥쳤다. 냉면 그릇은 무사했지만, 김치 그릇이 엎어졌고 주전자 속 '냉면장국' 곧 육수의 3분의 1이 달아났다. 낭패도 이런 낭패가 없었으나 대충 수습해 관철동 24×번지에 도착했다.

냉면 가져왔다고 하니, 여자가 나와 준비해 둔 소반에 냉면 그릇을 옮긴다. 슬쩍 방 안을 보니, "칸살이 넓은 2간 장방에 비단 방장이 쫙 둘러쳐 있다. 자개 박은 조선장[欌]이 두 개, 그 옆으로 키 큰 양복장이 한 개, 그 외에도 너저분하게 치장해 놓은 것이 많다." 꽤나 사는 집이라는 말이나. 마흔쯤 되어 보이는 남자가 냉면을 다른 그릇에 옮기고 원래 그릇은 돌려주라고 하자, 서른쯤 된 여자가 "딴 그릇에 옮기면 맛이 없어요!" 하고 듣지 않는다. 여자는 주전자의 육수를 따르다가 한마디 쏜다.

> "아아니, 국물이 요고 뿐이야. 이걸 가지고 어떻게 먹으란 말이야?"
> "겨울에는 손님들이 국물을 많이 안 치니깝쇼."
> "아아니, 그건 무슨 소리야. 별놈의 냉면점도 다 봤네. 그럼 더 추운 겨울에는 국물 없이 비벼 먹고 말겠네. ……우리집에서 냉면을 처음 먹어 보는 줄 아나 봐 참!"

여자는 미닫이를 탁 닫으면 한 마디 보탠다. "참 멍텅구리!"
그릇을 가져가려고 툇마루에 앉아 30분을 기다리니 추위가 뼛속까지 스며든다. 갑자기 미닫이가 열리더니 "거기 서 있지 말구 그대루 가우. 내일 아침 그릇 찾아갈 때 돈 받아 가구!" 진작 그렇게 말을 할 것이지, 분노가 치솟았지만 참고 냉면점으로 돌아왔다. 무슨 일이 난 줄 알았다고 걱정하는 주인에게 있었던 일을 말하자, 주인은 "그런 일이 흔히 있습니다.

참 용하게 배달하셨습니다"라고 위로를 아끼지 않는다.

두 번째 배달은 재동이다. 만두 두 그릇, 냉면 한 그릇이다. 냉면점은 냉면 외에 만두도 팔았던 모양이다. 주문자의 집에 도착했더니 알 만한 사람들이다. 한 사람은 ○○사社 아무개이고, 또 한 사람은 □□사에 다니는 사람인데 이름은 모른다. 집주인은 국세 조사과調査課에 다니는 아무개 양이다. 다행인 것은 이 사람들이 배달꾼 야광생을 몰라 봤다는 점이다.

세 번째 배달 음식은 냉면이 아니라 만두 두 그릇이다. 배달처는 청진동의 새로 지은 집이다. 대청마루에 유리창을 해 닫고 안방 툇마루 쪽으로 찬간饌間을 벌여 놓은 '제법 부릴 솜씨를 다 부린' 집으로, '부○의원 ○○○의 첩'이 살고 있었다. 여성의 성은 희성稀姓이고 가운데 이름이 '계啓' 자라고 한다. 야광생은 젊은 양복쟁이 둘이 담장을 뛰어넘어 들어가 여성의 방에서 소곤거리는 것을 들었다. 집안의 허드렛일을 하는 할미에게 "재미 좋군요!" 하고 한마디 했더니 입을 다물라면서 만둣값 30전 외에 10전짜리 한 장을 더 쥐어 주었다.

네 번째는 떡국을 서대문정 1정목 19○○번지 ○호의 '대단히 까다로운 번지'로 배달하는 것이었다. 이 집은 18~19세가량의 ○○여학교 '생도'가 밀매음을 하는 곳이었다. 남자는 이불 속에 있었다. 냉면점에 돌아와 물었더니, 배달부들은 이구동성 이렇게 말했다. "네, 네, 그 집 말씀이지요! 밀가루얘요. 매일 저녁 남자들이 안 꾀이는 날이 없지요!"

야광생이 하루에 배달한 집은 총 네 곳이다. 이것으로 배달부 1명이 하루 네 곳 정도 배달했다고 말할 수는 없다. 야광생에게 배달 요령을 가르쳐 준 배달부가 있었으니, 실제 냉면점에서는 배달부 여럿을 고용했을 것이다. 야광생은 배달이 생짜라 네 곳만 배달했을 뿐이다. 또 하나 배달 음식에는 냉면만 있는 것이 아니라, 만두와 떡국도 있었다. 냉면을 파는 음식점은 냉면 외에 만두나 떡국 같은 음식을 같이 팔기도 했다.

냉면 배달을 시킨 사람은 주로 차려 놓고 사는 것이 넉넉한 축(첫 번째 사례), 부호의 첩, 근대 이후 나타난 직업 종사자(세 번째의 경우)나 새롭게 생긴 신분의 인물(네 번째의 여학생)이다. 물론 네 번째의 경우 직업은 밀매음인데 여학교 학생이라는 근대적 신분을 가진 인물이다. 이들은 모두 전화를 갖추고 있을 정도로 넉넉한 살림이었다. 적어도 서울에서 냉면을 전화로 주문해서 먹을 정도라면 경제적으로 여유 있는 계층이었던 것이다.

기자 출신의 야광생은 냉면 한두 그릇을 배달하는 데 그쳤지만, 배달부 한 명이 배달할 수 있는 냉면은 주문에 따라 달랐을 것이다. 극단적인 예이기는 하지만 배달부 1인이 80그릇의 냉면을 배달한 경우도 있었다. 1931년 6월 8일, 관훈동 ○○양복점에서 주인과 그의 친구 사이에 말싸움이 벌어졌다. 배달부 한 명이 거리에 상관없이 유기鍮器에 담은 냉면 80그릇을 등에 지고 자전거로 양복점까지 운반할 수 있느냐는 것이었다. 가부를 두고 논쟁이 벌어졌고 결국 냉면점에 전화해서 가능 여부를 물었다. 냉면점으로서는 불가능하다고 답할 이유가 없었지만, 너무 많은 양이라 사람을 양복점으로 보내 80그릇 주문이 확실한 것인지 재차 확인했다. 양복점에서는 주문 내용이 사실이라고 확인해 준 뒤, 만약 배달이 성공할 경우 배달원에게 5원을 상으로 주겠다는 약속까지 했다.

냉면점은 80그릇을 만들어 배달부 중 '제일 힘세고 실수 없는 사람을 선택'했다. 음식점은 감사원鑑査員과 '만일을 염려해 딸려 보낸 수행원 몇 사람'을 자전거를 따라 나서게 했다. 배달은 성공이었다! 양복점 주인은 무언가 하자를 찾기 위해 냉면을 일일이 검수했으나, 오히려 한 그릇이 더 많았다.[268] 극단적인 예이기는 하지만, 배달꾼 한 사람이 배달할 수 있는 냉면이 수십 그릇에 달했고 평소에도 한두 그릇이 아닌 20~30그릇 정

냉면 배달부의 모습

냉면점의 매출에는 배달이 큰몫을 차지했다. 배달부 한 명이 배달할 수 있는 냉면은
주문에 따라 달랐겠지만, 80그릇을 배달한 사례도 보인다. 서울에서 냉면을 전화로 주문해서
먹을 정도라면 경제적으로 여유있는 계층이었을 것이다.
냉면점 배달부는 여름엔 짧은 바지에 줄무늬 셔츠,
겨울엔 두꺼운 옷에 방한모를 썼다. 오른쪽은 나혜석의 드로잉.
(《동아일보》 1936년 8월 18일(3))

**곡예하듯 많은 음식을 싣고 가는 모습에
놀라는 장면을 그린 〈음식 배달부와 귀부인〉**
(《조선일보》 1934년 4월 30일)

도는 쉽게 배달할 수 있었음을 짐작하게 한다. 당시 핵가족 혹은 1인 가구가 드물었다는 사실을 떠올려 보면, 냉면은 한꺼번에 여러 그릇을 배달했을 듯하다.

《조광》은 창간호(1935년 11월)에서 〈가두街頭의 직업인과 일문일답〉이라는 기획기사를 통해 길거리에 보이는 여러 직업을 소개했는데, 거기에 음식 배달하는 사람의 인터뷰도 포함되어 있다.

"배달하는 동안 재미나는 것을 본 일이 없냐구요! 그야 물론 많지요. 그러나 음식 한 그릇에 일전一錢밖에 받지 못하는 터이니 생활이 곤란해서 견딜 수가 없어요. 어느 때가 제일 괴로우냐고요! 더운 여름과 추운 겨울이 제일 괴로워요. 어름판에 메고 가던 그릇을 메치고 나면 그만 눈물이 나올 지경이여요. 그 깨어진 그릇 흘으러진 음식을 볼 때 미칠 지경으로 괴롭습니다."
"그것을 어떡합니까?"
"제가 물어야죠. 실비로 제가 물지요. 그러니 제가 고의로 한 것은 아니요, 참말 어쩔 수 없이 그리된 것인데, 혹 착한 주인은 물시해 주기도 하지만, 보통은 모두 물어 내야지요!"
"그것 참 너무 심한데요!"
"그렇지만 어쩌는 수가 있어요?"(어쩔 수가 없어요!)[269]

한 그릇 배달에 1전을 받았다는 것, 배달 중에 음식을 엎으면 그릇까지 배달하는 사람이 물어 내야 했다는 것이다.

면옥노동조합의 활동

평양면옥노동조합

평양과 평안도, 황해도, 서울을 중심으로 냉면점이 늘어나자 면옥 노동자도 급격히 증가했다. 이들의 노동조건은 매우 열악했고 임금은 낮았던 것으로 보인다. 예컨대 1931년 2월 14일 평양면옥노동조합이 고용주 측에 제시한 요구사항을 보면, 당시 면옥 노동자의 노동시간은 하루 19시간이었다. 해주의 면옥 노동자가 1936년 6월 7일부터 파업에 돌입하면서 임금 인상, 노동시간 단축, 대우 개선 등을 요구했는데, 이때의 노동시간 역시 19시간이었다.[270] 하루 19시간의 노동이 어떻게 가능했던 것인지 도무지 이해할 수 없지만 그것은 에누리 없는 현실이었다. 비현실적인 살인적 노동에도 불구하고 임금은 형편없이 낮았다. 면옥의 폭발적인 증가는 일차적으로 냉면 소비의 증가에 따른 것이겠지만, 한편으로는 저임금과 노동 착취에 근거한 경영주의 수익 증대에도 원인이 있을 것이다. 극심한 노동 수탈에 시달리던 면옥 노동자들은 자신들이 권익 확보를 위해 결속하기 시작했다.

1925년 1월 25일 냉면의 성지인 평양에서 최초의 노조가 만들어졌다. 《동아일보》는 최초의 면옥노조 설립을 이렇게 전하고 있다.

> 평양에 있는 냉면가의 고용인들은 전통적으로 고주雇主의 착취와 학대를 여지없이 받아 왔는 바, 이제에 이르러서는 일반 동지의 공고한 단결의 역력力으로 고주에 대항하는 무기를 만들고자 지난 1월 25일 피고인被雇人(피고용인) 약 105명이 대동문大同門 노동조합사무소 내에 모여 '면옥노동조합'이라는 신단체를 조직하였는데 …….[271]

고용주의 착취와 학대를 받아 오던 105명의 면옥 노동자가 고용주에게 대항하는 무기로 면옥노동조합을 결성했던 것이다. 조합장은 김성정金聖貞이었다. 이날 서울의 각 주의主義 단체의 대표자 서정희徐廷禧(1876~?) 등 7명이 축사를 했다.

이렇게 출발한 면옥노동조합이 먼저 해야 할 일은 당연히 임금 인상이었다. 같은 해 4월 2,000명의 양말공장 직공이 파업을 단행하자, 면옥노조 역시 임금 인상 투쟁에 나섰다. 8일 대동문 노조 사무실에서 총회를 열고 12개의 요구조건을 내걸었다. 12개 중 알려진 것은 ① 임금 인상(50전 이하는 10전, 50전 이상은 5전을 인상할 것), ② 노동시간은 오후 11시까지로 할 것, ③ 노동조합 회원 이외의 사람은 고용하지 말 것, ④ 해고하고자 할 때는 반드시 노동조합의 승낙을 받을 것 등이었다.

①은 임금 문제다. 예시한 임금은 하루 일당일 것이다. 50전 내외였으니, 평균 50전이라면 1개월에 15원이었다. 당시 냉면값이 15전이었으므로, 하루 일당으로 냉면 3, 4그릇에 해당하는 임금을 받았던 것이다. ②는 노동시간이다. 밤 11시까지로 해 달라는 요구를 보니, 평소 노동시간은 밤 11시를 훨씬 넘겼던 듯하다. 면옥 노동자는 19시간 노동했으므로 밤 11시라면 새벽 4시에 일을 시작한다는 의미다. 새벽 4시에 시작해 밤 11시를 넘기는 노동이라니, 실로 살인적이다. ③과 ④는 연결된 문제인데, 고용주는 노동자를 언제라도 임의로 해고할 수 있었던 것으로 보인다. 노동조합은 이러한 요구 외에 '메밀 정미에 대해 매 두斗 5리씩 인상할 것'과 '일요일과 휴업일도 일급을 지급할 것'을 요구했다. 이전까지는 메밀을 분쇄하여 가루로 만드는 노동에 대한 임금도 없었고, 휴일 노동에 대한 임금도 없었던 것이다.

고용주 측은 ②를 제외하고는 모두 수용하지 않겠다고 했다.[272] 자신의 돈을 더 써야 하는 요구이니 들어 줄 수 없고, 마음대로 해고할 수 있는 권리도 포기할 수 없다는 것이었다. ②를 받아들여 하루 노동시간을 밤 11시를 넘기지 않기로 한 것도 고용주의 양보로 보기 어렵다. 11시 전까지의 노동강도를 올리면 간단히 해결될 문제였기 때문이다. 결국 면옥 노동자 208명이 파업에 들어갔다.[273] 평양경찰서의 중재로 고용주 측에서 노조가 요구한 임금 인상의 반액을 승인함으로써 파업이 끝났다.[274] 작지만 면옥 노동자 최초의 승리였다.

이것은 시작일 뿐이었다. 그들이 요구한 인상액의 반으로는 만족할 수 없었던 면옥노동조합은 1926년 1월 들어 '면옥 노동' 중 배달부가 가혹한 노동에 시달리지만 임금은 다른 노동에 비해 낮다면서 인상을 요구하기로 결정했다.[275] 같은 달 6일부터 평양부의 냉면점 자전거 배달부 16명이 임금 60전을 1원으로 올려 줄 것을 요구했으나 고용주 측은 수용하지 않았다. 이에 배달부들은 최후 수단으로 동맹파업에 돌입했다.[276] 《동아일보》는 10일 기사를 통해 양편의 양보로 문제가 해결되고 배달부가 복귀했다[277]고 전했지만 사실이 아닌 것으로 보인다. 같은 달 파업 단행 이후 배달부들의 생활이 곤란해져 면옥조합에서 문제 해결을 위해 '부내 천도교당'에서 강연회를 열려고 준비 중이고, 평양서에서 이들이 입장료를 받는 것에 대해 허가 여부를 고려 중이라는 기사가 있기 때문이다.[278]

이 동맹파업의 결과가 어떻게 되었는지는 알 수 없지만, 면옥노동조합이 제대로 작동했던 것은 분명하다. 1926년 2월 13일 천도교당에 260명이 참석해 정기총회 겸 창립 1주년 기념식을 거행했고,[279] 6월에는 배달부들이 매일 3, 40전의 임금을 받아 생활하면서도 푼푼이 돈을 내서 평양부 내 이문리里門里에 수천 원의 가옥을 구입해 회관을 설립하고 기념식을 거행했다.[280] 1926년 9월 조합원은 208명이었다.[281]

이제 평양면옥노동조합의 활동을 좀 더 살펴보자. 1927년 2월 13일 3회 정기총회에서 면옥조합은 7가지 사항을 결의했다.[282] ① 운동 방침에 관한 건, ② 임금 직수입直收入에 관한 건, ③ 소비조합 설립에 관한 건, ④ 조합원 교양에 관한 건, ⑤ 금주에 관한 건, ⑥ 저축에 관한 건, ⑦ 대동면옥大同麵屋 사건에 관한 건 등이었다. 먼저 6개 사항을 읽어 보자. ①은 내용이 생략되어 있어 알 수 없다. ②는 조합이 임금을 고용주로부터 직접 받아 조합원들이 분배한다는 것, ③은 조합원의 일상생활에 필요한 물품을 구입하기 위해 소비조합을 설립한다는 것, ④는 순회문고를 설치하여 조합원들로 하여금 읽고 토론하게 한다는 것, ⑤는 지나치게 술 마시는 것을 금하고, 음주로 인한 실수는 엄중하게 징벌한다는 것, ⑥은 모든 조합원이 한 달에 50전 이상을 의무적으로 저축하여 비상 시기에 쓰게 한다는 것이었다. 이 같은 결의는 조합이 일종의 생활공동체를 지향하고 있었음을 알려 준다.

⑦은 약간 상세히 말할 필요가 있다. 이것은 대동면옥 주인과 면옥조합원 김치문金致文 사이에서 일어난 '언쟁 사건'에 대해 조합의 입장을 밝힌 것이다. 언쟁이 고용주의 잘못에서 비롯되었는데도 고용주는 김치문을 일방적으로 해고했다. 이에 노조는 고주조합雇主組合 곧 고용주조합과 교섭하되 결렬될 경우 파업을 단행하기로 결정했다.[283]

1927년 9월 2일 평양면옥노동조합은 평의원회를 열고, 9월 10일 천도교당에서 임시총회 개최, 불량 회원 제명 등을 결정하고 이후 운동 방침에 대한 건의서를 작성해서 임시총회에 건의하기로 했다. 이 건의서를 잠시 살펴보자.

① 전민족적 이익을 대표하는 단일당單一黨 설립, 언론·집회·출판·결사의 자유, 불이익, 동척東拓 등 이민 반대, 민중을 폭압하는 여러 정책

반대.

② 단체권·파업권·단체계약권의 확립, 최저임금제의 실현, 인간적 노동제의 확립, 위험 작업 금지, 악공장惡工場 제도 개혁, 무리無理 해고 방지, 동일노동에 대한 동일임금 지불.

③ 민중의 요구와 배치되는 여러 정책 반대, 미신사상 교육의 철폐, 남녀 교육 평등, 무산아無産兒 수업료 폐지, 교내 학생의 자치권 획득, 노동勞動 대중의 문맹 퇴치.

④ 봉건적 허례 타파, 여성청소년에 대한 차별 철폐, 민족 학대와 혹사 근절, 미신사상 퇴치, 미성년 남녀의 결혼 금지.[284]

면옥노조는 전국 규모의 정당을 지향하고 있었다. ①에서 드러나듯 이들은 실제로 강력한 정치 투쟁을 의식하고 있었다. ②, ③, ④에서 확인할 수 있듯, 이 계몽성을 띤 노동운동은 민중성과 민족주의를 공공연히 표방하고 있었다. 9월 10일 열린 임시총회에서는 강령을 다음과 같이 변경했다. '전민족을 대표할 단일당을 수립하며 노동계급이 정치적·경제적·사회적 이익의 완전 획득을 취取하며 노동대중의 의식적 훈련과 단체 및 조직의 완

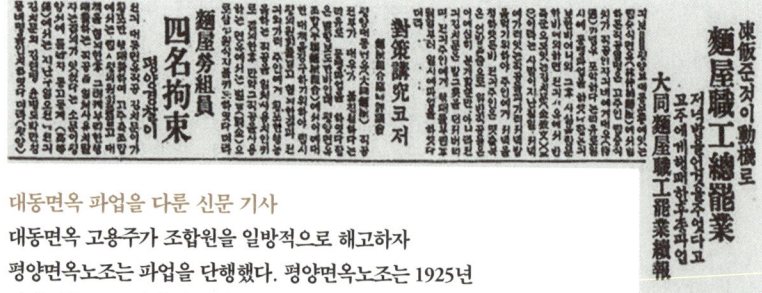

대동면옥 파업을 다룬 신문 기사
대동면옥 고용주가 조합원을 일방적으로 해고하자
평양면옥노조는 파업을 단행했다. 평양면옥노조는 1925년
설립 이후 1930년대 내내 평양 노동운동의
중요한 한 축이 되었다.
(《조선일보》 1927년 2월 11일)

성을 기期함.'²⁸⁵⁾ 이런 건의서의 정신을 바탕으로 평양면옥노동조합은 1925년 설립 이후 1930년대 내내 평양 노동운동의 중요한 한 축이 되었다.

1929년 1월 1일(구정舊正) 노조원 260여 명이 참석하여 임시총회를 열었다. 이때 투쟁의 기본노선이 결정된 것으로 보인다. 3월 22일 노조원 230명은 세 가지 요구조건을 제시하고 30일까지 응하지 않으면 파업을 단행할 것이라고 통보했다. 세 가지 요구조건은 다음과 같다. ① 자전거로 배달할 때 냉면 그릇을 파손하면 조합원이 부담해 왔는데, 앞으로는 고용주가 부담할 것, ② 일급 60전을 70전으로 인상할 것, ③ 전처럼 종업원이 파손된 냉면 그릇 값을 부담한다면 일급을 1원 20전으로 올릴 것!'²⁸⁶⁾

노조는 요구조건을 제시하면서 태업에 들어갔고 자전거 배달도 중단했다. 하루 3, 40회에 이르던 자전거 배달이 멈추자 고용주 측은 도보로 배달을 시작했지만, '손님의 청구'에 응할 수 없었다. 고용주 측은 배달부를 3, 40명 더 채용했지만(도보 배달부를 말하는 것일 터이다), 밀려드는 주문을 감당할 수 없었다. 노조의 압박에도 불구하고 고용주 측은 일단 요구조건을 거부했다.²⁸⁷⁾ 노조는 9월 17일 5회 정기총회를 개최하고, 200여 조합원이 매월 2원씩 저축하여 현재 조합에 설치되어 있는 작업부 1개소를 내년에 2개소로 확장하기로 결정했다.²⁸⁸⁾ 작업부란 노조가 직접 경영하는 면옥을 말한다. 이에 대해서는 뒤에 다시 언급한다.

노조는 자전거 배달을 중단하는 것으로 고용주를 계속 압박했다. 하지만 임금 인상 요구를 관철할 수 없었다. 10월 9일 면옥노동조합에서 임시집행위원회를 열고 조합 소속의 작업부인 일심면옥一心麵屋에서 9일부터 자전거 배달을 다시 시작하고, 고용주 측의 요구대로 임금 인상 요구를 포기하고 종전과 같이 60전 임금으로 자전거 배달을 하기로 결의했다.²⁸⁹⁾ 그러나 이것이 문제가 되었다. 고용주 측의 조합인 면옥조합에서 일심면옥이 자전거 배달을 한 것은 면옥조합의 방침을 어긴 것이라면서 정식 재판을 청구했던 것이다. 면옥조합 측에 의하면, 개별 면옥이 자전거 배달을 하면 한 번 배달에 200원의 벌금을 문다는 계약이 있었다고 한다.[290] 일심면옥이 이 계약을 위반했다는 것이다.

면옥조합 측은 10월 16일 변호사 김익진金翼鎭을 대리인으로 하여 일심면옥의 대표자 '면옥노동조합 집행위원장' 이병철李秉喆을 상대로 위약금 400원을 청구하고, 가차압 처분을 단행했다. 이에 같은 날 면옥노조 역시 면옥조합도 위약 행위가 있다고 지적하면서 10월 23일 변호사 한근조韓根祖를 대리인으로 세워 평양지방법원에 정식 소송을 제기했다. 아울러 400원(600원이라고 하는 기사도 있다)을 지불하고 이병철에 대한 가차압을 해제했다.[291] 앞서 면옥조합이 작업부를 2개소로 늘리기 위해 돈을 모으기로 결정했다는 기사를 소개한 바 있다. 이 기사에 의하면, 작업부는 면옥노조가 직접 경영하는 면옥이었다. 일심면옥은 사실상 노조를 대표하는 면옥이었던 것이다. 하지만 면옥인 이상 일심면옥은 고용주의 연합체인 면옥조합에 가입해야 했다. 면옥조합 측이 일심면옥에 벌금을 물리고 재판을 청구한 것은, 사실 면옥노조에 대한 공격이었다.

법원의 판결은 일심면옥 곧 노조 측에 유리하게 났다. 그 논리가 아주 흥미롭다. 평양지방법원 민사부에서는 면옥조합이 자전거를 쓰지 않기로 한 계약(내부 약속)을 '부당계약'이라고 판결했다. 왜냐? 문명의 이기를 쓰지 않기로 계약한 것은 큰 모순인 동시에 만약 그것이 정당한 계약이라 하더라도 일심면옥에서 자전거 배달을 70전이 아닌 60전으로 했기 때문이라는 것이다. 재판은 결국 면옥노조 작업부 일심면옥의 승소로 끝났다.[292] 다만 70전이 아닌 60전으로 했다는 것은 사실과 약간 다르다. 이에 대해서는 뒤에 다시 언급한다.

면옥조합은 이에 반발해 조합에 소속된 24개 면옥 전부가 휴업을 단행하고, 면옥 소속 노동자 260여 명을 모두 해고했다.[293] 면옥조합 측은 원래 조합원들끼리 자전거 배달을 하지 않고 보통 배달(아마도 도보 배달을 의미하는 듯하다)을 하고 노동자들에게 60전을 지급하기로 합의했는데, 일심면옥에서 70전을 주고 자전거 배달을 했다고 주장했다. 약속을 위반한 것이니 이를 근거로 일심면옥에 벌금을 물리고 소송을 걸었으나 도리어 자전거 배달을 금지하는 것이 불법이라는 판결을 받았다.

당시 자전거 배달을 한 면옥은 일심면옥만이 아니었다. 일심면옥 외에 수면옥壽麵屋, 제일면옥第一麵屋, 영락관永樂館 등에서도 자전거 배달을 했다.[294] 조합 내부에도 자전거 배달을 하는 면옥들이 있었던 것이다. 보통 배달(도보 배달)로는 자전거 배달을 하는 면옥과 경쟁할 수 없고, 또 일심면옥이 70전으로 임금을 올렸으니 자전거 배달을 다시 시작하면 역시 70전을 지불해야만 했다.[295] 결국 면옥조합은 명분과 실리를 모두 잃었다. 휴업과 260여 명 해고는 막다른 골목에서 내린 보복성 선택이었다.

양측은 전의를 불태웠다. 면옥조합 측은 14일 회의를 열고 17일부터 평양시내 갑종 면옥 27곳, 을종 면옥 37곳 도합 64곳의 면옥이 총휴업하기로 결정했다. 갑종 면옥과 을종 면옥이 어떻게 나뉘는지, 64곳의 면옥과 앞서 24개 면옥 및 면옥조합이 어떤 관계에 있는지는 불분명하다. 하지만 면옥조합 측에서 국수를 파는 모든 면옥을 자신들의 투쟁에 총동원한 것은 분명하다. 면옥노조 측에서는 면옥조합의 총휴업과 해고로 발생하는 실직자를 구제하고, 일심면옥 지점을 각처에 만들어 노동자들끼리 활약해 보자고 결의했다.[296]

일심면옥은 구시가지에 지점 5곳을 설치할 계획을 세우고 평양경찰서에 허가원을 제출했다. 하지만 문제가 있었다. 면옥 허가를 담당하는 평양경찰서에서 일심면옥 허가를 내줄 때는 일심면옥노동조합장 이병철 개인에게 허가한 것인데, 노조에서 배포한 선전문에는 '삼백여 명 우리 동포의 피와 땀으로 된 일심면옥'이라 되어 있다며 딴죽을 걸었다. 일심면옥이 평양면옥노동조합의 것이라는 선전문의 내용을 문제삼은 것이다. 평양경찰서는 5개 지점 증설 불허는 물론 일심면옥의 영업 허가까지 취소할 것이라고 위협했다. 평양경찰서가 면옥노조를 마땅치 않아 했음이 분명한 조치였다. 노조는 위축되지 않을 수 없었다. 면옥조합 64개 점포는 고용인을 새로 모집했다. 신간회 평양지회와 평양상공협회가 조정에 나섰으나, 양측은 강경한 태도를 취하며 물러서지 않았다.[297]

평양경찰서장이 면옥조합 대표자 몇 명을 불러 개업을 권유했다. 그들은 '고용주에게 반항심을 품고 있는 노조원은 절대 채용할 수 없다'고 했고, 다른 곳에서 고용인을 불러 고용할 때까지 휴업할 수밖에 없다면서 권유를 거부했다. 노조 쪽에서는 해고된 260여 조합원을 구제하기 위해 일심면옥의 지점 5, 6곳을 개설하고자 했으나 경찰 당국의 불허로 난감한 처지가 되었다. 이문리 조합 사무소에 모여 지구전에 대비하면서 대책을 강구하는 수밖에 없었다.[298]

평양경찰서장도 중재에 나섰다. ① 자전거 배달은 60전으로 할 것, ② 해고된 고용인을 주인이 다시 고용할 것, ③ 일심면옥은 손해배상을 청구하지 말 것, ④ 일심면옥은 면옥조합의 규약을 준수할 것 등을 중재안으로 내밀었다. 하지만 양측 모두 거부했다. 여론의 비난이 노동자를 모두 해고하고 새 노동자를 모집하고 있는 면옥조합에 쏠렸으나, 그러한 비난이 문제를 해결할 수 있는 것은 아니었다.[299] 평양노동연맹에서 다시 조정에 나섰다. 면옥조합은 노동조합의 작업부인 일심면옥을 폐지하면 문제를 해결하겠다고 했으나, 노조 측이 받아들일 리 만무했다. 조정은 실패했다. 면옥조합은 노동자를 새로 모집해 '자기들의 말을 잘 들을 새 노동조합'을 조직하는 동시에 휴업을 멈추고 개업할 생각을 갖고 있었다.[300]

평양경찰서장은 면옥조합 대표를 불렀다. 휴업은 본인들에게도 손해일 것이고 또 '일반 평양부민에게도 곤란을 끼치는 바'이니, '경찰의 권한 범위 안에서 용서치 않고 처치할 것'이라고 으름장을 놓으며 단기간 내에 개업할 것을 종용했다. 면옥조합 측은 '불량' 노동자 외에 '선량' 노동자까지 해고한 것은 문제가 있다면서 다시 협의에 들어갔다. 면옥노조 측은 일심면옥이 면옥조합과 대립한 것이 결국은 면옥노조 소속 노동자를 모두 해고하게 만들었다며 일심면옥 주인 이병철을 내쫓고 신유창을 주인으로 선정했다. 해결의 기미가 조금씩 보이기 시작했다.[301]

평양경찰서는 면옥조합을 더욱 압박했다. 최단시간 안에 해고한 노동자를 모두 복귀시킬 것, 자전거 배달은 '중간점'을 취하여 공평하게 해결책을 마련할 것을 요구했다. 만약 불복하면 영업을 정지하고 새 영업자를 인가하겠다고 위협했다. 평양경찰서의 이 같은 움직임은 노동자를 걱정해서가 아니라 냉면점의 휴업이 지속되면 평양부민에게 피해가 갈 수 있다고 판단했기 때문이었다.[302] 냉면을 못 먹는 것은, 단순히 기호식품을 못 먹는다는 것이 아니라, 직장인들이 '점심밥'을 해결할 수 없다는 것을 의미했다(아, 물론 냉면에 중독된 '냉면광'들의 끔찍한 고통도 기억할 필요가 있을 것이다). 결국 12월 23일, 27개 면옥이 휴업한 지 7일 만에 양측이 합의에 도달했다. 면옥노동조합은 조합을 동맹同盟으로 변경하고, 평남·평북·황해 지방에 산재한 면옥 노동자까지 망라하여 세력 확장 계획을 세운 뒤 평양노동연맹간부 김정덕金正德과 조합 간부 2명이 평양 양식당에서 면옥조합 대표 변치환邊致煥과 협상에 나섰다. 그 결과 다음 조건으로 타협을 보고 25일부터 영업을 다시 시작했다. 모든 노동자들은 당연히 복귀했다. 면옥노조가 면옥조합에 관철시킨 조건은 다음과 같았다.

(※) 평양면옥조합은 아래에 쓴 예전의 조건을 이행함.
(가) 평양면옥노동동맹원 이외의 자는 사용치 않음.
(나) 설혹 비동맹원이 있다 하더라도 가맹加盟케 할 것.
(다) 자전거 배달 임금은 종전 계약(60전)대로 지불할 것.
(라) 노동임금은 절대 인하치 않음
(마) 노동조건은 호상互相 협정함.[303]

면옥노조 측은 '일급日給 60전을 70전으로 인상'하는 문제는 관철시킬 수 없었다. 다만 임금 인하를 막았으며, 고용 및 노동 조건에 있어서는 일정한 성과가 있었다. 만족스럽지는 않지만 그나마 얻은 것이 없지는 않았다. 일심면옥은 어떻게 되었을까? 노조는 작업부를 폐지하기로 결의했고, 최용선崔用善이라는 사람에게 600원에 팔았다. '노자대항전선勞資對抗戰線에서 이름을 휘날리던 작업부 일심면옥이 개인의 소유'로 되어 버린 것이다.[304]

평양면옥노동조합은 순항했다. 집행위원회와 정기총회를 열고 야유회를 가졌다. 그러던 중 1930년 11월 문제가 생겼다. 평양에서 '영향력이 큰' 중요한 14개 면옥이 휴업에 들어간 것이다. 14개 면옥의 휴업으로 이곳의 노동자 160여 명이 실직하게 되었고, 이것은 면옥노조가 해결해야 할 문제가 되었다.[305] 14개 면옥의 휴업은 냉면값 인하를 둘러싸고 벌어진 일이었다. 평양면옥조합은 일반 물가가 낮아지자 냉면값 15전을 13전으로 인하하기로 결정하고 11월 1일부터 시행했다. 그런데 7, 8곳의 냉면점에서 10전을 받기 시작했다. 이에 14개 면옥업자들은 10전을 받는 조합원들에게 하루 벌금 10원을 부과하려다가 철회하고 휴업을 단행했다. 그러고는 다시 자신들도 4일부터 냉면값을 10전으로 인하하기로 결정했다.[306]

면옥조합은 냉면값 인하로 인해 적자가 나고 있다면서 그 적자를 노동자에게 전가했다. 면옥조합은 노동자의 임금을 인하하기로 결정하고 2월 1일 노조에 통보했다. 인하율은 다음과 같았다. 종래 93전을 70전으로, 73전을 60전으로, 60전을 50전으로, 40전을 35전으로! 노조가 이를 수용할 리 만무했다.[307] 노조는 '국숫값을 내린 것은 물가 저락에 의한 것인즉 노동임금을 감하지 않더라도 영업자에게는 아무런 손해가 없을 것이며, 더욱 10전으로 감하減下한 관계상 일반의 수요가 증가되어 종래보다 더 이익이 있을 것'이라며 반발했다. 4일부터 노동자 290명이 총파업에 돌입했다.[308] 물론 타협안도 잊지 않았다. 원래 면옥조합 측은 임금 93전을 70전으로, 73전 갑甲을 50전으로, 73전 을乙을 30전으로, 60전을 45전으로, 45전을 35전으로 인하하겠다고 통보했는데, 노조 측은 93전을 88전으로, 73전 갑을 68전으로, 73전 을을 63전으로, 60전을 60전 그대로, 45전을 45전 그대로 지불하라고 요구했다. 면옥조합 측이 내건 '불경기와 전황시대'라는 이유를 나름 감안해 타협안을 제출한 것이다. 물론 면옥조합 측은 거부했고 앞으로의 교섭 자체도 거절했다. 노조로서는 총파업 외에 다른 길이 없었다.[309]

면옥노조의 타협안은 설득력이 있었다. 당초 경찰서에서 13전으로 하라고 했는데 10전으로 인하한 것은 면옥조합의 입장을 반영한 것이었다. 만약 10전으로 이익을 낼 수 없다면 그렇게 하지 않았을 것이다. 게다가 10전으로 인하한 뒤 냉면은 더 많이 팔리고 있었고, 이에 따라 노동자의 노동시간이 늘어났다. 노동량의 증가와 반비례하여 임금을 인하한다는 것은 받아들 수 없는 일이었다. 노조는 자신들의 처지를 다음과 같이 압축했다. "또 우리는 총파업이 아니라, 사실상 총해고를 당한 것이다!" 여기에 면옥조합은 임금 인하가 목적이 아니라, 노동조합을 파괴하려는 음험한 수작을 부리고 있다고 덧붙였다. 이에 대해 고용주인 면옥조합 측은 자신들의 형편에 대해서는 이미 노조 측에서도 알 것이고, 지금 새로 직공을 모집 중이라는 것, 노조원 중에서도 인하된 임금을 수용하는 사람은 고용하겠다면서 결코 노조와 타협하는 일은 없을 것이라고 했다. 기본적으로 노조를 인정하지 않는다는 태도였다.[310]

노조는 단합하여 비폭력 투쟁을 하기로 결의하고, 노조원들에게 식량을 지급하는 등 장기전에 대비하면서 면옥마다 50원 내지 200원에 달하는 체불임금 지불을 요구했다. 면옥조합 측을 경제적으로 압박하는 수단이었다.[311] 면옥조합 측은 5개 점을 제외하고는 휴업하지 않을 수 없었다. 5개 점 역시 배달은 불가능했고 찾아오는 사람에게만 냉면을 팔 수 있었다. 냉면점의 휴업으로 인해 평양부내 각 장국집[온반가溫飯家]의 고객과 주문이 80퍼센트 증가했다.[312]

노사 양측이 대립하던 중 폭력 사건이 일어났다. 면옥조합 중 고등高等·기성箕城·종각鐘閣·안安·약송若松·동생同生·황금黃金 등 7개 면옥이 직공을 새로 모집하여 2월 14일부터 영업을 시작했다. 노동조합은 같은 날 백선행기념관에서 대책을 협의했다. 이날 노조가 결의한 요구조건은 다음과 같았다. 임금 인하는 절대 반대, 해고를 절대 반대, 파업 중 임금을 계산해 지불할 것, 종전 작업시간(19시간)을 단축할 것, 대우 개선, 파업으로 인하여 구인拘引된 자를 석방할 것, 단체계약권 엄수. 새로울 것도 없는 요구사항들이었다. 하지만 면옥조합 측은 들어 줄 생각이 전혀 없었다.[313]

그런데 뜻밖의 사건이 일어났다. 면옥노조가 대책을 협의하고 있던 바로 그때 평양노동연맹 간부들이 등사판에 인쇄한 격문을 선포했고, 경찰관들은 불온한 격문이라면서 해산을 명했다. 평양노동연맹 간부는 평양청년동맹위원장 노연희 등 4명으로, 이들은 면옥 노동자들의 투쟁을 격려하는 한편 이 투쟁을 기회로 〈전국 노동자 농민에 격함〉이라는 격문 외에 몇 종의 격문을 인쇄하여 평양시내 전역에 배부하려 했던 것이다.[314] 이들로 인해 장내는 아수라장이 되었고 경찰은 평양노동연맹 간부 권태성權泰星, 윤덕해尹德海, 이관엽李觀燁, 김정덕金正德 등 4명을 검거했다. 4명의 검거에 흥분한 노조원들은 같은 날 밤 10시에서 12시 사이에 7개 면옥을 습격하여 유리창 등을 파괴했다. 60여 명의 중경상자가 발생했다.[315] 경찰은 노동자 100여 명을 검거했다.[316] 폭동 사건을 배후에서 부추겼다고 지목했던 평양노동연맹의 간부 명덕상明德相, 전태성田泰星, 이관엽, 현익겸玄益謙, 황일선黃一善 등 15명도 같이 검거되었다.[317] 노조 측은 이제 절대적으로 불리한 위치에 서게 되었다.

체포된 노조원 수는 신문마다 조금씩 다르지만 80~90명에 이르렀고, 일부를 제외하고는 대부분 석방되었다.[318] 15명가량은 23일경 '폭력행위취체령위반暴力行爲取締令違反'이라는 죄명으로 평양지방법원 검사국으로 송치될 예정이었다. 이런 극단적인 폭력 사태가 벌어진 것은 면옥조합 때문이었다. 면옥조합 쪽이 면옥노조를 인정하지 않고 일체의 교섭을 거부했던 것이 근본적인 원인이었다. 평양경찰서에서는 18일 고용주 측을 불러 현재 의회에서 노동조합 법안까지 상정되려는 참인데 엄연한 단체를 부인하는 태도를 가지는 것은 매우 '온당치 못한 태도'라고 엄중히 경고하는 동시에 반성할 것을 요구했다.[319]

노동자들의 일대 검거로 사건은 경찰서와 법원으로 넘어갔다. 이즈음

《동아일보》는 이 사건에 대해 소상히 비평했다. 무엇보다 고용주 측의 오류를 지적했다. 경찰은 원래 냉면값을 15전에서 13전으로 인하할 것을 권고했으나 10전으로 인하하는 냉면점이 있었고, 면옥조합은 이들에게 벌금을 물리기는커녕 도리어 모두 10전으로 인하했다. 이것은 면옥조합 측의 잘못이다. 정가 10전의 냉면은 결국 음식의 양과 질을 떨어뜨렸다. 냉면 판매가가 낮아졌기에 이익이 줄어들었다고 말할 수 있는가. 그렇지 않았다. 인하된 가격은 수요를 증가시켰다. 노동자의 입장에서는 노동시간이 큰 폭으로 늘어났다. 신문은 노동자의 처참한 상황을 이렇게 지적한다.

> 이제 노동자의 노동시간을 보면 그들은 오전 5시부터 익일翌日 오전 1시까지 물경 19시간의 노동이다. 이런 것은 세계무류世界無類의 혹사가 아니냐? 그러하고 그 임금을 보면 일급 최고 93전, 최하가 45전이다. 최고 최하를 막론하고 그들이 19시간의 노동을 한달 내내 계속치 못할 것은 불문가지다.
> 가장 장정壯丁이라야 25일 노동, 그러면 최고 일급자가 월수 23원, 최하의 일급자는 11원 29전 여에 불과한다. 여기서 2할 5분이나 감하하겠다는 고주 측의 주장을 옳게 볼 수 없다. 고주조합이 자체의 불통일에서 원인하여 가격을 인하하고 그 영향은 일체를 노동자에게 돌려 버리는 심산이다.
> 소비자로서는 이 불쌍한 노동자들을 위하여 국숫값을 1전이나 2전쯤 더 올려도 좋을 것이다. 고주 측의 말에 의하면 13전으로 하지 않고 10전으로 한 것은 금전 출납상 불편하여 그렇다 하나, 그러면 고주 자신의 금전 출납의 편익을 얻는 대신에 노동자에게는 수입의 2할 5분이나 감하를 당하라는 소리다. 이 말이 가可하냐? 또 손해가 되면서도 다만 금전 출납

이 편하다고 10전을 받는 사람이 어디 있을까?[320]

《동아일보》는 19시간에 달하는, 세계에서 비슷한 예를 찾을 수 없는 장시간의 가혹한 노동을 먼저 언급한다. 이어 임금이 형편없이 낮다고 지적하면서, 임금 인하는 고용주의 일방적 이익을 추구하는 행위라고 비판했다. 요컨대 《동아일보》는 '임금 인하의 이유가 박약하다'고 판단했던 것이다.

그럼에도 불구하고 노동조합 측은 1일 2할 5분의 임금 인하에 대해 수용하려고 했다. 반면 고용주 측은 타협을 일축하고, 만약 노조원들 중 고용주 측이 제시한 임금을 받고 취업하려는 자가 있다면 노조를 탈퇴하라고 압박했다. '우리가 파업을 한 것이 아니라 총 해고를 당한 것'이라는 노동자 측의 주장이 타당해 보이는 고압적인 자세였다. 고용주 측의 일체의 교섭 거부는 결국 폭력 사태를 초래하고 말았다. 경찰까지도 지적하고 있듯, 고용주가 노동조합이라는 객관적 존재를 인정해야 문제 해결의 실마리를 풀 수 있었다. "면옥조합으로서 면옥노동조합을 부인하는 것은 긴 말 할 것 없이 18세기 자본계급의 행동이요, 금일에 와서는 단연코 이것을 횡포라 하지 않을 수 없다."[321]

7개 면옥 습격 사건으로 총 23명이 검사국으로 송치되었다.[322] 그 명단은 다음과 같다.

- 폭력행위 위반─최용익, 이경찬, 이정기, 문길영, 장제의, 정시현, 안옥현, 김성익, 이동식, 유응도, 조경식, 현태모, 이문기, 마성율, 최지복, 김종현, 김동삼, 홍용준
- 출판법 위반─노련희, 옥인동, 이종규, 이인길

- 석방자―이관엽, 박만세, 홍병모, 조병세

결국 사건 해결에 경찰이 개입했다. 평양경찰서에서 노조와 고용주 측을 불러 타협안을 제시했고, 양측이 이를 수용했다.

- 종래 93전을 80전으로, 80전을 70전으로, 73전을 60전으로, 60전을 50전으로, 45전을 40전으로, 이하 각 5전 씩 종래보다 감하減下.
- 고주는 이상의 조건으로 조합원 비조합원 구별 없이 사용함.[323]

임금 인하율 2할 5분을 1할 5분으로 낮추기로 하고, 파업 노동자를 다시 채용한다는 것이었다.[324]

사건은 이것으로 대충 마무리되었다. 재판은 모든 피고들에게 집행유예를 언도하는 것으로 끝났다. 검사 측에서 항고했는데 결과는 알 수 없다.[325] 노동자 대부분은 복직했다. 복직하지 못한 30여 명은 면옥노동조합 직영으로 부내 장별리將別里에 형제면옥兄弟麵屋이라는 간판을 내걸고 영업을 개시했다. 하지만 경찰서는 30여 명 중 쟁의 당시 지도분자였던 4명은 불량분자이므로 고용하지 말라고 압박했다. 이들은 다시 경찰서에 이유를 따지러 가야만 했다(결과는 알 수 없다).

면옥노조도 다시 활동을 시작했다.[326] 300여 명 조합원은 노조회관이 너무 협착하다면서 5,000여 원의 건축비를 들여 1933년 6월 회관을 신축하고 낙성식을 열었다.[327]

1934년 평양의 17개 면옥 노동자 240여 명은 물가가 올라 1일 50전의 임금으로는 생활이 불가능하다면서 임금을 60전으로 올려 줄 것을 요구하고 파업에 돌입했다. 작전은 흥미로웠다. 한 집씩 순차적으로 파업하기로 한 것이다. 조선면옥과 수면옥에서 파업을 시작하여 자신들의 요구를 관철시키기로 했다. 고용주 측인 면옥조합은 13전인 냉면값을 15전으로 올리면 들어주겠다고 회답했다. 하지만 노동조합 측은 면가 인상 여부에 상관없이 60전을 요구한다고 단호히 맞섰다.[328]

평양경찰서의 허가로 1월 25일 냉면값이 15전으로 인상되었다. 2월 8일 대성면옥·수면옥·조선면옥 등 세 곳의 면옥이 노동자의 요구를 수용하여, 매일 최고 93전, 최저 45전을 지급하기로 결정했다. 세 면옥의 노동자는 즉각 취업했다.[329] 형제면옥·정품정正品亭·강호면옥江湖麵屋 등의 노동자도 파업에 돌입했다. 요구는 동일했다. 과거 냉면값이 15전일 때 93전이었던 일당을 13전이 되며 80전으로 내렸으니, 다시 93전으로 올려 달라는 것이었다. 세 면옥은 노동자의 요구를 따랐고, 노동자들은 즉

평양면옥노조 회관 신축

냉면점이 늘면서 면옥 노동자도 급격히 증가했다. 면옥 노동자의 노동시간이 하루 19시간에 달하는 등 노동조건은 열악했고 임금은 낮았다. 이에 면옥 노동자들은 자신들의 권익 확보를 위해 조합을 결성하기 시작했다. 1925년 1월 냉면의 성지인 평양에서 면옥 노동자 105명이 최초의 노조를 결성했고, 1933년에는 회관을 신축하고 낙성식을 가졌다.
(《동아일보》 1933년 6월 10일(3))

각 복귀했다.[330] 하지만 모든 면옥이 임금을 인상하지는 않았다. 이 때문에 평양시내 '44개 냉면옥'의 '500여 명에 이르는' 노동자의 파업으로 확대될 가능성이 있었다.[331] 고용주들은 미적댔다. 노동조합 측은 임금을 인상하지 않을 경우 파업을 하겠다는 강경한 자세를 취했다. 결국 고용주 측은 10전을 인상하기로 결정했다. 노조 측은 수용했고 이로써 사태가 마무리되었다.[332]

이후 파업과 임금 인상에 대한 소식은 많지는 않지만 끊어지지도 않았다. 1935년 2월 14일 파업 중이던 노동조합원이 6, 7명씩 대오를 지어 평양부내의 동청면옥東淸麵屋을 필두로 6개소 면옥을 습격하여 주인과 가족 등을 구타하고 기물을 파손하는 사건이 일어났다. 이 일로 면옥 주인 측에서 중경상자 27명이 나왔다.[333] 이 파업과 면옥 습격 사건은 전후 기사가 전혀 없어 어떤 배경에서 이루어졌는지 알 수 없다. 1938년 11월 19일 노동조합은 현재 90전인 일급을 10전 올려 줄 것을 요구했다. 업자 측은 12월 1일 올려 준다고 말했다가 10일로 연기했다. 이에 노조는 즉시 파업에 돌입했다.[334] 이 파업의 결과 역시 알려진 바 없다. 아마도 노조의 승리로 끝난 듯하다.

평양의 면옥노조는 대체로 안정적이었다. 1936년 6월 29일 30여 냉면점의 노동자 300여 명이 모여 대동강 상류에 수십 척의 배를 띄우고 음식과 여흥으로 날이 저물도록 즐기고 폐회하는 일도 있었다. 이 모임은 '근래 평양에서 보기 드문 노동자 대회'였다.[335]

기타 면옥노동조합

평양면옥노동조합의 설립과 활동은 다른 지방 면옥 노동자를 자극하고 일깨웠다. 가장 먼저 움직임을 보인 곳은 함경도 원산이었다. 1927년 6

월 14일 원산의 '국숫집(면옥) 고용인' 200여 명이 '굳센 단결'로 14일 임금 인상을 '주인' 측에 요구했다. '주인' 측에서 불응하고 일주일 연기를 요구하자 즉시 '총동맹휴업'을 결행했다. 이는 당시 원산에도 면옥노조가 있었음을 알려 준다.

원산에 이어 진남포와 사리원에서도 노조가 결성되었다. 1928년 5월 6일 진남포 20개 면옥 노동자들이 1927년 5월에 조직했던 친목계를 해체하고 면옥노동조합을 창립하기로 결의했다. 강령과 규약은 평양면옥노동조합의 것을 따르기로 했다.[336] 같은 달 21일 사리원에서도 70여 명이 면옥조합 창립대회를 열었다. 조합원은 70여 명이었다. 사리원경찰서에서는 창립대회를 열기 전부터 방청과 취지 설명은 물론 축사와 축문 낭독까지 금지했다. 《동아일보》는 '근래 희유希有의 회합'이라고 비꼬았다.[337]

노조 설립은 유행처럼 번졌다.[338] 1930년 9월 22일, 40~50명에 달하는 안주의 면옥 노동자들이 조직이 없는 것을 유감으로 여기고 《조선일보》 안주지국에서 노조를 결성했다.[339] 강령과 임원은 다음과 같다.

강령
1. 우리는 일상 당면 이익의 획득을 기期함.
1. 우리는 의식적 훈련을 기함.
1. 우리는 계급적 공고한 조직을 기함.

역원役員
조합장 이지봉, 부조합장 박덕인朴(德, 간사 채문원蔡文元 외 4인. 고문 최승준崔承俊, 강예영姜禮永, 안병기安炳翼

불과 3조목이지만, 자신들의 당면 이익, 의식적 훈련, 노동계급의 공고

한 조직 등의 원칙을 간명하게 정리하고 있다. 1933년 3월에는 함흥에서도 노조가 설립되었다.[340]

평안도와 황해도, 함경도의 도시 지역에 설립된 노조의 가장 중요한 목적은 임금 인상이었다. 몇몇 지방 노조의 활동을 살펴보자. 1930년 평양 고무공장이 사업주 측에서 임금을 내리는 문제로 동요할 때 진남포면옥노동조합은 즉각 동맹파업에 들어갔다. 당연히 임금 문제 때문이었다. 면옥조합인 '면옥상계麵屋商契'에서 물가가 하락하고 냉면이 덜 팔린다면서 1등지 임금을 70전에서 60전으로, 2등지 임금을 60전에서 50전으로 내리기로 결정하자, 면옥노동조합이 파업에 돌입했다.[341] 노사는 격렬하게 대립했다. 면옥상계는 새 노동조합(곧 어용노동조합)을 조직하고 조합장을 선출하여 면옥노조를 조롱했다. 이어 면옥조합의 16개 요구조건을 일축하는 답을 일본어로 써서 노조 파업단에 보냈다. 인용하면 이렇다. 일본어를 국한문 혼용으로 번역한 것도 이해하기에 까다로우니 다시 번역해 보자.

> 며칠 전 면옥노조에서 요청한 첫 번째 요구조건은 우리 업주조합에서는 해당하지 않는 것일 뿐만 아니라, 면옥조합원은 우리 업주조합에서는 절대 고용하지 못하겠기에 이에 이렇게 답한다.[342]

면옥노조가 첫 번째로 내건 요구조건은 아마도 임금 문제였을 터인데 일언지하에 거절하고, 노조원도 절대 고용하지 않겠다는 강경한 태도였다. 노조로서 또 하나 부정적인 상황은 '진남포 청년동맹 상무위원' 김정옥金貞玉이 면옥노조의 파업을 지도, 선동한 혐의로 진남포경찰서에 체포되어 구류 19일(《동아일보》는 29일) 처분을 받은 것이었다.[343]

양측은 지구전에 돌입했다. 면옥상계는 새 노조를 조직했다. 면옥노조는 고용주에게 매수될 염려가 있는 노동자 27명을 평양면옥노동조합에 보내서 취직을 부탁하고 강경파 30명이 남아 맹렬한 투쟁을 다짐했다. 한편 진남포경찰서장은 고용주를 소집해서 무리한 임금 인하가 파업의 원인이라고 지적했다. 여론은 고용주를 비난하고 있었다.[344] 문제는 전혀 해결될 기미가 없었다.[345] 29일 구류처분을 받았던 김정옥이 9월 27일 아침 기한 만료로 출감하자, 청년동맹에서는 그날 오후 후포리後浦里 요정 진강루鎭江樓에서 위로회를 열었다.[346] 아쉽게도 이 투쟁의 결과는 알려져 있지 않다.

1928년 12월에는 평양의 정해면옥靜海麵屋에서 노동자 12명이 임금 인상을 요구하며 동맹파업을 했다. 평양면옥노조의 교섭위원들이 조정하여 17일 파업을 풀고 복귀했다.[347] 구체적인 조정 내용은 알려져 있지 않다. 1935년 2월 16일에는 사리원 내 10여 곳의 면옥 노동자 60여 명이 현재의 월급에 5원을 인상해 달라는 요지의 진정서를 작성하여 사리원경찰서와 음식점조합에 제출했다. 면옥 노동자의 최고 월급은 10원이었는데, 그 돈으로는 '물가 폭등'의 시대에 '도저히 생활할 수 없었기 때문'이다. 경찰과 음식점조합이 상의한 결과 현재 임금에서 3할을 인상해 주기로 결정했다. 이로써 굳이 동맹파업을 할 필요가 사라졌다.[348]

해주 면옥노조 노동자의 투쟁도 만만치 않았다. 1936년 6월 7일부터 해주의 10여 곳 면옥의 노동자 60여 명이 파업에 돌입하면서 임금 인상, 노동시간 단축, 처우 개선 등을 요구했다. 해주경찰서는 노동자 간부 13명을 검거하고,[349] 중재에 나섰다. 경찰서장이 직접 조정하여 10원이었던 임금을 13원으로 인상(월급인 듯하다)하고, 19시간의 노동시간을 18시간으로 줄였다. 파업은 이것으로 해결되었다.[350]

드물지만 서울에서도 노동쟁의가 있었다. 1931년 서린동의 평안냉면옥 平安冷麵屋에서 파업이 일어났다. 원래 일금 1원으로 배달부 10명을 두고 영업했는데, 갑자기 임금을 90전으로 내리고 배달부 3명을 해고하자 배달부들이 단결하여 파업에 들어갔다. 이에 냉면옥에서는 임시휴업을 하고 다시 3명의 배달부를 고용하여 개업하려 했다. 파업 배달부 10명은 임시 배달부를 폭행하고 주인에게 폭언을 했다. 업주는 이들을 종로서에 고발했다. 4명의 배달부가 검거되었다.[351] 쟁의 결과는 알려져 있지 않다.

면옥노조는 노동자의 생활 개선에 크게 기여했다. 다만 노조 활동에 대한 자료는 1920년대 중반에서 1930년대 중반에 집중적으로 보이고, 그 이후는 거의 보이지 않는다. 이것이 시대적 변화에 따른 것인지는 알 수 없다. 또 하나 눈길을 끄는 부분은 노조를 해산하는 사건이 일어났다는 점이다. 1936년 4월 23일 사리원경찰서는 사리원면옥노동조합 집행위원장 여빈섭을 소환하여 노동조합을 해산하라고 '엄명'했다. "조합원 50여 명은 비통함을 참지 못하여 울며 불며 어떤 형식을 취해서라도 이 조합을 존속하게 해 달라고 탄원했으나 효과를 얻지 못하고 11년간에 이른 분투의 역사를 남기고 해산되었다."[352] 이 비극적 소식을 알린 《조선중앙일보》는 노조의 활동에 대해 이렇게 평가했다.

> 전기 노동조합은 지금으로부터 10년 전인 5월에 창립되어 이래 노동자의 이익을 위하여 무한히 고투하여 왔으며 자체로 노동 풍기 교정과 사고무친한 노동자 간에 친목과 상부상조의 가치하에 힘을 다하여 왔으므로 일반에게 많은 찬하와 동정을 받았으며 일반조합원들도 조합을 항상 신뢰하고 오던 중 돌연 이러한 운명에 이르게 된 것이라 한다.

왜 노조를 해산했는지, 그것이 어떤 법률적 근거에 의해 해산을 엄명한 것인지는 전혀 알려져 있지 않다.

〔8장〕

8·15 해방 이후의 냉면

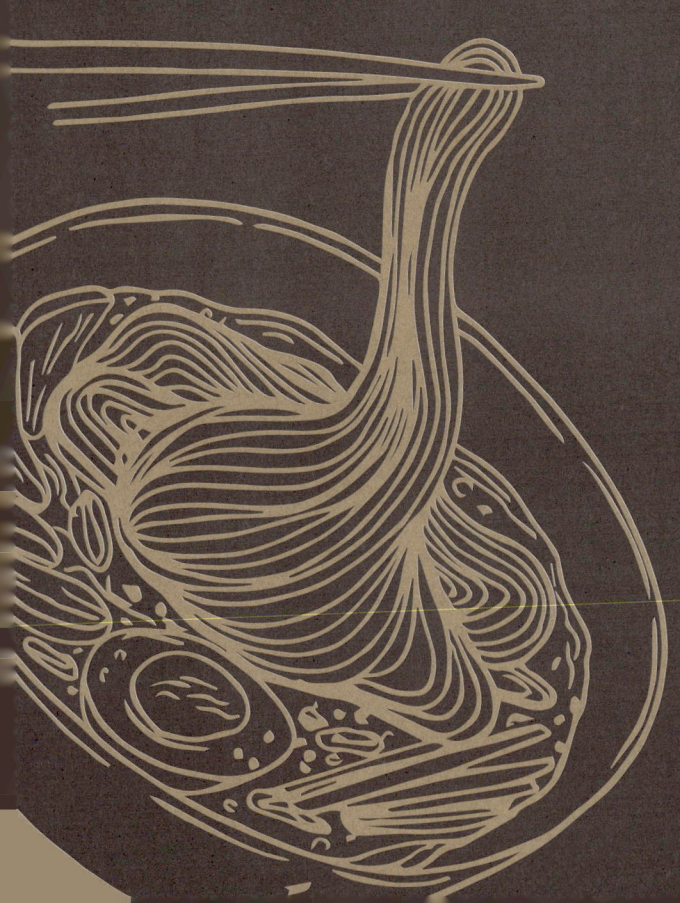

각지의 냉면점

해방 후 음식점의 폭발적 증가

1940년 이후 신문에 냉면에 관한 기사가 사라지기 시작한다. 원인은 중일전쟁에 이어 일제가 뛰어든 태평양전쟁으로 짐작된다. 전시체제로의 돌입은 모든 것을 전쟁으로 집중시켰고 사회의 다른 부분에 대한 관심은 희박해졌다. 냉면 같은 음식을 둘러싼 이야기는 무시해도 좋을 사소한 부스러기 같은 것이었다. 전쟁이 끝나고 1945년 8월 15일 해방이 되었다. 이후 1950년 한국전쟁까지 5년간의 상황을 간단히 정리해 보자. 그 이후의 변화는 이 책에서 다룰 영역이 아니다.

 해방 직후 음식점은 폭발적으로 늘어났다. 1947년 한 신문기사는 그 상황을 이렇게 전한다.

> 해방이 되자 억눌렸던 정치욕, 식욕, 요리욕이 폭발해서 늘어만 간 것이 당

黨, 단체(團體)이오, 또한 당(堂), 관(館), 옥(屋)이어서 요정과 음식점의 현재 총수는 실로 2천 5백 21개소로 과연 수도의 면목을 나타내는 성황인데, 그 내용을 보면 갑종 요리점이 17, 을종 28, 카페 76, 내외주점과 음식이 2,459라고 하나, 주객이 은근히 찾는 단골집, 무허가 음식점과 도처에 즐비한 노점(露店)을 합한다면 그 수효가 놀라울 것이라느니보다 도리어 서울 시민의 그토록 왕성한 식욕과 강대한 위장에 경탄하지 않을 수 없는 것이다.[1]

관리 대상이었던 음식점은 해방 공간에서 창업의 자유를 얻었다. 이에 우후죽순 생겨나던 정당처럼 서울에만 2,521개소의 음식점이 생겼다. 우스꽝스러운 것도 확인된다. 좌·우 대립이 격렬했던 당시의 정치 사정이 냉면까지 침투한 것이다. 위에서 인용한 기사의 뒷부분에 이 같은 정황이 담겨 있다. "여기에 덧붙여서 경쟁과 선전이 격심한 끝에 '진보적 냉면'까지 출현함에 이르러서는 식객의 머리가 거꾸로 돌아갈 지경이다." 정확한 사정은 알 수 없으나, 냉면에도 진보성을 내세우는 희한한 상황이 연출된 모양새다.

해방 이후 냉면에 관한 정보는 역시 신문에 집중적으로 나타난다. 다만 38선 북쪽의 정보는 신문에 보이지 않는다. 냉면의 본고장으로 꼽히던 평안도와 평양, 황해도, 함경도의 냉면에 관한 소식은 완전히 끊어진다. 광고는 물론이고 다른 어떤 소식도 사라진다. 분단 때문에 정보가 남으로 전해지지 않았던 것이다. 곧 살피겠지만 남한의 냉면점에 관한 정보는 신문 광고란에 많이 보인다. 해방 전에 있던 냉면점이 해방 이후 광고를 내기 시작한 것인지는 확언할 수 없다. 일제강점기에 비해 1945~1950년에 신문 발행 종수가 폭발적으로 늘어났고 광고의 기회가 많아졌다고 말할 수도 있을 것이다.

서울의 냉면점

이제 신문에 실린 냉면점 광고를 자료로 이용해 이 시기 냉면에 대해 간단히 살펴보자. 먼저 서울의 냉면점 광고는 다음과 같다.

- **1946년**

    (01) 아세아亞細亞냉면(1946년 5월 20일)—다옥정茶屋町 앞 사법서사조합司法書士組合 자리, 전화 본本 7608, 신속 배달. (*) 개업 광고다.[2)]

아세아냉면 광고
(《가정신문家庭新聞》 1946년 5월 20일(2))

1946년 아세아냉면이 지금의 중구 다동茶洞에 해당하는 다옥정 앞에 냉면점을 처음 열었다. 아마 일제강점기에도 당연히 냉면점은 영업을 하고 있었을 것이다. 1945년 8월 15일로부터 약 9개월 후 신문에 처음 냉면점 개업 광고가 실린 것은 해방 후 신문 창간에 상당한 시간이 소요되었기 때문일 것이다.

- **1947년**

    (02) 평양면옥平壤麵屋(1947년 3월 10일)—아무런 표시 없이 '평양면옥平壤麵屋' 네 글자만 있다. 17개의 광고가 2단에 걸쳐 실리는데, 그중 하나다. 17개의 광고는 모두 서울의 상점, 회사, 단체의 광고다.[3)]

    (03) 태극식당太極食堂(1947년 3월 6일)—중구 충무로5가. '대중식사, 특제냉면特製冷麵'.[4)]

(04) 올림픽냉면점(1947년 5월 10일)―충무로2가.[5]

(05) 대동면옥大同麵屋(1947년 6월 20일)―광화문 우편국 건너편. •냉면 개시, 부인석·가족석·연회석, 특별 설비. 소위 평양냉면의 진미를 시식하여 보십시오. 평양냉면의 본당 대동면옥大同麵屋.[6]

(06) 고려정高麗亭 냉면부(1947년 7월 10일)―명동1가 53번지(국제극장 건너편), 전화 본국本局 ② 5536번. •금일 개업, 종로 평양냉면점 지점, 개업 당일에는 특히 반할인半割引하여 제공하겠습니다.[7]

(07) 황해냉면黃海冷麵(1947년 7월 20일)―중구 도동桃洞1가 77번지. • '장안의 제일 명물인 황해냉면'.[8]

(08) 문파레쓰 냉면부(1947년 8월 12일)―장소가 없음. •냉방 완비, 재출현再出現, 장안長安의 인기자人氣者 문파레쓰 냉면부. 특제 1기 50원. 일차 시식을 바람. 단 영업시간, 오전 11시에서 오후 4시까지.[9]

(09) 제일면옥第一麵屋(1947년 9월 1일)―남대문구4가 65.[10]

(10) 기성면옥箕城麵屋(1947년 9월 1일)―명동2가 48.[11]

(11) 평양냉면옥平壤冷麵屋(1947년 9월 1일)―명동2가 48.[12]

(12) 성남면옥城南麵屋(1947년 9월 25일)―충무로4가 101, 전화 ② 3498번. •냉면, 온면, 대구탕, 특수갈비.[13]

(13) 황금냉면옥黃金冷麵屋(1947년 12월 9일)―종로구 예지동禮智洞 23[(동대문시장 서편 둘째골목 전차길 옆)] [천일약방 앞골목 춘향빠― 옆집]. •설렁탕, 대구탕, 곰탕, 추탕, 장국밥, 떡국, 유명 만두, 주효 구비. 주主 황금석黃金石.[14]

(14) 봉산면옥鳳山麵屋(1947년 12월 19일)―충무로3가 40의 1(네거리). •신장개업, 봉산식 꿩꾸미, 냉면 개시, 대중식사.[15] □추가(1948년 4월 1일) •냉면계의 인기로 유명한 황해도식 봉산냉면.[16]

해방 공간, 광고에 등장한 서울 냉면점

● 종로구
황금냉면옥(1947, 예지동)
상주관(1948, 낙원동)
황금관(1948, 서울시청 앞)
부벽루(1948, 관철동)
종로냉면옥(1949, 우미관 앞골목)
신우면옥(1950, 청진동 입구)

● 지역을 알 수 없는 곳
평양냉면(1947)
문파레쓰 냉면주(1947)
경성관(1950)

● 중구
아세아냉면(1946, 다옥정)
태극식당(1947, 충무로5가)
올림픽냉면(1947, 충무로2가)
대동면옥(1947, 광화문)
고려정 냉면부(1947, 명동1가)
황해냉면(1947, 도동)
제일면옥(1947, 남대문구4가)
기성면옥(1947, 명동2가)
평양냉면옥(1947, 명동2가)
성남면옥(1947, 충무로4가)
봉산면옥(1947, 충무로3가)
천일냉면(1948, 관철동)
황금각(1948, 을지로4가)
동락면옥(1948, 을지로2가)
대동면옥(1948, 을지로4가)

■ **1948년**

(15) 천일냉면天一冷麵(1948년 3월 18일)―관철동 188[전 대광여관大光旅館 자리], 전화 광화문 ③ 2823[배달수응配達酬應] • 본관은 박리다매의 목적으로 고급기술자를 고빙雇聘하와 일반대중에게 봉사코저 하오니 일차 시식함을 앙망하나이다. 개업 천하진미.[17]

(16) 황금각黃金閣(1948년 3월 18일)―을지로4가(네거리), 전화 본국本局 ② 1301번. • 냉면, 조치부백반付白飯, 비빔밥, 목로, 조선요리.[18]

(17) 상주관尙州館(1948년 3월 18일)―낙원동樂園洞 146(파고다공원 동문 앞) • 종전의 영업종목을 일신하여 금번 '순평양식 냉면전문'으로 고객 본위로 하오니 강호 제위께서 시식을 바라나이다.[19]

(18) 동락면옥同樂麵屋(1948년 3월 24일)―을지로2가 네거리(협동호텔 옆), 전화 본국本局 ② 2988번. • 순평양식 냉면 개업!!! 금번 평양 일류 요리인을 초빙하여 평양냉면을 개업하였사오니, 강호 제위의 많은 애호를 바라옵니다.

(19) 황금관黃金館(1948년 4월 29일)―서울시청 앞. • 평양냉면, 대구탕 전문. 대중식사.[20]

(20) 부벽루浮碧樓(1948년 5월 25일)―종로구 관철동 211, 전화 광화문 ③ 4218, 4251. • 냉면 배달부 신설. 냉면 전문. 평양면옥 지점. 수량, 하시何時, 원근을 불구하고 신속히 배달함.[21]

(21) 대동면옥大同麵屋(1948년 10월 21일)―을지로4가 202의 1, 돈암동 전차 낙점絡点[22] 앞. • 신장개업.[23]

■ **1949년**

(22) 종로냉면옥鐘路冷麵屋(1949년 5월 15일)―종로 우미관 앞골목. • 장안

명물, 식사 안내, 진품 평양냉면, 봄철 명물! 생초쌈, 등산, 원유회, 들놀이에 맞나는 찬합. 단체주문 환영. 단체주문은 반드시 전일前日로.[24]

■ 1950년

(23) 신우면옥信友麵屋(1950년 2월 24일)—청진동 입구(전 씨아이씨 골목). 전화 광화문 ③1636. •순평양식, 냉면, 온반, 쟁반 전문. 개업. 내부 수리로 휴업이던 바, 신장개업 하였사오니, 많이 이용해 주시옵소서.[25]

(24) 경성관京城館(1950년 4월 20일)—위치 없음. •순평양식 냉면. 4월 16일부터 개시. 진미, 염가, 대중식사.

1947년에는 13개, 1948년에는 7개, 1949년에는 1개, 1950년에는 2개의 광고가 새로 등장한다. 이 중에서 일제강점기의 냉면점으로 확인되는 것은, (20) 부벽루뿐이다. 신문에 광고를 싣고 있는 대부분의 냉면점은 이 시기에 와서 개업한 것일 터이다. 실제로 아세아냉면(01), 고려정 냉면부(06), 동락면옥(18), 경성관(24)은 개업이고, 천일냉면(15)은 '고급기술자를 고빙'한다는 말에서 보듯 개업으로 추정된다. 봉산면옥(14), 신우면옥(23), 대동면옥(21)은 신장개업이다. 아마도 대부분의 냉면점은 이 시기 새로 개업했거나 전에 있던 음식점이 신장개업을 하면서 냉면을 차림표에 포함시킨 듯하다.

대개의 경우 평양냉면을 표방하고 있었다. 평양면옥(02)은 상호에 이미 '평양'이라는 말이 들어가 있고, 나머지 냉면점에서는 광고 문안에 평양냉면이라는 말을 특별히 포함하고 있었다.

- 대동면옥(05)—평양냉면의 본당 대동면옥
- 고려정냉면부(06)—종로 평양냉면점 지점
- 기성면옥箕城麵屋(10)—'기성箕城'은 평양의 옛이름이다.
- 평양냉면옥(11)
- 상주관(17)—순평양식 냉면 전문
- 동락면옥(18)—평양식 냉면 개업
- 황금관(19)—평양냉면
- 부벽루(20)—평양면옥 지점
- 종로냉면옥(22)—진품 평양냉면

해방 직후 냉면집 풍경

해방 직후 음식점은 폭발적으로 늘어난다. 좌우 대립이 격렬했던 당시 정치 사정이 냉면까지 침투해 '진보적 냉면'임을 내세운 냉면도 출현할 정도였다. 냉면에 관한 정보는 신문 광고로 집중적으로 나타나지만, 냉면의 본고장으로 꼽히던 평양, 황해도, 함경도의 냉면에 관한 소식은 완전히 끊기고 만다. 1945~1950년 서울의 냉면점은 평양식 냉면이 대중을 이루었을 것이다.
* 출처: 1949년 동국대 졸업앨범(강민경 제공)

- 신우면옥(23)―순평양식, 냉면, 온반, 쟁반 전문
- 경성관(24)―순평양식 냉면

11곳의 냉면점이 '평양'을 내세우고 있다. 나머지 냉면점도 평양냉면과 무관하지 않을 터이다. 아마도 이 시기 서울의 냉면점은 평양식 냉면이 대종을 이루었을 것이다. 동락면옥(18)은 평양냉면을 위해 '평양 일류 요리인을 초빙하여 평양냉면을 개업'했다고 광고했다. 천일냉면(15)이 '고급기술자를 고빙했다'고 광고한 것은 추측건대 평양냉면 기술자를 초빙했다는 의미로 읽힌다. 1945~1950년 서울의 냉면점들이 이렇게 평양냉면을 내세운 것은, 일제강점기 서울의 냉면이 이미 평양냉면화되어 있었음을 의미할 터이다. 이 냉면점들은 또 다동, 충무로, 광화문, 명동, 남대문, 관철동, 예지동, 낙원동, 을지로, 시청 앞, 종로 등의 지명에서 알 수 있듯, 주로 서울의 좁은 중심지대 안에 있었다.

경기도, 강원도, 충청도의 냉면점

지방의 냉면점도 광고에 자주 보인다. 원래 냉면점이 있던 경기도, 강원도, 충청도를 간단히 살펴보자.

■ 경기도, 인천

(01) 조선면옥朝鮮麵屋(1948년 1월 9일)―인천부 내동內洞. •대중식사.[26]

(02) 평남면옥平南麵屋(1948년 2월 25일)―인천부 중앙동 4가 1번지. •한봉실韓鳳實.[27]

■ **강원도, 춘천**

(01) 평안냉면옥平安冷麵屋(1947년 8월 20일)—춘천시, 중앙로2가. •주主 김인섭金仁燮.[28]

■ **충청도, 대전**

(01) 어태식당魚泰食堂(1949년 8월 18일)—대전부大田府 중동中洞, 전화 165번. •평양 어태냉면魚泰冷麵, 일품요리 대염가. 맥주 1쪽기, 안주 1명皿, 300원.[29]

인천 2곳, 춘천 1곳, 대전 1곳이다. 적은 수의 광고지만, 눈길을 끄는 부분은 분명 있다. 인천의 평남면옥과 춘천의 평안냉면옥은 상호부터 평안도를 내세웠고, 대전의 어태식당은 '평양 어태냉면'이라는 문안을 통해 평양냉면임을 알렸다. 지방의 냉면점 역시 평안도, 평양이 냉면의 본고장임을 의식했던 것이다.

전라도, 제주도의 냉면점

전라도는 일제강점기에 냉면점이 드문 곳이었다. 그런데 해방 이후 냉면점이 나타나기 시작한다.

■ **전라도, 광주**

(01) 나주관羅州館(1949년 4월 1일)—광주부, 금남로5가 90(광주역 전). • 개시 광고. 금월 28일부터. 순평양식 냉면. 가족식사. 애저, 갈비, 연

해방공간, 광고에 등장하는 전국 각지 냉면점

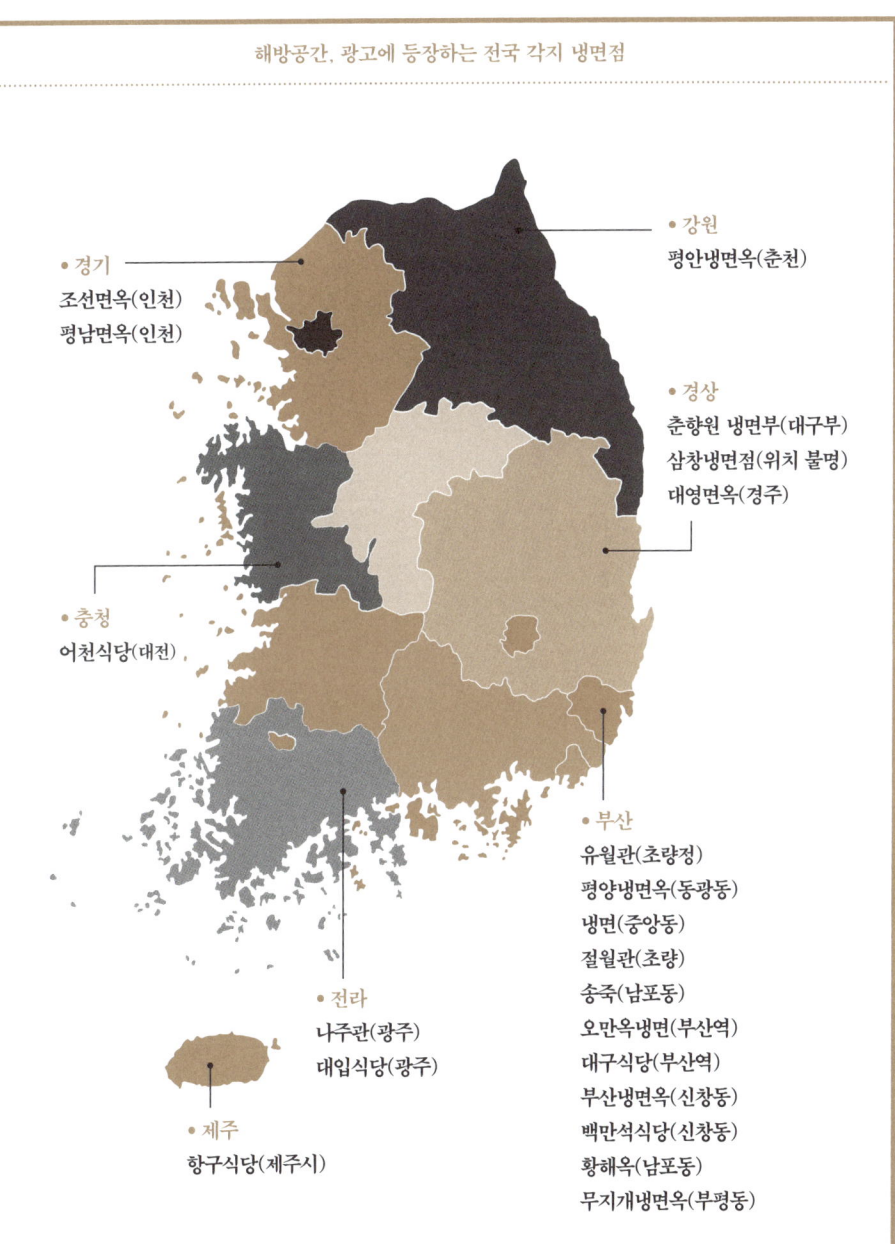

깨.[30) 기타 조선요리.[31)

(02) 대입식당大入食堂(1949년 6월 3일)─광주부 충장로1가(광주 우편국 옆). 전화 206번. •냉면 개시. 금번 평양식 냉면을 개시하였으니, 많이 이용하여 주시오. 대중식사. 평양식 냉면.[32)

역시 흥미로운 부분은 '순평양식 냉면'(나주관) 혹은 평양냉면(대입식당)을 판매한다고 광고하고 있다는 점이다. 다음은 제주의 냉면점이다.

■ 제주

(01) 항구식당港口食堂(1949년 6월 3일)─산지항 세관 앞. •산지 명물. 순평양식 냉면. 이층 연회실 완비. 아침 6시로 각종 조식調食. 동소 10시로 냉면 조식, 각종 요리. 여인麗人 접대. 7월 19일부터 개시.[33)

제주 역시 순평양식 냉면을 판매한다고 했으니, 평양냉면의 위력을 알 만하다.

경상도의 냉면점

냉면점은 일제강점기에 냉면에 관한 정보가 거의 없던 경상도 일대에도 다수 나타났다. 먼저 대구를 보자.

(01) 춘향원春香園 냉면부(1946년 5월 16일)─대구부, 중앙통(역전), 전화

1410번. •금반수般 폐원弊園은 식사대용 '평양냉면'을 시작하였으므로 여러분의 많은 애호와 이용을 바래는 바이옵니다. 친절본위 신속배달. 연회석 완비. 갑종요리.[34]

(02) 삼창냉면점三彰冷麵店(1946년 8월 22일)—위치 없음. 전화 975번. •특제 만주탕滿洲湯, 냉면 전문, 중화요리 일체.[35]

대구의 냉면점은 전에 없던 것이다. 춘향원은 원래 냉면을 하지 않던 식당인데, 특별히 '식사대용 평양냉면'을 시작한다고 말한다. 역시 평양냉면이다. 경주에도 냉면점이 출현했다.

(01) 대영면옥大榮麵屋(1946년 1월 16일)—경주역 전前. •조선요리, 주主 전명주全明柱.[36]

이처럼 냉면의 불모지에 가까웠던 경상도, 특히 경상북도까지 냉면점이 출현했다. 하지만 경상도의 냉면으로 가장 중요한 곳은 부산일 것이다. 부산은 11곳의 냉면점이 광고에 나타난다.

■ **1947년**

(01) 유월관柳月館(1947년 6월 14일)—초량정草梁町(봉래각蓬萊閣 전前), 전화 2575번. •전문기술자 초빙, 본일本日부터 개업, 순 서울식. 배달 응함.[37]

(02) 평양냉면옥平壤冷麵屋(1947년 10월 7일)—동광동5가 46(구舊 본정本町). •금번 내부를 온돌로 개장改裝하여 냉면과 온면을 6일부터 영업 중이오니, 많이 이용을 앙망합니다. 냉면, 온면 전문 평양냉면옥.[38]

■ **1948년**

(03) 냉면(1948년 3월 31일)—중앙동 2가. •화반花飯·초밥. 항도해간港都海間. (*)상호 없이 '냉면'으로만 되어 있다.

(04) 절월관折月館(1948년 3월 31일)—초량 봉래각 전前. •순평양식. 냉면은 절월관으로.[39]

(05) 송죽松竹(1948년 4월 4일)—남포동 입구. 전화 4273번. •순평양식. 냉면. 돈까스. 갈비. 절기변당折器辨當 전문.[40]

(06) 오만옥냉면五萬冷麵屋(1948년 5월 6일)—부산역 전前. 제3사단사령부 전 전. •부산(냉면)일류, 순평양식. 주主 김소금金小今.[41]

(07) 대구식당 大邱食堂(1948년 5월 6일)—부산역 전. •계절=냉면=미각. 순평양식. 주主 정재호鄭在鎬.[42]

(08) 백만석냉면百萬石冷麵(1948년 5월 18일)—신창동新昌洞 행정幸町 파출소 전前. •부산 유일의 냉면.[43]

(09) 부산냉면옥釜山冷麵屋(1948년 6월 2일, 3일)—남포동 권번券番 앞. •냉면 전문집.[44]

(10) 황해옥黃海屋(1948년 6월 4일)—남포동 3의 10. •부산 일류 냉면 황해옥.[45]

■ **1949년**

(11) 무지개냉면옥(1949년 3월 6일)—부평동3가(부평 공설시장 앞). •냉면, 온면, 만둣국, 전문. 3월 1일부터 냉면, 온면, 만둣국을 전문으로 개시 중이오니, 일차 시식을 바랍니다.[46]

모두 11곳 냉면점 광고인데, 그중 8곳이 1948년의 광고다. 서울과 다르지 않다. 냉면점의 소재처는 초량, 동광동, 남포동, 부산역 앞, 신창동, 부평동 등 현재의 부산역 근처에서부터 항구를 앞에 둔 부산의 도심지다. 평양냉면옥(02), 절월관(04), 송죽(05), 오만옥냉면(06), 대구식당(07) 등은 모두 평양냉면을 내세우고 있었다. 평양냉면의 위세를 알 만하지 않은가.

냉면기계 판매

냉면기계 제작·판매 광고의 등장

흥미로운 것은 기계식 국수틀의 제작, 판매 광고가 보인다는 것이다. 이는 일제강점기에는 없던 광고다. 냉면점의 다수 출현이 냉면기계의 제작을 부추겼던 것 아닐까?

냉면기계 광고는 서울이 아니라 부산에서 유일하게 보인다. 1948년 3월 19일 《민주중보》에 다음과 같은 광고가 실렸다.

등록상표
실용신안 출원 중
남려문화냉면기南麗文化冷麵機(BM-I형型)
독창적인 철구鐵構로서 조작 간편, 위생적, 능률적, 경제적인 특색을 구비한—냉면기계—

각종 간이 자동농기自動農機器 연구·설계·제조

제조원 남려南麗 특수농기구 제조부

부산 중앙동 429

구求 지방특약판매점

설명○○상. ⊙기타 자세함은 일차一次 내담을來談을 요망要望함.[47]

남려문화냉면기南麗文化冷麵機(광고)
해방 직후 냉면점이 급증하면서
부산에서는 냉면기계 광고가 등장했다.
(《민주중보民主衆報》 1948년 3월 19일(1))

이 광고가 실리고 12일 뒤인 3월 31일 좀 더 간단한 광고가 실리는데 옮기면 다음과 같다.

신안특허 출원 중

남려문화南麗文化 냉면기

…대량 제조…

독창적인 철기鐵機로서 제조된

본기本機는 조작 용이하고 견고한

이상적인 냉면기올시다.

제조원 남려특수농기기南麗特殊農機器

부산 중앙동 4가 20번지
자세함은 내담을 요망함.
설명서 정상보냄.[48]

(《민주중보民主衆報》 1948년 3월 31일 (2))

특수한 농기구를 제작, 판매하는 남려특수농기기라는 기계 제작소에서 '남려문화냉면기'라는 냉면기계를 만들어 팔았던 것이다. 두 번째 광고에서 '대량주문'이라 쓰고 있는 것을 보면 상당히 수요가 많이 있었던 모양이다. 또 첫 번째 광고에서 'BM-I형'이라고 한 걸 보면 상이한 버전의 기계들이 있었던 것이 아닌가 싶다. 흥미로운 것은 남려특수농기기라는 기계제작소가 부산 중앙동에 있었다는 점이다. 부산 시내에 냉면기계 제작소가 출현한 것은 1948년 당시 냉면점의 대거 개업에 상응한 것일 터이다. 다만 이 냉면기계가 실제 팔렸는지, 실제로 사용되었는지는 알 수 없다. 확인할 자료가 남아 있지 않다.

서울의 냉면기계 제작소

한 가지 아쉬운 점은 서울의 냉면기계 제작에 대한 자료가 없다는 것이다. 약간 늦은 시기이긴 하지만, 한국전쟁이 끝난 직후인 1953년과 1954년에 냉면기계를 만들고 수리하는 제작소가 나타났던 것은 확인된다. 1954년이면 이 책이 다루는 범위를 살짝 넘지만, 달리 언급할 기회가 없기에 여기에 언급해 둔다.

다음은 1953년 성우철공소星友鐵工所의 냉면기계 광고다.

원산식元山式
냉면기계
제작·수리판매
종로구 효제동孝悌洞 69
성우철공소[49]

《평화신문》 1954년 3월 30일(2)

원산식 냉면기계를 제작·수리·판매한다고 했는데, '원산식' 기계가 어떤 것인지는 알 수 없다. 《평화신문》에 실린 광고인데, 《평화신문》은 이듬해인 1954년에도 냉면기계 광고를 싣고 있다.

냉면기 냉면재료
판매전문급수선販賣專門及修繕
○ 최신형 쌍용기雙甬機 냉면 우동 겸한 특수품

○ 냉면 가루: 경험이 없는 분도 간편하게 사용할 수 있는 가루 염가로 제공합니다.
서울특별시 종로구 장사동長沙洞 182(천변시장天邊市場 구舊절집 앞)
대용상회大容商會 본점本店[50]

(《평화신문》 1954년 3월 30일(2))

냉면뿐만 아니라 우동까지 만들 수 있는 냉면기계라고 선전한다. 냉면을 만든 경험이 없는 사람에게 간편하게 사용할 수 있는 냉면가루도 염가로 제공한다고 광고한다. 아마도 메밀가루도 판매했던 것 같다.

냉면 식중독과 단속

해방 공간에도 냉면 식중독은 있었다. 한국전쟁 직전 인천에서 냉면을 먹고 1명이 사망하고 58명이 중독되어 치료를 받은 사건이 있었다. 원인은 냉면에 올린 돼지고기의 부패로 발생한 프토마인 독소 때문이었다.[51] 하나 덧붙일 것은 냉면점 이름이 '해방옥解放屋'이라는 것이다. 해방의 감격을 상호에 나타냈던 것이다.

콜레라의 유행 때문에 냉면에 대한 단속이 강화되기도 했다. 1946년 봄 콜레라의 유행으로 서울에도 3명의 환자가 발생했다. 보건후생부와 경찰은 보균 가능성이 있는 음식을 단속하기로 결정했다. 가장 위험성이 큰 냉면과 생선회의 제조와 판매를 금지했다.[52] 구체적으로 냉면은 온면으로 바꾸어야 했다.[53] 물론 판매금지령을 뚫고 몰래 냉면을 판매하는 사례가 있었고 이에 단속이 더욱 강화되었다.[54]

냉면의 분화

편의상 냉면의 분화에 대해서는 조금 더 언급해 본다. 냉면이 보다 본격적으로 분화한 것은 해방 이후로 보인다. 먼저 우리가 현재 알고 있는 함흥냉면과 밀면 등이 등장한다. 또 대중의 뇌리에 사라졌던 막국수도 등장한다. 한편 과거의 냉면은 더욱 세분화된다. 예컨대 1948년 손정규의《우리음식》은 냉면을 ① 냉면, ② 닭냉면[계냉면鷄冷麵], ③ 동치미냉면 등 세 가지로 나눈다. ① '냉면'은 '쇠고기를 살로 발라서 고명 고기로 볶고 나머지 고기로 장국을 끓여서 식혀 둔다'고 했으니, 이것은 장국냉면이다. ② '닭냉면'은 닭을 삶아 그 국물을 쓰는 것만 다르고 나머지는 '냉면' (①)과 같다. 다만 ③ '동치미냉면' 끝에서 대표적인 냉면 세 가지만 다루었고, 이 냉면들 외에 '꿩[雉]냉면', '김치냉면' 등이 있다고 언급한다.[55]

이런 냉면의 세분화는 1954년 방신영의《우리나라 음식 만드는 법》에서 절정에 달한다. 방신영은 냉면을 다음과 같이 분류했다.

- **냉면(겨울철)** 국수, 김칫국, 제육편육, 김치, 고춧가루, 초, 설탕, 물
- **냉면(여름철)** 국수, 정육, 간장, 파, 마늘, 깨소금, 후춧가루, 기름, 석이, 표고, 미나리, 실백, 계란, 소금
- **김치냉면** 국수, 정육, 간장, 파, 마늘, 후춧가루, 깨소금, 기름, 나박김치, 배, 실백, 설탕, 초, 편육
- **김치냉면(봄철)** 국수, 정육, 간장, 파, 마늘, 후춧가루, 깨소금, 기름, 나박김치, 배, 실백, 설탕, 초, 편육
- **밀국수냉면(여름철)** 밀가루, 닭, 우육, 간장, 파, 마늘, 후춧가루, 깨소금, 애호박, 계란, 기름, 소금
- **랭면(동절랭면)** 국수, 제육, 김칫국, 고춧가루, 설탕, 김치
- **랭면(하절랭면)** 국수, 고기, 장국, 표고, 미나리, 석이, 간장, 계란, 실백, 고춧가루[56]

냉면은 20세기 후반 이렇게 분화했다. 하지만 결국 본질적으로 바뀐 것은 없다. 동치밋국물과 장국이 주가 된다. 그중에서도 동치밋국이 주류다. 이것은 다시 축소되어 현재 냉면이라는 명사를 갖는 것은 평양냉면과 함흥냉면뿐이다. 전자는 물냉면, 후자는 비빔냉면으로 불린다. 깻국냉면은 사라졌고, 콩국냉면은 콩국수 혹은 콩물로 바뀌었으며, 강원도의 막국수는 여전히 막국수로 불린다. 대중들은 장국냉면, 김칫국냉면이라는 명사 자체를 사용하지 않는다.

끝맺음

[1]

국수틀을 눌러 뽑은 메밀국수를 차가운 동치밋국에 말고 거기에 동치미 무 혹은 배추김치, 배, 삶은 돼지고기를 얹어 내는 것이 냉면의 기본형이다. 이 냉면은 18세기 중반 평안도 지방에 나타나 빠른 속도로 황해도, 함경도, 강원도 북부, 서울로 확산된 것으로 보인다. 왜 이런 형태의 냉면이 평안도 지방에서 생겨난 것인가.

메밀부터 생각해 보자. 한반도가 밀이 잘 자라는 환경이었다면, 메밀국수를 동치밋국에 말아 먹는 일은 없었을 것이다. 하지만 밀의 생산량은 적었다. 대신 메밀은 재배지가 넓었고 생산량이 많았다. 메밀은 가뭄에도 잘 자랐기 때문에 쌀을 비롯한 주식 곡물이 없을 때 대신 심는 곡물이기도 했다. 메밀은 밥으로, 떡으로, 만두로, 국수로, 묵으로 만들어 먹었다. 이 가운데 국수로 먹는 경우가 가장 많았다. 하지만 문제가 있었다. 메밀은 글루텐 성분이 없기에 끊어지지 않는 국수를 쉽게 만들 수 없었다. 이 때문에 밀가루 등 다른 곡물가루의 글루텐 성분을 빌려오는 수밖에 없었다. 《산가요록》이나 《음식디미방》 같은 조선시대 조리서에서 메밀을 주재료로 국수를 만들 때 녹두가루(녹말)을 섞었던 것은 이 때문이다.

이렇게 다른 곡물가루를 섞어 국수를 만들 때 사용하는 방법은 반죽을 넓게 밀어 칼로 써는 절면법切麵法이었다. 쉽게 말해 칼국수 형태로 만드는 방법이다. 일본의 소바가 절면법으로 만든 국수인데 대단히 정교하고 세련된 형태의 국수 가락을 만들어 냈다. 에도시대 상업의 발달, 음식점의 출현에 따라 소바를 만드는 과정이 정교해지고 많은 노동력이 투입되었다. 하지만 조선의 경우 그런 사회적 조건이 갖춰지지 않았다. 칼로리를 섭취하기 위해 메밀은 포기할 수 없는 곡물이었지만, 메밀로 만든 국수는 맛있는 음식이 아니었다. 당기는 맛을 끌어낼 결정적 조리법이 없었다.

메밀로 어떻게 국수를 만들 것인가? 이 해묵은 문제를 해결하는 데 결정적인 실마리를 제공한 것은 국수틀이었을 것으로 추정된다. 1450년에 쓰인 《산가요록》부터 1766년에 완성된 《(증보)산림경제》까지 여러 조리서에 기록된 국수 조리법을 검토해 보면, 국수의 재료가 밀가루를 비롯한 다양한 곡물가루에서 메밀가루 한 가지로 단일화되는 양상을 확인할 수 있다. 어떤 농업사적 변화가 이 단일화를 초래했는지는 알 수 없다. 하지만 이 단일화는 필연적으로 메밀로 길고 맛있는 국수를 만들어야 한다는 내재적 압력을 불러왔다.

국수틀은 1670년 《음식디미방》의 세면 만드는 법에서 '면본'이라는 이름으로 처음 보인다. 면본을 눌러 세면을 만들었던 것이다. 면본은 1600년대 말에서 1700년대 초에 쓰인 《주방문》의 세면 만드는 법에서 '가는 분판'으로 바뀐다. '가는 분판'은 약간 되직한 반죽을 누르는 용도로 쓰였다. 원래 세면은 묽게 쑨 녹말풀을 바가지 구멍을 통해 아래로 흘려보내서 국수 가락을 만들었다. 하지만 반죽이 되직할 경우 '가는 분판'에 얹어 힘을 주어 누르는 방식을 택했다. 1766년 《(증보)산림경제》는 메밀 반죽을 세판細板에 눌러 뽑으라고 말했다. 세판은 곧 '가는 분판'일 것이다. 메밀 반죽은 드디어 국수틀 위에 놓이게 되었다. 다만 세판의 형태와 구조는 명백하지 않다. 19세기 초 서유구는 《임원경제지》에서 《(증보)산림경제》의 세판에 형태와 구조를 부여했다. 서유구의 세판은 두꺼운 나무의 중간에 메밀 반죽을 넣는 철제 분창을 끼우고, 그 분창을 말뚝으로 누르는 방식이었다. 말뚝 위에는 판자를 깔고 다시 그 판자 위에 돌을 얹어 무게를 가하면, 반죽은 분창을 통과하면서 국수 가락이 되어 아래에 있는 솥의 끓는 물로 떨어졌다.

다만 《임원경제지》의 국수틀은 사용된 흔적이 없다. 현재 남아 있는 국수틀은 《임원경제지》의 국수틀과 달리 간단한 구조의 일체형이었다. 옆으로 길게 뻗어 있는 자루의 끝을 누르면 국수를 만들 수 있었다. 이것은 조선 사신단이 북경에 가는 동안 볼 수 있었던 중국식 국수틀을 참고하여 만든 국수틀로 보인다. 1713년 3월 6일 북경으로 가던 도중 사하보沙河堡의 새로 지은 점방에서 국수틀을 눌러 국수를 뽑는 것을 봤다고 한 김창업의 말은 이 같은 추정을 뒷받침해 준다.

조선시대에 북경으로 파견되는 조선 사신단은 정사·부사·서장관과 그들을 수행하는 수 명의 자제와 역관을 제외하면, 절대다수는 신체노동을 하는 하인들로 구성되었다. 하인들은 대부분 평안도 사람들이었다. 이들은 북경을 수차례 드나들면서 여기저기서 봤던 중국식 국수틀을 쉽게 복제할 수 있었을 것이다. 19세기 말경에 그려진 김준근의 평양식 국수틀에서 사다리를 제외한 부분이 아마도 이 국수틀의 원형일 듯하다. 요컨대 평양을 중심으로 한 평안도 일대에서 동치밋국에 메밀국수를 만 냉면이 처음 나타났던 것은 바로 이 국수틀의 도입 덕분이었을 터이다.

[2]

국수틀의 출현은 획기적인 사건이었다. 국수틀에 메밀 반죽을 넣고 누르면, 일정한 굵기의 긴 가락을 만들 수 있었다. 그것은 국수의 식감을 높였다. 국수틀에 대해 처음으로 언급했던 유중림이 국수틀로 국수를 뽑는 방법을 길게 서술하고 끝에 '맛이 월등하다[味勝]'라고 쓸 정도로 이 새로운 국수의 맛은 아주 인상적이었던 듯하다.

  국수틀을 눌러 뽑은 메밀국수는 처음에는 간장으로 만든 국물에 말아 먹었던 것으로 보인다. 서유구가 말했듯 그것은 장물에 끓여서 내는 온면의 형태였을 것이다. '메밀국수+동치밋국=냉면'은 18세기 후반이 되어서야 문헌에 출현한다. 자료가 많지 않지만 18세기 말의 문헌에서 냉면은 맛있는 음식으로 널리 인식되고 있었다. 이는 평안도의 누군가가 적어도 18세기 중반에는 메밀국수를 동치밋국에 말고 삶은 돼지고기와 배, 무와 배추김치를 고명으로 얹어 먹으면서 냉면에 맛을 더하기 시작했음을 의미한다.

[3]

냉면은 빠른 속도로 퍼져 나갔다. 18세기 말이면 평안도와 황해도, 서울에서 먹었고, 19세기에는 경상도와 전라도를 제외하고 전국으로 퍼져나갔다. 다만 어떤 이유에서인지 몰라도 경상도에서도 울산에는 냉면이 있었다! 냉면은 확산과 동시에 상업화의 길을 걷기 시작했다. 평양에는 18세기 후반에 이미 냉면을 파는 가게가 있었고, 다른 지방에도 사람들의 왕래가 많은 곳에 냉면을 파는 가게가 나타났다.

  인구가 가장 많고 사환仕宦과 과거 때문에 많은 사람들이 몰려들던 서울의 경우는 약간 특이했다. 18세기 중반에 이미 국수를 파는 가게가 있었다. 황윤석은 국수와 관계된 기록을 《이재난고》에 여럿 남기고 있고, 노비를 시켜 두 차례 국수를 사다 먹기도 했다. 그가 먹은 냉면 역시 노비나 관서의 하인을 시켜 사 오게 한 것일 터이다. 물론 그가 먹은 냉면이 이 책에서 말하는 냉면과 동일한지는 알 수 없다! 19세기 전반 서울 시정에 냉면을 파는 가게가 있었던 것은 분명하다. 이후 서울은 물론 평안도와 함경도, 강원도 지방에서 냉면의 상업화가 시작되었다.

냉면의 상업화는 조선의 음식사에서 보기 드문 변화였다. 이 희귀한 변화가 대규모로 증폭된 것은 개항 이후, 특히 갑오경장 이후였다. 근대가 시작되자 상업적 음식점이 늘어나기 시작했다. 이 음식점은 19세기에 팔리던 몇 종의 음식으로 시작했다. 그러한 음식점과 음식 중에서 선두에 나선 것은 냉면점과 냉면이었다. 냉면점은 평양을 위시한 평안도의 주요 도시와 황해도에 집중적으로 나타났다. 당연히 서울에도 수십 곳의 냉면점이 있었다. 평양의 냉면점이 서울로 진출하여 평양식 냉면을 팔기도 했다. 냉면은 도시민이 선호하는 가장 대중적인 음식이 되었다.

냉면의 상업화는 이용기가 《조선무쌍신식요리제법》에서 말했듯, 냉면을 면옥냉면과 가정냉면으로 분리했다. 양자 모두 국수틀을 눌러 뽑은 메밀국수를 동치밋국에 말고 김치 무, 배, 제육(돼지고기)을 고명으로 얹은 것이 기본적인 구성이었다. 단 면옥냉면은 다양한 고명을 얹는, 호사스런 형태로 변했다. 호사스런 고명의 냉면을 적극 구현한 것이 바로 평양냉면이었다. 오늘날 냉면점에서 파는 슴슴한 육수와 간단한 꾸미로 이루어지는 냉면, 북한 옥류관의 냉면 역시 20세기 전반의 평양에서 팔던 그 '평양냉면'이 아니다. 그것은 《동국세시기》가 언급한 기본 냉면에 가까운 것이다. 또한 쇠고기 육수나 명태 육수, 조기 대가리 육수를 부어 만든 김칫국물에 국수를 말아 먹었다는 가정냉면과도 다소 거리가 있는 것 같다.

[4]

보다 많은 사람이 냉면을 먹게 되자 또 다른 중요한 변화가 나타났다. 냉면은 동치밋국을 먹을 수 있는 겨울철의 음식이었다. 그런데 냉면이 선호하는 음식이 되자, 겨울만이 아니라 다른 계절, 특히 여름에도 먹기를 원하는 사람이 나타났다. 여름에는 동치밋국이 있을 수 없었다. 이에 동치밋국을 대신할 무언가를 찾기 시작했다. 바로 고기장국이다. 고기장국을 이용한 여름냉면은 19세기 말의 《시의전서》에 '장국냉면'이라는 이름으로 처음 등장한다. 그런데 《시의전서》는 경상도 상주에서 발견된 조리서다. 그렇다면 장국냉면은 이전에 냉면을 많이 먹던 지방에서 시작된 음식으로 봐야 할 것이다.

근대 이후 본격적으로 먹기 시작한 장국냉면의 처음이 언제였는지는 분명하지 않다. 황윤석은 1768년 7월 7일 냉면을 먹었다. 한여름에 먹은 것이다. 이 냉면이 동치밋국에 만 것일 수는 없다. 1860년 철종 역시 7월 7일 냉면을 먹었다. 철종 외에도 19세기 여름에 냉면을 먹은 경우는 드물지만 더러 보인다. 황윤석의 여름냉면은 동치미 냉면이 평안도 일대에 출현해 퍼져 나가기 시작한 시기에 불쑥 나타난 것이기에 일단 덮어 두어야 하겠지만, 철종과 다른 사례는 19세기 여름철에 냉면을 먹었다는 증거로 삼기에 충분하다. 시기를 확정할 수는 없지만, 19세기를 통과하면서 고기장국에 메밀국수를 만 장국냉면이 출현했을 것이다. 여름에 국수를 차갑게 식히는 얼음은 구하기 어려운 것이 아니었다. 관료들은 관官으로부터 지난겨울 저장한 관빙을 지급받을 수 있었고, 개인이 저장했다가 파는 사빙을 살 수도 있었다. 20세기 이후는 급격히 발달한 제빙업·장빙업으로 인해 얼음을 싸게 구입할 수 있었다. 이것이 여름냉면이라는 새로운 음식의 정착에 크게 기여했을 터이다.

[5]

식용소다와 아지노모도의 등장도 근대 이후 냉면의 역사에서 기념할 만한 사건이었다. 앞에서 말한 것처럼 메밀가루는 글루텐 성분이 없기 때문에 국수가 끊어지고 쫄깃한 맛을 내기 어려웠고, 이 때문에 다른 곡물의 가루 혹은 전분을 섞는 수밖에 없었다. 그런데 식용소다를 사용하면서 이 문제를 쉽게 해결할 수 있었다. 물론 식용소다가 다른 곡물가루와 전분을 완전히 대체했던 것은 아니지만, 냉면의 식감을 살리는 결정적인 수단이 되었음은 물론이다. 식용소다와 함께 아지노모도 역시 냉면의 맛을 변화시켰다. 아지노모도는 겨울냉면의 동치밋국에 일부 섞던 육수 곧 고기장국을 대체할 수 있을 정도로 감칠맛이 좋았다. 여름냉면이라면 고기장국을 완전히 대체하거나 상당 부분 대체할 수 있었을 정도였다. 아지노모도는 결코 싼 가격은 아니었다. 하지만 고기를 삶아서 육수를 만드는 비용보다는 낮았을 터이다.

[6]

냉면의 상업화를 추동한 데에는 근대적 기술도 한몫했다. 근대가 시작되자 서울과 평양 등 도시에 우후죽순처럼 생긴 냉면점의 매출 중 상당 부분은 배달이 담당했다. 배달 수단은 자전거였다. 1884년 제물포에 처음 등장한 이래 자전거는 가까운 거리의 출근과 퇴근, 기타 개인적 용무에 사용할 수 있는 동시에 상점의 영업에 빠질 수 없는 도구였다. 자전거는 냉면점 영업에 필수품이 되었다. 냉면점의 노동자 중 자전거 배달원은 파업으로 냉면점의 영업을 중단시킬 정도로 비중이 컸다.

 냉면점을 직접 찾아와 냉면을 주문하는 경우도 있었지만, 대부분의 배달은 전화 주문으로 이루어졌다. 전화는 1896년경부터 공무용으로 사용되었고 민간용 전화는 1902년 인천에서 처음 사용했다. 이후 전화는 빠르게 보급되어 1921년의 통계에 의하면, 조선 전체의 가입자가 2만 6,897명이었고, 그중 서울은 7,009명, 평양은 1,283명이었다. 모든 냉면점이 전화 가입자는 아니었으나 전화 보유가 영업에 유리한 것은 분명했다. 1936년 신문기사에 의하면, '관청 회사의 점심시간이면 냉면점 전화통에서는 불이 날 지경'이었다. 근대적 직장에서는 전화로 냉면을 주문했던 것이다. 자전거와 전화는 근대 이후 냉면의 상업화·대중화에 크게 기여했다.

　냉면의 상업화·대중화는 국수틀에도 일대 혁신을 가져왔다. 냉면점을 찾는 사람의 증가는 일정한 시간 안에 보다 많은 냉면을 만들어야 한다는 것을 의미했다. 원래 국수틀은 가로로 설치된 긴 자루를 사람의 힘으로 누르는 식으로 작동됐을 터이다. 1931년 《별건곤》의 자료에 의하면, 당시 서울식 냉면은 국수틀의 긴 자루에 여러 사람이 앉아 압력을 가하는 방식으로, 평양식 냉면은 사다리를 옆에 설치하고 사람이 거꾸로 매달려 사다리를 밟고 등으로 국수틀의 자루를 누르는 방식으로 국수를 내렸다. 아마도 평양식은 현재 남아 있는, 사람이 직접 팔로 자루를 누르는 국수틀을 변형시킨 것으로 보인다. 곧 평양식 사다리 국수틀 역시 냉면의 상업화에 반응하여 개량한 것일 터이다. 하지만 서울식이건 개량된 사다리식 평양식이건 근대 이후의 상황에는 맞지 않았다. 20세기 이후 냉면의 본격적인 상업화가 진행되면서 국수틀은 개량해야 한다는 압력에 직면했다. 여러 사람의 발명이 이어졌다. 결국 1931년 '1인의 절반의 노동력으로 재래식 국수틀보다 3배 이상으로 국수를 뽑을 수 있는' 김규홍의 철제 냉면기계가 발명되어 전국에 보급되었다. 국수틀은 극적으로 변했고 필요 인력도 절감되었다.

[7]

냉면의 상업화와 함께 면옥이라 불리는 냉면점이 평양과 서울, 그리고 각

지방 도시에 폭발적으로 늘어나자, 이곳에서 일하는 노동자도 따라서 늘어났다. 노동자는 여럿이었다. 냉면 만드는 과정은 반죽을 하고, 국수틀을 누르고, 국수를 건져 찬물에 헹궈 그릇에 담고, 고명을 얹고, 배달을 하는 노동으로 분리되었고, 각각의 노동을 전담하는 노동자가 나타났다. 반죽꾼, 발대꾼, 앞자리, 고명꾼, 배달부가 그들이다. 이들의 노동은 엄청나게 길고 가혹했다. 1931년 현재 면옥 노동자들의 하루 노동시간은 19시간이었다. 임금은 당연히 낮았다.

냉면은 쌀이 중심이 된 일반 식사를 대신할 수 있는, 대표적인 대중음식이었다. 냉면은 비쌀 수가 없는 음식이었다. 냉면값은 1925년 15전 내외에서 1943년의 22전까지였으니 높은 가격이 아니었다. 낮은 냉면값은 노동자들의 노동에 대한 대가가 제대로 지불되지 않았다는 의미이기도 했다. 면옥 노동자들이 노동조건의 개선과 임금 인상을 목표로 하는 노동조합을 결성한 것은 필연적인 변화였다. 1925년 평양에서 약 200명의 노동자가 평양면옥노동조합을 결성했다.

면옥노조는 함경도 원산, 함흥, 평안도 진남포, 안주, 황해도 사리원(=봉산), 해주에도 설립되었다. 서울은 면옥노동조합이 있었다는 자료를 찾을 수 없다. 면옥노동조합 중 가장 적극적이고 격렬한 활동을 전개한 곳은 평양면옥노조였다. 이들은 요구가 관철되지 않으면 파업으로 요구를 관철했다. 이들은 파업으로 법적 처벌을 받기도 했으나 자신의 의지를 굽히지 않았다. 면옥노조의 활동은 노동자의 노동환경을 개선하고 임금 인상에 일정 부분 기여했다.

[8]

1941년 태평양전쟁 발발 이후부터 신문기사에서 냉면에 관한 정보가 차즘 사라지기 시작한다. 면옥노조의 활동 역시 거의 포착되지 않는다. 모든 것이 전쟁에 집중되었고 냉면 같은 사소한 것은 관심의 대상이 아니었다. 1945년 8월 15일 해방이 되고 한반도가 남과 북으로 나뉘자, 냉면에도 비극적 변화가 일어났다. 무엇보다 냉면의 본고장이었던 평양냉면의 소식을 알 길이 없게 된 것이었다. 황해도 냉면 역시 마찬가지였다.

  1945~1950년 사이 남쪽은 평양냉면을 표방하면서 앞다투어 냉면점을 열었다. 황해도 냉면도 소수지만 여전히 남아 있었다. 이때까지만 해도 남과 북은 잠시 헤어져 있는 것일 뿐이었다. 하지만 1950년의 전쟁은 완전한 분리를 의미했다. 전쟁으로 인해 한국음식사에 어떤 변화가 일어났는지는 한마디로 말할 수는 없을 것이다. 다만 냉면에 관한 중요한 기억들이 사라졌고 어떤 경우 왜곡되었다. 냉면 한 그릇에도 한국인이 겪은 비극이 서려 있었다.

[9]

평양의 옥류관 냉면은 일제강점기의 호사스럽던 평양냉면이 아니다. 기본 냉면의 형태로 돌아간 남한의 냉면도 그렇다. 원래 냉면이 아니었던 함경도의 비빔국수가 '함흥냉면'이 되었다. 부산으로 간 평양냉면은 메밀이 아닌 밀가루로 만들어져 밀면이 되었다. 냉면의 전당에 오르지 못한 강원도의 메밀국수는 막국수라는 소박하지만 정감 있는 말로 자신을 알리게 되었다. 골동면이라 불린 메밀국수로 만든 국수비빔은 어디론가 사라졌다. 전에 없던 질긴 함흥냉면이 출현했고 사라졌던 진주냉면이 부활했다. 비빔냉면이라는 말이 만들어지면서 건너편에서 물냉면이라는 말이 생겨났다. 이상할 것도 없다. 냉면은 늘 진화 중이니까 말이다. 특정한 냉면은 없는 것이다. 따지고 보면 '평양냉면'도 없는 것이다.

후기

 스물다섯이었던가. 지금은 높은 건물이 빼곡히 들어차서 어딘지 짚어 낼 수 없지만, 세종문화회관 뒤쪽에 있는 한식집이었던 것으로 기억한다. 그 식당에서 물냉면을 팔았다('평양'냉면이라는 말이 붙어 있지 않았기에 물냉면이라고 쓴다!). 문득 얼마나 빨리 먹을 수 있나 궁금해서 시간을 재고 먹었더니 35초였다. 동행인에게 '야만인'이라는 소리를 들었.

 명동 전진상회관 골목에 함흥냉면점 세 곳이 있었다. 그중 한 곳은 한 그릇을 먹고 더 달라고 하면 공짜로 한 그릇을 더 주었다. 빛의 속도로 한 그릇을 비우고 다시 한 그릇을 쓸어 넣은 뒤 아내가 먹는 모습을 물끄러미 보고 있었다. 계산대에 있던 사장이 벌떡 일어서더니 내게 다가왔다. "손님, 내가 여기서 냉면가게 한 지 적잖이 오래되었는데, 손님처럼 냉면 잘 드시는 분은 처음 봤수다. 조금 더 잡수시겠소?" 여부가 있겠는가. 그날 함흥냉면을 세 그릇이나 먹었다. 삼십 대 초반의 일이었다.

 2년 전이다. 집 근처 산책길에서 막국숫집을 봤다. 가 봐야지 하고 벼르다 벚꽃이 한창인 날 들어갔다. 후딱 한 그릇을 비우고 통유리 창 바깥 활짝 핀 벚꽃에 눈길을 주고 있는데, 음식을 나르던 아주머니가 국수 한 그릇 가지고 다가오는 것이 아닌가. "사장님이 손님 국수 드시는 것을 보고 갖다 드리랬어요." 고개를 돌려 계산대에 앉아 있는 주인을 보니, 나를 보고 빙긋 웃었다. 막국수 두 그릇을 먹어서 그랬는지 오후 내내 괜스레 흐뭇했다. 스스로 '냉면주의자'라고 생각했다. 아, 이제는 건강상의 이유로 한 그릇이면 족하다.

  자칭 냉면주의자는 늘 궁금했다. 이 음식이 언제 시작된 것인지, 어떤 변화를 겪어 오늘날에 이르렀는지, 막국수도 따지고 보면 냉면인데 왜 냉면이라 부르지 않는지, 평양냉면과 함흥냉면은 아주 다른 음식인데 왜 냉면이라는 명사를 같이 붙이는지 말이다. 진주냉면을 좋아하지만 관련 자료가 남아 있지 않은 것도 의문이었다.

  2024년 6월 우연한 기회에 "냉면의 역사나 한번 써 볼까?"라고 한 말이 꼬투리가 되어 이 책을 쓰게 되었다. 냉면에 관한 책은 이미 몇 종 나와 있다. 그 책들을 읽고 냉면에 대해 많은 것을 알게 되었다. 그래도 궁금한 것이 남아 굳이 이 책을 썼다. 뜻밖에도 조선시대 문헌에는 냉면에 관한 기록들이 많지는 않지만 쏠쏠히 남아 있었고, 그것을 자료 삼아 좀 더 구체적인 이야기를 풀 수 있었다. 물론 아직 부족한 점이 많다. 나보다 눈 밝은 분들이 채워 주셨으면 한다. 책이 출간되는 날 점심은 냉면을 먹을 것이다. 점심나절 행복한 냉면주의자가 될 것이다!

주석

[1] 냉면이란 무엇인가

1) 李用基,《朝鮮無雙新式料理製法》, 永昌書館, 1924, 133쪽. 앞으로《朝鮮無雙新式料理製法》는 책명과 쪽수만 표시한다.
2) 《朝鮮無雙新式料理製法》, 132~133쪽.
3) 洪錫謨,〈十一月 月內〉,《東國歲時記》, 朝鮮廣文會, 1911, 46쪽. "用蕎麥麵, 沈菁葅·菘葅, 和猪肉, 名曰冷麵. 又和雜菜·梨·栗·牛猪切肉·油·醬於麵, 名曰骨董麵. 關西之麵最良."
4) "取蔓菁根小者, 作葅, 名曰冬沈."
5) 참고로《朝鮮無雙新式料理製法》, 133쪽의 '국수부븸[骨董䔉]'을 보라.
6)〈내 고향의 자랑거리 평안도 김장법(각처의 김장법 3)〉,《동아일보》1935년 11월 14일(4).
7) 《朝鮮無雙新式料理製法》, 132쪽.

[2] 냉면의 전사前史

1) 필자 미상,〈냉면〉(납량물 유래),《마산일보》, 1966년 7월 20일(4).
2) 徐兢,〈饋食〉,《高麗圖經》권33, 舟楫. "使者入境, 而群山島·紫燕洲·三州, 皆遣人饋食. 持書之吏, 紫衣幞頭. 又其次則烏帽. 食味十餘品, 而麵食爲先. 海錯尤爲珍異."
3) 徐兢,〈鄕飮〉,《高麗圖經》, 권22, 雜俗 1. "國中少麥, 皆賈人販自京東道來, 故麵價頗貴, 非盛禮不用. 在食品中, 亦有禁絶者, 此尤可哂也."

4) 소맥의 생산에 대해서는 다음 자료가 거의 유일할 것이다.《高麗史》권27, 世家 권27, 元宗 13년 6월 26일. "別楮云: '…… 今則大小麥已收, 而禾穀向熟'."

5) 《漢語大詞典》. "麵. ① 麵粉. ② 指麵食, 麵條."

6) 한반도에서 밀의 재배와 이용에 대한 정보는 많지 않다. 이에 대해서는 박정배,《만두》, 따비, 2012, 183~189쪽에 잘 정리되어 있다.

7) 메밀, 곧 교맥蕎麥에 대한 자료는《高麗史》에 한 번 보인다.《高麗史》권53, 志 제7, 五行 1, 花. 1382년 2월 13일. "辛禑八年二月癸亥 雨穀, 有似黑黍·小豆·蕎黍者. 王以問, 日官對曰, "謹按占書, 飢饉荐至, 人將相食之兆."

8) 李穡,〈淸州牧濟用財記〉,《牧隱集》; 한국고전번역원 엮음,《한국문집총간韓國文集叢刊》a5, 한국고전번역원, 2013, 50쪽. "慕之樽節之久, 得米白者二十石·糙七十石·小米八十石·蕎麥三十石."

9) 이태경,〈한국 불교문헌에 보이는 만두饅頭와 국수洗麵에 대한 의식意識 변화 연구〉,《불교문예연구》20, 동방문화대학원대학교 불교문화예술연구소, 2022, 541쪽.

10) 이태경,〈한국 불교문헌에 보이는 만두饅頭와 국수洗麵에 대한 의식意識 변화 연구〉, 547쪽. 습면濕麵은 원나라 말기《거가필용사류전집居家必用事類全集》에 건면乾麵과 함께 수록된 국수 조리법을 가리킨다. 습면은 반죽을 하여 다양한 방법으로 국수 형태를 만든 후 물에 끓여 내는 조리법이다. 건면은 둥근 모양의 만두를 가리키며, 여러 가지 재료로 만든 소를 넣어 찌는 조리법으로 만든다. 이태경,〈한국 불교문헌에 보이는 만두饅頭와 국수洗麵에 대한 의식意識변화 연구〉, 542쪽.

11) 윤서석 교수는 고려 후기에 "사원에서 국수를 뽑아 시장에 내다 팔았다. 이렇게 되는 과정에서 그동안 국수 반죽을 손으로 밀어 만들던 것이 기계화되어 국수틀로 눌러 뽑게 되었다"(《신편 한국사》21, 국사편찬위원회, 2002, 581쪽)라고 말하고 있는데, 어떤 자료에 근거한 것인지는 밝히지 않았다.《고려사》를 위시한 고려시대 문헌에서는 이러한 주장을 입증할 자료를 찾을 수 없다.

12) 만두를 먹었던 것은 이규보의 시에서도 확인된다. 李奎報,〈謝其禪師送細餛飩〉,《東國李相國集》; 한국고전번역원 엮음,《한국문집총간》a2, 2013, 209쪽. 스님이 혼돈餛飩을 보내 줘서 고맙다는 내용의 시다.《한어대사전漢語大詞典》에 의하면, 혼돈은 얇은 밀가루 피로 소를 써서 만든 음식 혹은 만두를 가리킨다. "餛飩. 1) 一種麵食, 用薄麵片包餡做成. 2) 饅頭." 고려가요인〈쌍화점雙花店〉에 보이는 '쌍화雙花' 역시 밀가루 피로 소를

싸서 만든 만두의 일종이다. 고려시대 만두 혹은 쌍화에 대한 자세한 것은, 박정배, 《만두》, 2012, 190~215쪽에 잘 정리되어 있다.

13) "李穡, 〈午飡〉, 《牧隱集》; 한국고전번역원 엮음, 《한국문집총간》 a4, 2013, 213쪽. "白麪香湯滑, 衰腸冷氣纏."

14) 이색은 〈적제촌농노래赤提村農奴來〉라는 시에서도 백면白麪을 먹은 사실을 말하고 있다. 李穡, 〈赤提村農奴來〉, 《牧隱集》; 한국고전번역원 엮음, 《한국문집총간》 a4, 2013, 334쪽. "赤提村裏麥初收, 白麪香湯滑欲流. 又說稻花開已遍." 이 시는 마지막 구가 없어졌다.

15) 李穡, 〈夏日卽事〉, 《牧隱集》; 한국고전번역원 엮음, 《한국문집총간》 a4, 2013, 199쪽.

16) 《漢語大詞典》. "一種涼食. 以麵與槐葉水等調和, 切成餠·條·絲等形狀, 煮熟, 用涼水汀過後食用."

17) 《漢語大詞典》. "過水麵及涼麵一類食品."

18) 《漢語大詞典》. "用涼水浸過的煮熟的麵條."

19) 괴엽냉도는 저우칭위안의 〈냉면〉이라는 글(저우칭위안, 주은주 옮김, 《중국 면식 바이블》, 시그마북스, 2018, 158~159쪽)에 짧은 설명이 나온다. 옮기면 다음과 같다. "냉면은 과수면過水麵, 냉도冷淘라고 불리며, 당나라 때 처음으로 냉면이 등장했다는 기록이 있다." 이어 두보의 〈괴엽냉도槐葉冷淘〉를 증거 문헌으로 들었다. 물론 저우칭위안이 말하는 '냉면'은 찬물에 씻은 차가운 면일 뿐이다. 이어지는 구체적인 조리법은 밀가루 반죽을 늘리고 현대식 제면기에 넣어 면을 만들고 삶아 찬물에 헹구는 과정이 이어진다. 한국의 냉면과는 전혀 다르다.

20) 郭知達 編, 〈槐葉冷淘〉, 《九家集注杜詩》 권11. "靑靑高槐葉, 采掇付中廚. 新麵來近市, 汁滓宛相俱."

21) 潘榮陛(清), 〈夏至〉, 《帝京歲時紀勝》. "夏至大祀方澤, 乃國之大典. 京師於是日家家俱食冷淘麵, 即俗說過水麵是也. 乃都門之美品. 向曾詢及各省遊歷友人, 咸以京師冷淘麵爽口適宜, 天下無比."

22) 李瀷, 〈冷淘〉, 《星湖僿說》 권4, 萬物門. "詩家多言槐葉冷淘. '昔野狐泉一女子, 善制水花冷淘, 功以吳刀, 淘以洛酒'."

23) 李瀷, 〈冷淘〉, 《星湖僿說》 권4, 萬物門. "意者, 以水花槐葉之類, 溲麵爲餠, 細功漬酒候冷而食者也. 槐非花黃之槐, 恐是栮木也. 我國指栮為槐亦似有自."

24) 趙在三, 〈冷麵〉, 《松南雜識》, 亞細亞文化社, 1986, 769쪽. "杜甫槐葉冷淘詩註, 野狐泉一

娼, 先製水花冷淘, 切以吳刀, 淘以洛酒, 富子攜金食之. 坡詩, 靑浮卵盌槐芽麵(餠), 似今平壤冷麵." 소동파 시의 제목은 〈冷淘冷淘〉다. 시는 다음과 같다. "枇杷已熟粲金珠, 桑落初嘗盎玉蛆. 暫借垂蓮十分盞, 一澆空腹五車書. 靑浮卵椀槐芽餠, 紅點氷盤藿葉魚. 醉飽高眠眞事業. 此生有味在三餘." 면麵이 아니라 병餠으로 되어 있다.

25) 洪萬選, 〈粉麵·餠·飴〉, 《山林經濟》 권2, 治膳. "翠縷麵. 採槐葉嫩者. 硏自然汁. 依常法搜和捍切極細. 滾湯下候熟. 過水供汁, 葷素任意. 加蘇菇尤妙, 味甘色翠. 必用."

26) 세계김치연구소 편, 김일권·이정우·박채린 공역, 〈회화나무 즙으로 반죽한 비취색 취루면翠縷麵〉, 《거가필용 역주 음식편》(居家必用事類全集 譯註—己集·庚集·壬集), 세계김치연구소, 2015, 304쪽. 원문은 위의 《산림경제山林經濟》와 같기 때문에 굳이 싣지 않는다. 앞으로 《거가필용 역주 음식편》에서의 인용은 책명과 면수만 밝힌다.

27) 徐有榘 編, 〈翠縷麵方〉, 《林園經濟志》, 鼎俎志 권2; 《林園經濟志》 2, 保景文化社, 1983, 258쪽. 趙在三, 〈翠縷麵〉, 《松南雜識》, 1986, 761~762쪽. 두 자료 모두 《거가필용居家必用》을 인용해 싣고 있다.

[3] 조선 전기의 국수

1) 《산가요록山家要錄》은 전순의 찬撰, 한복려 엮음, 《(다시 보고 배우는) 산가요록山家要錄》, (도서출판) 궁중음식연구원, 2019을 이용한다. 앞으로는 《산가요록》이라는 책명과 쪽수만 밝힌다.

2) 〈木麥飯〉, 《산가요록》, 136쪽. "牟米, 精舂, 浸水良久. 米潤還出, 布淨席上. 米上于布油紙, 日曝米. 極熱, 舂碎去麤, 炊飯, 水洗, 令淸以進." 제목은 '목맥반木麥飯'으로 '메밀밥'인데, 본문은 '모미牟米'로 시작한다. '모미牟米'는 보통 보리를 지칭하는데, 제목이 목맥이기 때문에 '메밀밥'으로 이해하고 자료를 인용한다.

3) 《산가요록山家要錄》, 61쪽.

4) 《산가요록山家要錄》, 71쪽.

5) 《산가요록山家要錄》, 149쪽.

6) 메밀가루 한 되, 찹쌀가루 한 되 3홉을 섞어 만든다.

7) 이 책에서 인용하는 《산가요록》은 앞서 밝힌 바와 같이 '한복려 엮음'으로 된 책이다.

한문 원문의 번역 역시 한복려 선생이 한 것이다. 그런데 '나화'의 번역과 도판을 보면, 138쪽의 "膝上以瓢覆之, 冒四面引下, 薄如花紙, 裂去四面厚處, 則掛於淨索上, 待乾"을 "무릎 위에 바가지를 엎어 반죽을 놓고 네 면을 잡아 내린다. 꽃 만드는 종이처럼 얇게 밀고 네 면의 두툼한 부분을 찢어 내어 깨끗한 줄 위에 걸쳐 말린다"라고 옮겼다. 한복려 선생은 네 면의 두툼한 부분을 국수로 만든다고 해석한 것이다. 그렇다면 화지花紙처럼 얇게 만든 부분은 어떻게 되는 것인가. 원문의 '열거裂去'는 '찢어내어 버린다'는 뜻인데, 이것은 사용하지 않는다는 말이 아닌가. 곧 깨끗한 새끼줄에 걸어 마르기를 기다려 삶아서 먹는 부분은 화지처럼 얇은 부분이 아니겠는가? 나화剌花의 '화花'도 화지花紙 같은 부분을 먹기 때문에 붙인 말일 터이다.

8) 말유즙末油汁은 무엇인지 알 수 없다.

9) 《산가요록山家要錄》, 139쪽. "① 占實粟, 極磨, 水飛. 木麥, 細末陽乾, 等分作麵. ② 又法. 占實粟, 浸水, 夏七日, 春秋十日, 冬十五日. 待爛, 篩之. 水淸, 粉凝, 取布落上晒乾. 右粉三分, 彔豆粉一分, 交合作麵. ③ 又法. 木麥末一斗, 楡末三匙, 和造. ④ 又法. 眞末二分, 太末一分, 和造. ⑤ 又法. 太末二分, 眞末二分, 和造. 醬汁熟烹, 供之. 俗名, 豆繩."

10) ㉢의 방법에 느릅나무[楡]가루가 사용된다고 해서 앞의 괴엽냉도와 동일한 것이라고 오해해서는 안 된다. 괴엽냉도는 회화나무[槐] 즙을 사용했다.

11) 《거가필용 역주 음식편》, 140쪽. "生鷄卵, 破取汁所許, 和眞末. 推板以薄爲貴. 烹水用黑湯, 豉點, 諸物用."

12) 《거가필용 역주 음식편》, 146쪽. "生雉, 以刀切如饅頭樣, 傅蕎末, 列置於篩. 暫置於沸水中, 待凝出, 更傅彔豆, 醬水作羹以進."

13) 《거가필용 역주 음식편》, 301~308쪽.

14) 《산가요록山家要錄》, 140쪽. "彔豆末五合, 以氷水和攪, 於釜政沸湯水中, 浮瓢子盛之. 以木節三四介, 和揮作膠. 于以木節擧之. 如絲出, 則可以彔豆末七八升盛器. 于膠和揮, 以手擧之, 二三尺不絶, 則瓢底穿孔三穴, 如鼎矣之樣, 洞可入手指端, 以左手指塞三穴, 立齊眼擧之, 右手打瓢无停. 開穴則流下沸湯成麵, 浸氷水洗出, 醬湯用."

15) 《산가요록山家要錄》, 141~142쪽. "眞末極細, 細布篩下累度, 和水, 如彈丸切之. 浸眞油, 出置板上, 以箭粥半尺許, 推之至薄, 以刀長截之. 執兩端, 薄引之, 排列於杻器上, 待乾藏. 客來, 則於淸醬水, 和稚鷄肉, 沸用之."

16) 《산가요록山家要錄》, 139쪽. "又法. 太末二分, 眞末一分, 和造. 醬汁熟烹, 供之. 俗名, 豆繩."

17) 흑탕黑湯에 대해 《산가요록山家要錄》(166쪽)은 다음과 같이 말하고 있다. "雉烹水爲上. 烹鷄水及飛禽烹水, 亦可." 꿩을 삶은 육수가 제일이고, 닭이나 다른 새를 삶은 육수도 괜찮다는 것이다.

18) 《산가요록山家要錄》, 141쪽. "成麵, 浸氷水洗出, 醬湯用."

19) 《산가요록山家要錄》, 141쪽. "客來, 則卽於淸醬水和雉鷄肉, 沸用之."

20) 《산가요록山家要錄》, 138쪽. "熟烹後, 出浸冷水, 又改水, 以冷爲度, 和姜蒜醋醬以供."

21) 《산가요록山家要錄》, 142쪽. "蕎末, 或眞末和水. 推板甚薄, 如革帶樣切之, 沸熟, 洗以冷水, 以淸爲度. …… 荏, 去皮取汁, 入鹽, 嘗味適中, 供之."

22) 《산가요록山家要錄》, 144쪽. "眞末一升·米沙粉一合·彔豆末一合, 和水, 推板, 長二寸·廣一寸切之. 盛竹篩, 沸熟, 沈水待冷. 荏汁·艮醬和合, 諸香菜·膏肉·卵片·藁古等物, 合用以進."

23) 허균許筠의 〈도문대작屠門大嚼〉에 사면絲麵이 실려 있고, 유중림柳重臨의 《(증보)산림경제增補山林經濟》(권8, 반죽제품飯粥諸品)에도 창면昌麵과 사면絲麵이, 그리고 서유구徐有榘의 《임원경제지林園經濟志》(〈면麵〉, 鼎俎志 권2)에도 난면방卵麵方, 사면방絲麵方, 자화면방刺花方, 진주면방眞珠麵方 등이 실려 있다. 실제 음식을 조리했던 빙허각 이씨 또한 《규합총서閨閤叢書》 주식의酒食議에서 난면卵麵을 들고 있다. 조리서에도 실리는데, 이것은 조리서를 다루면서 언급하겠다.

24) 김수金綏, 김채식 옮김, 〈육면〉, 《수운잡방》, 글항아리, 2015, 154~155쪽; 김수金綏, 〈습면〉, 《수운잡방》, 2015, 194~195쪽.

25) 이상은 저자 미상, 한복려·김기영 편역, 《계미서癸未書》, 선일당, 2021, 77~79쪽.

26) 저자 미상, 《계미서癸未書》, 2021, 82~83쪽.

27) 이것이 국수 재료로 메밀을 선호하는 쪽으로 바뀌었음을 의미하는 것인지는 따져 봐야 할 문제다.

28) 許筠, 〈屠門大嚼〉, 《惺所覆瓿藁》; 한국고전번역원 엮음, 《한국문집총간韓國文集叢刊》 a74, 2013, 374쪽. "絲麵則有吳同者善造, 故至今稱之."

29) 이하 《묵재일기》는 국사편찬위원회의 한국사데이터베이스, 한국근대자료DB에 실린 것을 이용한다.

30) 《黙齋日記》, 1536년 10월 15일. "曉送祭餠·糆·曲桂等物于山所."

31) 《黙齋日記》, 1537년 1월 3일. "相甫兄以酒·果·餠·糆等物午來, 祭于祭廳."

32) 《黙齋日記》, 1537년 1월 21일. "芋洞家. 令婦備明日所需山所糆·餠焉."

33) 《高麗史》 권63, 志권 제17, 禮5, 吉禮小祀 大夫·士·庶人祭禮.

34) 金宗直, 〈先公祭儀〉 제5, 彝尊錄 下, 《佔畢齋集》; 한국고전번역원 엮음, 《한국문집총간 韓國文集叢刊》 a12, 2013, 474~475쪽. "時食則上元粘飯, 重三靑蒿餠, 端午麥麵, 流頭饅頭[俗名霜華之類], 必陳於他饌之右."

35) 李植, 〈祭饌〉, 《澤堂集》; 한국고전번역원 엮음, 《한국문집총간韓國文集叢刊》 a88, 2013, 534쪽.

36) 李植, 〈祭饌〉, 《澤堂集》; 한국고전번역원 엮음, 《한국문집총간韓國文集叢刊》 a88, 2013, 534쪽. "飯·羹·餠·麵, 各二器."

37) 李植, 〈祭饌〉, 《澤堂集》; 한국고전번역원 엮음, 《한국문집총간韓國文集叢刊》 a88, 2013, 534쪽. "麵則水曼頭·昌麵中, 亦兩色."

38) 〈祭饌祭饌〉은 끝에 천신薦新하는 물건들을 나열하고 있는데 그중 교맥면蕎麥麪이 들어 있다. 메밀국수라기보다는 메밀가루로 봐야 할 것이다.

39) 《默齋日記》, 1545년 12월 23일. "判官城主送惠祭物. 米·糆·油·醬·淸蜜·果實·沙器·柳器等物, 詳具他錄."

40) 《默齋日記》, 1546년 8월 27일. "二衙送餠·糆, 祭餘也."

41) 《默齋日記》, 1548년 6월 6일. "子婦生日, 少造糆饅頭, 分喫之."

42) 《默齋日記》, 1551년 11월 28일. "子婦爲設饅頭以餉, 我之生日也."

43) 《默齋日記》, 1548년 6월 19일. 안봉사 승려 석한釋閑이 찾아와 오이 50개를 주기에, 쌀 4되를 주고 국수를 먹어서 보냈다. "安峯僧釋閑來遺瓜五十, 給米四升, 饋糆送." 1552년 1월 18일. 곡기를 끊고 있는 승려 신정信正이 찾아왔는데, 쌀이나 장醬을 먹지 않는다 하므로 국수를 만들어 주고, 따라온 승려에게는 밥을 먹였다. "絶穀僧信正來見, 一僧隨從而來. 信正不喫稻醬云. 作糆與之, 飯其從僧, 使留宿." 1552년 3월 5일에는 금강산으로 떠나는 신정에게 국수를 먹이고 밀가루[眞末] 등을 주어 보낸다. "禪僧信正來言: '今向金剛山'云. 饋以糆, 又給眞末一斗·米一斗·厚紙五丈以送."

44) 《默齋日記》, 1546년 4월 13일. "牧令公親審民田, 仍上南亭子邀之. 卽上見, 與之着碁. 水飯後設糆."

45) 《默齋日記》, 1554년 5월 17일. "留海印. 會話陜川·高靈. 陜川午供糆·餠."

46) 《默齋日記》, 1561년 11월 5일. "牧使以餠·糆·酒·果·魚進排." 절일節日 혹은 유두절流頭節이라 하여 목사는 다양한 음식과 식재료를 보내고 있다. 《默齋日記》, 1546년 11월

20일. "城主送遺餠二盆·糆一盆·淸酒一盆·濁二盆·鷄三首·靑魚二十介. 名日故也." 1553년 6월 15일 "令送節日餠·麵·酒·瓜·西瓜及雙花西瓜·淸蜜等一盤."

47) 《默齋日記》, 1553년 10월 27일. "飯來僧, 付酒一甁送之, 又令明日備造餠·糆, 以待卄九日之供."

48) 《默齋日記》, 1546년 1월 3일. "糆母徑造糆來, 下人不明言故也." 1546년 1월 4일. "復以家末給糆母造來."

49) 《默齋日記》, 1536년 1월 5일. "鶴今自備蕎糆來供."

50) 《默齋日記》, 1545년 12월 25일. "官婢造木麥糆, 夕來納."

51) 《默齋日記》, 1551년 7월 9일. "嚴以燒酒·麥糆供具矣."

52) 曺植, 〈遊頭流錄〉, 《南冥集》; 한국고전번역원 엮음, 《한국문집총간韓國文集叢刊》 a31, 2013, 503c쪽. "十四日, 與寅叔共宿剛而第. 剛而爲具剪刀糆·醴酪齋·河魚膾·白黃團子·靑丹油糕餠."

53) 장지현張智鉉, 《한국전래면류음식사연구韓國傳來麪類飮食史硏究》, 修學社, 1994, 18~20쪽. 오희문은 1598년에는 세면細麪을, 1600년에는 메밀로 만든 칼국수를 먹었다. 장지현, 《한국전래면류음식사연구韓國傳來麪類飮食史硏究》, 1994, 117~118쪽.

54) 《默齋日記》, 1558년 6월 5일. "牧伯送遺封餘眞末, 以書爲謝."

55) 신화부申和父의 '화부和父'는 자字로 보인다. 이문건은 이 사람을 자신의 '사촌제四寸弟'이라고 소개하고 있다. 외사촌이거나 고종사촌이 아닌가 한다.

56) 《默齋日記》, 1546년 1월 12일. "二嫂以和父稱念, 送遺白米五斗·荏三斗·小豆三斗·木米三斗等物. 夕送靑魚九尾, 鮮味也."

57) 《成宗實錄》 성종 9년 4월 8일(4). "凡守令之赴任也, 公卿大夫知與不知, 皆持酒肉而餞之, 請其奴婢完護, 上下成俗, 名之曰稱念."

58) 成渾, 〈與安景容 玭〉, 《牛溪集》; 한국고전번역원 엮음, 《한국문집총간韓國文集叢刊》 a43, 2013, 205a쪽. "州官相饋遺之事, 凡米一斗, 授受者在國典皆杖罪. 而今之人, 恬不奉法, 以是退計十餘年. 雖稱念所給, 亦不受之. 玆者城主聞余有祭事, 以眞油淸等物, 來助祭具. 城主非但與我相厚, 於先君亦有分, 旣以祭物遺之, 情禮不可拒, 惶恐敢受耳."

59) 《默齋日記》, 1558년 4월 20일. "還堂晝寢. 寢覺, 乃啗冷糆, 足掌寒矣."

[4] 국수에서 일어난 변화와 국수틀의 출현

1) 백두현, 《음식디미방 주해》, 글누림, 2005. 앞으로 《음식디미방》에서의 인용은 백두현의 이 주해본을 따르고, 책명과 쪽수만 표시한다. 원문은 필요한 경우만 인용한다.

2) 《음식디미방 주해》, 67쪽. '토장법 녹두나화'의 원문은 다음과 같다. "토장법 녹도나화 식면 골롤 물의 눅게 퍼러 너른 그르싀 떠 노화 쓸눈 물에 듕탕ㅎ야 흔듸 어리거든 그 쓸 눈 물을 쓰면 믉게 닉거든 춘물에 쩨여 둠가 희거든 효근 약과 낫ㄱ치 사흐라 쓰ㄴ니라 토쟝국의 교퇴ㅎ고 오미즈차눈 쑬만 쓰ㄴ니라." 현대어역은 다음과 같다. "세면 가루를 물에 눅게 풀어 넓은 그릇에 떠놓고 끓는 물에 중탕重湯한다. (가루가) 한데 엉기거든 그 끓는 물을 떠내어 (두었다가) 묽으죽죽하게 익으면 떼어 찬물에 담가 희어지면 작은 약과 낱만하게 썰어 쓴다. 토장국에는 고명을 하고, 오미자차에는 꿀만 쓰느니라."《음식디미방 주해》, 67쪽. 이 방법은《산가요록》의 밀가루 반죽을 바가지에 엎어서 늘리는 나화, 반죽을 밀대로 미는 수라화, 만이창면과는 아주 다르다.

3) 《음식디미방 주해》, 68쪽. "오미즈 업거든 춤깨를 복가 지허 걸러 그 국의 물면 토장국이라 ㅎㄴ니라."

4) 원문을 표기법만 요즘 말로 고쳤다. 원문은 다음과 같다. "녀름 음식이 오미즈차 쑬타 몰면 죠코 지령 쑥의 무라 교치ㅎ여도 죠ㅎ니라. …… 지령 국의 ㅎ면 교퇴를 ㅎ고 오미 즈 국의는 교퇴를 아니ㅎㄴ니라"(《음식디미방 주해》, 67쪽).

5) 박채린·이진영, 〈신창 맹씨 종가의 문헌(《자손보전》)에 수록된 《최씨음식법》의 조리법을 통한 조선 중기 음식문화 고찰: 찜류 및 면병과류를 중심으로〉, 《한국식생활문화학회지》, 한국식생활문화학회, 2015, 557쪽. 이 논문에는 《산가요록》의 계란면과 동일한 것이라고 지적하고 있다. 다만 《계미서》의 별면법別麵法에 대한 언급은 없다.

6) 저자 미상, 윤숙자 엮음,《요록要錄》, 백산출판사, 2020. 원문은 176쪽에 실려 있다.

7) 육면은 국문으로 쓰인 조리법이 《요록要錄》(윤숙자 엮음, 2020), 188쪽에 실려 있다.

8) 백두현,《주방문 정일당잡지 주해》, 글누림, 2013, 68~73쪽.

9) 백두현,《주방문 정일당잡지 주해》, 2013, 68~69쪽.

10) 《山家要錄》, 140쪽. "成麵, 浸氷水, 洗出, 醬湯用."

11) 《山家要錄》, 141쪽.

12) 《계미서》, 82쪽. "見成糆, 移于冷水, 洗而用之."

[13] 《要錄》, 176쪽. "拯以沈於冷水, 臨時淸醬汁, 用之."

[14] 백두현,《주방문 정일당잡지 주해》, 2013, 70쪽. "짓국이어나 오미즈 국의 쳥밀 트거나 ᄒ여 쓰라."

[15] 張維,〈紫漿冷麵〉,《谿谷集》; 한국고전번역원 엮음,《한국문집총간韓國文集叢刊》a92, 2013, 436쪽. "已喜高齋敞, 還驚異味新. 紫漿霞色映, 玉粉雪花匀. 入箸香生齒, 沾衣冷徹身. 客愁從此破, 歸夢不須頻."

[16] 《漢語大詞典》. "古代一種微酸的飮料." 원래 식초를 넣은 물이다.

[17] 《음식디미방 주해》, 51~52쪽.

[18] 《음식디미방 주해》, 61~62쪽.

[19] 吳希文,《瑣尾錄》, 1600년 7월 5·6일. "今日, 船卜載送之物錄之. 酒槽一, 諸具竝. 麵本機, 竝小金一, 無足鼎二, 祭床二, 泡磨石上下二隻, …… 生員家有足鼎二蓋具等物, 載送船所."

[20] 장지현은《음식디미방》의 '면본'을 '면본麪本'으로 옮기고 다음과 같이 주장했다. "또한 성형成形 과정에서 드러난 소위 麵類飮食史에서 중요한 의미를 갖는 '麵本'(국수틀)의 이용이 여기서 새롭게 밝혀지고 있다는 데서 이 식면법이 제공하고 있는 의의는 매우 크다는 사실을 실토하지 않을 수 없다. 16세기 이전의 여러 成書類에서 국수틀의 이용 사실이 드러나지 않았었고 다만 국수틀에 의한 製麵이 기정 사실로 되고 있는 양 전해지고 있었다. 이를테면 고려사회에서만 하더라도 '麵食'의 실용화가 중국인에 의해 확인되고 있었을 뿐만 아니라, 私祭禮의 제사음식으로 '麵'이 공인되고 있는 등, 그 밖에 '白麵', '白糆' 및 이들의 湯類가 보편화되고 있었고, 특히 조선조에서 처음 부각되었던 小麥麵·寒食麵의 경우에도 기성의 麵類 중 生麵(濕麵)·乾燥麵의 제품이 小麥麵湯으로 이용되고 있었던 사실만이 전해지고 있었다는 것은 양산화되고 있었다는 것을 뒷받침하는 것이므로 당연히 국수틀의 존재는 의심할 여지가 없었던 것이다"(《韓國傳來 麪類飮食史硏究》, 214쪽). 스스로 '16세기 이전의 여러 성서류成書類에서 국수틀의 이용 사실이 드러나지 않았'다고 하면서 '국수틀에 의한 제면製麵이 기정사실로 되고 있는 양 전해지고 있었다'고 말한다. 수용하기 어려운 주장이다. 이어 이렇게도 말한다. "비록 국수틀을 이용한 製麵工程이 기계화되고 있지 않았다는 反證으로 받아들일 분명한 근거는 되지 않으리라 믿어지거니와 安東 張氏의 태도에서 분명한 것은 '면본의 눌러' 한 사실로부터 이미 당대에는 물론 上代 이래 '麵本'(국수틀)이 實用化되고 있었다

는 것을 말하는 것이다"(《韓國傳來麪類飮食史硏究》, 214쪽).《음식디미방》에서 처음 나타난 면본을 증거로 '상고上古 이래 면본의 실용화'를 주장한다. 역시 수용하기 어렵다. 라이트 형제의 비행기 발명으로 그 이전에 비행기가 실용화되었다고 말할 수는 없는 법이다. 또한《韓國傳來麪類飮食史硏究》, 199쪽에서는 '고려시대에 이미 사용되고 있었던 것으로 믿어진다'고 말한다. "생각건대 늦어도 고려시대에 이미 국수틀이 사용되고 있었던 것으로 믿어지므로 조선조 초기 중에도 면본(국수틀)이 이용되고 있었고"라고 말한다. 고려시대는 국수 자체에 대한 구체적 정보가 남아 있지 않다. 국수틀의 존재를 유추할 만한 정황도 찾아볼 수 없다. 이 주장은 받아들이기 어렵다.

21) 백두현,《주방문 정일당잡지 주해》, 70~71쪽.

22) 우리말샘. https://opendict.korean.go.kr/dictionary 북한말이라고 분류하고 있다.

23) 백두현 교수는 맛질방문을 '장씨 부인이 친정어머니 권씨에게 전수받은 조리법'이라고 했다. 장씨 부인의 어머니 권씨는 권사온權士溫의 딸로 예천의 맛질에 살았다고 한다. 맛질은 예천의 지명인 것이다.《음식디미방 주해》28쪽 및 백두현·정연정의《《음식디미방》의 '맛질방문' 재론》(《地名學》 30, 한국지명학회, 2019) 160쪽을 보라. '맛질'이 지명이 아니라 '맛있는 음식 만들기' 혹은 '음식 맛있게 만들기'와 같은 행위개념이라는 주장도 있다(배영동,〈《음식디미방》 음식명에 병기된 '맛질방문'의 정체 재검토〉,《실천민속학연구》 39, 실천민속학회, 2022). 지명으로 보는 경우는 예천의 맛질이라는 주장과 봉화의 맛질이라는 주장이 있다. 전자는 백두현·정연정의《《음식디미방》의 '맛질방문' 재론》과 백두현의《《음식디미방(규곤시의방)》의 내용과 구성에 대한 연구》(《영남학》 1, 경북대 영남문화연구원, 2001)에 정리되어 있다. 봉화의 맛질이라는 주장은 김미영의〈전통의 오류와 왜곡의 경계선—《음식디미방》의 '맛질방문'을 중심으로〉(《비교민속학》 46, 비교민속학회, 2011)에 정리되어 있다. 어느 쪽이 옳은지는 알 수 없다. 다만 '맛질 출신 사람에게 듣거나 배워서 기입해 놓은 방문'이라는 백두현·정연정의 견해에는 찬동한다.

24)《거가필용 역주 음식편》, 303~306쪽.

25) 홍사면紅絲麵 이하의 음식은 뒷날 사족들의 생활실용서에 단골로 실리고 있다.《고사신서攷事新書》는 1771년 서명응徐命膺이 주편主編을 맡은 관에서 편찬한 생활실용서인데 산서면山薯麵, 홍사면紅絲麵, 영롱발어玲瓏撥魚, 산약발어山藥撥魚, 산우박탁山芋餺飥을 싣고 있다. 徐命膺 編,〈造粉麪餠法〉,《攷事新書》, 권13, 日用文上. 서명응의 아들 서

호수徐浩修는 1799년 자신이 편집한 《해동농서海東農書》에 홍사면紅絲麪, 영롱발어玲瓏撥魚, 산약발어山藥撥魚, 산우박탁山芋餺飥을 실었다. 徐浩修, 〈粉麪餅飴〉, 《海東農書》; 李聖雨 著, 《한국고식문헌집성韓國古食文獻集成》2, 修學社, 1992, 551쪽. 1800년대 중반에 쓰인 조리서 《군학회등群學會騰》(필자 미상, 국립중앙도서관 소장)에도 사면법絲麪法, 홍사면법紅絲麪法, 창면법昌麪法, 산서山薯(마)면법麪法, 갈분면법葛粉麪法, 산약발어면법山藥撥魚麪法, 영롱발어면법玲瓏撥魚麪法 등이 실려 있다. 〈煎糆諸品〉, 《군학회등群學會騰》(국립중앙도서관 소장), 食飮門. 사면법絲麪法과 창면법昌麪法을 제외하면, 나머지는 《산림경제山林經濟》이하의 책들과 같다. 옛 조리서를 그대로 베낀 것이다. 이런 국수들은 관습적으로 실은 것일 뿐 이것이 실제 조리되어 먹었다는 기록은 찾기 어렵다.

26) 柳重臨, 〈木麥麪法〉, 《增補山林經濟》 권8, 飯粥諸品. "木麥取米, 作末, 水飛, 鋪布上, 曬乾一斗. 去皮菉豆二升, 作末如常法. 細板壓作白麵, 味勝. 或作末, 水搜, 刀切作麵, 亦佳."

27) 徐有榘, 〈麪〉, 《林園經濟志》, 鼎俎志 권2, 구면지류糗麪之類에 30종의 국수 만드는 법이 실려 있다. 교맥면방蕎麥麪方, 난면방卵麪方, 사면방絲麪方, 갈분면방葛粉麪方, 창면방暢麪方, 노분면방蘆粉麪方, 천화면방川花麪方, 율면방栗麪方, 자화방刺花方, 별작면방別作麪方, 진주면방眞珠麪方, 서면방黍麪方, 과면방瓜麪方, 나단탕병방糯團湯餠方, 화면방花麪方, 백합병방白合餠方, 옥연색병방玉延索餠方, 석류분방石榴粉方, 수활면방水滑麪方, 색면방索麪方, 경대면방經帶麪方, 탁장면방托掌麪方, 산약면방山藥麪方, 구면방句麪方, 취루면방翠縷麪方, 홍사면방紅絲麪方, 우박탁방芋餺飥方, 영롱박탁방玲瓏餺飥方, 영롱발어방玲瓏撥魚方, 산약발어방山藥撥魚方.

28) 徐有榘, 〈蕎麥麵方〉, 《林園經濟志》, 鼎俎志 권2, 炊餾之類; 《林園經濟志》 1, 256쪽. "蕎麥米搗爲粉, 水飛, 鋪布上, 曬乾. 每一斗入綠豆粉二升, 水浸如糊. 入麵榨[(案), 麵榨之制, 詳見贍用圖譜], 壓搾成索, 醬水煮食. 或將蕎麥麵, 水搜爲劑, 木案上捍開, 以刀細切作絲. 《增補山林經濟》."

29) 〈榨〉, 《漢語大詞典》. "① 擠壓出物體內汁液的器具. ② 把物體裡的汁液壓擠出來."

30) 〈勝〉, 《漢語大詞典》. "1. 戰勝; 勝利. 2. 勝過, 超過. 3. 克制; 制服. 5. 形容事物優越, 美好." 4는 전혀 다른 의미다. '승국勝國'의 예에서 볼 수 있는 '멸망'을 가리킨다.

31) 현재 일본의 소바そば는 이 방법으로 만든다. 소바そば는 한자로 교맥蕎麥이라 쓴다. 교맥은 메밀이다. 따라서 메밀로 만든 일본국수는 정확하게 말하면 '소바키리そば切り'다. 소바는 메밀 반죽을 밀어서 접은 뒤 칼로 자르는 방식으로 만든다. 다만 소바는 에

32) 장지현張智鉉은 《한국전래면류음식사연구韓國傳來麪類飮食史硏究》에서 위 자료를 번역했는데, 원문의 '용합포대목用合抱大木'을 '서로 껴안을 수 있는 큰 나무'로 옮겼다(246쪽). 나무를 두 개로 본 것이다. 그런데 '합포合抱'는 하나의 말이다. 아름드리나무다. 곧 '합포대목合抱大木'은 '아름드리 큰 나무'라는 뜻이다. 곧 나무는 하나다. 장지현은 나무를 둘로 보고 '면자麵榨'를 재현했는데, 밑의 나무 중간에 분통을 끼우고, 위의 나무를 긴 나무 널빤지(장판목長板木)으로 보았다. 하지만 '장판목長板木'은 긴 나무 널빤지일 뿐이다. 이렇게 오역을 함으로써 국수틀의 구조가 완전히 달라졌다. 장지현이 《한국전래면류음식사연구韓國傳來麪類飮食史硏究》, 248쪽에서 재현한 국수틀 그림(면자麵榨 재현도再現圖)은 수긍하기 어렵다.

33) 徐有榘, 〈麵榨〉, 《林園經濟志》, 贍用志 卷3, 炊爨之具, 榨壓諸具;《林園經濟志》1, 419쪽. "用合抱大木, 削治, 令腹飽兩頭殺. 于腹正中鑿一圓穴, 徑可四五寸. 準穴之圍徑, 鐵作圓槃, 亂鑿細孔. 槃圍有緣, 嵌入于穴底, 而環緣釘小鐵釘以固之. 凡作索麵, 置榨鍋上左右架木, 令榨穴正當鍋上, 而離鍋口二三寸. 鍋內滾水, 搜麵爲劑, 捻作團塊, 入于穴. 復用一圓橛[橛之圍徑, 視穴, 令可嵌入至底], 嵌穴上口, 以長木板壓鎭橛上. 復以大石塊壓板上, 則麵自細孔連綿不斷而下于鍋, 暫淪撈出. 華人呼爲索餠, 東俗呼爲拇乤. 未知何義. 華耕讀記."

34) 徐有榘, 〈急須麵榨〉, 《林園經濟志》, 贍用志 卷3, 炊爨之具, 榨壓諸具. "急須麵榨. 鐵作小圓桶, 桶底亂鑿細孔, 桶之左右, 鐵作雙轚, 以駕在鍋口上, 復鐵作小圓橛, 令可嵌桶至底. 搜麵爲劑, 納于桶, 仍以鐵橛嵌入鎭壓, 則麵自底孔, 次次下蟠于鍋中滾水而爲索. 搜劑稍淖, 則壓不甚重, 而亦能引索. 蕎麥麵內, 更入菉豆粉或葛粉, 則索不中絶. 客至不意, 可咄嗟而辦, 故曰急須麵榨.《金華耕讀記》."

35) 조창록, 〈楓石 徐有榘의 《金華耕讀記》〉, 《韓國實學硏究》19, 한국실학학회, 2019, 295쪽. 《금화경독기金華耕讀記》에 대한 자세한 내용은 이 논문을 보라. 《금화경독기》는 일본 도쿄도립중앙도서관에 소장되어 있다.

36) 원문을 그대로 따오면 파맣ㅇ하야ㅎ 다음과 같다.

37) 松雀生, 〈珍奇! 大珍奇, 여름철의 8大珍職業〉, 《別乾坤》1931년 7월.

38) 金昌業, 《老稼齋燕行日記》 卷9, 계사년 3월 6일. "新煮猪肉, 置几上, 釜中方壓麵而煮之."

39) 金景善,《燕轅直指》권2, 임진년 12월 5일. "又行二十里, 至閭陽驛中火. 市㕓閭井甚盛, 而路左有大官舍, 聞是驛丞所處云. 此處人用蕎麥作麵, 勝於小麥云."
40) 《承政院日記》정조 6년(1782) 5월 9일(14/16). "各陵寢祭物中, 木麥麵之刀割, 雖曰流來之規, 所見終涉未安. 聞熟手輩所告之言, 則陵寢各處麵機, 或有或無, 而其所有者, 亦皆廢棄不用云. 以其有處而觀之, 造麵之本來用機, 中間刀割, 可推而知. 此後則令該曹, 有無形止, 卽爲詳問, 無處新造, 有處修補, 以爲用機造麵之地, 何如?"
41) 禮曹 編, 〈典祀官 合行條件〉,《祀典事例便考》. "造麵時, 麵機·麵帒·麵杵皆屢條致潔. 壓麵時, 灰燼飛揚之患, 預爲防蔽. 造成後, 沈于淨器淸水."

[5] 냉면의 시작

1) 洪敬謨,〈擬招 幷序○戊午〉,《冠巖全書》; 한국고전번역원 엮음,《한국문집총간韓國文集叢刊》b113, 2013, 8쪽. "東俗以麵浸於凍菹水作餺飥, 名於西州."
2) 《漢語大詞典》. "湯餠的別名. 古代一種水煮的麵食."
3) 洪敬謨,〈擬招 幷序○戊午〉,《冠巖全書》; 한국고전번역원 엮음,《한국문집총간韓國文集叢刊》b113, 2013, 8쪽. "東俗以麵和五味梨榴雞猪等屬爲骨董麵, 名於西州."
4) 柳得恭〈西京雜絶〉,《泠齋集》; 한국고전번역원 엮음,《한국문집총간韓國文集叢刊》a260, 2013, 11쪽. 15수 중 10번째 수다.
5) 黃胤錫,《頤齋亂藁》2, 韓國精神文化硏究院, 1995, 151쪽. 1768년 7월 7일. "卽七夕也 南望慕切 是曉罷漏時 義盈陪使令與冠帶直及引炬軍二名來到. 余乃馳至慶熙宮外, 禮曹直房, 依幕所, 帽帶入闕內 肅拜廳 依幕所[兩處各具二重席 隱席屛風唾器溺缸火爐]假寐, 待分付之下. 天旣明, 司謁乃下分付, 乃就差備門內庭下, 先向大殿四拜, 次向中殿四拜, 次向東宮再拜. 是時, 保安察訪李光鉉(曾在莊陵相識者)亦以差使員上來, 立話而罷. 將退, 崔注書自政院假直所傳語, 乃入堂後, 午話. 李師濂亦以假官同直, 此曾在泮齋相識者也. 趙承旨同接交河人, 前年七夕製登科名, 乃出至禮曹直房, 改服買朝飯喫. 金應卿亦來會, 趙仁叔亦遣人相報, 約與同入場中. 卯末始入崇政殿庭, 上親臨御題(擬周朝太學生 謳濟濟多士 文王以寧表). 先與仁叔入門時相失, 僅與相會於月廊, 接多座窄, 煩熱不可堪. 乃與應卿獨坐殿庭, 當陽而受風, 頗不煩熱. 余莫藁, 應卿手寫, 略相變通, 依上敎, 紙頭各標鄕字. 時

已午矣, 覆帳無奈, 而余旣先納四拜, 應卿又有時乃納, 方出門欲覓仁叔接所, 則不知在處, 只與應卿相携而出. 旣至禮曹直房, 呼冷麵, 喫." 앞으로《頤齋亂藁》는 권수와 쪽수, 연월일만 밝힌다.

6) 《頤齋亂藁》2, 444쪽. 1769년 7월 8일. "遂赴命至闕內肅拜廳, 令下人買麵, 療飢."

7) 《頤齋亂藁》3, 482쪽. 1770년 12월 9일. "是日, 用一錢二分, 買麵供二客, 余亦療飢."

8) 《승정원일기》영조 37년(1761) 12월 1일(9/9). "上曰: '宣傳官出往鍾樓與坊曲, 流乞人等摘奸以來.' 權必時趨出. …… 命書崇陵親祭祭文訖, 命注書召摘奸宣傳官入侍, 必時進伏. 上曰: '流乞果幾何耶?' 必時曰: '臣馳往鍾樓傍見之, 則初未知流乞之所在, 而往見于賣麵家, 則略有之. 故因爲探問, 則廣通橋傍, 結幕多聚云, 故往見其處, 則果有二十二人, 而所見甚矜憐矣'."

9) 《推案及鞫案》22, 343쪽. "矣身而入闕中而金虎門外買麵食."

10) 《승정원일기》영조 38년(1762) 4월 16일(10/12). "科場法禁, 何等嚴重? 而挽近以來, 日漸蕩然, 雖以今番聖科時事言之, 賣餠賣草之類, 至多闌入, 場屋之內, 殆若市肆云. 事之驚駭, 莫此爲甚. 其在杜後弊之道, 不可事過而仍置. 其時禁亂官, 不可不令該府處之也."

11) 《승정원일기》영조 38년(1762) 4월 17일(11/11). "上曰: '所陳, 莫是矣. 賣餠賣草事, 極爲駭然.' 樂純曰: '臣曾觀庠製, 或値日暮, 則間有賣糆之事. 而至於親臨場屋, 則豈有如此之事哉? 臺臣所言, 是似理外, 而亦有所聞而然矣'."

12) 원래 26일 시험이 있었는데 이 시험 합격자 중 3명의 합격이 취소되어 다시 재시험을 친 것이다.

13) 《頤齋亂藁》2, 259쪽. 1768년 9월 27일. "余又與應卿相約赴試, 步詣闕下. 時未朝飯, 就酒家, 買肉飯一器·肉麵二器, 療飢. 又買白餹·紅柿 以爲入場療飢之資."

14) 필자 미상, 〈육국수〉, 《음식방문》; 李聖雨, 《한국고식문헌집성韓國古食文獻集成》4, 修學社, 1992, 1224쪽. 1246쪽에 '진쥬면'도 있다.

15) 《頤齋亂藁》4, 52쪽. 1772년 9월 20일. "主人李壽得供湯麵. 士謙及余奴主, 各一器."《頤齋亂藁》1, 745쪽. 1767년 7월 8일. "嚴瑁來饋小麥麵而因病不能食."《頤齋亂藁》1, 748~749쪽. 1767년 7월 26일. "余辭徃嚴瑁家, 爲其父子累請來顧也. 旣至見饋小麥麵."《頤齋亂藁》2, 141~142쪽. 1768년 6월 29일. "裵莫突進小麥麵及大蒜三四本. 蒜以備淸熱也. 行至土橋里, 日已午熱甚, 點心."《頤齋亂藁》6, 461쪽. 1783년(계묘년) 6월 23일. "午喫別室所供小麥麵, 百日紅始花."

16) 洪錫謨,〈六月 月內〉,《東國歲時記》, 37쪽. "頒氷于各司, 造木牌俾, 受去於凌室."
17) 《增補山林經濟》의 동치미 담그는 법은 다음과 같다. 柳重臨,〈蘿蔔凍沈菹法〉,《增補山林經濟》권8, 治膳上. "秋末冬初, 天甚涼冷, 收軟根蘿大如刀柄者, 以刀刮其皮, 洗納瓮. 以百沸湯候冷, 和淡之灌下瓮中, 以藁草抱瓮埋地. 先以未老黃瓜·軟茄子·滴露根·松茸之屬, 各其時而浸鹽水, 令極醎, 至此皆取起, 浸冷水, 退去鹽氣. 又取生薑·蔥白·靑角及去目川椒, 並茄苽之屬, 同埋於地瓮中, 堅封掩土, 待熟出用, 絶味. 恐令人過喫生痰嗽, 愼之(茄子藏灰取用法見上)."〈沈蘿蔔醎菹法〉,《增補山林經濟》권8, 治膳上. "初霜後, 取蘿蔔根葉, 洗淨, 另取蠻椒嫩實莖葉(此則露冷時, 先作醎菹, 至此合沈之), 靑角·未老黃苽·南苽如小兒拳者, 並葉何嫩莖(莖則必去皮絲), 秋芥莖葉及冬苽子(勿去皮, 切如小掌大, 深冬待熟臨時去皮, 色白可愛)·川椒·韮菜之類, 一時同沈, 而多磨大蒜, 取汁. 與蘿蔔及雜物下瓮之時, 層層間隔, 勻入蒜汁, 然後堅封, 埋於地中如前法, 到臘月取食, 則絶美. 勿泄氣, 可以至春矣. 並沈芹莖及兒茄子亦好." 고기장국을 만드는 법도 제목 없이 《增補山林經濟》권8, 治膳上에 실려 있다. "肉要作羹湯, 或切或搗爛, 下熱釜, 添油, 用急手炒過, 然後入醬水物料."

[6] 냉면의 확산

1) 丁若鏞,〈家君晬辰, 陪諸公宴集(回甲也. 時自蔚山來臨)〉,《與猶堂全書》; 한국고전번역원 엮음,《한국문집총간韓國文集叢刊》a281, 2013, 22쪽.
2) 洪萬選 編,〈粉麵·餠·飴〉,《山林經濟》권2, 治膳. "紅絲麵. 鮮蝦二斤, 淨洗搗爛, 用川椒三十粒, 鹽一兩水五升, 一處煮熟, 揀去椒濾汁澄靑. 入白麵三斤二兩, 豆粉一斤, 搜和成劑. 布蓋一時許, 再搜捍開. 用米粉爲□□, 闊細任意切煮熟, 其麵自然紅色. 用汁任意, 只不犯猪肉, 恐動風氣.《必用》."
3) 《거가필용 역주 음식편》, 303쪽.
4) 丁若鏞,〈戲贈瑞興都護林君 性運○時與邃安守同至州考省試回〉, 앞의 책, 60쪽. "西關十月雪盈尺, 複帳軟氍留欵客. 笠樣溫銚鹿臠紅, 拉條冷麵菘菹碧." 모두 3수인데, 그중 두 번째 수다.
5) 정약용은 《雅言覺非》에서 이 정보를 반복한다. 丁若鏞,〈麵〉,《雅言覺非》,《與猶堂全

書); 한국고전번역원 엮음,《한국문집총간韓國文集叢刊》a281, 2013, 516쪽. "麵者, 麥末也. 束晳〈麵賦〉云: '重羅之麵, 塵飛雪白.' 麥屑之謂也. 東人麥屑曰眞末[方言眞加婁], 而麵則認之爲食物之名[方言曰匊水] 誤矣. 然中國亦然. 其刀切者名曰切麵, 其榨壓者名曰摺條麵, 其乾者名曰掛麵." 이 자료의 끝에서 언급하는 것은 국수를 다양한 재료로 만들 수 있다는 것이다.

6) 《승정원일기》 정조 21년(1797) 윤6월 2일(19/40). "有政, 吏批, …… 丁若鏞爲谷山府使."

7) 柳徽文(1773~1832), 〈北遊錄(下)〉, 《好古窩集》; 한국고전번역원 엮음, 《한국문집총간韓國文集叢刊》b112, 2013, 483쪽. "余見嶺東近南, 往往宜稻而取收甚薄. 又嶺脊東西及通川·安邊等地多荒野, 其起墾者, 惟蜀黍·粱·蕎麥. 杆城以北冷麵及六鎭粱餠爲佳品."

8) 〈遺事(柳氓)〉, 柳榮河, 《甫山集》; 한국고전번역원 엮음, 《한국문집총간韓國文集叢刊》b118, 2013, 686쪽. "關西冷麵, 素稱珍味, 甚不利人. 且西都本色鄕也. 余每見宰西邑而歸者, 鮮不爲食色所病."

9) 李勉伯, 〈箕城雜詩 八首〉, 《岱淵遺藁》; 한국고전번역원 엮음, 《한국문집총간韓國文集叢刊》a290, 2013, 171b쪽. "冷麵氷人紅露熱, 笙歌日夕起靑樓. 土風不一傷生事, 還怪城中有白頭."

10) 李圭景, 〈物產辨證說〉, 《五洲衍文長箋散稿》, 萬物篇. "平壤之紺紅露·冷麵·骨董飯."

11) 金澤榮, 〈李韋史(根洙)將之平壤, 見觀察使趙公, 過余徵詩. 遂賦長句十五首塞之, 兼寄李寧齋學士. 學士先有送韋史之作〉, 《韶濩堂集》; 한국고전번역원 엮음, 《한국문집총간韓國文集叢刊》a347, 2013, 151쪽. "香街十里控含毬(門名也), 簾幕重重翠影流. 碧盌麵絲(平壤俗善製蕎麥冷麵)壓京陌, 紅鑪酒(酒名甘紅露)味狠開州(開城三候酒, 爲國中第一名酒). 官家玉箸壤猶送, 姹女金錢爛不收. 楊柳風多纖月轉, 冰山勢峻遠江秋."

12) 任百淵, 〈鏡浯行卷〉, 《鏡浯遊燕日錄》卷乾, 1836년 11월 18일(丁酉). "李校亨麟率其子來, 供冷麵一盤."

13) 林得明, 〈林畔舘〉, 《松月漫錄》; 한국고전번역원 엮음, 《한국문집총간韓國文集叢刊》b110, 2013, 84쪽.

14) 李用基 編, 鄭在皓·金興圭·田耕旭 註解, 〈仙樓別曲〉, 《註解 樂府》, 高大民族文化硏究所, 1992, 463쪽.

15) 金碩奎, 〈香山錄〉, 《恥庵集》 권6. "瓦院店買喫冷麵."

16) 金碩奎, 〈香山錄〉, 《恥庵集》 권6. "門扁曰古延州城門. 登門樓少憩, 與源遇邑人, 問渠族兄

余相鎬家, 相鎬問知余行嗟勞, 致款設冷麵療飢."
17) 金碩奎, 〈香山錄〉, 《恥庵集》 권6. "抵平地院, 入安鳳國家, 酌酒解渴, 冷麵療飢, 不受錢, 道傍之人可怪也."
18) 《고종실록》 고종 30년(1893) 8월 21일(3).
19) 朴始淳, 《北征日記》; 《韓末官人朴始淳日記》 2, 韓國精神文化研究院, 2003. 이하 《北征日記》는 연월일만 밝힌다. 여기서는 본문에서 연월일을 밝혔으므로 이하의 각주에서는 원문만 밝힌다.
20) "又上再醒菴 張尼爲冷麵一器而供之 極精細而味佳."
21) "是夕金生夏容, 具冷麵而來, 多謝多謝."
22) "是夜主人供冷麵一器, 謂其子十二歲兒之生日云."
23) "魚川里李有司勳晃[字, 君心]來見共宿, 夜供冷麵一器."
24) "禹友夜供冷麵, 尤爲不安也."
25) "是夜, 寅昊宗又以冷麵一器進之."
26) "黃初試夜以冷麵一器供之."
27) "淼奉宗留, 與之同宿. 夜以冷麵供之."
28) "是夜, 金順[學童也] 以冷麵一器供之."
29) "又有朝羅都正令來至. 又酌數巡訖, 具冷麵以進之, 醉而且飽."
30) "鏡城令遺以冷麵一器."
31) "使太奚買冷麵·燒酒與之分味而爲午餰飢."
32) 이효석, 〈柳京食譜〉, 《여성》 1939년 6월; 김남천·백석·최재영 외, 《평양냉면》, 가갸날, 2018, 142쪽.
33) 《朝鮮無雙新式料理製法》, 130~131쪽.
34) 李道樞, 〈東遊紀行〉, 《月淵集》 권7. 1883년 5월 24일. "朝飯後卽發, 過營底, 無城郭門樓, 營內惟有荷香閣·光風樓, 頗可觀, 而非外人所出入處云. 時旱甚, 人情憂悶, 營底家家簷上設祭器, 門扉間懸水瓶, 所以祈雨者也. 又禁酒方嚴, 渴不得飮. 入一店買冷麵, 各吃一器. 卽行午飯于藪村店, 過橫城, 山氣明朗, 官閣照耀, 差爽人意. 但此亦禁酒, 無以遣興."
35) 李僖錫, 〈觀燈韻〉, 《南坡集》 권7. "至炭黙店點心, 踰仇破嶺, 至昌道驛店. 店屋以石代瓦, 比屋皆然. 産石硫黃, 多冷麵, 亦關東一都會也. 過此而北, 則原山路也, 東則金剛路也."
36) 《계해일기癸亥日記》는 경주 이씨 소정문중에서 소장하고 있다[유교넷(https://www.ugyo.

37) "午間寺僧進供冷麵三器."
38) "療飢用冷麵茌粥."
39) "冷麵數器分啖."
40) 《순조실록》 2년(1802) 1월 28일(3).
41) 李仁行, 〈西遷錄(下)〉, 《新野集》; 한국고전번역원 엮음, 《한국문집총간韓國文集叢刊》 b104, 2013, 654쪽. "二十九日, 金啓河率人馬來邀, 金養淑·金宗仁兄弟來見, 餞以冷麵."
42) 申錫愚, 〈艮堂記 己未〉, 《海藏集》; 한국고전번역원 엮음, 《한국문집총간韓國文集叢刊》 b127, 2013, 464쪽. "盖琴泉宜春, 遠村宜夏, 而秋冬宜艮堂. 東之村曰全州里, 設店路傍, 雜賣米塩蔈繡布楮屝屨. 又有酒爐, 味極醇釅. 榨麵之家, 絘細而品佳."
43) 柳晚恭, 《歲時風謠》; 林熒澤 編, 《閭巷文學叢書》 10, 驪江出版社, 1991, 222쪽.
44) "酒肆古有君七者, 以善醖膳名, 至今酒家曰君七家."
45) 李裕元, 〈近臣鑑戒〉, 《林下筆記》 권29, 春明逸史. "純廟初年, 每於燕閒之夜, 招軍職宣傳諸臣, 與之玩月. 一夜, 命軍職從門隙買麵以入曰: '欲與爾輩同喫冷麵.' 一人自貿猪肉而來, 上問: '所買者焉用?' 對以供於麵需, 不答之. 及麵之賜也, 獨置貿猪者而不與曰: '渠則自有所喫之物. 邇密之侍者, 殊可以爲戒也.'"
46) 이하의 자료는 《승정원일기》 철종 11년(1860) 7월 15일(14/14)에서 가져온 것이다.
47) "凡傷生者, 酒與色也."
48) "聖敎雖如此, 而臣不敢仰信, 伏聞七夕日, 過進冷麵及全鰒, 而致有滯壅之症. 若一起箸一寢睡之節, 憧憧必愼, 則豈有疾病之來乎?"
49) 1848년(헌종 14)에 헌종이 할머니 순원왕후純元王后의 육순六旬과 어머니 신정왕후神貞王后의 망오望五(41세)를 기념하여 연 잔치에도 냉면이 올랐다. 진연도감進宴都監에서 편집한 《무신진찬의궤戊申進饌儀軌》 3책 '대전大殿 진어별반과進御別盤果'에 '약반일기藥飯一器'와 '냉면일기冷麵一器'가 있다. '냉면일기冷麵一器'에는 다음 주가 붙어 있다. '木麵五沙里, 猪脚十分一, 陽支頭二十分一, 菘沈菜三本, 生梨七箇, 白淸五夕, 實栢子二夕.' 냉면을 만드는 재료를 적어 놓은 것이다.
50) 《知彀官廳憲日記》, 고종 11년(1874, 갑술) 11월 2일. "傳敎○入直監官·知彀官·書吏·庫直·巡牢處冷麵內下." 지구관은 훈련도감의 장교 벼슬인데, 여기서는 1873년(고종 10)

고종이 친정親政을 하게 되면서 궁궐의 시위를 강화할 목적으로 설치했던 무위소武衛所 지구관을 말한다. 《지구관청헌일기知彀官廳憲日記》는 지구관청에서 작성한 일기다.

51) 柳疇睦, 〈祭仲父府君文〉, 《溪堂集》; 한국고전번역원 엮음, 《한국문집총간韓國文集叢刊》 a313, 2013, 458쪽. "伏聞府君月初發京駕, 臘初三抵浿. 又承府君在頖邸得上衝証, 屢經危就而才臻收復之報, 滿心驚遑, 若墜淵谷. …… 時季父在京, 季父書中府君以初一日往崔承旨家進冷麵, 前証復發, 昇還泮邸, 証情雖不大端多, 方藥治云."

52) 池圭植, 《荷齋日記》, 1891년 5월 18일. "下來鍾樓 閔向淳處文五兩持來, 與天裕冷麵二兩貿喫." 이하 《荷齋日記》로만 표기하고 연월일만 밝힌다.

53) 《荷齋日記》, 1891년 6월 21일. "歸壯洞申喪人家, 買甘苽二兩五錢, 餽之主娘. 冷麵一椀又進, 飽喫談話."

54) 《荷齋日記》, 1891년 9월 4일. "主人令監以食所羅·盆子·冷麵大接等屬托余, 故從近燔送事答告."

55) 《荷齋日記》, 1895년 4월 12일. "與益俊同往壽洞韓之別家. 相見欣欸. 同入內房, 移時談話, 具冷麵而來, 飽喫, 夕陽歸來."

56) 《荷齋日記》, 1895년 4월 20일. "晚至壽洞韓之別室, 喫冷麵."

57) 《荷齋日記》, 1895년 4월 24일. "韓知事見請, 與同志數三人同往其別室, 喫冷麵."

58) 宋秉璿, 〈東遊記〉, 《淵齋集》; 한국고전번역원 엮음, 《한국문집총간韓國文集叢刊》 a329, 2013, 334쪽. "復入地藏菴, 僧機越與仲見有舊, 爲設蕎麥麵待之."

59) 宋秉璿, 〈東遊記〉, 《淵齋集》; 한국고전번역원 엮음, 《한국문집총간韓國文集叢刊》 a329, 2013, 355쪽. "丁卯, 李進士敦相邀歸, 饋朝飰. 飯後, 往泉南, 訪李道英, 待以冷麵. 復還月林, 數日滯雨."

60) 朴始淳, 《泥紋日記》; 《韓末官人朴始淳日記》 1, 韓國精神文化研究院, 1999, 1895년 6월 15일. "是日, 以流頭佳節 自由吏家 進冷麵一床."

61) 洪敬謨, 〈鶴城聯句, 次昌黎城南詩韻〉, 《冠巖全書》; 한국고전번역원 엮음, 《한국문집총간韓國文集叢刊》 b113, 2013, 122쪽. "秔稀甘粟釁, 麵合猒醬烹. 季碩(○俗以淡菹拌麵, 嗜好一如西路. 俗稱冷麵者)."

62) 洪敬謨, 〈鶴城志〉, 같은 책, 68쪽. "以淡菹拌麵, 嗜好一如關西之俗矣."

63) 洪敬謨, 〈擬招〉, 같은 책, 8쪽.

64) 吳宏默, 〈冷麵自官厨至, 與一座評品〉, 《叢琅》; 한국고전번역원 엮음, 《한국문집총간韓

64) 國文集叢刊》b141, 2013, 213쪽. "誰翻佛飥巧抽纖, 椒栢塩梅色色兼. 着入大椀盤縮緖, 夾持雙箸動髓拈. 試嘗便覺偏醒胃, 長啜何嫌薄汚鬐. 況玆歲暮寒燈夜, 異味奇香一倍添." 이 시는 《叢瑣》冊6, 詩, '固城郡'에 실려 있음.

65) 吳宖默, 《固城郡叢瑣錄》(藏書閣 所藏), 갑오 5월. "二十一日, 丁酉, 早, 微雨, 晚晴. 是日日有快晴之漸, 邑下知面之人多來賀新晴云. 今則秧苗已畢, 麥收可圖, 快活無踰於此也云. 令廚所供進豆粥與冷麵, 盡日聲歡."

66) 《三千里》제6호, 1930년 5월 1일 발행.

67) 丁若鏞, 《牧民心書》권4, 吏典六條, 馭衆, 吏典 제2조.

68) 李裕元, 〈致範造送小麵機〉, 《嘉梧藁略》; 한국고전번역원 엮음, 《한국문집총간韓國文集叢刊》a315, 2013, 187쪽. "麵屑欺霜復賽雪, 經營小小合輕機. 轉如團飯指頭滑, 吐出新絲鍋底歸. 一夕話間情可見, 千重山外夢相依. 綿綿不絶猶宗誼, 同室周旋莫與違."

69) 《荷齋日記》, 1892년 11월 12일. "烹猪壓麵, 至黃昏會貢所, 諸僚相與醉飽."

70) 농촌진흥청, 《규곤요람·음식방문·酒方文·술빚는법·甘藷耕蔣說·月餘農歌》, 진함앤엔비, 2014, 174쪽. 《규곤요람》의 원문은 167~176쪽에 실려 있는데, 174쪽에서 175쪽 사이에 결락된 부분이 있다. 결락된 부분은 공교롭게도 냉면에 관한 부분이다. 연세대학교도서관에 소장된 원본 《규곤요람》으로 결락된 부분을 보충할 수 있다.

71) 沈魯崇, 《南遷日錄》 下, 乙丑 九月 初七日. "木麥糆食, 余所甚嗜, 而土俗無之. 余或得木麥屑, 刀切爲之, 盖土人未嘗見糆機也. 日前宋生文協家, 見有糆機, 甚覺奇幸, 借來, 今日錢五文, 買得木麥半斗, 使八童作屑爲糆, 調屑柔漫, 糆出不長, 而尙可食之. 余爲進一大器, 申生·沈生亦善進. 方其機壓糆出, 童輩見之, 皆踊躍叫奇, 甚可笑也."

72) 〈壬午七月二十三日罪人孫順吉供案〉, 《捕盜廳謄錄》下卷, 임오壬午 7월 23일. "身居在園洞年今五十七, 以賣麵爲業."

73) 《各司謄錄》23(黃海道篇2, 黃海監營狀啓謄錄10)에 실린 것이다.

74) 다음은 이경문이 죽기 전 사촌 누이인 관비官婢 복섬卜暹에게 말한 것이다. "京文言內, 渠矣與方老叱金, 同爲使喚於麵商羅每男家, 而老叱金常爲凌辱蔑視. 故有所言詰, 而不可與頑悖之漢爭鋒, 暫避于羅每男之子之傑炭幕矣. 同老叱金不知不覺之中, 以橫搗介木, 急打左脚, 以至此境, 卽爲告官亦是乎矣."

75) "家主羅每男招內, 矣身酒麵商資生."

76) "正犯方老叱金招內, 矣身卽羅每男之外四寸也, 每男以酒麵商爲業. 故矣身爲其使喚, 而李京文亦追後入托, 同爲使喚是乎所. 矣兄賣酒賣麵之事, 全付於矣身, 雖家人都空時, 賣買錢兩, 任意出納, 而至於場市買饌貿穀, 全爲主管矣."

77) "發告人洞首無役李京哲招內, 矣身居生於場垈, 麵商資生. 而死者金吉孫, 本以栗里坊之人, 無家無親, 負酒商爲業者也. 去年十二月晦日午間, 洞民金京卜·金千甫·李之秀·宋京西·元處弘·孫石松等喫麵次, 俱在矣家, 金吉孫亦爲來坐矣."

78) "詞連無役文才淳招內, 矣身以麵商生活矣."

79) "十二日早朝, 成五扶執其兄成坤, 來臥矣家, 請買溫麵, 勸飮其兄, 則一飮不下. 又勸米飮, 則隨飮旋吐, 痛勢漸劇, 成五負往其家也. 成坤之頭顱垂下是如是白齊."

80) "矣身處在場市, 以酒麵商爲業. 而矣家與魚物廛, 相距稍近也. 今初九日場, 方賣麵之際, 得聞市人之言, 則本坊上六里劉學喆·朴東赫相鬪云云, 而矣身以酒麵價收捧之致, 未暇出見矣."

81) "矣身所供, 已悉於前招是乎在果. 矣家與魚物廛, 雖甚相近, 間有蒲席廛, 故市人多聚, 則在矣家不能望魚物廛. 而伊日矣身, 賣酒賣麵, 多有奔汨, 故聞市上喧聒之聲, 不卽出往."

82) 김남천,〈냉면〉,《조선일보》1938년 5월 29일·31일; 김남천·백석·최재영 외,《평양냉면》, 가갸날, 2018, 24~25쪽.

83) 李圭景,《五洲衍文長箋散稿》,〈山廚滋味辨證說〉. "乾麵. 取市上蕎麥麵, 貿得薄布杻筐, 曝乾貯置. 如當倉卒接賓, 或値行役, 投於醬水一沸, 麵間無異新麵. 小麥切麵, 亦暫熟取出曬乾, 收藏取用, 以爲不時需可也. 此山居遠市者所爲也."

84) 이 자료는 대단히 이색적이라 혹 다른 문헌에서 인용된 것이 아닌가 의심할 수 있다. 필자 역시 완전히 의심을 거둔 것은 아니다. 밀가루로 만든 칼국수를 끓인 뒤 말려 보관하는 것도 다른 곳에서 전혀 찾아볼 수 없다. 조선의 문화가 아니라 일본의 문화로 의심할 수도 있을 것이다. 예컨대〈산주자미변증설山廚滋味辨證說〉에도 일본의 의사 데라시마 료안寺島良安의《화한삼재도회和漢三才圖會》를 인용하고 있기 때문이다. 하지만《화한삼재도회和漢三才圖會》를 확인해 본 결과 위의 내용은 없었다. 또 하나의 가능성은 중국 문헌 쪽이다. 하지만 워낙 방대한 터라 확인이 불가능하다. 일단 이 책에서는 이규경이 직접 쓴 것으로 본다.

85) 6종의 고조리서 중 ①, ②, ⑤, ⑥의 원 출처는 다음과 같다. ① 憑虛閣 李氏 原著, 鄭良婉 譯,〈동침이〉,《閨閤叢書》, 寶珍齋, 1980, 49~50쪽. ② 필자 미상,〈닝면은 무오 비차〉,《윤씨음식법》; 李聖雨,《한국고식문헌집성韓國古食文獻集成》4, 修學社, 1992, 1330

쪽. ⑤〈냉면법冷麪法〉,《규곤요람》(연대세본); 李聖雨,《한국고식문헌집성韓國古食文獻集成》4, 1992, 1444쪽.〈냉면법冷麪法〉앞부분에는〈면국수법麪局水法〉,〈숙면법熟麪法〉,〈장국반醬局飯〉이 실려 있음. ⑥〈냉면〉,〈중국닝면〉,《是議全書》; 李聖雨,《한국고식문헌집성韓國古食文獻集成》4, 1992, 1465쪽. 참고로〈온면〉,〈골동면〉(부빔국슈)는 같은 쪽에,〈밀국슈〉는 1465~1466쪽에,〈시면〉,〈창면〉은 1466쪽에 실려 있다. ③, ④는 원래의 책을 확인하지 못했다. 이에 이하 6종의 자료는 일괄하여 백두현의〈한글 음식조리서로 본 전통음식 조리법의 비교〉(《식품문화 한맛한얼》, 한국식품연구원, 2010), 144~155쪽에 실린 자료를 이용한다. 원전의 해당 부분을 영인하고, 그것을 그대로 한글로 옮긴 뒤 다시 현대어로 옮긴 수고를 아끼지 않았다. 이용하기에 아주 편리하다.

86) '趙氏'인지 '曺氏'인지는 밝히지 않았다.
87) 憑虛閣 李氏 原著, 鄭良婉 譯,《閨閤叢書》, 寶珍齋, 1980, 49~50쪽.
88) 원문은 '동치머리 국슈'인데, '동치머리'는 '동치미'의 오기가 아닌가 한다.

[7] 근대 이후, 냉면의 시대

1) 이윤정·윤예리,〈인천지역 향토음식의 형성과 변화〉,《외식경영》20권 3호, 외식경영학회, 2017년 6월, 178쪽.
2) 〈朝鮮料理店의 始祖 明月館〉,《每日申報》1912년 12월 18일(3). "近 十年 前 朝鮮 內에서 料理라고 하는 名을 不知할 時, 所謂 別別 藥酒家 外에 煎骨집, 冷麵집, 장국밥집, 설렁탕집, 비빔밥집, 강정집, 숙수집 等屬만 있어 塵埃山積한 破食卓上에 全羅道 大竹을 三剖五裂한 長箸, 洗滌치 아니하여 自然의으로 黑漆을 塗한 阿峴眞鍮 匙舜之時에도 苦窳하여 使用키 不能하던 長的, 大的, 圓的, 方的, 深的, 淺的, 黑色的, 褐色的 千態萬象의 土缶之器에 堪食키 難한 魚肉菜果 等을 紳士 勞働者 老小男女가 一卓에서 林立 或 雜坐하여 食之飮之啜之吐之할 時에 一個 新式的, 破天荒的, 淸潔的, 完全的의 料理店이 黃土峴에서 誕生하니, 則 朝鮮料理店의 鼻祖 明月館이 是也라."
3) 〈市內飮食店이 組合組織, 위생설비를 위하야〉,《동아일보》1923년 10월 16일(3). "시내 각처에 버려 잇는 '설넝탕집' '국수집' '선술집' 등 여러 음식뎜에서는 음식 긔구, 기타 여러 가지 뎜에 잇서서 그것을 개량하는 동시에 모든 것을 위생에 뎍당하도록 하지 아

니하면 아니 된다 하야 조선인음식뎜조합朝鮮人飮食店組合이라는 것을 설립하고 그 사무소를 의주통義州通 일뎡목 일백육십일 번디에 둔 후 모든 음식뎜이 그 위생 개량에 힘을 쓸 터이라는대, 그 데일차의 개량으로는 '○리통' '소독져消毒箸' '○백긔' '음식긔구' 등이라더라." ○은 판독이 불가능한 글자다.

4) 一記者, 〈2일 동안에 서울 구경 골고로 하는 法, 시골親舊 案內할 路順〉, 《別乾坤》 제23호, 1929년 9월 27일. "食堂-이 典洞食堂 뿐 안이고 여러 곳에 잇지만은 그래도 이 집이 고작 나은 것 갓기도 하고 이리 지나든 길이니 여긔서 할 밧게. 냉면이나 비빔밥이나 床밥이나 大邱湯飯이나 모다 20錢씩이니 두 사람分 40錢 갈비 두 접시 60錢 술 한 巡盃 50錢 간단하고 갑싸고 조촐하고 좀 식그럽고 …… 자아 어서 나가세 얼는 나가야 다른 사람도 또 드러 안찌."

5) 《고종실록》 고종 32년(1895) 11월 15일(7). "金龜瑞는 本年 十月 十一日 夜에 毛橋麪商家을 尋訪타가 凶徒의게 被執ᄒ야 勒令入夥ᄒ야 春生門지 至타 ᄒ며."

6) 〈會計報告(用下報告)〉, 《畿湖興學會月報》 제4호 1908년 11월 25일.

7) 〈麵家日賊〉, 《大韓每日申報》, 1909년 6월 19일(2).

8) 〈三學徒廉直〉, 《皇城新聞》 1909년 6월 15일(2).

9) 〈花局風波〉, 《皇城新聞》 1909년 6월 13일(2).

10) 〈是亦人子〉, 《皇城新聞》 1909년 8월 5일(3).

11) 〈麵商壓車〉, 《皇城新聞》 1901년 8월 3일(2).

12) 〈麵商組合〉, 《大韓每日申報》(國漢文) 1910년 8월 26일(1). "漢城內各處麵商等이 會集爛議ᄒ야 今此時代에는 不可不團合組織ᄒ야 衛生上妨害를 禁戢ᄒ고 物價도 均一히ᄒ야 營業上信用을 發達ᄒ 次로 麵商組合을 設立ᄒ다더라."

13) 〈麵商組合을 조사〉, 《每日申報》 1910년 10월 19일(2). "尹興俊 씨의 發起로 설립한 麵商組合所에서는 一般 麵商 영업을 ᄒ는 자에게 不法徵收ᄒ는 弊가 有ᄒ다는 入聞이 狼藉ᄒ으로 北部 水門洞 警察署에서 目下 調査ᄒ는 중이라더라." 〈麵商組合廢止〉, 《每日申報》, 1911년 5월 4일(3). "趙春三 金永善 其他 某某人이 發起ᄒ야 麵商組合을 設立ᄒ얏는듸 趙・金 兩氏가 經費 百餘圓을 支出ᄒ얏스나 其他 挾雜의 狀況이 有ᄒ으로 小管警察署에서 該組合을 廢止케 ᄒ지라. 趙・金 兩氏는 所入經費百餘圓을 發起人에게 平均分排ᄒ야 辦出ᄒ랴 ᄒ되 擧皆不應ᄒ는 故로 再昨日에 水門洞 警察分署에 告訴ᄒ고 右金額을 推給ᄒ라 ᄒ얏다더라."

14) 유종석, 〈冷麵 한 그릇〉, 《청춘》 10호, 1917년 9월.

15) 〈휴지통〉, 《동아일보》 1921년 4월 20일(3).

16) 백현석·최혜림, 《냉면열전》, 인물과사상사, 2014, 163~164쪽. 동양루는 1919년에 이미 있었다. 동양루라는 이름이 보이는 최초의 자료는 3·1운동에 참여했다가 경성지방법원에서 재판을 받았던 류근영柳近永의 신문조서다. "문—'휘문徽文학교 학생으로부터 3월 2일 독립선언서를 얻어 본 것은 틀림없는가?' 답—'틀림없다. 당일 오후 2시경 종로통 단성사 건너편 동양루東洋樓(종로鍾路 2정목丁目)에 점심을 먹으러 갔을 무렵 휘문학교의 성명불상 학생으로부터 얻어 보았다'"(《한민족독립운동사자료집》, 三一運動, VI 三一 獨立示威 關聯者 豫審調書(國漢文), '柳近永 신문조서'). 이후에도 동양루는 여전히 단성사 앞에 있었다. 《每日申報》 1921년 4월 15일 자 기사 〈電車 內에서 竊盜〉(3)에 '단성사 앞 동양루'라는 언급이 보인다.

17) 金浪雲, 〈冷麵〉, 《동광》 제8호, 1926년 12월 1일.

18) 김남천·백석·최재영 외, 《평양냉면》, 가갸날, 2018, 75쪽. "평양냉면은 1910년대 말 서울로 진출한다. 조선시대에 서울의 술집에서 팔던 냉면도 평양냉면을 배워서 만든 것이지만, 다시 새롭게 서울 진출 러시가 일어났다. 그 배경의 첫 손가락은 무엇보다도 서울 인구의 급격한 증가를 꼽아야 한다. 1910년대 초에 30만 명에 미치지 못하던 인구가 1930년대 중반이 되면 70만 명으로 늘어난다. 이와 같은 환경 속에서 설렁탕을 빼면 변변한 외식거리가 없던 서울에 평양냉면이 진군해 온 것이다. 흔히들 평양냉면의 서울 진출 시기를 1920년대 초 쯤으로 알고 있지만, 유종석이 1917년 잡지 《청춘》의 현상공모에 소설 〈냉면 한 그릇〉을 발표한 것을 보면 1910년대 중반쯤으로 올려 잡아야 할 것이다. 서울에 진출한 선봉은 평양 출신의 냉면 요리사들이었다. 당시 이름을 떨친 평양냉면점은 낙원동의 부벽루, 광교의 백양루, 돈의동의 동양루 등이었으며, 청계천을 중심으로 40여 곳이 몰려 있었다. 평양의 명소 이름에서 따온 '부벽루'는 평양냉면점을 한눈에 알려주는 상호다." 이 서술은 검토를 요한다. 평양냉면이 1920년대 초가 아니라, 1910년대 말 서울로 진출한 근거로 1917년 유종석의 엽편소설葉篇小說 〈냉면 한 그릇〉을 들고 있는데, 이 작품의 냉면점이 평양에서 서울로 진출한 냉면점이라는 근거는 없다. 따라서 〈냉면 한 그릇〉을 근거로 1910년대 중반쯤에 평양냉면이 서울로 진출했다고 말하기는 어려울 것이다.

19) 松雀生, 〈珍奇! 大珍奇, 녀름철의 8大珍職業〉, 《別乾坤》 제41호, 1931년 7월 1일.

20) 〈여름의 食慾(9) '냉면'〉, 《每日申報》 1936년 7월 23일(3).

21) 〈命こりの冷麵〉, 《京城日報》 1933년 7월 21일(2).

22) 李泰俊, 〈幽靈의 鍾路, 街頭漫筆〉, 《別乾坤》 제23호, 1929년 9월 27일.

23) 李瑞求, 〈鍾路夜話〉, 《開闢》 신간 제1호, 1934년 11월 1일.

24) 趙豊衍, 〈食道樂〉, 《경향신문》 1987년 6월 12일(9).

25) 〈葉書通信〉, 《別乾坤》 제30호, 1930년 7월 1일. "서울 鍾路 뒷골목에 잇는 平壤樓에 冷麵한 그릇을 사 먹으러 들어갓더니 벽 위에 걸린 洋畵額 우에다 白紙廣告가 커다랏케 부텃다."

26) 〈仁川 冷麵商 嚴諭〉, 《每日申報》 1912년 7월 3일(3).

27) 오지석 교수는 '1893년 인천에 평양냉면점이 생겨났다'고 말하지만(오지석, 〈냉면, 만들어진 전통음식문화〉, 《인간과 자연》, 한국인간과자연학회, 2023, 191쪽), 근거는 밝히지 않았다. 일단 이 견해를 소개해 둔다.

28) 〈남의 빗 잠복 쓰고 夫婦가 뺑손이 동생 혼인에 간다고 삼십륙게 仁川冷麵屋에 騷動〉, 《每日申報》 1935년 6월 6일(5).

29) 〈冷麵은 復榮樓〉, 《每日申報》 1935년 11월 20일(5).

30) 김남천, 〈냉면〉, 《조선일보》 1938년 5월 29일·31일; 김남천·백석·최재영 외, 《평양냉면》, 가갸날, 2018, 20~21쪽.

31) 김남천, 〈냉면〉, 《조선일보》 1938년 5월 29일·31일; 김남천·백석·최재영 외, 《평양냉면》, 2018, 22~23쪽.

32) 버들쇠, 〈料理批判 平壤冷麵(平壤印象 9)〉, 《동아일보》 1926년 8월 21일(3). 이하도 특별한 언급이 없는 한 이 글에 의한다.

33) 〈내 고향의 자랑거리 평안도 김장법(각처의 김장법 3)〉, 《동아일보》 1935년 11월 14일(4). "'평양 동치미' 겨울에 평양냉면이라면, 얼은 동치미를 생각하게 되는 것이니, 아랫목에 이불을 쓰고 앉아 덜덜 떨면서 동치밋국에 냉면을 먹는 맛은 도저히 다른 데서 맛보지 못할 것입니다."

34) 황교익·정은수, 《서울을 먹다》, 따비, 2013, 269~270쪽. 황교익이 만난 우래옥의 김지억 전무(78)의 증언. "고향에서는 겨울밤에 냉면을 잘 해 먹었어. 겨울밤이 길잖아. 김치를 담글 때 좀 산다는 집은 쇠고기 육수를 넣고 넉넉지 못한 집은 명태 육수를 부어 담가. 장독에 배추 한 겹 넣고 그 위에 무 한 겹 넣고 또 그 위에 배추 한 겹 넣고 쌓은

다음에 쇠고기 육수나 명태 육수를 넉넉하게 부어 두는 거야. 그러면 김치 맛이 삼삼하고 김칫국물이 넉넉하지. 겨울에 국수 말아 먹기 좋아.";황교익·정은수,《서울을 먹다》, 2013, 270쪽. 황교익이 만난, 1933년 평양과 가까운 진남포에서 태어나 열여덟 살에 남으로 피난을 와 인천에 정착한 할머니의 증언. "냉면 자주 먹었지. 냉면에 들어가는 김치부터 달라. 배추하고 무를 사용하는데 여기하고 다른 것은 뭔고 하니, 바로 국물이야. 소의 잡뼈, 조기 대가리 같은 것을 넣고 푹 고아서 차게 식힌 육수를 넉넉히 넣는 거야. 어머니는 겨울마다 그런 김치를 몇 독이나 담갔는지 몰라. 김치가 적당히 익으면 그 국물 그대로 국수에 말아 먹거나 육수를 섞어 말아 먹었지. 시원한 맛이 그만이었어. 한겨울, 삶은 메밀국수를 사 와 얼음이 살짝 언 김칫국물에 말아 먹는 냉면 맛이 기가 막혔는데, 지금도 그 맛이 얼마나 그리운지."

35) 靑吾,〈雜觀雜感〉,《開闢》제51호, 1924년 9월 1일.

36) 김남천,〈냉면〉,《조선일보》1938년 5월 29일·31일; 김남천·백석·최재영 외,《평양냉면》, 2018, 25쪽.

37) 김남천,〈냉면〉,《조선일보》1938년 5월 29일·31일; 김남천·백석·최재영 외,《평양냉면》, 2018, 25쪽.

38) 朴돌이 記,〈八道代表의 八道자랑〉,《開闢》제61호, 1925년 7월 1일. "平安道 代表 朴울뚝이 登壇 …… 平壤冷麵, 安州繡枕은 全鮮에 類업는 명물이요."

39) 金昭姐,〈四時名物 平壤冷麵, 珍品·名品·天下名食 八道名食物禮讚〉,《별건곤》제24호, 1929년 12월 1일.

40)〈冷麵에 …… 藥品 混入 發覺, 今後 取締 더욱 嚴酷〉,《中外日報》1930년 7월 25일(4).

41)〈平壤麵屋 勞動者 今日부터 總罷業 斷行〉,《동아일보》1931년 2월 9일(2).

42)〈勞賃引上要求하고 八十餘名總罷業〉,《每日申報》1935년 2월 10일(5).

43)〈平壤名物 '冷麵'에 惡性藥品使用? 警察은 嚴重取締方針〉,《동아일보》1938년 1월 22일(8).

44)〈모밀 七千石 入荷, 모밀이 없어서 休業 狀態이든─平壤冷麵屋에 朗報〉,《每日新報》1941년 7월 29일(7).

45)〈詐欺한 돈으로 冷麵 장사〉,《每日申報》1928년 7월 12일(2).

46)〈平北通信: 麵商家 改良 必要〉,《每日申報》1913년 8월 9일(1). "第一. 位置의 改良. 飮食店에 位置로 論호면 房室은 淨潔홈이 最先急務인터 義州 麵商은 此를 注意치 안코, 矮

屋矩房에 溫突은 與蒸ᄒᆞ며, 坐席은 滿塵ᄒᆞ야 坐客이 平膝을 不得ᄒᆞ 蒼蠅은 滿床ᄒᆞ며 惡臭는 觸鼻ᄒᆞ야 來賓이 蹙額이 常多ᄒᆞ니 位置之不良이 何若是甚也오. 資本이 不贍ᄒᆞ야 高樓巨閣은 建設치 못ᄒᆞ야도 數間 房舍를 엇지 不淨潔ᄒᆞᆫ 境遇에 至ᄒᆞ리오. 此를 爲先改良ᄒᆞ야 社會의 歡迎을 受홈이 急務가 될 것이오."

47) 〈名物의 冷麪 沒落時代〉,《每日申報》1933년 7월 8일(7).

48) 〈平壤(各地片片)〉,《每日申報》1929년 12월 21일(3).

49) 〈祝肅川驛舍落成〉(광고),《朝鮮新聞》1935년 11월 19일(8). 평안면옥은 1938년 1월 8일(2) 같은 신문에 〈祈願皇軍武運長久〉으로 다음과 같은 광고를 낸다. '肅川驛前 平安麵屋 主 李昌根'

50) 예컨대 다음 기사를 보라. 〈冷麵 먹으려다 畢竟 生命 잃어, 구루마 전복사고로(江東)〉,《동아일보》1930년 12월 17일(5). 친구와 같이 냉면을 먹으러 가다가 '구루마' 전복으로 사람이 죽은 사건에 대한 기사다. 강동은 평안남도 강동군江東郡이다. 강동에도 냉면점이 있었던 것으로 보인다.

51) 필자 미상, 〈八道女子 살님사리 評判記〉,《別乾坤》제16·17호, 1928년 12월 1일. "海州여자들은 술장사(특히 方文酒), 냉면장사를 잘하고, 瑞興여자들은 좁쌀떡장사를 잘한다."

52) 〈総巡慈善〉,《大韓每日申報》1907년 6월 27일(2).

53) 〈六十餘名 麵屋勞働者 賃金引上을 陳情〉,《朝鮮中央日報(여운형)》1935년 3월 1일(3).

54) 車相瓚·朴達成,〈黃海道踏査記〉,《開闢》제60호, 1925년 6월 1일. "황주냉면黃州冷麵도 성가聲價가 대단한데 동아일보의 임군林君은 '멋모르고 먹었다가 복복腹 중에 혁명이 대기大起하야' 운운하였다고 먹이고 망신당했다고 황주黃州 인사人士들은 노발대발 중에 있다."

55) 〈黃州紹介號〉,《中外日報》1930년 3월 13일(4).

56) 〈賀正祝皇軍大捷〉,《朝鮮新聞》1942년 1월 8일(6). "載寧邑 本町通, 朝鮮麵屋, 電一二一番." 이 광고는 재령군과 부산의 상공업 광고다.

57) 〈瑞興冷麵組合〉,《每日新報》1943년 5월 16일(4). "(新幕) 戰時下 食糧報國의 精神을 徹底히 기하고자 瑞興郡에서는 지난 10일 午後 3시 新幕禮拜堂에서 郡內 業者 60명을 招集하여 瑞興內務課長 統裁下 軍警關係 列席하여 瑞興郡 冷麵組合創立總會를 開催하엿는데, 選擧된 役員은 다음과 갓다. ▲ 組合長 金井武雄 ▲ 副組合長 完山齊崙 ▲ 監事 木村好雄" 신막新幕은 서흥군瑞興郡에 있는 경의선京義線의 요역要驛이다. 농산물과 목재,

숯의 집산지라고 한다.

58) 〈鳳山麵屋〉(광고), 《독립신문》 1947년 12월 18일(1).

59) 〈鳳山麵屋〉(광고), 《新民日報》 1948년 4월 1일(1). "冷麵界의 人氣로 유명한 黃海道式 鳳山冷麵. 鳳山麵屋. 忠武路 三街 네거리 西便."

60) 〈麵商處罰〉, 《每日申報》 1914년 6월 30일(4).

61) 〈永興麵屋組合創立〉, 《동아일보》 1933년 5월 3일(3).

62) 朴達成, 〈咸北縱橫四十有七日〉, 《開闢》 제43호, 1924년 1월 1일.

63) 〈謹迎國威宣揚의 春〉(광고), 《朝鮮新聞》 1938년 1월 13일(7). 함경남도, 특히 함흥의 상공인들의 광고가 실려 있다. 거기에 포함된 것이다.

64) 〈謹天奉賀〉(광고), 《京城日報》 1940년 1월 3일(9). 새해 축하 광고에 있다. "長津邑內 新設冷麵屋 主 李會龍."

65) 〈揚げよ總力擧って實踐〉(광고), 《朝鮮新聞》 1941년 1월 12일(6); 〈賀正祝皇軍大捷〉(광고), 《朝鮮新聞》, 1942년 1월 8일(3). 두 광고 모두 흥남시의 엄청나게 많은 상공인이 했던 집단 광고다. 경성냉면옥京城冷麵屋은 이 많은 광고 중 하나다.

66) 〈(祝)皇紀二六00年新春〉, 《每日新報》 1940년 1월 1일(6). 하단에 慶興, 博川, 阿吾地, 滿浦, 江界의 상공업자, 유력인들의 개인 광고를 싣고 있다. 여기에 경흥냉면慶興冷麵 광고가 실려 있다. "慶興, 慶興冷麵屋, 營業主 金用九."

67) 〈翼贊─東亞共榮(雄基)〉, 《每日新報》 1942년 2월 17일(4). 웅기雄基는 함북의 웅기항雄基港이다. 이 판은 '중동판中東版'으로서 모두의 기사는 〈新嘉坡는 陷落되다. 感激할 歷史의 이 瞬間! 거리 거리에 萬歲聲 爆發〉이다. 광고의 내용은 다음과 같다. "朝鮮冷麵屋, 전화 153번" "元山冷麵屋, 전화 440번."

68) 〈막국수 이름 유래〉(음성파일, 제보자: 조흥묵), 《한국구비문학대계》, 한국학중앙연구원, https://kdp.aks.ac.kr/gubi.

69) 〈平壤의 名物 冷麵먹고 一名死亡十名中毒〉, 《每日申報》 1934년 7월 13일(5). 그런데 《동아일보》는 '막국수'를 '맛국수'로 쓰고 있다. '막국수'의 오기誤記가 아닌가 한다. 참고로 자료를 붙여 둔다. 〈여름에 危險한 冷麵〉, 《동아일보》 1934년 7월 12일(2). "엿장사 朴大根은 大同麵屋에서 '맛국수'(黑麵)을 사 먹고 3시간 후에 중독되어 신음하다가 10일 오후 6시 30분에 드디어 사망하엿다고 한다."

70) 〈平壤冷麵開業〉, 《每日申報》 1934년 12월 16일(5).

71) 〈冷麵中毒으로 三十餘名 生命 危篤〉,《동아일보》1937년 9월 28일(5).
72) 〈伊川서 先鞭 飮食價減下〉,《동아일보》1930년 11월 2일(7).
73) 〈冷麵 먹고 痢疾 發生〉,《每日申報》1932년 7월 28일(7). 가뭄이 계속되면서 염열炎熱 95도 평균인 군산群山에서는 냉면을 먹기만 하면 이질로 앓아 고통을 겪는다는 내용의 기사다.
74) 《崔炳彩日記》1, 1931上, 6월 7일(7월 21일, 화요일). "於南堂叔母, 欲獻慈主, 冷麵一器持來. 炳烈製餠, 以供慈主也." 최병채의 어머니가 병중이었는데 어남당於南堂 숙모라는 사람이 위로차 냉면을 만들어 왔다는 내용이다. 다음은 아버지 생신 때 냉면을 만들어 드렸다는 자료다.《崔炳彩日記》2, 1933下, 7월 24일(9월 23일, 수요일). "今日卽吾父主生辰也. 朝侍伯仲叔父, 又請從兄弟, 待以酒食. 午時, 炳杰亦以冷麵供養也."《崔炳彩日記》2, 1934下, 7월 24일(9월 2일). "今日卽吾家親生辰也. …… 夕 炳杰侍伯仲叔父, 供獻冷麵也."
75) 〈晉州小言〉,《開闢》제40호, 1923년 10월 1일.
76) 〈捐助諸氏〉,《海朝新聞》1908년 3월 12일(大韓隆熙 二年 三月 十二日 木曜).
77) 〈蘇王營通信〉,《독립신문》1919년 10월 14일. "九月十八日 午後에 雙城子에 到着하야 우리 冷麵家를 차자가니 商店看板을 國文으로 大書하엿고 상토 잇는 우리나라 사람이 만터이다 某氏의 指導로 中國旅館에 留하며 某某 十餘人을 相逢하엿나이다. 蘇王營 市內에 우리 戶數는 四百餘이오 人口는 二千餘名이라 全俄領에 人口는 五十萬이라 하나이다. 最初에 李鍾浩氏의 創立한 勸業會와 鄭在寬 李相高 兩氏의 創設한 國民會와 李東暉(輝)氏의 全俄韓族會가 有하다 하며 昨年十二月에 北間島와 合하야 國民議會가 되엿다 하나이다. 韓人은 俄領開拓의 主人이오 水田의 成績이 最好하야 一日耕에 俄貨 十萬圓 所出預算이오며 五年後이면 野에는 稻가 덥히고 山에는 桑樹로 푸르리라 하나이다. 然하오나 아직 共公開拓의 機關업는 것이 遺憾이로소이다. 商業에 對하야는 四五年來로 十數倍나 進步하엿스며 數十萬圓의 商業家가 多하오나 아직도 日人의 商業에 下하오며 不正한 事業도 多한 모양이로소이다. 敎育은 全俄領에 小學校가 二百餘處이나 中學校 實業學校 等은 無하고 中等以上 學識을 가진 者는 幾百이 못된다 하나이다. 新聞에 對한 評論은 全俄領에 國漢文 아는 者가 少하야 純國文이면 歡迎하겟다 하나이다."
78) 〈食卓 우에 刺客 宛然 冷麵恐怖時代〉,《동아일보》1937년 8월 2일(2).
79) 《朝鮮新聞》1936년 7월 22일(11). 봉천奉天 특집 광고. 평화면점의 광고는《朝鮮新聞》의 1937년 1월 16일(6) 자 근하신춘謹賀新春 광고에도 실려 있는데, 자료 자체가 접혀서 잘

80) 〈賀正生産增强之新春, 皇紀二千六百二年〉(광고),《朝鮮新聞》1942년 1월 9일(8). 여러 지방의 상공업 광고를 싣고 있다.
81) 〈北支에 朝鮮人 大進(機密室)〉,《三千里》제10권 제8호, 1938년 8월 1일.
82) 〈新東亞建設의 北支綜合紹介版, 其二〉,《每日新報》1941년 5월 2일(9). 일본군의 도움을 받아 취재한 것이라고 밝히고 있다.
83) 〈躍進太原 紹介版〉,《每日新報》1941년 8월 25일(3).
84) 승도현의 소화면점이 실린 같은 면에 〈模範的 朝鮮料理 甲種 '九龍閣' 出現〉이라는 기사도 실려 있는데, 여기 보이는 구룡각의 경영주는 목촌양일木村陽一로 원래 이름은 박보근朴寶根이다. 이 자 역시 자발적 친일파로, '산서山西 개척開拓 투사에게는 위안도 필요하다고 생각'하여 '경성·평양 등지에서 일류 기생妓生 십여 명을 초빙'하고 '이다바いたば'(숙수, 조리사)까지 선택해 왔다고 한다.
85) 〈平山槪觀〉,《每日新報》1943년 7월 1일(2).
86) 〈漢口와 朝鮮人 近況(現地報告)〉,《三千里》제13권 제6호, 1941년 6월 1일.
87) '횟간'을 잘못 쓴 것이 아닌가 한다.
88) 〈광고〉,《國民報》1937년 3월 3일. 신문의 면수는 인쇄 상태가 나빠서 확인할 수 없다. 이하에서도 면수를 밝히지 않은 경우 인쇄 상태가 좋지 않아 확인하지 못한 것이다.
89) 〈최영기 씨 댁 또 광고〉,《國民報》1937일 6월 16일(1). "광고를 위한 최영기 씨 냉면점의 六월 十二일 만둣국은 많은 칭찬을 받은바 또 광고 겸 시험으로 금월 十九, 二十 양 일간에는 냉면, 온면, 만두 이외에도 전골을 시작하겠다더라."
90) 〈이병두 씨 댁 이주〉,《國民報》1937년 6월 23일. "가와이 케카하 이병두 씨 부인 장애경 씨는 풋코리 남쿠쿠이 거리 모퉁이 차신호 씨 여관 아래층에 김득○ 씨 부인이 경영하던 채소상점을 사서 경영하는 바 차차 냉면점을 겸하여 하겠다 하며 이병두 씨는 내월쯤 출항하리라더라."
91) 〈청월관 요리점〉,《國民報》1937년 7월 21일(3). "본인은 평양 성장으로 우리 전국에 유명한 평양냉면과 평양만두를 수정양으로 맛있게, 또한 손님의 입에 맞게 청결히 잘 만듭니다. 본관은 종일 종야에 잠시도 간단 없이 고객의 청구를 수용하오며 주일날과 예배大일에는 특별히 잘 차려드립니다. 냉면과 만두 이외에도 주안이나 무슨 음식이든지 청하시는대로 주공의 기능을 다하여 만듭니다. 북스쿨 스트리트 二〇八 점주 전수경."

92) 〈한찬관 개업〉, 《國民報》 1938년 3월 30일(4). "북구구이 거리 四八五호에 본인이 새로 한찬관을 설립하였사온데 냉면은 항상 있고 만두는 매 주일에 으레이 있고 어느 때나 누구나 주문하시면 공급하겠습니다. 四월 一일에 개업하오니 다 오셔서 시험하여 보십시오. 점주 안용호."

93) 〈팔라마지방 오찬회〉, 《國民報》 1937년 11월 3일(4). "금월 7일 주일날」 정오 12시에 누아누, 비야드 사이에 있는 박봉집 씨의 새 여관에서 팔라마 지방 통상회通常會 겸 냉면 오찬을 공급하겠사오며, 금번 통상회에는 중요한 사건이 있사오니, 일반 회우는 일제히 내참來參하심을 복요伏要함. 민국 19년 11월 3일. 팔라마 지방회장 백승준, 서기 김한경. '부' 특별히 금번 오찬은 본회 서기 김한경씨의 자담으로 일반 회우와 정의를 펴고자 함이올시다."

94) 〈맛있는 냉면 준비〉, 《國民報》 1950년 7월 12일(4), WEDNESDAY; 〈부인구제회의 냉면 여흥〉, 《國民報》 1950년 8월 27일(2) 등의 기사를 보라. 냉면점에 대해서는 다음 기사가 있다. 〈한국식 요리점〉, 《國民報》 1951년 3월 21일(4). "호놀룰루 우정도씨의 부인 할라양은 킹과 알라파이 두 거리의 모퉁이에 한국식 요리점을 열었는데, 만두·냉면·김치·깍두기 기타 한국음식을 맛있게 만들어 공급한다고 한다." 이외에도 냉면에 관한 기사는 적지 않다.

95) 백현석·최혜림, 《냉면열전》, 인물과사상사, 2014, 160쪽.

96) 李晶燮, 〈外國에 가서 생각나든 朝鮮 것—朝鮮의 달과 꽃, 飮食으로는 김치, 갈비, 冷麵도〉, 《별건곤》 제12·13호, 1928년 5월 1일.

97) 劉英俊, 〈外國에 가서 생각나든 朝鮮 것—溫突과 김치〉, 《별건곤》 제12·13호, 1928년 5월 1일.

98) 孫晋泰, 〈溫突禮讚〉, 《별건곤》 제12·13호, 1928년 5월 1일.

99) 〈전화〉, 《한국민족문화대백과》(encykorea.aks.ac.kr), 한국학중앙연구원.

100) 羅愛子, 〈일제 강점기 전기통신의 이용과 사회상의 변화〉, 《東洋古典研究》 25, 동양고전학회, 2006, 213쪽.

101) 羅愛子, 〈일제 강점기 전기통신의 이용과 사회상의 변화〉, 213~214쪽.

102) 羅愛子, 〈일제 강점기 전기통신의 이용과 사회상의 변화〉, 215쪽.

103) 〈電話로 본 各 都市發達〉, 《동아일보》 1926년 10월 8일(1).

104) 〈京城의 電話普及〉, 《동아일보》 1925년 4월 19일(1).

105) 공원 앞 설렁탕집 이성현李聖鉉, 〈점점 쇠퇴 경향 설렁탕집이 본 世相(職業으로본 世上의 面面)〉, 《동아일보》 1924년 1월 1일(3).
106) 〈電話로 헛注文하야 冷麵業者 弄絡〉 不良少年 遂被逮, 《동아일보》 1938년 6월 13일(4).
107) 이가람·우승호, 〈개화기 자전거 도입 과정에 관한 연구〉, 《한국체육사학회지》 29권 4호, 한국체육사학회, 2024년 12월, 11쪽.
108) 〈기리양힝 광고〉, 《독립신문》 1899년 7월 12일(4).
109) 홍금수, 〈개화기~일제강점기 서울의 자전거 교통〉, 《문화역사지리》 제35권 제1호, 한국문화역사지리학회, 2023, 6쪽. 이 논문(6~7쪽)에 의하면, 힐버트H. B. Hulbert가 편집을 맡아 1901년부터 1906년까지 간행한 *The Korea Review* 1903년도 1월호가 단신으로 이탈리아인 보리오니F. R. Borioni(1863~1920)를 '한국에 자전거를 처음 소개한 인물'로 소개하고 있다고 한다.
110) 홍금수, 〈개화기~일제강점기 서울의 자전거 교통〉, 7쪽.
111) 〈自轉車 타고서 雇人이 逃走 勝湖里金信麵屋 雇人(江東)〉, 《동아일보》 1933년 2월 5일(3).
112) 〈麵屋自轉車를 竊取〉, 《朝鮮中央日報》(여운형) 1936년 8월 27일(12).
113) 松雀生, 〈珍奇! 大珍奇, 여름철의 8大珍職業〉, 《別乾坤》 1931년 7월.
114) 〈本鐵工場에서〉(광고), 《大韓每日申報》 1910년 7월 24일(3).
115) 〈輕便 無雙한 製麵機 發明〉, 《每日申報》 1926년 5월 26일(3).
116) 〈製麵機 新發明〉, 《每日申報》 1930년 9월 2일(3).
117) 〈金圭弘 氏 現代式 製麵機 發明〉, 《中央日報》 1932년 4월 3일(4).
118) 〈新案特許 된 朝鮮麵製機〉, 《동아일보》 1932년 3월 10일(6).
119) 〈製麵機械發明〉, 《동아일보》 1932년 6월 29일(7).
120) 〈製麵機發明者 金剛鐵工所 金圭弘 氏(躍進 元山 紹介版)〉, 《동아일보》 1937년 11월 30일(4).
121) 빙허각 이씨, 〈동침이 ①〉(명월관성치치), 〈동침이 ②〉(명월관닝면) 《부인필지》, 침체제품; 李聖雨, 《한국고식문헌집성韓國古食文獻集成》 4, 修學社, 1992, 1533쪽.
122) 方信榮, 《조선요리제법》, 新文館, 1917, 39쪽; 李聖雨, 《한국고식문헌집성韓國古食文獻集成》 4, 1992, 1571~1572쪽. 국수비빔, 국수비빔별법에 이어 '닝면'과 '동치미국링면'이 실려 있다. "〈링면〉 조흔 무 김치 말국을 되접에 부어놋코 국슈를 더운 물에 잠간 잠갓다가 건져 물을 쎄셔 되접에 담고 이제 맛잇는 무 김치와 븨와 편육과 제육 편

유을 치쳐 넛코 잠간 셕근 후에 쏘 이 우에 여러 가지 치친 것슬 남겻다가 우에 쑤리고 쇼 알고명을 치 치고 쏘 표고 버셧 셕이를 치쳐 기름에 복가 쑤리고 실빅을 쑤린 후에 설탕을 쑤려서 먹느니라." 〈동치미국링면〉 동침이국에 국슈를 말고 무우와 배와 유쟈를 얇게 졈여 넛코 졔육 씨을고 계란 붓쳐 치쳐 넛코 호초 실빅자를 너어 먹느니라." 〈냉면〉은 무김치 맑은국에, 〈동치밋국냉면〉은 '동치밋국'에 국슈를 만다는 것이 다를 뿐이다. '무김치 맑은국'과 '동치밋국'이 결정적으로 어떻게 다른지도 의문이다.

123) 方信榮, 〈랭면(동절랭면)〉, 〈랭면(하절랭면)〉, 《日日活用 朝鮮料理製法》, 1934, 漢城圖書株式會社, 302~303쪽.

124) 李龍萬, 〈랭면(동절랭면법)〉, 〈랭면(하절랭면법)〉, 《簡便朝鮮料理製法》; 李盛雨 編, 《한국고식문헌집성韓國古食文獻集成(고조리서古調理書)》5, 修學社, 1992, 1945쪽. "냉면(동절냉면법) 맛있는 무김치 국에 꿀이나 혹 설탕을 풀어놓고 국수를 더운물에 잠간 흔들어 건져서 물을 다 뺀 후에 대접에 담고 그 위에 김칫국을 붓고 맛있는 배추김치와 배, 제육을 쳐서 국수 위에다 다시 얹고 실백을 뿌리나니라." "냉면(하절냉면법) 하절냉면은 맑은 장국에 하는 것이니, 기름기 없는 살코기로 맑은 장국을 끓여서 하고, 국수는 더운물에 잠간 담갔다가 건져서 물을 다 빼서 대접에 담은 후에 얼음덩이를 넣고 장국물 식힌 것을 붓고 외나물과 고기를 잘게 익혀서 간장에 고명을 해서 주물러 볶아서 다시 또 잘게 익힌 것과, 또 석이버섯, 표고를 불려 꼭 짜 가지고 기름에 볶아서 채를 치고, 알고명 채친 것과, 이어 이것을 색 맞추어 국수 위에다 뿌리고 실백을 얹어 놓느니라."

125) 趙慈鎬, 〈장국냉면〉, 〈김치국냉면〉, 《朝鮮料理法》, 廣韓書林, 1939; 李盛雨 編, 《한국고식문헌집성韓國古食文獻集成(고조리서古調理書)》6, 修學社, 1992, 2278쪽.

126) 이윤정·최덕주·안형기·최소례·최재영·윤예리, 〈냉면의 형성과 분화 고찰〉, 《외식경영연구》제19권 제6호, 한국외식경영학회, 2016년 1월, 264쪽. 〈표 2〉의 '조선요리법, 1943, 조자호' 부분에서 가져온 것이다. 이윤정 등의 논문은 1900년 이후 1945년 이전까지의 조리서에 담긴 냉면 조리법을 정리하고 있어 많은 참고가 된다.

127) 이하 장빙藏氷에 관련된 사항은 고동환의 〈조선후기 藏氷役의 변화와 藏氷業의 발달〉(《역사와 현실》, 역사비평사, 1994)에서 가져온 것이다.

128) 洪錫謨, 〈六月 月內〉, 《東國歲時記》. "頒氷于各司, 造木牌, 俾受去於凌室."

129) 고동환, 〈조선 후기 藏氷役의 변화와 藏氷業의 발달〉, 1994, 161쪽.

130) 고동환, 〈조선 후기 藏氷役의 변화와 藏氷業의 발달〉, 1994, 181쪽.

131) 주영하, 《식탁 위의 한국사》, 휴머니스트, 2013, 129쪽.

132) 주영하, 《식탁 위의 한국사》, 2013, 130쪽.

133) 鄭文基, 〈朝鮮製氷業〉(1), 《동아일보》 1932년 8월 2일(6).

134) 제빙공장 22곳은 다음과 같다. 서울 4곳, 부산 2곳, 청진, 함흥, ○진, 포항, 양포良浦, 마산, 통영, 여수, 거문도, 나로도羅老島, 목포, 제주도, 군산, 인천, 대구, 대전에 1곳.

135) 이상의 평양 얼음에 대한 서술은 주영하의 《분단 이전 북한 사람들은 무엇을 먹고 살았을까?》(열린책들, 2023, 56쪽)에 의한 것이다.

136) 조자호, 《조선요리법》, 274~275쪽. 이 책은 직접 보지 못해, 백두현의 〈한글 음식조리서로 본 전통음식 조리법의 비교〉(《식품문화 한맛한얼》, 한국식품연구원, 2010, 157~158쪽)에 영인되어 실린 원문을 인용했다.

137) 백현석·최혜림, 《냉면열전》, 인물과사상사, 2014, 140쪽. "냉면 육수 중 최고로 치는 것은 꿩고기를 삶아 만든 육수다. 기름기가 적은 꿩고기는 담백한 냉면 육수에 안성맞춤으로, 끓이고 남은 꿩고기는 고소하게 양념해 고명으로 올려도 제격이었다. 꿩고기는 소를 식용으로 여기지 않아 소고기가 귀했던 시절 손쉽게 얻을 있기도 해서 자주 이용했다." 이 서술은 아마도 과거의 증언에서 가져온 것일 터이다.

138) 김남천, 〈냉면〉, 《조선일보》 1938년 5월 29일·31일; 김남천·백석·최재영 외, 《평양냉면》, 가갸날, 2018, 25쪽.

139) 〈냉면의 '고향'은 평양(初夏의 味覺, 냉면 편)〉, 《朝鮮中央日報(여운형)》 1936년 6월 4일(8).

140) 조풍연, 《서울잡학사전》, 正東出版社, 1989, 440쪽.

141) 박채린·권용석·정혜정, 〈냉면의 조리사적 변화 양상에 관한 고찰〉, 《한국식생활문화학회지》, 한국식생활문화학회, 2011, 121쪽, 〈Table 3〉에 의한다.

142) 李承熙(1847~1916), 《女範》 下, 飮食第 4; 《韓溪遺稿》, 국사편찬위원회, 1976, 308쪽. "麵, 用麥粉, 鷄卵和均, 圓杖推展, 紙薄之, 帖而髮剉之, 沸湯乍烹, 醬水或肉湯和之, 劇暑, 和猪肉·生梨·雜果爲冷麵."

143) 〈家庭料理常識, 각종 냉면 만드는 법, 냉면(여름철)〉, 《婦人新報》 1948년 5월 19일(2). 장국냉면, 5월 20일(2). 밀국수냉면·콩국, 5월 21일(2). 국수비빔·녹두국(밀국수), 5월 22일(2).

144) 《每日申報》 1930년 8월 24일 자(5면)에 '연백延白 장규영張奎英 씨氏 제고提稿'라고 하

여 필자를 밝힌 다음 〈콩국과 밀국수〉라는 기사를 싣고 있다. 연백은 황해도에 있는 연백군延白郡이다. 곧 황해도 사는 장규영이라는 사람이 콩국수 요리법을 신문에 투고한 것이다. "① 밀가루를 되게 반죽하여 안반에다 놓고 다듬이방망이 같은 것으로 얇게 민 후 마른 가루를 묻혀가며 조고마한 칼로 잘게 썬 후 솥에 물을 끓여 슬쩍 삶은 후 채 조리로 건져서 냉수에 두어 번 씻어 놓고, ② 콩을 솥에 삶아 맷돌에 간 후 냉수와 아울러 고운 체에 받은 후 밀국수 아울러 먹는 것입니다." ①은 밀가루를 반죽해 안반에 놓고 얇게 밀어 칼국수를 만드는 방법, ②는 불린 콩을 맷돌에 갈아 콩국물을 내는 방법이다. 좀 자세해졌지만, 기본적으로 《시의전서》와 다를 것이 없다.

145) 〈여름의 食慾〉(9) 냉면, 《每日申報》 1936년 7월 23일(3).

146) 丁若鏞, 〈薏苡〉, 《雅言覺非》 권2. "薏苡者, 草珠也[方言云栗母]. 一名, 薏珠. 一名, 簳珠. 一名, 解蠡. 一名, 芑實. 一名, 蘥米[雷氏作蘥米]. 一名, 屋菼[苗之名]. 一名, 回回米. 其性甚黏, 屑之爲粉, 可作糜飮. 東人忽以薏苡爲糜飮之名. 凡粉屑之可飮者, 皆稱薏苡. 於是菊黍薏苡·葛粉薏苡·菉末薏苡·蕎麥薏苡, 習爲恒言, 不以爲非."

147) 황희순·황혜성·이혜성의 《이조궁정요리통고》(1957)는 김칫국냉면과 장국냉면을 소개하는데, 여기서 국수에 대해 '모밀국수와 가다구리의 배합'을 말하고 있다. 가다구리는 'かたくりこ(片栗粉)'로서 얼레지의 땅속줄기로 만든 흰 녹말인데, 보통 감자전분을 일컫는다. 이윤정·최덕주·안형기·최소례·최재영·윤예리, 〈냉면의 형성과 문화고찰〉, 《외식경영연구》 제19권 제6호, 한국외식경영학회, 2016년 1월, 265쪽, 〈표 2〉.

148) 〈冷麵에 '떡잿물' 混入禁止, 載寧署에서〉, 《每日申報》 1929년 4월 2일(3).

149) 〈잿물〉, 《한국민족문화대백과》(encykorea.aks.ac.kr), 한국학중앙연구원.

150) 〈平壤 麵屋業者의 異常한 決議〉, 《每日申報》 1925년 11월 18일(3).

151) 평양 동치미 이하의 서술은 주영하의 《식탁 위의 한국사》(휴머니스트, 2013, 132~133쪽)에 의한 것이다. 아지노모도의 가격이 비쌌던 것은 연구자들이 모두 공통적으로 지적하는 바이다. 백현석·최혜림, 《냉면열전》, 인물과사상사, 2014, 117쪽. "아지노모도의 당시 가격은 특대 크기가 9원, 대 크기가 4원 60전, 중 크기가 2원 40전, 소 크기가 1원 30전이었다. 1923년 쌀 한 되 가격이 33~35전, 1930년대 맥주 한 병의 소매가 35~40전, 1930년대 월급쟁이의 평균 월급이 30원이었음을 감안한다면 매우 비싼 가격에 해당한다."

152) 김대환, 〈맛(味)과 식민지조선 그리고 광고〉, 《옥외광고학연구》 5권 8호, 한국OOH

광고학회, 2008, 138쪽.
153) 김대환, 〈맛(味)과 식민지조선 그리고 광고〉, 2008, 128쪽.
154) 김대환, 〈맛(味)과 식민지조선 그리고 광고〉, 2008, 130쪽.
155) 조희진, 〈조선인의 식생활 이미지를 이용한 아지노모도 광고: 1925~39년 동아일보를 중심으로〉, 한국학중앙연구원 석사학위논문, 2014, 56쪽.
156) 〈仁川 冷麵商 嚴諭〉, 《每日申報》 1912년 7월 3일(3).
157) 〈地方通信 咸鏡南道, 麵商 처벌(元山)〉, 《每日申報》 1914년 6월 30일(4).
158) 掃除夫, 〈諧謔·諷刺 春季大淸潔〉, 《別乾坤》 제28호, 1930년 5월 1일.
159) 宋今璇, 〈朝鮮사람과 녀름〉, 《別乾坤》 제30호, 1930년 7월 1일.
160) 〈구데기 파는 里門食堂에 營業停止〉, 《동아일보》 1939년 8월 13일(2).
161) 〈위험·냉면に蛆〉, 《朝鮮新聞》 1940년 6월 17일(2).
162) 〈지금부터가 냉면의 중독시절〉, 《朝鮮中央日報(여운형)》 1935년 7월 11일(8).
163) 〈肉の腐敗から, 中毒者七人中一人は遂に死亡〉, 《朝鮮新聞》 1934년 7월 12일(2); 〈平壤의 名物 冷麵먹고 一名死亡十名中毒〉, 《每日申報》 1934년 7월 13일(5).
164) 〈冷麵먹고 十二名中毒 吐瀉腹痛의 重態〉, 《每日申報》 1934년 9월 9일(7).
165) 〈賣食物의 중독 통계〉, 《每日申報》 1934년 9월 11일(7).
166) 〈여름의 식욕(9) 냉면〉, 《每日申報》 1936년 7월 23일(3).
167) 〈冷麵에 藥品混入發覺 今後取締 더욱嚴酷〉, 《中外日報》 1930년 7월 25일(4).
168) 〈冷麵 속에 有毒物 混入〉, 《每日申報》 1930년 9월 2일(7).
169) 〈朝鮮ソバで二十餘名も中毒〉, 《京城日報》 1933년 6월 29일(8); 〈新義州서도 冷麵이 殺人〉, 《朝鮮中央日報(여운형)》 1933년 7월 7일(5); 〈冷麵中毒者 五名이 死亡〉, 《朝鮮中央日報(여운형)》 1933년 7월 10일(4).
170) 〈新義州麵屋은 파리만 날려〉, 《동아일보》 1933년 7월 3일(2).
171) 〈名物의 冷麵 沒落時代〉, 《每日申報》 1933년 7월 8일(7).
172) 〈新義州麵屋 三個月休業〉, 《동아일보》 1933년 7월 10일(3).
173) 〈平壤名物 冷麵에 惡性藥品使用? 警察은 嚴重取締方針〉, 《동아일보》 1938년 1월 22일(8).
174) 〈命とりの冷麵〉, 《京城日報》 1933년 7월 21일(2).
175) 〈命とりの冷麵 洗濯ソータ 入り〉, 《京城日報》 1934년 8월 5일(2); 〈人體에 有害한 藥

176) 〈粗製炭酸소다 너흔 冷麵은 매우 危險〉, 《每日申報》 1934년 8월 5일(6).

177) 〈冷麵中毒 네 名, 惡性쏘다 混入이 原因〉, 《每日申報》 1939년 4월 27일(6).

178) 〈賣食物의 중독 통계〉, 《每日申報》 1934년 9월 11일(7).

179) 〈中毒九千名 冷麵中毒五百八名 河豚中毒二百餘名〉, 《동아일보》 1938년 4월 17일(2).

180) 《朝鮮無雙新式料理製法》, 133쪽.

181) 〈大同江의 生鮮平壤名物의 冷麵을 注意하라고 警告〉, 《동아일보》 1938년 9월 9일(2).

182) 趙慈鎬, 《朝鮮料理法》, 廣韓書林, 1939, 90쪽.

183) 〈中毒時期를 當에 冷麵業者團束 新義州署에서〉, 《每日申報》 1937년 7월 8일(3).

184) 〈夏節의 寵兒 冷麵, 淸凉飮料, 果實 모다 淨潔합니까〉, 《동아일보》 1939년 7월 15일(2); 〈仁川警察署에서 飮食業者取締 違反者 嚴罰 方針〉, 《每日新報》 1938년 7월 12일(8). "1938년 7월 9일/ 서울 영등포. 며칠 전 2명 사망, 종로서 위생계에서 냉면업자 20여 명에게 냉면 제조와 기타 조미에 대하여 각별한 주의를 하도록 엄달을 한 바 있다." 〈冷麵業者大團束 中毒者가 頻發함으로〉, 《每日新報》 1938년 7월 9일(3).

185) 〈冷麵中毒으로부터 硏究를 進排 자극료법의 본태발명〉, 《每日申報》 1934년 3월 28일(7). "여름이 되면 매년 냉면 중독으로 생명을 잃어버리는 일이 특히 서조선 지방에서 빈발된다. 이는 냉면을 만들 때 사용한 '소다'로 말미암은 것인데, '소다'의 고즙苦汁이 자살 또는 타살의 무기로 사용되어 기타의 사건을 일으키게 하여 법의학적 문제가 되어 있었다. 이리하여 의학부에서는 중독원인이 어디 있는가를 동물실험으로 연구한 결과 지금까지 직접 중독 작용을 일으키어 치사케 한다고 생각하던 것을 근본적으로 번복하고, 고즙과 '소다'가 몸에 들어가 조직을 장애하여 그 부분으로부터 수습되는 것이 아니고, 장애된 조직이 단백체蛋白體의 붕궤산물崩潰産物이 생겨 중독작용을 일으켜 생명을 빼앗는 것을 발견하게 되었다. 이 독물학적 시험 외에 조직의 장애를 물리학적으로도 연구하였다. 즉 화상사火傷死, 동사凍死에 의한 것도 같은 성질의 담백체 붕궤산물이 생기는 것을 확실히 알았다. 이 산물은 '히즈다민'과 대체로 같은 것이나 약리학적으로는 일치되지 않는 것이 명료하게 되었다. '히시도도기싱'의 여러 가지 성상性狀을 각 방면으로 연구한 결과 이것이야말로 동양 한방 치료의 하나인 뜸에 유효히 사용하는 물건인 동시에 근대의 자극요법의 본태인 것을 알게 되

었다. 이것을 임상에 사용케 하기 위하여 '히스도도기싱'을 유효성분으로 한 신약을 발견하고 '모구소-루'라고 명명하게 된 것이다."

186) 〈冷麵業者에게 冷藏庫 設置 嚴命〉, 《동아일보》 1933년 7월 13일(3).

187) 〈麵屋에는 반듯이 冷藏庫設置〉, 《동아일보》 1935년 6월 14일(5); 〈平壤名物冷麵 中毒을 豫防하라〉, 《동아일보》 1937년 8월 1일(8).

188) 〈平壤名物冷麵 中毒을 豫防하라〉, 《동아일보》 1937년 8월 1일(8).

189) 〈平壤學生三名이 冷麵中毒死傷〉, 《동아일보》 1927년 7월 18일(2).

190) 〈冷麵 사먹고 七名이 一時吐瀉〉, 《동아일보》 1929년 7월 10일(4).

191) 〈冷麵에 …… 藥品 混入 發覺 今後 取締 더욱 嚴酷〉, 《中外日報》 1930년 7월 25일(4).

192) 〈靑葉町飮食店冷麵사먹고 八十名中毒, 三名絶命〉, 《每日申報》 1931년 7월 14일(2); 〈屍體를 解剖한 結果 소다過多로 判明〉, 《每日申報》 1931년 7월 15일(2); 〈冷麵먹고 八十名 中毒 三日間에 三名絶命〉, 《동아일보》 1931년 7월 14일(2); 〈冷麵中毒事件 又一名 屍體解剖, 탄산소다 중독으로 판명〉, 《동아일보》 1931년 7월 15일(2); 〈冷麵中毒事件 소다가 낫분것은 결단코 아니다 다만 분량을 지나치게 만히 너헛든 싸닭이다〉, 《每日申報》 1931년 7월 16일(2).

193) 〈喰った 冷麵腐敗し 三十五名 中毒〉, 《京城日報》 1932년 7월 25일(2).

194) 〈냉면 먹고 痢疾 발생〉, 《每日申報》 1932년 7월 28일(7).

195) 〈朝鮮ソバで二十餘名も中毒, 苛性曹達が崇つて新義州の大騷ぎ〉, 《京城日報》 1933년 6월 29일(8); 〈탄산소다 대신에 양잿물을 섞은 까닭 중독자의 실수는 十五名가량 新義州冷麵中毒事件〉, 《동아일보》 1933년 6월 30일(3); 〈十一歲된 少年이 冷麵中毒으로 死亡, 多量苛性曹達包含〉, 《朝鮮中央日報(여운형)》 1933년 7월 1일(4); 〈新義州서도 冷麵이 殺人〉, 《朝鮮中央日報(여운형)》 1933년 7월 7일(5); 〈中毒者 尙今呻吟中 二名이 또 中毒死亡〉, 《동아일보》 1933년 7월 6일(2).

196) 〈또 冷麵中毒 麵商은 廢業〉, 《동아일보》 1933년 9월 20일(3).

197) 〈冷麵에 五十名 中毒 危篤者가 續出中〉, 《동아일보》 1933년 7월 5일(2); 〈冷麵을 먹고서 三十餘名이 中毒〉, 《朝鮮中央日報(여운형)》 1933년 7월 6일(2); 〈點心에 冷糆 먹고서 三十一名이 中毒〉, 《每日申報》 1933년 7월 6일(7); 〈冷麵의 中毒은 썩은 牛肉으로〉, 《동아일보》 1933년 7월 7일(2); 〈冷麵受難 平壤府內에 中毒者百世名〉, 《朝鮮中央日報(여운형)》 1933년 7월 7일(5).

198) 〈義州邑內에도 冷麪中毒事實 十餘名이 呻吟〉, 《동아일보》 1933년 7월 10일(2); 〈冷麪 受難時代, 義州冷麪中毒 常珍麪屋休業〉, 《동아일보》 1933년 7월 13일(3).

199) 〈危險한 夏節의 冷麪 三名이 中毒入院〉, 《동아일보》 1933년 7월 22일(2); 〈冷麪을 먹고서 二十一名이 中毒〉, 《朝鮮中央日報(여운형)》 1933년 7월 23일(2); 〈靑葉町 東海樓에서 卄一名 冷麪中毒〉, 《每日申報》 1933년 7월 23일(2); 〈卄餘人の冷麪中毒〉, 《京城日報》 1933년 7월 23일(2).

200) 〈長湍에서도 中毒者 사망〉, 《동아일보》 1933년 9월 1일(3).

201) 〈冷麪 먹고 中毒 卄餘名 重態 一名은 마침내 絶命〉, 《朝鮮中央日報(여운형)》 1933년 9월 10일(5); 〈冷麪에 卄名中毒〉, 《동아일보》 1933년 9월 9일(2).

202) 〈肉の腐敗から, 中毒者七人中一人は遂に死亡〉, 《朝鮮新聞》 1934년 7월 12일(2); 〈冷麪 먹고 中毒 되어 五名 橫死의 慘事〉, 《朝鮮中央日報(여운형)》 1934년 7월 12일(2); 〈여름에 危險한 冷麪〉, 《동아일보》 1934년 7월 12일(2); 〈平壤의 名物 冷麪 먹고 一名 死亡 十名 中毒〉, 《每日申報》 1934년 7월 13일(5).

203) 〈沙里院서 冷麪먹고 百數十名이 中毒〉, 《朝鮮中央日報(여운형)》 1934년 8월 24일(6); 〈黃州冷麪屋의 營業을 停止하고 主人을 檢擧取調中〉, 《每日申報》 1934년 8월 25일(7); 〈沙里院에 冷麪騷動 百名中毒呻吟〉, 《동아일보》 1934년 8월 24일(2).

204) 〈冷麪 먹고 十二名中毒 吐瀉 腹痛의 重態〉, 《每日申報》 1934년 9월 9일(7); 〈賣食物의 中毒統計 平南이 斷然首位〉, 《每日申報》 1934년 9월 11일(7); 〈麪屋을 걸어 葬費 請求訴〉, 《동아일보》 1934년 9월 15일(3); 〈呻吟者十餘名中 死亡一·危篤 數名〉, 《朝鮮中央日報(여운형)》 1934년 9월 12일(6).

205) 〈국수 먹고 腹痛 阿片먹고 絶命〉, 《每日申報》 1935년 7월 14일(5).

206) 〈載寧冷麪中毒者 一名 또 死亡〉, 《동아일보》 1936년 7월 25일(5); 〈載寧, 냉면 食中毒 事件〉, 《동아일보》 1936년 7월 29일(2).

207) 〈冷麪먹고서 八名이 呻吟〉, 《朝鮮中央日報(여운형)》 1936년 8월 16일(12); 〈恐ろしき 冷麪中毒〉, 《京城日報》 1936년 8월 18일(3); 〈平原에 冷麪中毒〉, 《每日申報》 1936년 8월 18일(11).

208) 〈危險な 冷麪〉, 《京城日報》 1936년 8월 20일(3); 〈冷麪 사다 먹고 十三名이 中毒 平壤署 原因調査中〉, 《朝鮮中央日報(여운형)》 1936년 8월 21일(7).

209) 〈冷麪の中毒〉, 《釜山日報》 1936년 7월 28일(2).

210) 〈冷麵中毒으로 三十餘名 生命 危篤〉, 《동아일보》 1937년 9월 28일(5); 〈위험한 夏節冷麵!〉, 《每日新報》 1938년 7월 9일(8).

211) 〈冷麵中毒으로 男妹가 死亡! 永登浦 新村에 慘事〉, 《동아일보》 1938년 7월 9일(7).

212) 〈冷麵먹고 中毒 一名慘死 八名呻吟 長淵警察飮食店團束〉, 《동아일보》 1938년 7월 18일(4).

213) 〈冷麵의 中毒으로 十一名이 死傷 二名은 急死하고 九名은 重態〉, 《동아일보》 1938년 7월 23일(4).

214) 〈南浦에 또 冷麵中毒 十九名吐瀉 三名 生命危篤〉, 《동아일보》 1938년 8월 31일(4); 〈南浦冷麵 中毒은 腐敗豚肉에 起因〉, 《동아일보》 1938년 9월 1일(4).

215) 〈冷麵 먹고 虎疫 걸려 患者는 隔離코 檢疫中(平壤)〉, 《동아일보》 1938년 9월 15일(2).

216) 〈冷麵中毒 네 名, 惡性쏘다 混入이 原因〉, 《每日新報》 1939년 4월 27일(6).

217) 〈冷麵에 中毒되어 十餘名이 重態 平壤署 韓麵屋取調〉, 《동아일보》 1939년 8월 5일(4).

218) 〈冷麵中毒 十七名 平壤黃金麵屋 冷麵 먹고 慘變〉, 《동아일보》 1939년 8월 16일(2).

219) 〈冷麵에 또 中毒되어 二十名이 重態呻吟〉, 《동아일보》 1939년 8월 16일(4); 〈中毒事件 頻發로 冷麵業者에 一齊警告〉, 《동아일보》 1939년 8월 17일(4).

220) 〈冷麵에 中毒 六名! 里門食堂에서〉, 《每日新報》 1939년 9월 15일(6).

221) 〈冷麵中毒 四十名 三名은 絶命, 海州의 慘事〉, 《每日新報》 1939년 10월 30일(2); 〈冷麵中毒騷動 海州서 三名死, 四十名危篤〉, 《동아일보》 1939년 10월 30일(2).

222) 〈冷麵에 中毒 三名이 死〉, 《每日新報》 1940년 6월 13일(7).

223) 〈中毒者는 十一名, 新義州冷麵禍續報〉, 《每日新報》 1940년 7월 7일(8).

224) 〈冷麵中毒, 業者에는 停業處分〉, 《每日新報》 1940년 7월 22일(3).

225) 〈平壤麵商組合 麵價引揚運動 경찰은 죠사中〉, 《每日申報》 1925년 8월 23일(2).

226) 〈平壤(各地片片)〉, 《每日申報》 1929년 12월 21일(3). "安州郡內 6個所의 冷麵屋에서는 종래 냉면 1器에 12錢式 하던 것을 今月 17일부터 10錢式으로 一齊히 減下하였다더라."

227) 朴賢洙, 〈소설에 나타난 식민지 조선의 물가―음식 가격을 중심으로〉, 《대동문화연구》 121, 성균관대학교 대동문화연구원, 2023년 3월, 239쪽.

228) 〈내린다 내린다 모든 物價 勞賃도 減下〉, 《동아일보》 1930년 11월 6일(3).

229) 〈平壤冷麵價減下 한 그릇 十三전식 하기로 十一月 一日부터 實施〉, 《동아일보》 1930년 11월 2일(3).

230) 〈再三考慮 後 麵屋側 復業〉, 《동아일보》 1930년 11월 5일(7).

231) 〈海州의 物價 減下 運動, 冷麵부터 減下〉, 《每日申報》 1930년 11월 9일(3).
232) 〈내린다 내린다 모든 物價, 冷麵 一器에 普通 十錢式 밧고〉, 《동아일보》 1930년 11월 6일(3)
233) 〈伊川서 先鞭 飮食價減下, 경찰이 각 음식점에 지시해 冷麵과 餠湯은 十錢〉, 《동아일보》 1930년 11월 2일(7).
234) 〈冷麵價 引下는 結局 勞賃 減下, 선천면옥 영업자의 심산〉, 《동아일보》 1930년 11월 30일(6).
235) 필자 미상, 〈方定煥氏와 氷水雪糖(萬華鏡)〉, 《別乾坤》 제39호, 1931년 4월 1일.
236) 〈卄錢 밧든 冷麵 8錢씩 바더〉, 《每日申報》 1932년 5월 18일(7).
237) 〈平壤麵屋 組合員이 冷麵價 引下運動〉, 《每日申報》 1932년 10월 28일(7).
238) 〈冷麵價 引上 要求, 警察은 不許可〉, 《每日申報》 1934년 8월 15일(5); 〈冷麵價引上을 要求〉, 《朝鮮中央日報(여운형)》 1934년 10월 27일(2).
239) 〈冷麵價 引上 要求, 警察은 不許可〉, 《每日申報》 1934년 8월 15일(5).
240) 〈冷麵갑의 引上에 따라 勞働賃金의 引上을 要求〉, 《朝鮮中央日報(여운형)》 1935년 2월 3일(3). "평양 명물 국수를 싸고 勞資 사이에 암류가 흐르고 잇다. 평양면옥조합(주인 측)에서는 그간 루차 진정한 결과 이제 겨우 허가를 어더 지난 25일부터 재래 13전 하던 국수갑을 15전으로 인상하엿는데……."
241) 〈海州 冷麵價 引上〉, 《每日申報》 1934년 10월 13일(5).
242) 〈無茶な朝鮮麵屋〉, 《京城日報》 1935년 1월 20일(8).
243) 〈平壤의 名物 冷麵 값 올라〉, 《동아일보》 1935년 1월 25일(5); 〈平壤冷麵價 二錢을 引上〉, 《每日申報》 1935년 1월 26일(4).
244) 〈平壤冷麵價 十五錢으로 引上〉, 《朝鮮中央日報(여운형)》 1935년 2월 7일(3).
245) 〈平壤麵價 地域別로 斷行〉, 《每日申報》 1936년 12월 18일(5).
246) 〈六十餘名 麵屋勞働者 賃金引上을 陳情〉, 《朝鮮中央日報(여운형)》 1935년 3월 1일(3); 〈沙里院서도 麵價를 引上 賃金도 三割引上〉, 《朝鮮中央日報(여운형)》 1935년 3월 8일(3).
247) 朴賢洙, 〈소설에 나타난 식민지 조선의 물가—음식 가격을 중심으로〉, 238쪽.
248) 〈冷麵價 引上陳情 元山冷麵 組合에서〉, 《동아일보》 1939년 1월 27일(4).
249) (인상, 평안북도 피현)〈枇峴冷麵價 十五錢으로 引上〉, 《동아일보》 1939년 2월 5일(4).
250) 〈南浦冷麵價引上 麵屋組合에서 申請〉, 《동아일보》 1939년 3월 13일(4).

251) 〈代用作으로-蕎麥價格이 騰貴-麵屋의 打擊이 甚大〉,《每日新報》1939년 8월 6일(7). 메밀의 부족은 면옥에 큰 타격을 주었다. 1941년에도 평양의 냉면옥들이 메밀을 구하지 못해 휴업하는 경우가 있었다. 평안도에서 생산되는 메밀은 미미한 양이었고 대부분 황해도에서 공급받았다. 평안도의 메밀 가격이 황해도보다 낮은 경우, 황해도는 평안도에 메밀 공급을 중단했다. 1941년 평양의 면옥들이 메밀 부족으로 휴업에 들어간 것도 이 때문이었다. 〈모밀 七千石入荷〉,《每日新報》1941년 7월 29일(7).

252) 〈冷麵값 또 올낫다 十九日부터 二十錢〉,《동아일보》1939년 11월 22일(4).

253) 〈新義州 冷麵가 卄錢으로 引上〉,《每日申報》1940년 1월 7일(4).

254) 〈飮食 分量을 指定, 적어지는 우동, 冷麵에 遮斷線〉,《每日新報》1940년 11월 23일(8).

255) 〈冷麵은 一器 卄錢—오늘부터 국수, 正宗에 新公正價〉,《每日新報》1940년 12월 15일(3)

256) 〈冷麵公定價 實地數日後로 延期〉,《每日新報》1940년 12월 17일(3); 〈冷麵 公定價 오늘부터 實施된다〉,《每日新報》1940년 12월 20일(6).

257) 〈標準 없는 冷麵값, 公定價 實行치 않으면 停業命令〉,《每日新報》1940년 12월 22일(6).

258) 〈冷麵 斤量 속인 業者 三名을 引致取調〉,《每日新報》1941년 3월 28일(7).

259) 〈冷麵 값을 引上〉,《每日新報》1943년 6월 15일(6).

260) 〈命こりの冷麵〉,《京城日報》1933년 7월 21일(2).

261) 〈平安冷麵屋 配達夫盟罷〉,《동아일보》1931년 6월 1일(2).

262) 〈朝鮮ソバで二十餘名も中毒, 苛性曹達が祟つて新義州の大騷ぎ〉,《京城日報》1933년 6월 29일(8); 〈新義州서도 冷麵이 殺人〉,《朝鮮中央日報(여운형)》1933년 7월 7일(5); 〈冷麵 中毒者 5명이 死亡〉,《朝鮮中央日報(여운형)》1933년 7월 10일(4).

263) 〈名物의 冷糆 沒落時代〉,《每日申報》1933년 7월 8일(7).

264) 이것은《별건곤》1931년 7월호의 〈진기珍奇! 대진기大珍奇, 여름철의 8대 진직업珍職業〉가 '새다리[梯子]'라고 말한 것이다.

265) 전병용,〈조선시대 한글 편지의 전달 양상 고찰〉,《東洋古典研究》69, 동양고전학회, 2017, 421쪽.

266) 朴賢洙,〈외식으로 정착되기 이전의 냉면: 식민지 시대 문학 텍스트를 중심으로〉,《민족문화연구》101, 고려대학교 민족문화연구원, 2023년 11월, 498쪽.

267) 夜光生,〈祕密家庭探訪記, 變裝記者=냉면配達夫가 되어서〉,《別乾坤》48, 1932년 2월 1일.

268) 凸凹生,〈靑燈凉話〉(不景氣中 冷麵 大豊年—寬勳洞 洋服店의 珍事件〉,《別乾坤》제41호,

269) 〈한 그릇에 一錢씩 塵合泰山의 苦夢―飮食配達의 生活記錄〉, 《朝光》 1권 1호, 1935년 11월.
270) 〈海州麵屋勞組員 罷業事件解決!〉, 《朝鮮中央日報(여운형)》 1936년 6월 11일(5). 1925년 《朝鮮日報》는 21시간 노동에 일급日給이 23전이라고 했다. 〈二十一時間勞動에 日給二十三錢〉, 《朝鮮日報》 1925년 1월 27일(2); 〈平壤冷麵業閉店〉, 《朝鮮日報》 1925년 5월 3일(2). 이것은 더 극단적인 예일 것이다.
271) 〈麵屋勞働組合雇主에 對抗할 組織, 平壤에서 組織〉, 《동아일보》 1925년 1월 28일(3).
272) 〈麵屋勞働者도 動搖〉, 《동아일보》 1925년 4월 13일(2); 〈五個條는 拒絶, 일곱 가지는 대례 승락, 平壤麵勞組紛糾〉, 《동아일보》 1925년 4월 29일(2).
273) 〈麵屋勞働者 二百八名 盟罷〉, 《동아일보》 1925년 5월 1일(2).
274) 〈平壤麵工盟罷, 圓滿解決, 경찰의 알선으로〉, 《每日申報》 1925년 5월 4일(2).
275) 〈賃銀値上을 要求하는 平壤麵屋組合〉, 《京城日報》 1926년 1월 9일(4).
276) 〈麵屋配達盟罷 십륙명이 파업〉, 《동아일보》 1926년 1월 11일(2).
277) 〈麵屋配達復業〉, 《동아일보》 1926년 1월 14일(2).
278) 〈平壤 麵配達夫의 盟罷 後 悲境〉, 《每日申報》 1926년 1월 29일(2).
279) 〈麵屋勞組創立紀念〉, 《동아일보》 1926년 2월 7일(4); 〈麵屋組合定總〉, 《동아일보》 1926년 2월 16일(4).
280) 〈麵屋勞組會舘〉, 《동아일보》 1926년 6월 9일(4).
281) 〈麵屋勞組(平壤)〉, 《동아일보》 1926년 9월 16일(4). 원래 기사는 〈순회탐구巡廻探求(77)〉로서 평양의 사회단체社會團體를 소개한 기사다. 주로 노조를 소개하고 있는데 '면옥조합'도 언급했다. '3년 전에 설립, 조합원이 208명.'
282) 〈麵屋勞組第三回定總 七個條項決議〉, 《中外日報》 1927년 2월 16일(4).
283) 〈元山市內의 麵屋勞働者盟罷〉, 《中外日報》 1927년 6월 16일(2).
284) 〈平壤麵屋勞_組合 第七回評議會, 建議案도 作成〉, 《동아일보》 1927년 9월 7일(4).
285) 〈麵屋勞組臨總〉, 《동아일보》 1927년 9월 15일(4).
286) 〈平壤麵屋配達 賃金增額要求〉, 《中外日報》 1929년 3월 26일(2); 〈平壤麵屋勞働組合待遇改善의 要求, 二百數十名이 結束, 應ぜざれば强硬한 態度〉, 《朝鮮新聞》 1929년 3월 26일(7).
287) 〈平壤麵屋配達 怠業開始〉, 《中外日報》 1929년 4월 11일(3); 〈平壤 冷麵商의 自轉車 配達人 罷業〉, 《조선일보》 1929년 4월 2일(5).

288) 〈平壤勞組의 作業部 擴張 二個所를 增設〉, 《中外日報》 1929년 9월 24일(2); 〈平壤麵屋勞組〉, 《동아일보》 1929년 9월 24일(3).

289) 〈麵屋配達夫盟罷問題解決 勞組의 決議로〉, 《中外日報》 1929년 10월 12일(4); 〈국수配達開始, 임금은 그대로, 平壤麵屋勞組에서〉, 《동아일보》 1929년 10월 13일(3).

290) 〈自轉車配達賃金引上事件 麵屋組合敗訴〉, 《동아일보》 1929년 12월 13일(3),

291) 〈平壤緬屋組 對 各雇主 爭議露骨化 변호사를 세워 소송 데긔〉, 《中外日報》 1929년 10월 25일(3).

292) 〈自轉車配達賃金引上事件 麵屋組合敗訴〉, 《동아일보》 1929년 12월 13일(3).

293) 〈全平壤麵屋總休業 三百 配達夫 解雇〉, 《동아일보》 1929년 12월 17일(2); 〈平壤麵屋組合 一齊總休業 근삼백명 배달부도 해고 配達夫賃金問題로〉, 《每日申報》 1929년 12월 18일(2).

294) 〈平壤국수爭議 一心麵屋을 거러〉, 《中外日報》 1929년 10월 28일(2).

295) 〈平壤麵屋組合 一齊總休業 근삼백명 배달부도 해고 配達夫賃金問題로〉, 《每日申報》 1929년 12월 18일(2).

296) 〈平壤麵屋總休業은 勞資係爭問題化〉, 《동아일보》 1929년 12월 18일(7).

297) 〈平壤麵組盟休 商工會가 調停中 그러나 쌍방의 태도 강경으로 解決期 아직 杳然〉, 《每日申報》 1929년 12월 19일(2).

298) 〈平壤麵屋總休 雇主의 態度强硬〉, 《每日申報》 1929년 12월 19일(3).

299) 〈麵屋組合態度에 社會物議日高〉, 《동아일보》 1929년 12월 21일(7).

300) 〈麵屋組合側에서는 作業部廢止主唱〉, 《동아일보》 1929년 12월 22일(2).

301) 〈速히 開業하라고 警察署長이 嚴諭〉, 《每日申報》 1929년 12월 22일(3).

302) 〈늣더라도 一週內로 開業안흐면 營業停止〉, 《동아일보》 1929년 12월 22일(7).

303) 〈勞聯調停으로 圓滿히 解決〉, 《동아일보》 1929년 12월 26일(2).

304) 〈一心緬屋經營變更 개인의 것으로〉, 《中外日報》 1930년 1월 20일(2).

305) 〈失職勞働者 百六十名, 平壤麵屋 休業〉, 《동아일보》 1930년 11월 5일(6).

306) 〈再三考慮 後 麵屋側 復業〉, 《동아일보》 1930년 11월 5일(7).

307) 〈勞賃引下問題로 平壤緬組 또 紛糾〉, 《每日申報》 1931년 2월 6일(7). 《동아일보》의 인하율은 약간 다르다. "지난 2일 평양면업조합에서는 종래 15전 하던 냉면값을 10전으로 인하했으니 노임도 인하하자고 하여 종래 일급 93전을 70전으로 80전 또 70전으로, 73전을 50전으로, 60전을 45전으로, 45전을 35전으로등 약 3할 5분 감하하기로 결의하고 우선 비공

308) 《조선일보》는 279명이라 하였다. "1931년 2월 8일 平壤麵屋商組合이 冷麵 下落을 理由로 賃金을 25% 引下한데 분개한 平壤市內 24個處 麵屋勞動者 279名이 일제히 罷業을 斷行하다."《조선일보》1931년 2월 9일.

309) 〈妥協案 缺裂 畢竟 總罷業〉,《동아일보》1931년 2월 10일(2).

310) 〈妥協案 缺裂 畢竟 總罷業〉,《동아일보》1931년 2월 10일(2).

311) 〈組合에서 食糧配給 罷業員 全部 合宿〉,《동아일보》1931년 2월 11일(7).

312) 〈罷業中會員食費는 組合에서 全部負擔〉,《每日申報》1931년 2월 13일(7).

313) 〈新職工募集이 襲擊의 近因〉,《동아일보》1931년 2월 17일(3).

314) 〈麵屋爭議 兩事件 檢事가 控訴〉,《동아일보》1931년 4월 8일(2).

315) 면옥 측에서는 중상자 6명, 경상자 21명이 발생했다. 노조원 60여 명이 검거되었다. 〈麵屋勞働組員暴動 七個所麵屋 襲擊〉,《동아일보》1931년 2월 16일(2).

316) 〈平壤麵屋勞組罷業 畢竟은 騷動演出〉,《每日申報》1931년 2월 16일(2).

317) 〈麵屋勞働組員暴動 七個所麵屋 襲擊, 主人毆打家藏什器 破壞, 重輕傷者 二十一名〉,《동아일보》1931년 2월 16일(2);〈麵屋暴行騷動 六十名檢擧〉,《每日申報》1931년 2월 17일(2).

318) 〈麵屋勞動者騷動 不穩文犯逮捕〉,《每日申報》1931년 2월 18일(2);〈靑盟員 檢擧 檄文 多數 押收〉,《동아일보》1931년 2월 18일(2);〈麵屋從業員暴行事件一段落, 主謀者三十名送局, 六十名は誓書の上釋放〉,《朝鮮新聞》1931년 2월 19일(7).

319) 〈麵屋襲擊事件 十五名 送局〉,《동아일보》1931년 2월 20일(2).

320) 〈麵屋 爭議에 對하여(上)〉,《동아일보》1931년 2월 21일(3).

321) 〈麵屋 爭議에 對하여(下)〉,《동아일보》1931년 2월 23일(3).

322) 〈平壤麵屋爭議團 十三名 今日 送局〉,《동아일보》1931년 2월 25일(2);〈犧牲者가 十三名 解決은 尙今 杳然〉,《동아일보》1931년 2월 26일(7).

323) 〈平壤麵屋爭議 昨日에 解決〉,《동아일보》1931년 3월 1일(2).

324) 〈麵屋紛糾解決〉,《每日申報》1931년 3월 1일(2).

325) 상세한 것은 다음 기사를 보라. 〈麵屋爭議 兩事件 檢事가 控訴〉,《동아일보》1931년 4월 8일(2). 물론 이 기사는 검사의 항고 이후 재판이 어떻게 되었는지는 말하지 않는다.

326) 〈麵屋勞組定總 임원까지 개선〉,《동아일보》1931년 10월 1일(6).

327) 〈會員의 피땀 모아서 平壤麵屋勞組新築〉, 《동아일보》1933년 6월 9일(3); 〈平壤麵屋勞組 新築會舘落成〉, 《朝鮮中央日報(여운형)》1933년 6월 9일(1).

328) 〈平壤麵屋勞組에서 賃金引上을 要求〉, 《朝鮮中央日報(여운형)》1934년 12월 11일(2).

329) 〈平壤麵屋勞働者 三百餘名總罷業〉, 《朝鮮中央日報(여운형)》1935년 2월 10일(2).

330) 〈平壤麵屋雇人 八十餘名 盟罷 賃金引上要求〉, 《동아일보》1935년 2월 10일(2).

331) 〈勞賃引上要求하고 八十餘名總罷業〉, 《每日申報》1935년 2월 10일(5).

332) 〈雇主側의 讓步로써 罷業은 解決될 듯〉, 《每日申報》1935년 2월 11일(2).

333) 〈平壤麵屋勞組 暴動〉, 《동아일보》1935년 4월 17일(3).

334) 〈平壤冷麵 罷業〉, 《동아일보》1938년 12월 2일(2).

335) 〈平壤麵屋勞組員 三百名親睦會合〉, 《朝鮮中央日報(여운형)》1936년 7월 7일(12).

336) 〈楔組織解體 麵屋勞組創立, 鎭南浦에서〉, 《동아일보》1928년 5월 15일(4).

337) 〈麵屋勞組創立 卄一日沙里院서〉, 《동아일보》1928년 5월 25일(4).

338) 봉산에서 만들어진 노조 역시 사리원 노조를 말하는 것일 터이다. 사리원은 봉산군의 군청 소재지이기 때문이다. 《동아일보》는 사리원 노조의 창립대회가 열린 바로 그날(5월 21일) 봉산의 면옥 노동자 50명이 노조를 만들었고, 이듬해 1월 회원은 97명에 이르렀다고 했다. 〈鳳山糆屋勞動組合〉, 《동아일보》1929년 1월 2일(9). "創立年月日 昭和 三年(1928) 五月 二十一日 創立時 會員數 五十人, 現在會員數 久十七人, 委員長 車龍重."

339) 〈安州麵屋勞組 創立大會〉, 《中外日報》1930년 9월 3일(4).

340) 〈麵屋組合創立(咸興)〉, 《동아일보》1933년 3월 8일(3).

341) 〈勞働賃金減下로 麵屋勞働者盟罷 事件의 展開를 注目〉, 《中外日報》1930년 8월 27일(4).

342) "先日 貴組合으로부터 請求한 首題의 件은 當組合에서는 相當치 않을 뿐 外라 貴組合員 되는 사람은 當契員間에는 절대 使用치 못하겠으므로 玆以回答함."

343) 〈新勞組를 設立 罷業團要求를 一蹴 南浦麵商態度强硬〉, 《中外日報》1930년 9월 2일(6).

344) 〈鎭南浦麵屋職工 總罷業 漸益 險惡〉, 《동아일보》1930년 9월 4일(3); 〈全部新傭人을 雇入後開業〉, 《每日申報》1930년 9월 5일(7).

345) 〈罷業團側 對策을 講究〉, 《每日申報》1930년 9월 6일(7).

346) 〈金貞玉 君 釋放, 鎭南浦麵屋職工同盟罷業 선동으로 구류 마치고〉, 《동아일보》1930년 10월 2일(6).

347) 〈靜海麵屋職工復業〉, 《동아일보》1928년 12월 20일(5).

348) 〈六十餘名 麵屋勞働者 賃金引上을 陳情〉,《朝鮮中央日報(여운형)》1935년 3월 1일(3).
349) 임금 인상 등 세 가지 조건을 요구했고, 경찰은 15명을 검속했다. 〈海州麵屋勞働者 七日부터 總罷〉,《朝鮮中央日報(여운형)》1936년 6월 9일(8).
350) 〈海州 冷麵집 從業員 60명 結束 罷業〉,《每日申報》1936년 6월 9일(2); 〈海州麵屋勞組員 罷業事件解決!〉,《朝鮮中央日報(여운형)》1936년 6월 11일(5).
351) 〈平安冷麵屋 配達夫盟罷〉,《동아일보》1931년 6월 1일(2).
352) 〈十年間奮鬪史 남기고 麵屋勞組解散!〉,《朝鮮中央日報(여운형)》1936년 4월 28일(5).

[8] 8·15 해방 이후의 냉면

1) 〈胃腸 튼튼한 서울 市民, 進步의 冷麵까지 생겼오!〉,《독립신보》1947년 9월 23일(2).
2) 〈亞細亞冷麵〉(광고),《家庭新聞》1946년 5월 20일(2).
3) 〈平壤麵屋〉(광고),《朝鮮經濟新報》1947년 3월 10일(1).
4) 〈太極食堂〉(광고),《現代日報》1947년 3월 6일(2). 이 광고는 뒤에 다시 약간 문안을 변경하는데, 장소를 '서울시 충무로 5가 36[본정本町 5정목丁目 입구 왼쪽]'으로 구체적으로 밝힌다. 이어 '종목' 아래, '특제 백반, 특제 비빔밥, 진미 오뎅 전문'이라고 써 놓았다.
5) 〈올림픽冷麵店〉(광고),《여성신문》1947년 5월 10일(4). '축祝 속간續刊, 대한노동총연맹 인천연맹大韓勞働總聯盟仁川聯盟' 아래 7개의 광고가 실리는데, 첫 번째가 동화백화점同和百貨店이고 그 다음이 '올림픽냉면점冷麵店'이다. 충무로 2가 외에 다른 정보는 없다.
6) 〈大同麵屋〉(광고),《漢城日報》1947년 6월 20일(2).
7) 〈高麗亭 冷麵部〉(광고),《現代日報》1947년 7월 10일(1).
8) 〈黃海冷麵〉(광고),《독립신문》1947년 7월 20일(1). 주인은 최태호崔泰浩라고 밝혀 놓았다.
9) 〈문파레쓰 冷麵部〉(광고),《現代日報》1947년 8월 12일(2). 다른 광고를 보면 문파레쓰는 '고급사교장'이라 했다.
10) 〈第一麵屋〉(광고),《朝鮮經濟新報》1947년 9월 1일(2).
11) 〈箕城麵屋〉(광고),《朝鮮經濟新報》1947년 9월 1일(2).
12) 〈平壤冷麵店〉(광고),《朝鮮經濟新報》1947년 9월 1일(2).

13) 〈城南麵屋〉(광고),《民衆日報》1947년 9월 25일(1).
14) 〈黃金冷麵屋〉,《現代日報》1947년 12월 9일(2).
15) 〈鳳山麵屋〉(광고),《독립신문》1947년 12월 18일(1).
16) 〈鳳山麵屋〉(광고),《新民日報》1948년 4월 1일(1).
17) 〈天一冷麵〉(광고),《平和日報》1948년 3월 18일(4).
18) 〈黃金閣〉(광고),《平和日報》1948년 3월 18일(4).
19) 〈尙州館〉(광고),《平和日報》1948년 3월 18일(4).
20) 〈黃金館〉(광고),《獨立新報》1948년 4월 29일(2).
21) 〈冷麵 配達部 新設〉(광고),《공업신문》1948년 5월 25일(2).
22) '낙점絡点'이라 한 것은 '종점終点'을 잘못 쓴 것으로 보인다.
23) 〈大同麵屋〉(광고),《大韓日報》1948년 10월 21일(1). (05) 대동면옥과 이름은 같지만, 위치가 다르다.
24) 〈鐘路 冷麵屋〉(광고),《朝鮮中央日報(유해봉)》1949년 5월 15일(2).
25) 〈信友麵屋〉(광고),《漢城日報》1950년 2월 24일(2).
26) 〈朝鮮麵屋〉(謹賀新年 광고),《大韓日報》1948년 1월 9일(1). 여러 상점과 기업, 단체의 11개 광고 중 하나다.
27) 〈平南麵屋〉(광고),《平和日報》1948년 2월 25일(3).
28) 〈平安冷麵屋〉(8·15記念 광고),《中央新聞》1947년 8월 20일(2). 8·15기념으로 춘천의 상공인, 기관, 단체에서 실은 광고의 하나다.
29) 〈魚泰食堂〉(광고),《忠淸每日》1949년 8월 18일(2).
30) 다른 날 광고에는 '연개'라고 쓰고 있다. 어떤 음식인지 모른다.
31) (광주)〈羅州館〉(광고),《호남신문》1949년 4월 1일(1).
32) 〈大入食堂〉(광고),《호남신문》1949년 6월 3일(2).
33) 〈港口食堂〉(광고),《濟州新報》1947년 7월 30일(2). 참고로 말하면,《濟州新報》1947년 6월 22일 자 1면에서는 '중화요리식 냉면 십일十日부터 개시합니다'라고 중국요리 냉면을 광고하고 있다. 상호는 '미화천未華棧'이고 위치는 제주읍濟州邑 원정元町 화물차부貨物車部 전면, 주인은 정개룡丁開龍이라는 사람이다.
34) 〈春香園 冷麵部〉(광고),《嶺南日報》1946년 5월 16일(2).
35) 〈三彰冷麵店〉(광고),《大邱時報》1946년 8월 22일(1).

36) 〈大榮麵屋〉(謹賀新年 광고),《大邱時報》1948년 1월 16일(1). 경주의 謹賀新年 광고. 국가기관, 상점, 여관 등의 광고를 몰아서 싣고 있다.
37) 〈柳月館〉(광고),《民主衆報》1947년 6월 14일(2).
38) 〈平壤冷麵屋〉(廣告),《釜山新聞》1947년 10월 7일(2).
39) 〈折月館〉(광고),《民主衆報》1948년 4월 4일(2).
40) 〈松竹〉(광고),《民主衆報》1948년 4월 4일(2).
41) 〈五萬冷麵屋〉(광고),《民主衆報》1948년 5월 6일(2).
42) 〈大邱食堂〉(광고),《民主衆報》1948년 5월 6일(2).
43) 〈百萬石冷麵〉(광고),《釜山新聞》1948년 5월 18일(1).
44) 〈釜山冷麵屋〉(광고),《釜山新聞》1948년 6월 2·3일(1).
45) 〈黃海屋〉(광고),《釜山新聞》1948년 6월 4일(1).
46) 〈무지개麵屋〉(광고),《民主衆報》1949년 3월 6일(1).
47) 〈南麗文化冷麵機〉(광고),《民主衆報》1948년 3월 19일(1).
48) 〈南麗文化冷麵機〉(광고),《民主衆報》1948년 3월 31일(2).
49) 〈冷麵器械〉(광고),《평화신문》1953년 3월 26일(1).
50) 〈冷麵機 냉면재료〉,《평화신문》1954년 3월 30일(2).
51) 〈冷麵 먹고 58명 中毒〉,《부인신문》1950년 6월 22일(2).
52) 〈冷麵 等 販賣 禁止, 昨日부터 防疫 爲하여〉,《自由新聞》1946년 6월 1일(2).
53) 〈冷麵을 溫麵으로〉,《독립신문》1946년 6월 1일(2).
54) 〈冷麵販賣에 斷, 市內 署長 會議서 決定〉,《水産經濟新聞》1946년 7월 23일(2).
55) 孫貞圭,〈냉면〉,〈닭냉면〉,〈동치미냉면〉,《우리음식》, 三中堂, 1948; 李聖雨,《한국고식문헌집성韓國古食文獻集成》7, 修學社, 1992, 2463쪽.
56) 방신영,《우리나라 음식 만드는 법》, 청구문화사, 1954, 265쪽.

찾아보기

[ㄱ]

가는 분판 83, 84, 96
가정냉면 15, 231, 241
《가정요리》 243
〈간당기艮堂記〉 134, 153
간성 122
《간편조선요리제법》 230~233
갈개발 179, 180
강학봉냉면점(진주) 206
개리양행 221
《거가필용사류전집居家必用事類全集》 30, 39, 81, 118
건면(법) 41, 43, 78
겨울냉면 13~15, 17, 229, 231, 232, 235, 239
경성냉면옥(흥남) 203
계란면 36, 66
《계미서》 42, 45, 68~70, 74, 82
《계해일기癸亥日記》 128, 132
고기장국 11, 115

고등면옥(평양) 195, 197
《고려도경》 23, 24
고명꾼 279
골동면 106
관빙 235
〈괴엽냉도槐葉冷淘〉 27~31
교맥냉면 124
교맥면蕎麥麵 17, 18, 142
교면 53
국수가게(매면가) 112, 113
국수의 건면화와 상업화 158, 159
〈국슈 누르는 모양〉 93, 95
군칠이집 135
《규곤시의방閨壼是議方》 65
《규곤요람》 147, 149, 162, 167
《규합총서閨閤叢書》 104, 105, 139, 160, 162, 163, 169, 230, 239
《금화경독기》 90, 146
급수면자急須麵榨 88, 89, 91

〈기성잡시箕城雜詩〉 123, 128
〈기성전도箕城全圖〉 124, 125, 153
김규홍 제면기 226~268
김남천 188, 190, 193

[ㄴ]
나화 35, 39, 66
남려문화냉면기 329, 330
〈남유잡감南遊雜感〉 144
납면법 18, 41, 43, 78
납조(냉)면 119, 152,
내빙고 115, 236
〈냉도〉 29, 30
냉면 대접 141
냉면 배달부 281~287
냉면 식중독 사례(신문기사) 263~266
〈냉면 한 그릇〉 178
〈냉면〉 180, 192, 193, 196
냉면가 193, 141
냉면값 267~276
냉면기계 223, 228
냉면붙이 243
녹두가루 69, 70
녹두나화綠豆剌花 66
누면 68

[ㄷ]
대구탕반 175
대동면옥(평양) 204, 257, 291

덕흥냉면옥(함흥) 202
〈도문대작屠門大嚼〉 45, 68
도엽냉도桃葉冷淘 27
《동국세시기東國歲時記》 15, 105, 142, 163
동양루 180, 187
〈동유기東遊記〉 142
《동유기행東遊紀行》 128, 131
동일루(평양) 197
동치밋국 11, 106, 115, 139, 163, 217, 232, 234, 235, 239
동해루 257

[ㅁ]
막국수 12, 19, 203, 204
《만가필비 조선요리제법》 229, 231, 233
만이창漫伊昌麵 38, 39, 66, 108
만화옥(서울) 259
맛질방문 80
메밀 산지 54, 55
메밀 확보 방법 59
면기 100
면대 100
면모麪母 52
면미麪米 61
면미회 251
면법 36
면본 67, 78, 87, 96, 118
면본기 79
면상麵商 178

면옥냉면 15, 231, 241
면옥노동조합 277~311
면자麵榨 85, 88, 91
면저 100
명월관 173, 174, 230
모전교 면점 176
목맥면 53
목맥면법 82
《목민심서牧民心書》 146, 154, 155, 158
무순면점(푸순) 210
《묵재일기黙齋日記》 46, 51, 53, 55, 63
《미암일기眉巖日記》 54
민간 장빙업 236
밀 확보 방법 56, 57
밀국수냉면 12, 244
밀면 12, 19

[ㅂ]
박병천 제면기 225, 226
박탁餺飥 105, 107, 143
반도면옥(바오딩) 211
반빙 115, 235
반죽꾼 278~280
방신영의 냉면 분류 335
배달 음식 218
배달인 278~280
백양루(서울) 186
복영루(서울) 188
봉산면옥(서울) 201, 204

부벽루 319
《부인필지》 233
〈북유록北遊錄〉 121, 128, 130, 131
《북정일기》 129
분창 92, 94
분판 80

[ㅅ]
사리원면옥노동조합 307, 310
사면 69, 118
사빙 235
삭면索麵 89
《산가요록山家要錄》 33~36, 39, 43~45, 53, 63, 67~71, 78, 113, 235, 245
《산림경제山林經濟》 30, 81, 118
상밥 175
상업적 냉면 134, 135
생치냉면 232, 239, 240, 241
생치저비生雉箸飛 38
〈서경잡절西京雜絶〉 153
서울냉면 186, 189~191, 200, 201
서울식 국수틀 92, 93
서울의 자전거 증가 추세 222
석빙고 22
〈선루별곡仙樓別曲〉 126, 128
세면細麵 26, 35, 38~40, 44, 67, 68, 76, 87
세면법細麵法 66, 118
《세시풍요》 135, 137
세판 83, 88, 100

소마塑ケ 35, 39, 66
소맥면 114
소화면점(타이위안) 212
《송남잡지松南雜識》 29, 30
《쇄미록瑣尾錄》 54
수라화水喇花 35, 66, 108
수만두 50
수면옥(평양) 257, 260, 295
《수운잡방需雲雜方》 45, 74, 115
순조 136, 137
습면濕麵 26, 44
싀면법 80
《시의전서》 161, 165, 168, 169, 232, 245
신경관 187
신설냉면옥(장진) 203

[ㅇ]

아지노모도 247~252
아지노모도회 251
안식면점(신의주) 258, 259, 278
압면기계 224
압면법 18, 78, 85, 99
앞자리 278~280
얼음 총생산량(1930) 238
여름냉면 13, 15, 17, 229, 231, 232
《여범女範》 243
오미자차 67, 74, 76, 108
《오주연문장전산고五洲衍文長箋散稿》 123, 128, 158

왕릉의 국수틀 98, 100
외식업 171, 173, 218
《요록要錄》 68, 73, 74
《우리나라 음식 만드는 법》 334
우자박芋紫朴 35, 39, 66
원산식 냉면기계 331
〈유경식보柳京食譜〉 128, 131
육면肉麵 38, 44, 66, 68
《윤씨음식법》 161~164
《음식디미방 주해》 79
《음식디미방飮食知味方》 63, 65~67, 69~71, 76, 77, 80, 82~84, 96, 108, 113, 235
《음식방문》 113
〈의초擬抄〉 105, 106, 143
이문옥(서울) 259
《이재난고頤齋亂藁》 109, 110, 114
일심면옥(평양) 293, 294
《일일활용 조선요리제법》 230, 231, 233, 234
〈임반관林畔舘〉 126, 128, 153
《임원경제지林園經濟志》 84, 86, 90, 92, 96, 98, 105, 162
《임하필기林下筆記》 136~138, 153

[ㅈ]

〈자줏빛 장물에 말아 낸 냉면紫漿冷麵〉 75, 76, 118
장국냉면 115, 234, 239, 244

전도면剪刀麪 53
전화 보급률(1926) 219
절면법 18, 43, 53, 78, 85, 99
〈점심〉 27
정해면옥(평양) 309
조선냉면옥(웅기) 203
조선면옥(재령군) 201
조선면옥(평양) 196
《조선무쌍신식요리제법》 12, 14, 16, 17, 131, 230, 231, 241, 243, 261
조선옥(서울) 256
《조선요리법》 230, 232, 233, 236, 261
《주방문》 68~71, 73, 79, 80, 83, 84, 96
《주식방문》 161, 165, 166, 260
《주식시의》 161, 164, 167
《(증보)산림경제》 82, 84~86, 88, 96, 100, 103, 115
지령 67
진남포면옥노동조합 307
진주냉면 12, 19, 206
진주면 66
진주면眞珠麪 38
진평옥(서울) 182, 186

[ㅊ]
착면법 74
창면법昌麵法 66
창면昌麵 38~40, 44, 50, 76
천연빙 237, 238

철종 115, 138, 234
〈청주목제용제기淸州牧濟用財記〉 25
최돈성 영업집 205
《최씨음식법》 68, 72
최응도 제면기 226, 227
취루면翠縷麵 30, 81
〈치범이 작은 면기를 만들어 보냈다〉 147

[ㅋ~ㅎ]
콩국냉면 243, 244
탕면 114
태면 68
토장 66, 108
토장국 67
토장법吐醬法 66
〈평남은 냉면국〉 191
평안냉면옥(서울) 파업 310
평안면옥(숙천)
평양 냉면가 124, 125, 153
평양 동치미 16
평양냉면 11, 17, 124, 181~183, 189, 190, 200, 201, 319
평양루(서울) 182, 186
평양면옥노동조합 279, 288~306
평양식 국수틀 92, 93, 96, 98
평화면점(선양) 209, 210
〈하일즉사夏日卽事〉 27
《하재일기荷齋日記》 140, 153, 176
〈학성연구鶴城聯句〉 107, 143

한국 음식사 172
《한국전래면류음식사연구》 79
한복려 71
함흥냉면 12, 106
해방 공간 서울 냉면점 317
해방 공간 전국 각지 냉면점 323
해주냉면 200
해주면옥노동조합 309

〈향산록香山錄〉 127, 128
홍사면紅絲麵 118
황주냉면 201
회령냉면 202
《효전산고孝田散稿》《남천일록南遷日錄》 148, 150, 151
흑탕 43

냉면의 역사
— 지금 내 앞에 놓인 한 그릇

2025년 10월 6일 1판 1쇄 발행
2025년 10월 30일 1판 2쇄 발행

지은이	강명관
펴낸이	박혜숙
디자인	이보용 김진
펴낸곳	도서출판 푸른역사
	우) 03044 서울시 종로구 자하문로8길 13
	전화: 02)720-8921(편집부) 02)720-8920(영업부)
	팩스: 02)720-9887
	전자우편: 2013history@naver.com
	등록: 1997년 2월 14일 제13-483호

ⓒ 강명관, 2025
ISBN 979-11-5612-304-0 03900

· 잘못 만들어진 책은 교환해드립니다.